平安時代の貴族と天皇

平安時代の貴族と天皇

玉 井 力 著

岩 波 書 店

序

平安時代にはいると、律令国家の変質が止めがたい勢いで進行する。その一方で、中世国家の基礎を形成する新しい要素が芽生えてくる。それはやがて、十二世紀にもなると、王朝国家を成立させることとなる。このような歴史的展開の中で、貴族や天皇が、どのようなあり方をしたのか、また、彼等がいかなる支配機構を作り出し、かつそれをどのように運営したかという問題は、筆者がこれまでずっと追い続けてきた研究テーマである。本書は、これまで発表してきた論文のうちからこのテーマに関わるものを集め、新稿を付加して一書としたものである。

本書に収めた論考のうち、もっとも古いものは、一九七三年にさかのぼる。当時、平安時代の政治史研究において重要な役割を担っていたのは、領主制論に立脚しつつ、古代的デスポティズムの崩壊と回復、という視点から摂関期・院政期を論じた石母田正氏の学説や、これに賛同しつつこの時代を通観した竹内理三氏の見解であった(1)。しかし一方で、戸田芳実・河音能平・坂本賞三氏等は領主制論の再検討と王朝国家論の提唱を行い、十世紀以降に封建的関係の成立を見る立場を構築しつつあった(2)。また、黒田俊雄氏は権門体制論を発表し、石井進氏は中世の成立を院政期に想定する見解を発表していた(3)。

これらは現在もなおその重要性を失っていない見方である。しかし天皇や天皇制を実態的に把握し得るような研究はきわめて少なかった。そのような中で天皇の側近官司を検討することからアプローチしてみようと取り組んだのが蔵人所の分析であった。そこでは院政期や摂関期に関する橋本義彦・土田直鎮氏の実証的な研究や網野善彦氏の中世天皇制研究が導きの糸であった(4)。一九七六年、橋本氏は「貴族政権の政治構造」を発表したが、これは摂関期から院政期に至る中央政治機構の構造を余すところなく描いた論文であった。氏もここでは後白河以降の院政を中世的院政と評価している。[5] 筆者もその恩恵を受けつつ、研究の空白部分の多い叙位任官制度へとテーマをひろげた。

そして、一九八三年になると佐藤進一氏による『日本の中世国家』が発刊される。[6] 氏は橋本氏の見解を全面的に吸収し、坂本氏の見解を批判的に継承しつつ十一世紀から十二世紀中葉にかけて官司請負制を柱とする中世国家(王朝国家)が成立することを明らかにし、その成立過程における律令官職の変質と再編を見事に跡づけた。官職機構そのものを直接の考察対象とした国家論はこれまでに例を見ないものであった。筆者がこれまで関心の赴くままに個別分散的に行ってきた研究を中世につなげて、多少なりとも筋道たてて見直すことができるようになったのは、この説に接することによってであった。

一方、一九七〇年代の後半より活発化してきた中央政治機構の研究は、八〇年代にはいると政務や儀式を中心として急激な進展を遂げる。古記録や儀式書を丹念に読み解いた精密な研究が次々と出され、研究の水準は飛躍的な向上を見せた。またその蓄積は膨大なものとなっており、個々の制度やその運用も細部にわたって解明されてきている。[7] また、そのなかで十世紀後半に一つの画期を認めようという新しい見方もだされてきている。[8] そのような新しい研究成果をふまえつつ摂関期の支配機構と院政期の官人社会を概観したのが、第一部の論考である。

以上で明らかなように、本書はあらかじめまとまった構想のもとに順序立てて書かれたものではなく、その時々の関心に従って個々に作成されたものの集合体である。したがって、各章の間には不統一や多少のニュアンスのずれが生じてしまっている。また検討を要する点もすくなくないが、本文の変更は、明らかな誤りの訂正及び形式統一のための技術的な変更などにとどめた。

最後に、本書の構成と各章の概要を示して置くこととしよう。

本書の構成は三部からなる。

第一部「平安時代の貴族と天皇」には、やや広い視点から総論的に論じた「十・十一世紀の日本」と「「院政」支配と貴族官人層」の二編を収めた。

第二部・第三部には、各論的な論文を配した。第二部には「平安時代における官職と文書の様相」という表題の下に、平安時代の官職を考える上で不可欠の存在である蔵人所についての考察「成立期蔵人所の性格について」(第一章)、「九・十世紀の蔵人所に関する一考察」(第二章)、「道長時代の蔵人に関する覚書」(第三章)、及び非律令的文書の展開を官司の変質と関わらせつつ論じた「請奏の成立」(第四章)、「平安時代の請奏」(第五章)の五編を収めた。

第三部では「平安時代叙位任官制度の成立と展開」というテーマを設定し、除目及び叙位制度の詳細を論じた「平安時代の除目について」(第一章)、「『紀家集』紙背文書について」(第二章)、「「受領挙」について」(第三章)、「受領巡任について」(第四章)、「平安時代における加階と官司の労」(第五章)の五編を収めた。

その概要は次の通りである。

第一部　平安時代の貴族と天皇

第一章　十・十一世紀の日本

近年の著しい研究の進展をふまえつつ、いわゆる摂関時代の支配体制の総括的把握を試みたものである。九世紀中葉に始まる律令国家の変質を経て、十一世紀後半から十二世紀にかけて中世国家が成立するという佐藤進一氏の説に従いつつ、王権・摂関制の特質、官司請負制へと展開する官職の様相、貴族官人層の再編、太政官政務の実体と変遷、受領制の特色等に焦点を当てて考察を加えた。本論文は、『岩波講座日本通史』古代五(一九九五年)の通史的部分として執筆したものであるが、結果的には、上のごとき限局された事柄の考察に終わってしまった。更に追究すべき点や、再検討すべき点も多いが、今後の課題である。

第二章　「院政」支配と貴族官人層

院政期における院人事権の推移を、除目における任人折紙のあり方と関わらせつつ跡づける一方、そのもとで進行した貴族官人層再編成の方向を探り、家格、家柄、官司請負制が貴族社会に浸透してゆく過程を追究した。これは、『日本の社会史』第三巻「権威と支配」(岩波書店、一九八七年)の中の一章として採用されたものである。

第二部　平安時代における官職と文書の様相

第一章　成立期蔵人所の性格について

九世紀前半に天皇直属の「所」として成立した蔵人所の性格を明らかにした。当時嵯峨天皇と平城上皇との間には厳しい対立関係が存在したが、蔵人所はその中にあって、太政官の重要機能を天皇の許に集中させることを目的として設置された特別な官職であったことを、この官職の宣旨職という性格に注目しつつ論じている。『名古屋大学文学部研究論集』五九(一九七三年)に寄稿したものであるが、宣旨職の展開が律令官司の変質と深くかかわることに気づいたのは本稿作成の過程においてであった。

第二章　九・十世紀の蔵人所に関する一考察

第一章で指摘したような性格を持つ蔵人所が、九世紀後半から十世紀にかけて内廷的「所々」を率いて、天皇家経済の中枢的な機関へと発展していくことを考察し、その背後に官職の請負的傾向の強化が認められることを指摘した。名古屋大学文学部国史研究室二十五周年を記念して編集された『名古屋大学日本史論集』(吉川弘文館、一九七五年)に寄稿したものである。

第三章　道長時代の蔵人に関する覚書

藤原道長政権下における六位蔵人・五位蔵人・蔵人頭の各々について、その家柄・兼帯官職・昇進を精査し、十一世紀における蔵人所のあり方および官人社会における蔵人の位置づけを検討しようとしたものである。彼らは階層分化が進む中でそれぞれの昇進コースを形成しつつあった。また、家司関係や血縁関係を利用しつつ摂関家が蔵人所を支配下に入れて行ったことも明らかにした。本稿は弥永貞三先生の還暦をお祝いしての論集『日本古代の政治と経済』(吉川弘文館、一九七八年)に採っていただいたものである。

第四章　請奏の成立

平安時代の史料に頻出する請奏の源流を、八世紀の文書の中に探り、その存在形態を追究した。非律令的上奏文書である「請奏」は、非上奏文書である「請」と同じ文書形態をとるが、請は八世紀の文書にも例が多い。これは、メモまたは資料として口頭申請とともに被所官関係に制約されることなく用いられ、公式様文書のなじまない局面ではごく普通に見られるものであった。右のごとき局面は、諸司「所々」が内裏と直接交渉する場合にも発生する。そこに、請奏が成立する条件があったのではないかと考えた。

第五章　平安時代の請奏

本章はいうまでもなく第四章の続編である。平安時代になると、請奏は公事の料物申請や叙位除目の申請のために使用されるようになる。後者は九世紀中葉―十世紀初頭、前者は十世紀中葉頃を画期として一般化する。また、その他の用途に使われる例も増加する。この時代には蔵人方のみならず官方(外記方)でも使用された。ここではその具体的な展開を明らかにすると同時に、このような傾向が申文刺文制の定着や律令官司制の変質と深く関わることを考察した。第四章・第五章は新稿。

第三部　平安時代叙位任官制度の成立と展開

第一章　平安時代の除目について

平安時代の除目儀(じもくのぎ)において使用される基本的な文書類の成立過程を追い、律令制的な方式とは異なった除目制度が九世紀前半から十世紀初頭にかけて整備され成立してくることを論じた。この過程において蔵人方の機能の伸張と外記方のそれの縮小が見られることは、この時期の貴族と天皇の関係を考える上で重要な意味をもつと思われる。『史学雑誌』九三編一一号（一九八四年）に投稿したものである。

第二章　『紀家集』紙背文書について

第一章を補足するものである。伏見宮旧蔵本『紀家集』に紙背を提供した十一通の叙位任官関係文書の性格を考察し、この文書群が成立した延喜十年（九一〇）代には、平安時代の除目書に見られる蔵人方の機能のほとんどが成立していたことを証明した。『日本歴史』四三四号（一九八四年）に投稿したものである。

第三章　「受領挙」について

受領挙というのは除目を構成する重要な儀式の一つで、列席した公卿達に受領の候補者を推挙させるものであるが、その詳細を解明し、九・十世紀の交における成立から十一世紀後半における形骸化に至る過程を跡づけた。本稿は『年報中世史研究』五号（一九八〇年）に投稿したもの。

第四章　受領巡任について

受領巡任というのは、外記・史・式部丞・民部丞・蔵人・検非違使を経て除爵した者や受領経験者などを一定の補任枠によって順番に受領に任命してゆくという慣例をさすが、ここではその慣例の成立と変遷の事情を探ってみた。これは年労方式の補任と評価できるのであるが、院政期に入ると院主導の特権的な補任方式に圧倒されてゆくことが注目される。『海南史学』一九号（一九八一年）に寄稿。

第五章　平安時代における加階と官司の労

官司に勤務した年労によって加階（従五位上以上）するという叙位方式は、律令制の考課方式にかわって九世紀末頃から採用されるが、この方式の成立が官位相当制を破壊し、律令制における官職と位の関係を変質させ、家格別の昇進コース成立の前提となったことを論じた。『日本歴史』四八七号（一九八八年）に掲載された。

ここまできて振り返ってみると、反省すべきことは実に多い。とりわけ院政期の支配体制を総体的に捉えきれなかった点は悔やまれる。またやや背伸びをしつつ論じた第一部第一章には熟さない点が多い。これらはいずれも早急に検討を加え再構成すべき課題として設定したい。

厳しいご批判をお願いできれば幸いである。

（1）石母田正『古代末期政治史序説』未来社、一九五六年。竹内理三『律令制と貴族政権』お茶の水書房、一九五八年。
（2）戸田芳実『日本領主制成立史の研究』岩波書店、一九六七年。河音能平『中世封建制成立史論』東京大学出版会、一九七一年。坂本賞三『日本王朝国家体制論』東京大学出版会、一九七二年。
（3）黒田俊雄「中世の国家と天皇」『岩波講座日本歴史』六、一九六二年。石井進「院政時代」『講座日本史』二、東京大学出版会、一九七〇年。
（4）橋本義彦『平安貴族社会の研究』吉川弘文館、一九七六年。土田直鎮『奈良平安時代史研究』第二部、吉川弘文館、一九九二年。網野善彦『日本中世の非農業民と天皇』岩波書店、一九八四年。
（5）橋本義彦「貴族政権の政治構造」『岩波講座日本歴史』四、一九七六年。
（6）佐藤進一『日本の中世国家』岩波書店、一九八三年。
（7）第一部第一章参照。
（8）大津透『律令国家支配構造の研究』岩波書店、一九九三年。吉川真司『律令官僚制の研究』塙書房、一九九八年等。

目次

第二部　平安時代における官職と文書の様相

第一部　平安時代の貴族と天皇

第一章　十・十一世紀の日本――摂関政治

はじめに

廿五六日のほどに、西の宮の左(ひだりの)おとどながされたまふ。みたてまつらんとて、あめのしたゆすりて、西の宮へ人はしりまどふ。[1]

安和二年(九六九)三月二十五日「西の宮の左(ひだりの)おとど」すなわち左大臣源高明は、謀反のかどでとつぜん大宰員外帥(だざいのいんがいのそち)に左遷された。密告者は、藤原氏と固く結びついていた「兵(つわもの)」源満仲らであった。禁中の騒乱はほとんど天慶の大乱の時のようであったと伝えられるが[2]、事は二、三日のうちに処理され、高明は大宰府に流された。

いわゆる「安和の変」である。この事件は、藤原忠平の子師尹(もろただ)や師輔の子伊尹(これまさ)・兼通・兼家らによる陰謀であったと推測され、藤原氏による摂関政治の本格的展開の前触れともいうべき事件であった。冒頭の史料は、兼家の妻であった女性が「自分の身の上のみを書く日記に、このようなことを記すのははたてまえから外れているのだけれど、私にとっても、心にしみて悲しく思われるので」と断って書き付けた一節である。これより三十年ほど前に、やはり都中を大騒ぎさせた「承平・天慶の乱」は、国家的規模での大問題であり、「安和の変」は支配者層内部の問題という違いはあるが、ともに律令制的支配体制の崩壊を象徴する事件であったといえよう。

本章は、この「安和の変」から、摂関政治の最盛期とされる兼家・道長の時代を経て、後三条朝、白河朝に至る歴史を通観することを本来の課題としている。

この時期は、教科書などでは摂関時代として一括して記述され、良房・基経の時代と区別する意味で後期摂関政治期とされることも多い。

律令国家の変質がいよいよ決定的となり、中世的な政治形態へ移行していく過渡期であるという点では誰しも異論をもたないのであるが、当時の社会、あるいは、その上に立つ国家の特徴をどうとらえるかということになると、さまざまな見解に分かれ、かつ時代を越えた議論にも踏み込まざるをえない。当該期にかかわる社会論、国家論の研究史を総括し、全面的な議論を展開することは、今の私には重すぎる課題である。ここでは、テーマを中央の支配機構にしぼって、そこからこの時代の特徴を抽出することを目標としたい。

律令国家が、国家として唐中心の華夷世界に関わることに消極的になり始めたのは九世紀中頃にさかのぼる。寛平六年(八九四)の遣唐使の派遣停止は、国際世界からの離脱を決定的なものとした。以後、日本の貴族たちは「大国意識」を保持しながらも、一貫して中国および朝鮮半島諸国と正式の国家的外交関係を結ぶことを拒否し続けた。「政の要は軍事なり」(3)とした天武の発言は律令国家の軍事的性格を明確に物語っているが、上記の事情は、その変質を明らかなものとした。それは、国内の軍事的結束の弛緩にも結びつき、承平・天慶の乱から「平忠常の乱」、そして源頼朝による東国国家の成立へと展開する動向とつながると同時に、国内の支配機構の分散化傾向とも関わった。しかし、国家としての外交の中止は、経済的・文化的交流の停止を意味するものでは決してなかった。それどころか、唐の規制から解放され活発化した外国商人の活動と、国内の外来文化への強い関心は、公私のルートを通じての交流を大きく進展させた。国風文化と称されるものの中に大陸文化の影響が大きかったことは、すでに周知の通りである。(4)以上のことを前提に、先のテーマにしたがって、論を進めていこう。

さて、右のように焦点をしぼっても、戦後の石母田正から最近の義江彰夫に至るまで、多くの研究がある。(5)これらから受けた恩恵は計り知れないが、さしあたっての前提として、国家機構そのものの分析から中世国家の成立を論じた佐藤進一の見解を継承しつつ論を進めてみたい。佐藤によれば、九世紀から十一世紀中頃までが律令国家の変質期であり、それ以降、十二世紀中頃までの時期が第一の型の中世国家の成立期である。この国家を特色づけるのは特定氏族による官司の世襲的請け負い、すなわち「官司請負制」であった。第二の型の中世国家の成立は、鎌倉幕府のそれである。

佐藤の研究に重要な基礎を与えた橋本義彦は、「貴族政権」の時期として摂関時代と院政期をとらえ、摂関時代の成立期を忠平政権期に、完成期を兼家・道長政権期にあて、後三条―白河親政期を院政への前史と見、本格的な院政の展開を堀河の死後のことと考えた。

ここでは橋本や坂本賞三の明らかにした基礎的事実を勘案しつつ、(1)九世紀中頃から十世紀末頃まで、(2)それ以後十一世紀中頃まで、(3)十一世紀中頃から十二世紀中頃まで、の三段階に分けて考えたい。(6) (1)の時期は摂関制の成立期と、太政官組織の変質期、(2)の時期は摂関制の確立期であり、宣旨職と「所」、および受領制が本格的に展開し、やや安定した支配体制が成立した時期(本章で摂関期という場合は、この時期を指す)、(3)の時期は官司請負制への移行期である。

最近では時代の大きな転換を、その歴史的意義づけに相違はあるものの、(3)の時期に求める傾向が強いが、その点、筆者も同じである。そして(2)の時期を古代国家の最終段階と考えることとしたい。

第一節　王権・摂関・内覧

1　摂関制の成立

摂政関白制が九世紀後半における藤原良房の任太政大臣に端を発することは周知のとおりである。その成立の条件は、未開な社会の中で外から輸入された律令制の内実が実質化され、律令文書主義の浸透と「律令制的天皇」が完成したことによって準備された。[7] 天皇自らがリーダーとして政治の領導をしなくてもよい状態が生まれ、天皇は権威としての側面が強調され、清浄にして神秘性を具えた一機関へと変化する。そのような条件が成熟しつつあったのが桓武朝―仁明朝にかけての時期(七八一―八五〇年)であった。天皇が大極殿へ出御しなくなり政務の場が内裏に移ったことや、口頭による行政から文書行政への政務の変化がこの時期に見られることは、最近の研究が明らかにしたところである。[8] 律令時代においては、太上天皇もまた天皇大権を有していたが、「薬子の変」(八一〇年)において二所朝廷といわれるような苦い経験をした後に、それは天皇に集中された。[9] しかし、嵯峨・淳和の後見する仁明朝において、皇位継承関係の対立を避けるため周到な配慮がなされていたにもかかわらず、「承和(じょうわ)の変」(八四二年)による廃太子という破綻を生じることとなった。[10] かくして、外戚藤原良房の後見による摂政制が、太政大臣と不可分に結びつきながら成立した。

さて、成立当初の摂政と関白はその区別も明確ではなく、のちのそれとは区別すべきだとの説が一般的であった。しかし最近、関白の内覧機能が光孝天皇による元慶八年(八八四)六月五日の宣命によって確定され、同時にその地位が天皇の代替わりごとに確認されるべきものとされたことも明らかになった。[11] また、藤原基経の摂政時代に、彼が政務を辞したために太政官奏が滞ったとき、弁大夫を直廬に遣わして処理させたり[12]、弁官・史を里第(私第)に遣わしたりしたことは、院政期に成立した『江家次第』の摂政官奏儀と何ら異ならない。摂政・関白の制度的成立は基経の子忠平政権の頃と考えられることが多かったが、すでに基経期にはその骨格が成立していたと思われる。そして、摂関常置時代以前の関白は、摂政前任者に対する待遇であり、前摂政がいなければ関白をおく必要もなかったこと、摂政を必要とするのは天皇が二十歳になるまでであることなども明らかとなった[13]。このことは摂関が常置されなかった事情の説明として説得的である。摂政制が太政大臣の職務を基礎としていることは、橋本義彦の論考に尽くされている[14]。そして摂政制が、外戚と太政大臣という二つの、時として矛盾する基盤に立っていたのも周知のことである。この両者が、摂関＝外戚という形で整理されたのが兼家の段階であるが、忠平摂政期における一上制の成立もまた、摂関が太政大臣相当であるということと深く関わると思われる。一上制とは、摂関・太政大臣を除く筆頭公卿または次位の公卿を、宣旨によって太政官の重要公事に当たらせたもので、承平四年(九三四)九月に忠平が右大臣藤原仲平と大納言藤原保忠に「一上の事」を行わせたことに端を発する[15]。忠平の時代にはなお、摂政であっても他に隔絶した地位を確保するためには、太政大臣となる必要があった。彼を太政大臣となすことは醍醐の遺言であったらしいが、醍醐の皇后穏子の反対によって遅れていたらしい[16]。それが果たされるのは承平六年であるが、一上制の成立はそれに先立っての、危険を伴う条件整備であった(忠平摂政期には常に二名の一上代行者が指定されているが、それは一上へ権力が集中するのを避けるための配慮であったと思われる)。

一方この制度の成立は、摂政または関白太政大臣と一上との間の任務分担を不可避にした。『貞信公記』によれば、忠平摂政期には、弁官および一上事務執行者ら実務担当者が、たびたび忠平のもとへ政務の判断を持ち込んでいる。

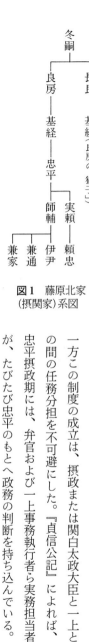

図1 藤原北家(摂関家)系図

しかし、彼が関白になると、そのような事例は極端に減少し、彼のもとへは中使(勅使)が往来し、天皇の諮問に答えるという形での政務関与に変化する。超越的ではあるが実務に関わらない関白太政大臣の立場は、天皇の代行者たる摂政に比べて大きな弱点をもっていた。後のことであるが、藤原道長が関白にならずに一上内覧を続けたのはこのことと関連するのではないか。道長は長い一上内覧の時代を通じて、関白・太政大臣にまつわるこの弱点を実質的な政務執行面で解決して頼通にバトンタッチしたようである。

外戚と太政大臣という摂関制の二本柱は、安和の変(九六九年)で源氏を失脚させ他氏に対する決定的な優位性を確立した藤原氏に大きな混乱を与えた。関白たる藤原実頼や藤原頼忠を差しおいて実質的な人事の決定が行われたり[17]、関白頼忠が台盤所に入ることを許されない「よそ者」であったりしたのはここに源をもっている[18]。藤原兼家の摂政就任は、これらの問題を一挙に解決した[19]。

2　摂関政治の確立

兼家政権の成立の意義について橋本義彦は次のようにまとめている[20]。

(1)摂関が律令官職を超越した地位になった。(2)摂関と太政大臣が分離した(その結果として太政大臣が栄誉職化する)。(3)摂関と藤氏長者の一体化。

私も全く異論をもたないが、いま一つ、これと併行して蔵人所別当(くろうどどころのべっとう)(蔵人所の総括責任者)の実質が、内覧・摂関のもとに吸収されたことも注目しておきたい。すでに忠平や兼通の執政期に、蔵人所別当でない彼らが昇殿や蔵人人事にタッチした例はある[21]。しかし兼家執政期以降は、もはや別当が誰であるかにかかわらず、実質的な指示は摂関から出された。後述するが、蔵人方吉書(きっしょ)が遅くとも長徳年間(九九五―九九九)には摂関の内覧に供され、後例となったことがわかる(ただその関与の在り方については今後の課題を残す)。

これらの結果は、摂関一族に他と隔絶した待遇を与え、摂関の地位を同一系統で独占することを可能にした。それともう一つ、道長から頼通への摂関職継承の頃には、対太政官関係における摂政と関白の差がなくなったこともあげておこう。道長は一上内覧期間を通じて関白の弱点を克服したものと思われる。弁官たちは、一上でない関白頼通のもとへ足繁く通い指示を受けている。

3　十・十一世紀の摂関と王権

この時期の天皇は、多くの後見者によって支えられている。この後見者たちは二つのグループに分けられる。行政面を担当するのは、摂政・関白・内覧であり、外戚であることをよりどころとしている。もう一つのグループは、院・女院・母后等である。ただ後者は、行政担当の部門に働きかけることによってのみ後見が可能であった(院政期になると院が前者のグループに入る)。これら後見者のなかで、王権を代行できるのは摂政だけである。関白・内覧は臣下であり、「内覧」を職掌とする補佐者である。彼らは太政官に足場を置く一方、蔵人所にも一定の影響力をもって「輔政」した。[22]

王権がこのように分掌可能になったことの意味はきわめて大きい。さらに、長和五年(一〇一六)後一条が即位すると、道長が摂政となったが、翌年彼はその地位を頼通に譲り、今度は摂関を後見するいわゆる「大殿」となった。道長は、天皇の後見でもあったが、前摂政として、摂政・関白の後見を行い、政治に強い影響力をもった。おそらくこれは、父子関係を基礎にもつ「家」の成立ぬきには考えられないと思う。また、それは、王権自体が「職」的な変化を遂げつつあったことを表わすのではなかろうか。名義上の代表者と実質上の権力者との分離である。大殿の出現は、九世紀中頃以来の院と天皇との関係以上に院政に大きな影響を与えたように思う。

律令国家が専制君主制に基づくという点は定説としてよいが、太政官という合議機関についての評価をめぐっては

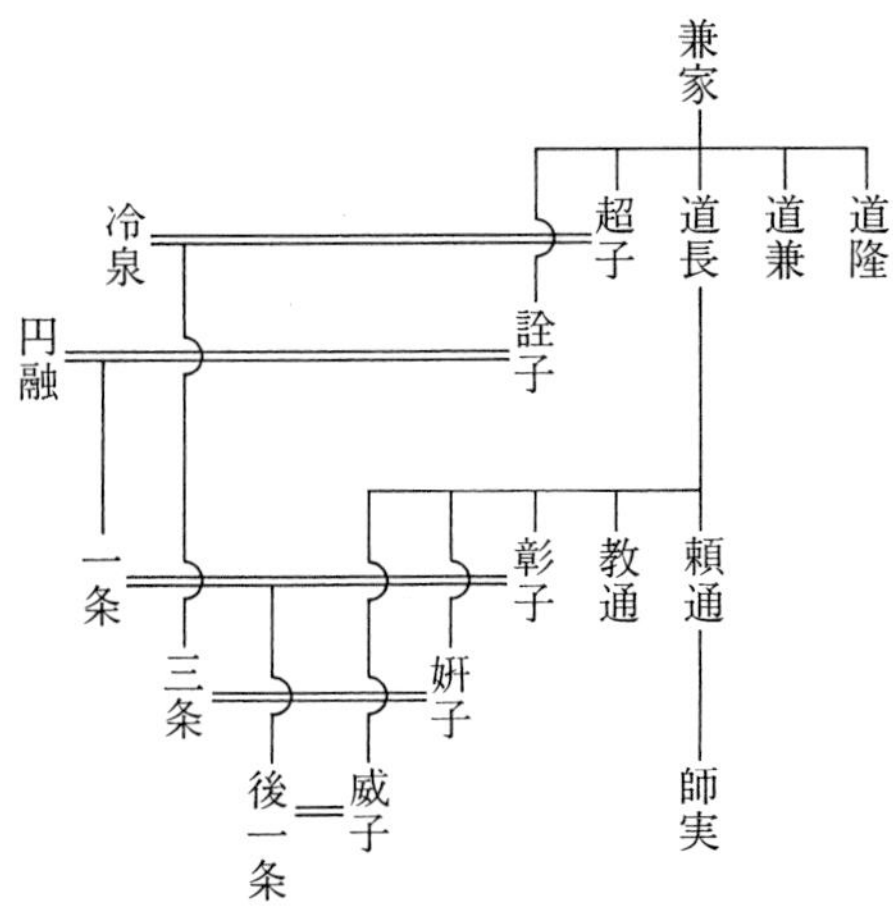

図2　皇室・藤原北家関係系図

長い論争がある。(23) これに深く立ち入ることは控えたいが、私は石母田正の定義したごとく、貴族層による権力の一定の制限を、不可避とした君主制であったと考える。そこには相互依存と緊張関係の両者が共存していた。

ところで十世紀以降の政権は一般に貴族政権とされるが(24)、一方で天皇権力の強化を主張する見解もあり(25)、私も貴族政権ととらえることには消極的である。摂関権力は天皇のミウチ的集団の権力の環によって支えられたとする視点が提起されているが(26)、これは必ずしも貴族主体の政権であることとは一致しない。王権がさまざまな後見者に支えられ、また分権化したことは事実であるが、その後見者たちはいずれも天皇の権威に依存する特別な人々であった。摂関は確かに貴族の出ではあるが、その立場は他貴族と同一に論ずべきではなく、むしろ王権に引きつけて考えるべき存在ではなかろうか。十世紀末以降の摂関と、他の貴族たちとの間には、質を異にする格差がある。後に本所になるのは摂関家のみであるのも、それと関係する。また、陣定など公卿議定や後述する太政官の構造も、律令制段階に比して、天皇に対する独立性を弱めている。議定の議題提出・開催は王権側から行われ、その結論も必ずしも統一見解を出すわけではなく、最終判断は天皇または摂政に委ねられた。陣定(御前定は除く)に摂関は出席せず、判断者の側に立つことも、注目される。また貴族層が天皇のミウチ的な氏に限られてきているという側面も、貴族と天皇との対立的要素を弱めている(27)(ただし、この時代において議定という意見具申制度が君主制の中で一定の重みをもって存在し、王権のあり方に影響を与えたということを否定するわけではない)。右のように考えると、私には、この時期の政治権力の性格を貴族政権ととらえるよりも、一部代行が可能となることにより変質した天皇制とみる方がよいように思われる。分権的王制とでもいうべきであろうか。

さて、前述したように、王権は聖なる権威と世俗の権力に分掌されるようになった。早川庄八は、奈良時代の天皇が神話や天神地祇につながる皇孫思想と、仏教思想、革命思想ぬきの日本的天命思想を同居させていたと述べている。(28) 他方、網野善彦は、日本の王権は、未開の段階では統合されていた「田の王」としての側面と「山野・河海の王」としての側面とをあわせ持っており、律令国家は、王権の「田の王」としての側面を強調して、儒教思想のもとに強引にこれを組織化したと述べた。(29) 焦点を異にする論を同日に論ずることはできないが、天皇の権威およびそれを支える神事・儀式・政務がきわめて複雑な様相を呈していたことは疑いない。そして、摂政が代行し、関白・内覧が補佐したのは行政面のみであった。幼帝であっても、主宰せねばならない事柄は神事・儀式を中心として少なくない。その分析はすべて今後の課題であるが、権威の部分、つまり支配者層統一の思想的よりどころとなる行為は、摂関の設置とは関わりなく天皇に残されていた。君臣関係の確認の場とされた節会への出席が幼帝にも要請されたことは、(30)『侍中群要』巻八に幼帝用の足置き台を天皇の座に置くように記されていることでわかる。また諸社行幸にも出かけているし、(31) 斎王の伊勢下向の事を豊楽院で行ってもいる。(32)『貞信公記』を見ると、摂政忠平はずいぶん多くのことを幼帝朱雀に奏した。幼帝でも即位式や大嘗会を行うことはいうまでもないが、そのつど、神話につながる権威の確認が行われ、官人はこれに「仕奉」(33) し続けた。天皇は摂関に後見されながらも相変わらず位階秩序の頂点に位置しており、この面からも彼らは「仕奉」した。しかし宣旨職の展開のなかでは主従制への芽ともいえる現象が育ちつつあった。天皇は二つの顔を持っていたというべきであろうか。これらを共存させたまま、王権自体が「天皇職」化しつつ、官司請負制の展開とともに、職の頂点に位置づけられていったのである。

摂関家が外戚になりえなかった後三条朝(一〇六八―七二年)は、やはり摂関制の転換期であった。しかし摂関家には、天皇の代行を制度化した摂政や、行政面の後見者たる関白を独占しうる家格と昇進コースが約されていた。この官人社会の構造は、依然として健在である(摂関家の出ではない藤原公実(きんざね)が外戚のゆえをもって摂関の地位を望んだとき白河上皇が拒否した処置を想起されたい)。しかし、家父長的権威のもとに王権を後見した道長・頼通と同じ立場を、そのほぼ五十年後の教通・師実に求めるのはもはや無理であった。後三条のもとに、関白教通と、大臣師実・源師房が特別に集められて諮問に答えたことは、うたがいもなく摂関権力の縮小の結果と思われるし[34]、白河朝(一〇七二―八六年)において、関白師実が公卿を集めて諮問(殿下評定)を行うようになるのも、摂関の独裁性の後退を物語るものといえよう。その後、摂関家内部の抗争と皇位継承の問題を切り抜けるかたちで、新しい後見者たる院が、王法相依思想に基づく大寺院にも対応しつつ、行政権代行者として姿をあらわす。

第二節　官司制の変質

1　宣旨職と所の展開

(一)　宣旨職と所

前にも述べたが、佐藤進一によれば、九世紀前半を起点として律令官司制には大きな変化がもたらされる。蔵人所と検非違使という新しい型の令外官(りょうげのかん)の成立がそれである。これらの職は、やがて自己完結的な大規模な中央官庁に発展し、令制本来の官司にも重大な影響を与え、十・十一世紀を通じて、それらは令制とは異なった形の官職・官庁に再編され、十一世紀後半から十二世紀の中頃にかけて、官司請負制を軸とする中世国家の官職体系が成立する[35]。十・十一世紀といえば、変化のまっただ中である。以下、この期の官職の特徴について述べてみたい。

佐藤の指摘した蔵人所と検非違使がいずれも宣旨職と称される令外官職であり、また「所」の性格を有していることに注目したい。令制の正式の官、つまり除目官(じもくのかん)は、天皇と議政官(参議以上の公卿)が参加する除目で決定された。それを本人に告げるための儀式としては『延喜式』に三つの方法が載せられている。いずれの場合も、天皇—太政官—式部・兵部両省という機関がそれぞれ所定の役割を果たし、組織としてこれを確認する。日本の場合、官記は作られなかったから、このような場における儀式が決定的に重要な意味をもった。それに対して宣旨職の場合は、官位相当ももたず、かつ「宣旨」によって任命された(もっとも、重要な職の場合は詔によることもあり〈摂政・知太政官事など〉、参議のごとく除目官に近いものとなった例もある)(36)。

宣旨職の特色は、その任命方式である宣旨にあらわれている。早川庄八によれば、宣旨の特色は、(1)「上級者の命令を下級者が書き記したもの」であり、それ自体は他に対する発給機能も下達機能も有しない。(2)その上級者と下級者の関係は必ずしも同一官司・機構に属する必要はない。時代的に八世紀にさかのぼることは言うまでもなく、律令制以前にさかのぼる可能性すら有している、と要約される(37)。

右の諸点によって宣旨職を考えると、任命権者との間の関係は一対一であることを基本とし、その両者の間に伝宣者や奉者が介在するということになろう。そして、彼らの権限や職務内容を決定するのは、宣旨に記された内容であり、それを保証するのが、任命権者と、宣者・奉者の属する組織ということになろう。その職務の委託も任命権者・宣者・奉者・補任者(ぶにんしゃ)の間でのみ完結する。律令官職組織の中にきっちりとはめ込まれた除目官とは本質的に異なる面をもつ。要するに宣旨職とは、命令者の高下を問わず、宣旨によって、他の本官をもつ人物を特定の任務に別当させたものと言えよう。当然、宣旨職の存在は八世紀にさかのぼる。しかし八世紀において、これらは律令官制を破壊するような働きはしていない。だが、九・十世紀になると条件が異なってくる。

次に「所」について述べておこう。官職としての「所」の源を探っていけば、何らかの機能を果たすための人の集まりであり、そのための施設・場所という点に尽きる。「所」は律令制下においては、官衙の付属機関として姿をあらわす場合が多いと指摘されている。[38] では、なぜ蔵人所や検非違使が九・十世紀以降、あれほどの要職となったのであろうか。私は、そこに律令官制の導入とその変質が大きく影を落としていると思う。律令官職制度のもとでの官職とは基本的な構成原理を異にする「所」が、律令制導入によって表面に出なくなったのは当然と言えよう。しかし、律令官制を実際に運営しようという段になると、機能的かつ融通性のある「所」が不可欠となり、それは、諸司の実務的下部機関として展開した。九・十世紀には、律令制的収取の崩壊によって、律令諸官司の縮小的再編と機能化が余儀なくされたが、そこに「宣旨職」と「所」が、国家機関の中枢部の構成にまで影響を及ぼしてくる原因がある。

　そのなかでも蔵人所と検非違使がとりわけ大きい位置を占めるに至ったのは、それらが王権に直属するものであったことによる。ここではこの二つの所について概観しておこう。

　まず蔵人所について、佐藤・網野の説を参考にまとめてみよう。[39]

　(1)蔵人所は当初政治的・軍事的色彩の強い天皇直轄官庁として発足し、蔵人の兼官関係を通じて要職の機能を殿上に集中させた。しかし、九世紀の中頃より経済的色彩を強める。十世紀以降には多くの「所々」をひきいて天皇家家政機関の中枢となっていった。この頃の「所」には、別当の下に請け負い的性格の強い「預」を置くものが多くなる。

　(2)十世紀初頭の供御物調進体制の改革に伴い、畿内に大規模な供御所(摂津河内の江御厨、和泉の網曳御厨、山城江人、桂御厨鵜飼等)を設置し、志摩・紀伊・若狭・淡路など、古くからの伝統をもつ贄人に大きな特権を与え、それらを太政官とは別の命令権をもつ蔵人所またはその管下の御厨子所の支配下に入れた。同じ頃、畿内諸国と近江国が魚貝を貢進する日次御贄、四衛府が貢進する小鮒日次御贄等の制度も設定され、蔵人所は畿内周辺の海民を直接的に支配するに至った。他方、畿外諸国からの贄も廃絶されず諸国から蔵人所へ運ばれた。また蔵人所は、官内の諸寮司へも宣旨によって直接命令を下すことができた。特に内廷諸司はその強い隷属下に入った。

(3)天禄二年(九七一)に設定された大量の諸国臨時交易物は、蔵人所の財源とされた可能性が強く[40]、また十世紀後半以降は、必要に応じて召物の「牒」を発し、諸国に直接命令を下しえた。

(4)蔵人所の「牒」は、唐物使や宇佐使に代表されるような諸使の供給・逓送のためにも出された。これは、交通路に対する天皇支配権に基礎をもつ。

(5)十一世紀後半(延久)頃を境として、給免田と諸国往来の特権を与えられた供御人による中世的供御人制が成立し、蔵人所の支配下に入った。

次に、検非違使についてもまとめておこう。

(1)この官司は、蔵人所とほぼ同じ頃に成立した天皇直轄官庁で、京・畿内を中心に、非違糾弾権を持ち、十世紀初頭にはその規模を拡大し、中頃までには捜索・逮捕・裁判・行刑を請け負う一大官庁と化した。

(2)この機能と関わって、路・河・津など交通路の支配、材木点定(てんじょう)、人夫徴発、徴税の強制、京内の清掃や穢の除去の機能をも担ってゆく[41]。

(3)ここには明法官人が常駐し、官司請負の先駆的役割を担った。

(4)検非違使庁の裁判基準については、十世紀後半までに慣例が成立し、五位以上官人、公家使者侍臣、特定寺社成員などの犯罪は勅裁、公家社会の身分秩序や統治秩序を乱すような犯罪も勅裁とされ、他はすべて使庁の専決事項とされた。院政期に入ると勅裁の範囲が権門周辺の下層部分にも広がった[42]。

(二)　別当制

さて、宣旨職の特徴は「別当」であることを前述したが、それは太政官組織の外枠を変化させることなく実質面での機能を変化させることとなった。九世紀前半より置かれ始める俗別当制は、比較的早期に展開した形態である。これは公卿や弁官・史などを寺の俗別当に補し、その寺の事に当たらせるものであるが[43]、俗別当出現の初例とされる天台宗や真言宗の場合、その設置はいずれも寺側の要求に基づいており、旧来の僧綱・玄蕃寮・治部省(三司)システムを否定し僧の役職・補任・課試・得度・資産管理等を太政官ないしは王権に直結して行おうとする寺側の意向をみとめることができる。これは政務手続きの簡便化につながるものであると同時に[44]、治部省・玄蕃寮の機能の一部を確実に破壊した。この俗別当は、十世紀以降には、後述する殿上所充(ところあて)・官所充等で決定され大きく展開した。

『西宮記』によれば、別当を置く小寺ならば、別当・三綱・定額僧などの補任は、寺が三司を経ずに別当公卿を介して太政官に申請した。七大寺や封戸(ふこ)を有する大寺については、それら僧官の補任は奉勅であったが、寺側の要求が俗別当を通じて上申された。十一世紀において薬師寺公卿俗別当であり源氏長者でもあった源俊房は、きわめて強い指導性を発揮し、太政官内の薬師寺関係の政務事項を専担した[45]。同様に東大寺・興福寺の俗別当の活躍も知られている[46]。源俊房の行動は、決して太政官の統制を逸脱したものではなく、律令太政官制の変質のうえで十分に位置づけられるものであることも付言しておこう。

(三) 所充

十世紀になると、俗別当のみならず諸司にも別当制が展開する。この頃には諸司・所々・諸寺の別当の任命は、殿上所充・官所充で行われた。殿上所充は十世紀初頭、官所充は十世紀前半に確認できる[47]。殿上所充とは、殿上人を諸司・所々・諸寺別当に任ずるもので、昇殿者による責任分担であり、蔵人所の拡大版ともいえるかも知れない。ここでは、諸司別当を中心に述べよう。

ここに姿を見せる諸司はいずれも王朝儀式運営に関わるものであり、かつ実務部門でもあった。そこには八省・弾正台・諸衛府は全く見られない。これら上級機関を無視しているのである。十一世紀以降、諸司別当は、本司が職務に支障を来した場合や通常の遂行能力では対応不能な場合にのみ機能している。[48] 私は、むしろそこに本質があるように思う。殿上所充の全貌を伝える史料は、嘉応年間(一一六九―七一)のものと承久年間(一二一九―二二)のものしかない。しかし、別当する官司と、担当者の官職との対応関係は、十世紀から固定されていたらしい。[49] いま嘉応の例によって、官方の諸司や所の公卿別当と弁官別当とを比較してみると、公卿・弁官双方の別当を持つ司・所は意外に少ない。それらは木工寮(もくりょう)・内膳司・修理職・穀倉院・奨学院・侍従所にとどまる(別当の置かれた諸司、官方の所は全部で二十六にのぼる)。太政官への申請はふつう弁官から上卿(しょうけい)へというコースをとる。これを無視して直接公卿別当が日常的に司務を領導したとは思えない。やはり公卿別当は総括的な監督を行い、異常事態の時に活動したと考えたい。また弁官別当は、弁官局内での任務分担であると同時に殿上人の特性を生かして公卿や王権への連絡の便をもったと思われる。

殿上所充は十一世紀前半には形骸化が進んだ。雅楽寮(うたりょう)公卿別当であった藤原実資は、窮地に立たされた雅楽頭清原為成の懇願に応じて指示と援助を与えているが、そのとき「予、雅楽寮別当たり、一分は其故あり、但し是れ、古体の事也」[50] といっているところをみると、その制度が過去のものとなりつつあったことをうかがわせる。私は、殿上所充を本格的な摂関制成立の前段階のものと考えている。ただ、殿上所充が天皇交替ごとに初度所充として形だけ続くことの意味は、天皇―昇殿者の人格的関係確認の儀式として別に考える必要がある。なお官所充の方は、明らかに弁官局内の職務分掌体制である。大膳職・木工寮・大炊寮・内膳司など殿上所充で弁官が配される諸司へは史を配し、左右京職・主水司(もいとりのつかさ)へは史を、官内の所である位録所・王録所・大粮所・厨家・造曹司等には弁官・史を、季録所・造物所(つくもどころ)・廩院等へは史のみを配している(諸寺にも史別当をあてる)。民部省廩院をも含め諸司への弁官支配の強化を示すものであろう。これらは上卿の宣(上宣)で任命される。官所充は殿上所充の衰退とは別に官司請負制の展開期まで実質を保ったらしい。

（四） 長官―年預制

令制官司の内部では、いま一つの動きが十世紀頃より見られる。それは中世の官司運営として注目されてきた、「長官―年預制」[51]である。[52]

年預の史料的所見は、延長二年（九二四）の左近衛府ものが最初であるが、[53]その後、十一世紀前半には衛門府・内蔵寮等においても見られる。年預にはふつう判官・主典（さかん）が当てられた（近衛府の場合は政所（まんどころ）〈年預〉中将と年預将監・将曹）。その平安時代の展開は、近衛府の具体的な政務運営を検討することによって明らかにされた。

十一世紀、近衛府の年預たちは、府の政所に勤務し、すべて長官の指示するところに従いつつ、府の日常的な事務を全面的に運営した。[54]

年預の補任は長官の宣によるものであり、これまた、宣旨職の一形態であった。上にみたように、この体制は、遅くとも十一世紀初めには定着していたが、承平六年（九三六）閏十一月二十三日の弁官宣旨[55]は修理職・木工寮が勾当官人（担当者）に仕事を任せきるのを禁じているから、年預に事務を一任する体制も十世紀後半以後に一般化するものと思われる。これは、律令四等官制を全面的に破壊するものであった。そして、いま一つ注目したいのは、官司運営者と儀式供奉者との分離の傾向である[56]（後述）。また長官―年預制は受領と目代の関係にも通じるものがある。

（五） 行事所

次に行事所について述べよう。行事所そのものは、九世紀中頃には大嘗会や仁王会に際して姿をあらわし、十世紀後半以降には恒常・臨時を問わず種々の行事について設けられている。上卿一名（時には参議が加わる）・弁官・史からなる場合が多く、機能性を重視した官内のプロジェクトチームであった。彼らは、物資の調達を含む行事事務一切を取り仕切った。行事所の上卿は、必ずしも陣で政務を行わず、多くの場合その里第(私第)において行事弁・史を指揮し、かつまた必要に応じて摂関の指示を仰ぎ、蔵人や殿上弁(てんじょうのべん)を通じて天皇への奏を行った。[57] この行事所が、独自の経済基盤として召物を諸国から徴収するようになるのは十世紀後半であり、それ以後、この組織は朝廷諸行事執行の重要な柱となる。[58] この体制の成立は、長官―年預制の成立とともに、官制を根本から変質させたと考える。これはまた、公卿の公事分配の成立(九八五年)とも関連する。これは、公卿に年中行事担当の割り振りをしたものであるが、同様の分配が蔵人・弁官・外記・史や使部に至るまで行われ、そのうち、蔵人の分配は永延三年(九八九)―正暦三年(九九二)の間に成立している。弁官・外記・史の分配の成立も、そう離れた時期ではなかろう。[59] おそらく殿上所充の衰退は、年預制・行事所制・分配等と関わるものであろう。

(六) 小　括

新型の官職たる蔵人所・検非違使の展開は、中務省・少納言・刑部省・弾正台などの職掌を吸収しつつ進行した。九・十世紀を通じて、八省クラスの総括官司の没落は著しい。

貞観四年(八六二)七月二十七日の宣旨[60]は、諸国からの申請に関する民部省機能の太政官への大幅な吸収を物語るし、[61] 成選制の放棄(一三頁参照)は、式部・兵部両省の人事関係事務の削減とその外記局への集中を物語る。[62] さらに寛和三年(九八七)三月五日官符[63]は、諸国からの調庸雑物貢進解文を、まず官(弁官)に提出し、奏聞の後、出納諸司(大蔵省・民部省)に下すように指示しており、諸司と受領が結託するのを禁じて出納諸司の権限を制限し、太政官の強い統制下に置いている。俗別当制や十世紀に展開する諸司・所々別当制も、同じ傾向を助長した。十世紀後半になると行事所制や長官―年預制が展開する。これらを要約すれば、宣旨職・所の展開と、太政官中枢部(外記局・弁官局)への諸司実務機能の直属化ということになろう。そしてそれは、十世紀末の一条朝頃には、摂関期的な一つの体制を形成する。このような動きのなかで、太政官中枢部の公卿(議政官)たちは、横のつながりをもった統一的な組織の一員というよりは、王権―上卿―弁官という、縦系列のつながりのもとに分散的に活動するようになる。それら政務の全てを統一的に掌握していたのは王権であった。

当時の王権は、太政官と蔵人所という、いちおう別の命令系統に属する双方の組織に足を置いていた。そしてこれが、摂関期の国家的官職機構であった。蔵人所は独自の経済基盤を確保していく一方、宣旨と請奏(しょうそう)による上申・下達方法および官職の兼任関係を通じて、太政官にも寄生していた。「山野・河海の王」につながる蔵人所と「田の王」につながる太政官双方の支配、言いかえれば、人と土地の支配は、交錯しつつ共存している[64]。殿上はその両者の結節する場でもあった。実は摂関家も自らの一族および家政職員をこの双方に寄り添わせている[65]。

この官職体制の次の変化は、佐藤進一の指摘する十一世紀後半―十二世紀中頃にかけての官司請負制成立期のそれであったと思われる。ただ私は、宣旨職のなかに佐藤のいう職への過渡的な姿を想定する。また、その補任形式のなかに、まだ芽生えたばかりと言わざるをえないが、主従制的な関係――佐藤のいう家礼(けらい)的な関係――への方向を推測しうる。しかし、まだ世襲的な要素は強くない。これらに伴う経済的な報酬も検出できる。たとえば行事所の場合、行事賞があり、俗別当には寺で俗別当料が計上されていた[66]。年預については不明であるが、除目における「長官請(しょう)」などで官職への推挙がなされたのではなかろうか。

さて、ここまで官職の変質にばかり注目してきたが、この時期の官職にはいま一つの側面がある。それは天皇とともに儀式そのものを行うことである。官職が事務部門とハレの儀式挙行部門に分離し、事務部門には請け負い的な色彩が強くなったが[67]、儀式の場では、なお「律令制」が生きているのである。

十一世紀中頃を境とする荘園公領制の胎動とともに権門間訴訟が増加してくると、政府はこれを国衙を介さずに直接裁定しはじめる[68]。そして、その実務に奔走したのは弁官および官底勘文・明法勘文の作成者たる史や法家たちであった[69]。官宣旨がこのころ急増したのも[70]、その反映である。官司請負制はこの動きと並行して成立してくる。儀式参加者と特殊技能を持つ実務担当者とが分離し、一方で家格が成立する。九世紀後半頃から少しずつ世襲化の動きを見せてきていた特殊技能保持者(大学諸道・奏楽・馬芸等々)は、おのおのの伝習組織ごとに系統化されつつ、たとえば諸道の職などとして、令制官制の統属関係とは別に官職横断的にいくつかの官職を占めはじめていた。紀伝道の菅原・大江や藤原南家貞嗣流・北家内麻呂流(後の日野家)・式家、明経道の中原・清原、明法道の惟宗(この家は平安末期には姿を消す)、やや遅れて十二世紀になるが中原・坂上、算道の三善・小槻、陰陽道の加茂、暦道の加茂・安倍、馬芸の下毛野、奏楽の播磨・尾張・多・狛・秦などがそれである。『新猿楽記』の例を出すまでもなく、その裾野はきわめて広いものであった。そして、十一世紀後半—十二世紀中頃にかけて、いわゆる「官司請負制」がいちおう整った形をとってくる。前述の諸家は、多くの官司機能を請け負う「家」として成立してくる。その特徴を佐藤進一によって示せば次の通りである。

(1)蔵人所や検非違使の展開。太政官の中枢部にある弁官局・外記局の独立完結化。律令官僚制の破壊(前述)。

(2)官職の運営を支える収益源が設定され、業務活動と収益が直接不可分に結合する。これが「職」の原形である。

(3)官職は特定の氏族(家)によって世襲的に請け負われ、官職の家業化(外記局の清原・中原、弁官局の小槻、検非違使の坂上・中原等)が生まれる(これらの請け負い的地位を「……務」と呼んだ)。

(4)この官司請負制は、十一世紀後半から十二世紀中頃に成立する。これをもって中世国家(王朝国家)の成立とする。

官司請負制は、家業維持のために他家の者を養子にすることをも含めて展開する[71]。ただ、私は十一世紀における各家の競合と定着の間には、頼通期の摂関家による圧力が働いたと思う[72](二八頁参照)。家格もまた、摂関家の血縁関係および家政機関の秩序と結合していたが、官司請負制にも、権力者による規制が加わった。院政期には、院のもとに、摂関期の家格の手直しと官司請負制の方向づけが行われた。官司請負の主役は、主として実務を担った諸大夫以下の層であった。しかし、後の名家とされる勧修寺家・日野家や、公達層のなかから侍臣としての諸芸能を世襲する家が成立していくのも同一の流れの上でのことであった。鎌倉時代のことになるが、官務・局務・蔵人方の出納の家などは、その職掌に関わる諸寮司・所々・寮務・司務・所務をも吸収し、その内部に門生あるいは家司的な、これまた世襲的な家を支配して、文字どおり蔵人所・太政官の機能を丸抱えするかたちで請け負うに至る。[73] 彼らは院・摂関など権門の家政機関とも密接に結合しつつ独自の秩序と世界を作った。[74] しかし、彼らは相変わらず、院司・家司であり、位階や家格秩序は厳然と残されていた。そして、その家格・諸職の頂点にあって、その調整役を果したのは王権であった。

第三節　貴族層の再編

1　叙位任官制

(一)　叙位制

近年、九世紀の前半頃に、五位以上の成選制が放棄されたことが判明した。[75] これは、やがて官位相当制の崩壊につながる重大な結果をもたらす。ほぼ時期を同じくして、官職制度の方にも大きな変質がもたらされ、国家組織の中枢をなす太政官制を換骨奪胎していくこととなる。以下、官位と官職に分けて考察していこう。

吉川真司によれば、この変化は「位階の上日・成選から官職の年労へ」というようにとらえられている。現代風にいえば、勤務評定方式から官職別の年功序列方式への変化といってよかろう。勤務評定方式の放棄は、二つの方向へ展開する。その一つは、(a)年功序列方式の延長線上にとらえられる年労叙爵制と年労加階制への方向であり、いま一つは、(b)天皇の権威に結びついた特権的な叙位方式への方向である。

まず(a)から述べていこう。

年労制とは、在職年数(年労)を基本的要素とする叙爵および加階(従五位上以上)のことである。この方式の特色は、官職によって有利さに大きな差が出ることである。はじめに、年労叙爵について述べよう。多くの六位官職のうち、式部丞・民部丞・(兵部丞)・外記・史・衛門尉(えもんのじょう)(以上を顕官という)、それに蔵人・近衛将監などは毎年おのおの一人ずつの叙爵枠を持っていて、年労の高い順から叙爵されていった(巡爵)。これらは最も有利な人々であったが、それに次ぐ内記・大蔵丞・検非違使等は、一定年限を決めて、外記の勘申に基づいて叙爵されることとなっていた(年労叙爵)。それ以外の諸司・諸衛に在職する官人の場合は、諸司在職者・諸衛在職者をおのおの一まとめにして、そのうちの最上臈者が毎年おのおの一―二名叙爵される例であった(諸司労・諸衛労)。これら諸司・諸衛在職者の数は多いから、巡爵や年労叙爵よりはるかに不利であった。

従五位上以上への加階すなわち、年労加階の主要部分をなすのは、各官職別に設定された年労によって、外記が勘申し加階させる方式である。やや特殊なものとしては対策(課試)及第者を一定の年限ごとに加階する対策労というものもあったが、年労加階制においては、加階の上限も必要年数も官職により異なり、官職の有利不利が発生する。

このほかに、外五位から内五位への昇叙を上臈者から行うもの(入内(にゅうない))や、従五位下の最上臈者一名を毎年従五位上に加叙するもの(一加階)等の方式もあった。

年労叙爵は九世紀後半、年労加階の主要部分は九・十世紀の交に成立する(対策労はやや早く成立する[76])。

次に(b)について述べよう。これに属するものとしては氏爵・年爵や、特寵による個別的な叙位がある。氏爵は、王氏・源氏・藤原氏・橘氏など天皇家に特別な功績を有する諸氏から毎年一人ずつ叙爵させるもので、九世紀後半から十世紀に成立する。[77] 年爵は年給の一種であり、院宮に限定される特権である(注〈84〉参照)。天皇にごく近い人々に叙爵推挙権を与えるもので、これも九世紀中頃に成立する。[78] ほかに、特別な叙位として、藤原時平に正五位下を直叙したのをはじめ、摂関の子には正五位下から従五位下を、大臣の子には従五位下を直叙する慣例も生じている。これらの新方式は、特定官職(六位では、式部丞・民部丞・外記・史、そして、蔵人・近衛将監、ついで検非違使など、五位以上では、高位まで昇れる年労〈加階の枠〉を有し、かつ労の期間の短い、近衛中少将・弁官・兵衛佐・衛門佐・少納言・侍従・対策及第者等)をきわめて有利にした。それは、官位相当制が全官職について平等に機能しなくなったことを示す。と同時に一部の特権的な官人が要職を独占する結果を生み出した。いわゆる官職の貴族化であるが、それは急速に進み、十世紀前半には侍従→兵衛佐→近衛少将→中将→参議という昇進コースを作り出した。[79] また、これに次ぐものとして弁官を歴任して参議昇進を果たすコースも成立し、『官職秘鈔』の記す種々のコースの原形はこの頃にできた。さて、上記(a)(b)いずれとも異なる方式で加階されたのが受領である。彼らは任期終了後に勤務評定をうけて加階された。これを治国加階という。受領の治国加階は公卿昇進の可能性をごくわずかながら残していたが上記の典型的な昇進コースと比べれば非常に不利であった。

五位以上の成選放棄に伴って、六位以下の叙位システムの機械化がすすみ、五位・六位の階層格差が拡大する。六位以下の位階は正六位上と従七位上に集中する傾向を見せ、それらは実質的な意味を失いはじめる。[80]

(二) 任官制

成選の放棄は、除目(任官)制度にも大きな影響を与えた。その実態がわかるのは九世紀末から十世紀初頭である。この頃には、『西宮記』や『北山抄』『江家次第』などに描かれるのとほぼ同じ形の儀式が成立しつつあった。その次第は、一見きわめて複雑であるが、京官の重要部分については、天皇と摂関、つまり王権掌握者が申文を勘案しつつ決めるのである（八世紀以来、奏任・勅任ともに同一の場で決定された）[81]。ただ、六位顕官（式部・民部丞、外記、史、衛門尉。天暦年間（九四七—九五七）には兵部・大蔵丞、式部・民部録も加わっていた）[82]、および受領は、公卿挙で推薦された。ただし、顕官の場合は合議により推挙し、受領の場合は公卿が各自の推薦者を一紙に書いて天皇に献上した。これは、あくまで推挙権であり決定権ではなかったが、その意味は決して小さくはない（後述）。受領挙の成立は、九世紀最末期に置くことができる[83]。その他の膨大な任官枠は、年労と特寵による任官に分けられる。ただ、年労による給官の場合、諸司・諸衛奏や諸道関係の挙のように旧来の官司からの推薦枠が全くないわけではないが、四所籍（内豎所・進物所・校書殿・大舎人寮の下級官人を労により下級国司に任命するもの）や蔵人方所々の申請枠に見られるごとく、内廷に関わる人々や王卿および要職在任者への優遇が目立ち、ここにも恩寵的色彩が表われている[84]。これらは、いうまでもなく大部分が下級国司への任用である。そして、恩寵による方式としては、年給と諸請[85]がある。このような形態は、十世紀前半にはほぼ完成した形を整えていた。

さて、除目には、申文などの申請書または労帳と、有資格者であることを示す勘文が必要であった。叙位の場合もやはり申文と外記勘文が必要であった。叙位・除目ともに、事務を取り扱ったのは外記局と蔵人所であった。令制官職の年労に関わる部分は原則として外記方、年給を含めて天皇の恩寵および蔵人所に関わる部分は蔵人方と考えてよいが、九世紀には外記方の役割が大きかった。ところが、延喜年間（九〇一—九二三）の『紀家集』紙背文書を見ると、外記方へ出されるべき申文もかなり蔵人方へ出されていたことがわかる。おそらく、十一世紀段階では、四所籍・諸道関係の挙および労帳による下級官人の任官などを除けば、有効な申文はほとんど蔵人方に出されていたと思われる[86]。叙位に関してもこの傾向は認められる。蔵人が申文を選別することは除目の場合と同じであった[87]。やや時代が遅れるが、『春記』長暦三年（一〇三九）正月六日条においては外記方に出される式部・民部省奏を蔵人が選別している。この頃には、それが例となっており、そののち改めて外記方に渡されたのである。[88]しかし、外記方の仕事が無くなったわけではない。叙位・除目を問わず、外記勘文が決定のための不可欠の資料であったからである。

(三) 摂関期の叙位・任官

さて、兼家・道長政権は叙位・任官のうえでも一つの画期である。すでに指摘されているが、その第一は、昇進コースの定着化である。公卿昇進コースとしては、近衛コース、近衛から弁官を経るコース、弁官のみのコース等々が定着する。第二は、近衛コースのなかから摂関家専用のコースが成立することである。①参議を経ずに中納言へ昇進するコースや、②兵衛佐・侍従いずれかから少将・中将へと昇進するコースの定着がそれであり、多くは正五位下や従五位上から出発する（②のコースは、十一世紀中頃よりやや裾野を広げる）。第三は、年爵の従五位上以上への適用と、さらにその四位への拡張である。十世紀中頃より正五位下にまで及んだ年爵の位階は、そう時を経ずして、兼家の頃には、もう正四位まで及んだ。年官の方も京官や介の例が出てくる。この影響はきわめて大きかった。年給の本質は、給主の周辺の者に位を与えることに第一の意義があり、無関係の者から叙料・任料を取ることは第二義的であるとする尾上陽介の分析は貴重である。[89]当時の年爵の給主といえば、ほとんどが摂関家関係者である。とすれば、公卿直前の四位まで摂関家が自由に操作しえたことになろう。『公卿補任』を見れば、年給による加階が、人事における摂関家独裁にいかに大きい影響を与えたか一目瞭然である。そして、それらは家格の成立へとつながる。

2　昇殿制と家格の成立

ここで、家格との関係で、昇殿制について述べておこう。昇殿とは天皇の居住殿舎である清涼殿の殿上間に昇りうる資格を与えられることで、昇殿を許された者を殿上人という。宇多朝には昇殿制の整備が行われたが、この時の整備は、それまでとは質を異にする画期的なものであった。それ以前は「次侍従四位の者」は誰でも昇殿を許された[90]。しかし、次侍従定員は四位・五位含めて一〇〇名であり、四位の者はかなりの数にのぼったと思われる。十三世紀成立の『禁秘抄』は、「上古……殿上人、百人に及ぶ」と述べるが、宇多天皇の『寛平御遺誡』には、殿上人は蔵人を含めて「二十五人、六位を具して三十人」とある[91]。これは、いままでとは異なり、特別の宣旨によって昇殿者を厳選し、側近を日常的に殿上に候せしめたことを物語る。この制度は、位階制秩序を破壊はしなかったけれども、天皇との直接の関係を基礎とする新しい原理を導入した。そして、公卿・殿上人という新しい特権階層を作り出した。これは、石母田正のいう「官僚制の背後にある人格的隷属」の新しい展開を示すものであった[92]。

では、昇殿制の具体的運用はどうだったのか。公卿の場合をいちおう考慮外とすれば、①五位叙爵の時、②四位昇進の時、③三位昇進の時、④六位昇殿者で無官の者が官を得た時、⑤蔵人を解任された時、⑥受領になった時などには必ず降殿する。また、天皇が交替すれば公卿も含め全員降殿するというシステムであったように思われる。その寛平―延喜(八八九―九二三)頃の実態は、『三十六人歌仙伝』などに詳しい。

殿上への昇降は、天皇の恣意によってかなり頻繁に行われた。それは、時の権力者の交替にも敏感に反応した。昇殿制が個としての天皇との関係を原理とした、貴族層再編の一環であるという評価は重視すべきである[93]。一方、その昇殿者集団のなかから受領が排除されたことにも注意したい。それは、受領が地方政治一任とひきかえに、第一級の昇進コースから外されたことを物語っている。昇殿制は、蔵人制の拡大といってよく、近衛コースに属する諸官職や弁官・検非違使等を含み込んでいる。しかし、その内部には、天皇個人との親近関係を基本としながらも、二つの異なる原理が同居している。その一つは、「乳母(めのと)の子」を可とする考え方、すなわち側近主義である[94]。いま一つは、公卿の子を優先しようとする考え方、つまり家柄主義である[95]。かつて蔵人について考察したときに、忠平政権期頃から蔵人に忠平周辺の者が増加することを述べた。昇殿の場合も同様の経過をたどり、後者、それも摂関家中心の考え方

表1　家格の概要

	代表的官職	公卿昇進	位　階	昇殿	蔵人所	摂関家との関係
公達	侍従，兵衛佐，弁官，中少将	あり	五位直叙，三位以上へ昇進可能	あり	頭，五位	忠平子孫，宇多以降の源氏
諸大夫	検非違使佐，弁官，勘解由次官，式部丞，受領	ごく稀	六位→五位・四位	一部	五位，六位	家司
侍	馬允，弾正忠，民部丞，六位外記，史	なし	六位が一般的，五位先途	なし	所々預	侍

〔備考〕 院政以前の状態を中心とした．

が強まる。

『公卿補任』には、一条朝(九八六—一〇一一年)後半頃より、昇殿の記録を省略する例が多くなる。それは、おそらく後者の考え方が優位を占め、それを基準とする家格が成立したことと関係するものであろう。[96]

公達・諸大夫・侍という家格区分は十一世紀前半に明確な姿をあらわす。[97] 先にも少し触れたが、摂関家は、公卿をほとんど自らの一族および、血縁で結ばれた源氏で占めることに成功した。また諸大夫に押し込めた受領を家司とし、蔵人所へも一族および家司を多く送り込んだ。頼通期の後半からは、弁官・外記・史へも家司を送り込み、官司請負制への促進的役割を果たした(家格の概略は、表1に掲げたので参照されたい)。

3　貴族秩序と封禄

令制下では貴族層といえば五位以上としてよいが、この五位・六位ラインの差は、この頃も維持されている。五位以上層は、昇殿制の導入により公卿・殿上人・諸大夫と階層化され、六位侍層とは大きな階層差があった。封禄面での変化をとらえれば、六位以下をも対象としていた季禄・馬料(めりょう)・時服等は、十世紀前半頃を最後に形骸化する。つまり、六位以下は封禄の対象から外されたのである。五位以上層で節会参会者に与えられた節禄も十世紀後半以後形骸化し、公卿に少額の禄(手禄)が渡される程度となったらしい。[98] 五位・四位層の位禄については、延喜七年(九〇七)以来、諸国の別納租穀から支出されたが、全員に支給する体制は崩れ、十世紀後半頃より、一世源氏、女御・更衣、外衛督・佐、馬寮頭、二寮(主計・主税)頭・助、外記・史、および一定枠の殿上・院・宮・大臣の推薦分、そして正税を奏請する弁・少納言・近衛次将・内侍、および任国の正税から徴収する兼国者のみが支給されるようになった[99]。興味深いのは、この対象者が、繁忙な要職である二寮頭・助、外記・史(五位)と兼国者を除けば、他は昇進コース上の官職、すなわち公達の多く就任する官、内廷と関係のある衛府・馬寮、そして、一世源氏、女御、更衣、内侍、「殿上」(天皇)・院・宮・大臣家推薦分等、いずれも天皇との関係が基本となって設定されていることである。封戸に関しては、寺封についての勝山清次の研究により、十二世紀になるまでは維持されていたことがわかっている。公卿の封戸については不明な部分が多いが、『小右記』に頻出する「俸料」がそれを含むとすれば、少なくとも摂関期には維持されていたと見るべきであろう[100]。また、納官封租抄は、功過定の対象ともなっている。他の給与としては、兼国公廨がある。これは、外記の兼国勘文によって、参議、大弁、大蔵卿、少納言、近衛次将、三宮亮、装束司弁(以上権守)、大内記、五位外記、史、諸司長官、馬寮頭、諸道五位博士、医道、陰陽道(以上介)、諸道六位博士、諸道得業生(以上掾)[101]等の職にある一定年数の勤続者に受領以外の国司を兼ねさせるものである。諸道関係が入るが、他はやはり顕官優遇である。ただ、十一世紀中頃には、参議・中将クラスですら収入が保証されない状態となっていたらしい[102]。そして、最後に大きなものとして、年給がある。年給の支給原理は、それこそ、天皇の関係者に対する恩給であり、対象者は天皇・院・三宮・公卿中心である。このように見てくると、封禄の体系も、天皇との直接的関係を基本とする、公達・殿上人・諸大夫のランクに対応したかたちに組み直されたことを知る。優遇された官職には、公達の家の者がつく可能性がきわめて高かった。もっともその収入の大部分は諸国受領から徴収されたから、給主と受領の個別的な関係に左右される面もあった。また蔵人方には、殿上人から所々・諸衛に至る、月奏による給与があった(等第禄)。これは、内裏上日の勤勉さによって与えられるもので、六位層も対象になる。あるいは宣旨職の給与を考えるヒントとなるものかも知れない。下級官人の給与の問題は今後の課題である。

第四節　政務の様相

十世紀以降の重要な太政官政務としては、外記政(げきせい)・南所申文(なんしょもうしぶみ)・陣申文(じんのもうしぶみ)などの公卿聴政と、官奏および陣定があげられよう。最近の研究[103]は、外記政・南所申文・陣申文のいずれもが九世紀前・中期に成立したものであることを論証した。そして、官奏や陣定も遅くとも九世紀後半までには成立していたと推測される。これら公卿聴政と奏、そして定は、それぞれ独立しているのではなく、一連の政務執行の手続きである。[104]その背後には律令文書主義の浸透、内裏への政治の集中、太政官の合議機関としての独自性の後退等々、重要な事実が指摘されている。ところで、『江次第鈔』は「延喜儀式が古体を載せているのに対して、村上朝の新儀式や清涼記が当世の体を用いた」とし、かつ、「一条朝以来天下の政務が一変し、さらに、白河・堀河両朝に大変した」と述べている。「一変」「大変」とは何なのか、この鋭い指摘の意味を太政官政務の細部において探ってみたい。

1　外記政、南所申文、陣申文、官奏

政は諸国・諸司等からの申請を裁断するシステムである。必要があれば、天皇に上奏し、判断を仰ぎ裁断を受け、時には定にかけられる。これらは一連の政務のシステムである。

外記政は太政官候庁、南所申文はその南にある侍従所で、陣申文は内裏の陣で行われた。外記政・南所申文には、上卿・参議・弁官・少納言・外記・史などが参加したが、陣申文は、上卿と弁・史でよかった。官奏は、これらの公卿聴政を経ていることが条件であった。忠平摂政期、承平五年(九三五)六月の『本朝世紀』からは、この月の公卿聴

政が十二回に及んだことがわかる。この場合の政とは、外記政・南所申文をさすが、その盛行を示すものといえよう。延喜後半には、太政官の文案が整備され、[105]のちに『九条年中行事』や『北山抄』(巻七)が記す申文手続きの基準(一上取り扱い事項と大中納言取り扱い事項の区別および奏と上宣の区別)も、この頃に成立した。しかし、村上朝(九四六―九六七年)に入る頃より、欠怠が目立ち始め、安和二年(九六九)二月二十八日の宣旨には、外記政が月に三、四回ないし七、八回になってしまったと記されている。[106]その傾向はますます進み、十世紀末頃には、十二月以外は多くて四回、普通は二回ぐらいとなってしまっている(十二月は、正月の受領功過定に向けて申文が殺到するため回数が多い)。[107]しかし、文書に捺印する請印は外記政で行い、不与解由状や僧尼文は南所申文で処理するのが原則であったので、外記政・南所申文は回数を減らし、(受領関係以外の政務処理では)衰退しながらも、一定の役割を果たし続けた。請印については、結政請印など外記政以外で行う便法も開発される一方、請印を必要としない宣旨などが多用されるようになったが、後述する受領の公文勘済には必須の手続きであったことを注意しておきたい。[108]

外記政・南所申文の衰退面を代替したのが、陣申文とされる。[109]忠平政権の頃には、外記政・南所申文を執り行う上卿は大中納言に限られてきていたから、「一上に申す事」は当然陣に申されることとなる。また、南所申文で要検討とされたものも陣に回された。[110]聴政は、本来は大臣の職掌であったが、平安初期以来、中納言以上にもこれが拡大され、その日出勤した上卿が聴政する日上制が出現した。[111]菅原道真、藤原時平が内覧となったとき、諸卿が聴政を拒否し、「奏以外の事は諸卿で行うべし」との院の仰せで解決したことがあるが、このように奏と上宣の区別や、一上行事の基準などが固定してくると、陣申文の必要性も増す。

公式令の諸奏が形骸化したのち、太政官の奏の主体をなしたのは官奏である。これは、前述の諸申文のなかで奏を必要とするものにつき、大臣が昇殿して天皇の座前に参上し、直接奏文を進上してその裁許を受ける方式で、口頭伝達を基本とする令制の諸奏とは趣を異にする。また、大臣に従って奏に奉仕する候奏の史によって、必ず奏報(奏に対する天皇の処置を記した文書)が作られ覆奏される。これは除目とともに最も重要な政務とされた。しかし十世紀中頃に入ると、この官奏も形骸化の道をたどりはじめる。[112]『貞信公記』によれば忠平の摂政初期には頻繁に行われ、『江家次第』に「往古は一切の奏書、官奏に非ざるはなし」とされた状況をうかがわせる。『北山抄』巻七「申一上雑事・申大中納言雑事」に「奏」とあるのは、官奏であり、[113]その事項は非常に多い。しかし、『江家次第』の段階では、減省と不堪佃田の申文、そしてときどき講読師の任命を請う申文しか官奏には入れられなくなっている。その他に「鉤匙文」が入れられたが、これは国衙の不動倉の鉤匙(カギ)を帯出してその備蓄状態をたしかめようという申文で、実効力のない「吉書」(嘉例を記した儀式専用の文書)であった。このような状態になるのが十世紀前半の忠平政権期とする説もあるが、[114]実例を追ってみると、官奏の内容の減少は徐々に進んだと見る方がよい。しかし、道長政権初期には、官奏が四月まで行われなかった年も多くなり、後一条朝(一〇一六—三六年)に至ると八月九月まで官奏がない年も珍しくなくなる。[115]この頃には、もう『江家次第』の記載と同じ状態になっていたと思われる。ただ、このことは、天皇に奏がなされなくなったのではなく、上奏事項が上卿から蔵人経由で奏されるようになったにすぎない。なお、最後まで官奏に残された減省・不堪佃田事は、正税出挙の定数減額を要求したり(減省)、耕作不能の田数を報告して課税基準たる田数の削減を要求する(不堪佃田)申文で、受領の負担の基本額に関わるものである。認可される内容が固定化・定数化したとはいえ、当時の受領たちの交替にとっては不可欠の手続きであった。摂関期は、「今年官奏只二ケ度」[116]とされるような院政期とは様相を異にしている。

2　摂関期の申文

政(外記政・南所申文)、そして官奏は、ともに十世紀末頃には大きく変化したと述べたが、それでは十一世紀、いわゆる摂関盛期の公卿聴政は、いかに行われたのか。かつて南所申文や外記政で処理された事柄が全て陣に持ち込まれたとするには、なお問題がある。(117) この時期の南所申文の実例に関する曾我良成の調査によれば、(1)中央諸司からの申文としては、諸道得業生の補任や課試、才伎長上の補任を申すものくらいで例が少なく、寺社の申文も、定額僧補任、諸社の禰宜・祝(はふり)の補任などわずかな例しか見出せず、(2)これに反して、諸国からの申文は多く、不与解由状、解由状、交替実録帳、減省、勘出、不堪佃田、班符、鉤匙、不動開用、雑物欠剰を相補する事など、その主流を占めていることがわかる。(118) 吉書である鉤匙文を除けば、これらは全て国司交替とその勤務成績評価に関わる重要な申文ばかりである。一方、陣申文の実態を見てみると、曾我のあげたもののほかに、賑給(しんごう)・給復・雑物色代・交替使申請など受領からの重要申文や、京官関係の馬料申請文、大粮申文、失符、所充等、必ず一上に申すべき申文がとりあつかわれている。しかし、公卿の日記に載せる陣申文の回数はそれほど多くない。確認できたところで最も多いのは、長保三年(一〇〇一)九月の五回である。この月は、南所申文を含めても六回である。前掲の忠平時代の政で処理されていた事柄が全てこれでこなせたとは思えない。陣の方が南所より天皇居所に近く、陣の上卿は南所のそれより上位の場合が多い。一般に陣申文の方がより高次の判断を行う場合が多かった。とすれば、南所申文の回数の減少をそのまま陣申文が代替したとするには無理がある。そこで今度はこの問題を考えるために結政のあり方を見てみよう。

結政とは、申文や官奏の準備のために文書を整え、不備がないかどうかを審査する政務で、大弁と中少弁、そして史を主体として行われた。審査は、中少弁および大弁による二段階を経たらしい。ここでは、文書への署名も行われた。(119) 道長政権初期に右大弁であった藤原行成の日記には、自らの出勤日数を月末にまとめた部分がある。これによると十一世紀初頭の結政の回数はかなり多く、時には月十回を越えており、最高は十三回を数える。(120) その回数は、寛仁末年頃から減少しはじめるようである。寛仁から長元年間(一〇一七―三七)にかけて中弁・大弁として弁官局にいた源経頼の『左経記』と、藤原行成の『権記』とを比べると、その差はかなり大きい。結政に出される申文の種類は多種多様でその数も多い。おそらく、陣や南所申文を経ずに上卿に達する方法があったと考えられる。『西宮記』(巻十裏書）には、大宰府貢綿解文や鋳銭司年料解文の場合、一上が不参であれば里第（私第）へ持参せよと記されている。『西宮記』裏書には十一世紀の書入れも多く、これを直ちに十世紀段階にさかのぼらせることはできないが、上卿の里第へ文書を持参することが増加してきたのではなかろうか。このように考えると、公卿が里第で政務をとることと陣申文・南所申文の減少とは関わりがありそうである。そこで、その推移を追ってみると、摂関を別とすれば、延喜二十一年（九二一）十二月十四日、病中の大臣藤原忠平に不堪佃田のことを里第で執り行わせた例があり[121]、忠平政権期には、藤原師輔が大納言または右大臣として御禊前駆や伊勢奉幣使のことを行った記事がある[122]。また、『西宮記』（巻十）にも大臣が里第で宣旨を賜ることが載せられている。大臣が里第で政務をとることは、十世紀後半から十一世紀にかけて一般化したものと思われる[123]。しかし、大臣以外の者の里第での執務、特に奏については制限されていたらしく、それを行った大納言藤原公季や権大納言藤原教通、権大納言藤原公任などは、貴族たちから非難されている[124]。また、権中納言藤原能信は道長から「一上の外、専ら文を奏すべからず」と叱られている[125]。逆にいえば道長・頼通期には、大臣の里第での執務は通常化していたことになろう。

では、南所や陣に必ず申さなければならなかった文とは何だったのか。それは、受領交替関係を中心とする限られたものになっていったのではなかろうか。政↓定系統の政務ルートは簡素化・縮小化してはいるが、太政官政治の正当な後裔である。受領関係の政務にこのルートが固持されたことの意味は大きい[126]。

3　官方奏事の系譜

十一世紀から院政期に向けて、奏事のもつ重要性が増し、後白河院政期（一一五八年）になると弁官奏事と蔵人方奏事が明確な姿をあらわし、伝奏を通じて院奏されるという院政特有の上奏形態が成立することは、橋本義彦の明らかにしたところである[127]。一方、曾我良成は『台記』久安四年（一一四八）六月五日条を素材として、院政期には大夫史↓

蔵人頭→奏という上奏ルートが一般化していたこと、古くは、弁官が上卿に申上してその指示によって奏聞しており、それが上奏の本来のあり方であったことを明らかにし、院政期の慣例が十一世紀後半頃から徐々に形成され、十二世紀、藤原忠実の頃に完成したと論じた。[128] 上卿の変質をも指摘したこの主張は興味深いが、いま少し具体的にその経過を追ってみよう。

朝廷では折目節目に「吉書」が使用された。それは実質をもたない儀式であり、形式であるが、それゆえにかえって本質を推測させてくれることもある。少し後の時代のものであるが、典型的な吉書の例を検討し、その手続きをうかがってみよう。

康和元年(一〇九九)八月二十八日、藤原忠実が内覧宣旨を受けた。このとき吉書の内覧が行われた。『時範記』[129]はその様子を詳細に記している。忠実はその私第枇杷殿におり、官方の吉書は権左中弁源能俊による近江国年料米解文、蔵人方のそれは頭弁藤原宗忠による美濃国広絹解文であった。内覧の後、これらは奏聞のうえ、今度は上卿としての忠実にもたらされ、宣下された。ここで注目されるのはこの時の蔵人方・官方双方の吉書が、長徳元年(九九五)の藤原道長の例に依っているとされる点である。これは道長の内覧機能が蔵人方にも及んだことをあらわす[130](もっとも道長は蔵人所別当を兼ねていたが)。今度は代始吉書の例をみよう。これは天皇が元服の後はじめて吉書奏聞をうけるきわめて重要なものである。その初例は後一条天皇治安元年(一〇二一)正月二十二日のものであると伝えられる。[131]この時の関白は藤原頼通、上卿は左大臣藤原顕光であり、官方吉書は近江国年料米解文で権左中弁源経頼が、蔵人方吉書は平野祭幣料を請求する内蔵寮請奏で蔵人頭藤原朝経が担当した。この時の具体的な次第は不明であるが、それに倣ったとする後例(建久四年〈一一九四〉の例)によれば、関白も蔵人方・官方双方の内覧を行っている。前掲の場合と同じなのである。道長は蔵人所別当であったが頼通はそうではない。兼通や兼家が蔵人方のことに深くかかわったこと(前述)から考えれば道長の場合も内覧として蔵人方吉書を見たとしてよい。これらの場合の解文や請奏は、南所申文や陣中文を経たものではない。もしそれらであったら史が上申するはずである。これは奏事である。そして、そのことは奏事が道長の頃には一般的に行われていたことをあらわす。実質的な蔵人方奏事を道長が内覧した例も見出せる。[132] 代始吉書が後世まで、官方は近江国年料米解文、蔵人方は平野祭幣料請奏にほぼ固定されていたことも興味深い。平野祭幣料というのは平野臨時祭のためのもので、これは寛和元年(九八五)に開始された蔵人方の行事であり、[133] 年料米解文が奏されるようになるのは寛和三年三月五日の制[134]に関わると思われるからである。これらの時期こそ摂関制の確立期だったのである。

さて吉書をめぐって奏事の成立をうかがってみたが、十一世紀の記録にあたってみるといろいろな形のものが検出できる。道長政権下で活躍した藤原行成の『権記』を中心に検討してみよう。行成は長徳元年(九九五)八月蔵人頭となり、民部権大輔を経て、翌年四月には権左中弁となり、左中弁、右大弁を歴任して長保三年(一〇〇一)八月に大弁のまま参議に昇進する。この間、ある時は蔵人頭として、またある時は弁官として、天皇や内覧一上道長のところへ出入りしている。それらのなかから奏事もしくは申請のために道長の許へ行ったと思われる例を分類してみよう(行成からの申請が時によって天皇に奏され、奏事となる場合がありうる。但し、明らかに内覧のために上卿の意をうけて道長のもとへ行ったり、それを蔵人として奏したりしているものは除外する)。

その第一は史が個人として解文を行成に付し、行成が道長または上卿の指示を得て、時には奏したり、処置をしたりしているものである。史の名が特に記されているところをみると結政からのものではない。この型のものには大宰府解文が多い。大宰府の「解」は一上に申すことになっており、[135] 急事の場合も多かった。しかし、大宰府以外の例もみとめられる。[136] 第二は行成から道長へ申上し、道長が、ある場合には「奏すべし」、ある場合は「下せ」「候へ」「案に依れ」などと、一括して申上されたものに、別々の必要な指示を与えているものである。[137] これには次の三つの可能性が考えられる。㋑第一の型なのだが史の名が省略された。㋺結政から一上の私第への申請。㋩史以外の誰かから直接行成が付され、それを申上したもの。

㋺の例を論証するのは困難であるが、前述したように結政と申文の回数の差を考えると、可能性は否定できない。㋩の例はきわめて多い。その一つは行成がどこかの別当を兼ねている場合である。彼は勧学院弁別当でもあったから、弁別当として氏長者道長に申上したと思われるものがある。[138] ほかには、種々の要求や訴えを付される場合がある。弁官・蔵人としての連絡ルートを利用しての取りつぎ、というべきものである。公卿や弁・蔵人が天皇や摂関にいろいろな仲介をする例は多いが、[139] それは当時の権力のあり方を考えるうえで重要な意味をもつものと思う。また、執務の下打ち合わせのために意見を聞く場合がある。[140]

さてその他に奏事ルートを経るケースとしては、行事所関係のものがある。行事所関係の政務は、結政や陣申文を経ることなく、行事上卿が私第で処理することが多かった。[141] 諸国との交渉も行事所が直接行い、その上申下達は奏事ルートで行われた。行事所のこのような政務処理方法は、十世紀後半に始まるとされる。また、検非違使関係の事柄は官方奏事ルートや蔵人方奏事ルートを通じて奏上された。

なお注意しておきたいのは、この段階では蔵人方奏事と官方奏事がはっきりと区別されていることである。頭中将時代の藤原実資や弁官になる以前の蔵人藤原行成が官方奏事を行った例はほとんど確認できない。[142] 蔵人方奏事が、蔵人所成立以来のものであることは云々する必要もなかろう。

4　奏事の展開

前述の『台記』久安四年(一一四八)六月五日条に、「古例、官に付するの文、先ず上卿に申し、上卿之を奏せしむるか、近代、官直(じき)に頭蔵人に付して奏す」とあることは、摂関期から院政期への奏事の展開を考えるうえで重要な示唆を与えてくれる。その第一は上卿の疎外、つまり摂関と上卿の関係の問題である。第二は、このとき『台記』の記主で一上だった藤原頼長の指示によって、「古例」に則って上申から奏までを行わされたのが奇しくも殿上弁であったことである。つまり、蔵人と殿上弁の関係を考えるカギとなりうるのである。第三は、弁官と史の関係である。以下項目を分けて頼通期以降の変化を追ってみよう。

(一) 上卿の変質

『左経記』や『春記』をみると、長元年間(一〇二八―三七)頃より、弁官や蔵人が上卿より先に関白のもとへ行き、それから天皇に奏し、必要に応じて上卿へ連絡がいくという例を多数見出しうる。ごく一部を例示してみる。『春記』には長暦四年(一〇四〇)八月記の冒頭から四日にかけて伊勢の豊受宮が倒壊したことについての記事が載せられている。この情報は祭主大中臣永輔の使から頭中将藤原資房(『春記』の記主)に情報が入り、彼は関白へ連絡し、その指示で奏聞し、関白と天皇の間で相談が行われ、公卿定を行う方針が決定された。上卿に連絡がいったのはこの段階である。そして伊勢からの申状は定の当日まで御所に秘かに置かれており、上卿は定の時に初めてこれを見たのである。また、同年八月六日―二十四日条によれば、淡路国の異損解文が頭中将資房に付され、やはり関白と天皇の間で相談の結果、異損使を発遣することに決し、上卿右大臣藤原実資のところへその旨の連絡がいっている。これは本来ならば一上へ申し官奏に入れるべき事柄であったから[143]、実資は難色を示している。官方のことでありながら、一上右大臣実資は後回しにされたのである。同じように、官奏に入れるべきものであったと思われる美濃絹減額の中文が、頭中将→関白→天皇というルートで伝えられ公卿定にかけられた例もあり[144]、早川の指摘した長元四年(一〇三一)の斎王託宣事件(伊勢神宮の荒祭神が斎王に託して朝廷と天皇を批判した事件)の場合も、一上実資は、関白よりの相談ではじめてこのことを知った[145]。

行事所においても事情は同じだったらしく、長和三年(一〇一四)三月二十五日賀茂禊祭について、行事左中弁が、下社破損文を行事上卿実資より先に道長にみせ、修理方針を決めてきたことに対して、実資は原則をはずした行為であると批判している[146]。院政期には、上卿が特に必要とされる場合を除けば、行事弁と摂関や院との間で交渉が行われる例も多い[147]。

(二)　弁と史

今度は弁官と史の関係について述べよう。この頃の傾向として注目されるのは、弁官や史個人が上司の私第に文書を持参し上申する例が多くなってきている点である。これは内裏や外記候庁における申文儀の後退と軌を一にするものであり、頼通政権期になると結政の回数もやや減少するようになることと関係しよう。これは、官司請負制と一体化しつつ進行した。十一世紀後半期、最も威儀を正すべき外記政において、結政を経ていない申文を、上卿が急遽大弁の私第に使を遣わして検討させ、結政が済んだことにして処理したことなどは、その一例である[148]。

(三)　殿上弁と蔵人

次に注目されるのは、蔵人へ奏事が集中する傾向である。蔵人が、天皇と上卿または摂関との間の連絡を掌るのは、当初からの職掌であった。しかし、『西宮記』(侍中事)には官方雑事の奏は殿上弁の奉仕するところであると記されている。職事弁官が蔵人と弁を兼ねており便利な存在であったことは当然であるが、蔵人でない殿上弁もまた奏宣を活発に行っている[149]。しかし院政初期成立の『弁官至要抄』には、「近日」は殿上弁は自らが奉行すること以外の文書の奏下をしなくなったと記す。また、実際に殿上弁が奏事を遠慮しようとした例もある[150]。結局、院政期には殿上弁は、行事のこと以外の奏を蔵人に一任するようになったことがわかる。十一世紀前半から末までの間に変化が起こっているのである。注意すればこの変化の過程をうかがうことができる。それは官方の事項を蔵人に付す傾向の一般化である。『春記』の記主藤原資房は頭中将であったから、弁官の取り扱うべき官方の事を上卿や関白に上申するのは本来不自然である。しかし前に掲げた史料には、蔵人が明らかに官方の事を上申した例が含まれていた[151](三八頁参照)。このようなことは十世紀末に藤原実資が記した『小右記』の頭中将時代の記事にはみられない。

また官方の文を誤って蔵人方へ出してしまい、改めさせられた例[152]や、八幡宮新写大般若経供養の上卿源師房が、弁官に付すべき「御願文」を頭中将資房に付して奏させた例[153]もあり、いずれも奏が蔵人に集中していく傾向を示すものといえよう。太政官(史)→蔵人→摂関→奏という院政期奏事の祖型は十一世紀中頃、すなわち頼通政権後半期にはできていたといってよい。

(四) 院政へ

院政下における院への奏事の成立については次のように考えることができる。

院政成立当初の白河院は、太政官を掌握するのに、摂関を院の近臣とする方法をとった。しかし堀河天皇が成長し藤原師通が彼を補佐する段階になると、院と堀河—師通との間には摩擦が目立つようになった。ところが嘉承二年(一一〇七)鳥羽が即位し、かつ若い藤原忠実が、わざわざ院宣を要請して摂政となるに至って、白河院は再び近臣化した忠実を通じてほぼ完全に太政官を支配しうるようになった。忠実の院参の頻繁さは、彼が院近臣として院政を支えたことを如実に示している。しかし保安元年(一一二〇)に忠実が院勘を受けて政治から疎外されると、事情が異なってくる。この段階になってはじめて、弁官が院近臣の伝奏を経て院奏を行うという弁官奏事が姿をあらわす。

『永昌記(えいしょうき)』保安五年四月九日条には、

朝の間参院す、顕頼弁に付し条々を申請す、昨日政始、五位の弁候わざる事、仰に云く、故障を尋ぬべし、陽明門破壊の事、仰に云く、此間の造作方角の憚りあり、七月以後修造すべし、史時兼不出仕の事、月奏上旬に奏せざること、已上両条大弁の進止也、申請に任せて左右すべし、主殿官人、陣の掌灯の事を勤めず、仰に云く、蔵人方に仰せらるべし、

とある。この日記の記主藤原為隆は当時参議左大弁、天皇は幼帝崇徳である。また「顕頼弁」とあるのは藤原顕頼で、前年蔵人を辞した、有名な院近臣である。ここでは彼は伝奏役をつとめているとみるべきである。院は左大弁の奏事について、いちいち判断を下しており、形式からみても後の記録にみえる奏事のあり方と全く同じである。また、これが弁官奏事であることは、「蔵人方に仰せらるべし」とあることで明らかである。院が弁官との間に直接のパイプを設定したことのわかる最初の史料といえよう。蔵人方奏事は、その成立を云々するまでもなく、院政成立当初から存在していたとみてよい。ここに至って、院が摂関を介さずに直接実務機関を指揮する体制ができあがった。「治天の君」が太政官を動かす仕組みの一つは、ここに完成をみたといえよう。

5　議定について

あらためて説明する必要もないが、定とは公卿が陣または「御前」(摂政の時は直廬)において、合議し、その結果を上奏する政務である。召集および議題の設定は天皇(またはその代行者)が行う。陣定の場合は摂関は参加せず、裁定者の側に立つ。結果は定文、または蔵人頭の口頭伝達で奏された。公卿は一人一人意見を述べ、定文には発言者を明記した意見分布が記された。議題は国政全般にわたり、御前定は叙位・除目、内裏焼亡、造営定などごくかぎられた大事にしか催されなかった。(154) 重大なことには議定を行うという意識は当時の公卿に浸透していた。しかし決定権は常に天皇または摂政にあり、彼らが議定の結果を拒否することも皆無ではなかった。(155) 制度的には九世紀以来、後三条朝(一〇六八—七二年)まで変化がない。ただ十一世紀中頃より権門間訴訟の裁定が陣定に多く持ち込まれるようになる点は注意してよい。(156) また、白河朝(一〇七二—八六年)前後より、清涼殿殿上間における殿上定が出現する。ここに

は天皇は臨席しないが[157]、御前定に准ずる重要事項、特にこのころ多発する寺社強訴への対応が期待された[158]。これは院議定に継承される。

ところで定の性格づけについては種々の議論があるが、最近公表された今正秀の説は新しい局面を開いた。定が天皇の諮問機関であり必ずしも統一見解を必要としなかったことはすでに明らかである[159]。今はそのことから、陣定の意義を、重大問題に対する天皇と公卿の認識の共有と、天皇の決定への参考意見の提示にあるとする。そしてそれは公卿にのみ許された奉仕であり、関白・内覧に次ぐ政治的存在であることの表明と相互確認の場であったとする[160]。私はこの指摘を重視したい。公卿がそれ以下の官人と画然と区別され、天皇との関係においても官制においても特別な地位におかれたことは、右の事情による。公卿の発言は決定権を持たないけれど、個人として、前例をふまえた「理」を提示し、他の参会者とともに決定に影響を与えた。老練な公卿の発言は、それなりの重みをもっており、この面を過小評価することもまたあやまりであろう。公卿が議定に参画しうるということは、公卿以外の官人の存在を考えれば重大な権限である。公卿挙や受領功過定の被推挙者や被評定者にとって、その影響は重大であったはずである。それは公卿たちに受領の「志」が集まる理由の一つでもあった。

ただし前述のことは公卿が一つの勢力、または組織としてまとまっていたことを意味しない。彼らは家としてのまとまりは持ったが、個々に天皇とつながり分散的であった。定はその調整の役割も果たしたと思う。

第五節　受領と摂関政治

1　受領制の成立と財政

九世紀後半から末にかけて、国司官長の権限と責任の強化が行われ、任国にあって国政を一身に請け負うと同時に交替に際して任中の責任を果たしたことを示す調庸総返抄と雑米総返抄および正税返却帳の受納を義務づけられた「受領」が誕生する。[161]これが特別の官とされるのは、除目において受領巡任の成立する九世紀末期のことと思われる。おそらく同時に公卿挙による推挙(受領挙)も始まったと推測される。[162]彼らは考課制度が放棄されていくなかで唯一厳密な勤務評定を受けることとなる。しかしこの当時、考課基準を満たす受領は多くなかった。昌泰二年(八九九)七月には解由を得られない受領が五十人もいたと記されている。[163]受領は任終になると、後司との間で交替政を行い、欠怠がなければ解由状を、あれば不与解由状を交付されて帰京した。不与解由状は太政官に出され、太政官から勘解由使に下されて監査をうけた。そしてその結果は勘解由使勘判として奏聞され、報符のかたちで国に下された。そこで指摘された欠怠を塡めれば解由状が出され、交替が完了する。ただその前提として、前述の総返抄・返却帳を民部省勘会によって得ておく必要があった。これを公文勘済という。延喜十五年(九一五)に至ると解由取得者を対象として主計・主税寮の勘文を資料とする受領功過定が発足する。これは前司と比較して成績が良ければ勧賞を与えるというものであった。[164]ここに受領功過制度が叙位と結びつけられたことになるが、これは公文勘済奨励策ともいうべきで、調庸総返抄を得ていなくても叙位にあずかった例もある。[165]次いで天慶八年(九四五)正月になると、中央貢進物だけでなく、国内に残された雑怠を監査すべく、勘解由勘文を加えた功過定が始まる。[166]これこそが本格的な功過定のはじまりである。[167]しかし『北山抄』(巻十)の示すところによると、延喜・延長の間(九〇一―九三一)は公文勘済する者が少なく、康保(九六四―九六八)以降は勘済者が多くなったとされている。監査が厳しくなったのにパスする者が多くなったというのである。私はこの間に政府側に大きな事情変化があったのではないかと思う。それはほかならぬ承平・天慶の乱である。天慶二年(九三九)東西相呼応するごとくして起こったこの戦乱は、窮乏していた国衙財政に決定的な打撃を与えたのではないか。その状況は、「凶賊乱盛」のため調庸を納めるどころではなく、公文勘済のことをも全くかえりみず公認・非公認の緊急出費を行わざるをえなかったうえ官舎も焼かれ官物も奪われたと述べた長門国司解[168]や、兵乱ののち軍役のために開発田不能であったとする天慶五年の定文[169]、応和元年(九六一)段階で阿波国が「久衰」[170]とされたことなどで明らかである。また東国の場合も、相模・安房・上総・下総・常陸は二年間勘済すれば勧賞するというほどの亡国(済物未納の多い国)となった[171]。

大帳勘会制・税帳勘会制の崩壊、不堪佃田の定数化、例減省の成立、減省の一任一括申請、正税帳の任終年または得替後の勘会等が、十世紀後半頃に起こり、受領の私富蓄積もこの頃からのことであるとされる[172]。納官物についての『延喜式』式数の縮小固定化も十世紀末頃にはみとめられる[173]。つまり、公文勘済者が増加したのは、受領が勤勉になったからではなく、済物量を縮小固定化し民部省勘会帳簿上の負担を軽減する一方、臨時的な負担を課すかたちで受領に国政を請け負わせたためなのである。『小右記』(万寿元年十一月二十八日条)によれば兼家政権の頃より、不堪佃田申文定にあたって大弁が定の前にあらかじめ「懐書」を準備しておき、それを写すだけになっていたことがわかる。前例固定化の一端をあらわすものといえよう。

功過定の本格的発足は、勘解由勘判の欠怠ももたらした[174]。また出納諸司と国司の「合眼」(共謀)による、調庸惣返抄の額面と実際の納入物との乖離も指摘されており、その間に賄賂が介在していたこともわかっている[175]。地方の国政を受領に全面的に請け負わせ、その代わりに功過定と人事で統制していくという本格的な受領制は、乱後の窮地からの立ち直りのために成立してきたと思われる。『北山抄』はこれ以後受領は「非法の物を徴した」とするが、尾張国解文の藤原元命(もとなが)に代表されるような、搾取のかぎりをつくす受領は、この頃からごくふつうになったのではないか。

この後、功過定に持ち込まれる項目は率分(九五二年)、斎院禊祭料(九六三年または九六六年)、修理職納畢勘文(九九九年)、穀倉院納畢勘文(一〇〇一年)、大炊寮納畢勘文(一〇二八年)と増加していく。また永宣旨(えいせんじ)召物や召物(後述)も、未納には加階停止や定自体の抑留などの結果が待っていたから[176]、効果は同じであった。

受領功過定の結果は治国加階に結びつき、公文勘済は除目に結びついた。これは公卿と受領の関係を規定した（後述）。

さて視点を変えて、このころ以降の国家財政の整備について整理しておこう。

まず村上朝（九四六―九六七年）には、受領に新しく不動穀の備蓄を命じた新委不動穀制が新設される(177)。これは年料租舂米や年料別納租穀等の設置により、本来の不動穀が食いつぶされつつあったことと関わる(178)。新委不動穀も功過定の対象項目とされ、兵粮料や造営に利用された。

公事用途の財源確保策としては、(1)天暦六年（九五二）納官物の一割（後には二割）を大蔵省から別置する正蔵率分制(179)、(2)天禄元年（九七〇）の年料物永宣旨制（御斎会、春秋御読経、京中賑給、仁王会等の用途を国宛したもの）、(3)大蔵省・大炊寮等が切り充てた年料切下文（十一世紀頃より亡国中心に臨時的にまとめて納入させた）、(4)料国制（年間済物数を国宛し直納させる）、(5)行事所・蔵人所召物制などがある(180)。それらは、未納の進む料物納入に対応して、重要度の高いものから選択的に枠をきめて納入させ、他はそのつど切下文や官宣旨で指定して徴収する方式であった。また天禄二年の「臨時交易制」が蔵人所の財源となったらしいことも注目すべきであろう(181)。

一方造営に関しては、十世紀後半以降、担当官司である修理職や木工寮以外に、陣定で諸国国宛がきめられた。それは官物・臨時雑役として在地に賦課されたが、後述する納所・京庫や、弁済使等によって敏速な対応が可能な体制になった十一世紀には、受領一任中に必ず宮城の大垣修理を負担するという慣例も成立したようである(182)。

ただ、たび重なる内裏焼亡や諸造営は受領を圧迫し、政府もまた十世紀末頃には国衙の正税も不動穀もなくなってしまっているのを認めざるをえなくなっていた(183)。これに伴って受領の負担返上要求も増加する。そのようなかで受領側から「一国平均役」、つまり荘園・公領を問わずに賦課しうる権限を付与されたいとの要請が出され、長元四年（一〇三一）大垣修造役において尾張国に初めて許可された。しかしその体制的成立をいつに見るかについては、長久荘園整理令(一〇四〇年)とする説、延久整理令(一〇六九年)・宣旨枡の設定・大田文等との関連から延久期と考える説、政府主導の租税制度としての成立に重点をおいて十二世紀中頃と考える説などがある。いずれにせよ十二世紀にかけて、造内裏役、野宮役、公卿勅使役、役夫工、御願寺造営役、大嘗会役などについての賦課が次々と認められていく。(184)

さて受領と財政との関係でいま一つ重要な事項として成功がある。十世紀後半より受領の私物による成功が補助的財源として運用されはじめ、十一世紀末以降、御願寺の連立、院御所の造営等から本格的な展開をみせ、その財政面での重みを増していく。(185)しかしそれは同時に受領功過制そのものをも破壊していった。

ともあれ十世紀後半以降、荘園の激増期までは、国家財政は受領による請け負いとそれを前提とした諸制度によってかなり効率的に運用されていたと見てよい。そして十一世紀中頃より再び転機が訪れるようである。

2 受領統制

国家財政の請負者としての受領が、いかにして中央政府に縛りつけられたかについて次に考えてみよう。

ここでまず、受領が支配者層の中でいかなるランク付けを与えられていたかを明らかにしておこう。受領たちを「層」としてとらえることに否定的な見解は少なくない。しかし、昇殿制成立にあたって受領がそこからはずされ、公卿昇進にとって有利な官職でなくなったことは重要である。受領でも特に昇殿を許される者はいたし、たしかに七カ国合格の受領が参議昇進を果たせるという治国功による慣例はあった。(186)また、受領と京官を遷任しつつ公卿昇進を果たす者も少なくはない。しかし彼らは、おおむね高年齢になってその地位を得るにとどまった。一流公卿の子息が受領となることもあったが、彼らはその家の主流には決してならない。やはり彼らは基本的に四・五位層で、ごく一部が公卿昇進を果たせるクラスであった(諸大夫層)。その意味では受領層というとらえ方もあってよいと思う。

摂関家の人々の受領蔑視意識[187](藤原頼長の美福門院への感情など)や、藤原道長が受領経験について弁官昇進への難点であると発言したことなど[188]は、受領の地位の実情をあらわすものであろう。それだけに、彼らの昇進および再任への要求は強かったといえよう。そこで受領人事のあり方について検討してみよう。

受領補任を決定するのは天皇または摂政(時には実質的に関白・内覧)である。しかし、公卿挙(受領挙)があったことも重要である。受領挙は十一世紀には恒例除目では形骸化し、半身不随状態になるが、それでも公卿の受領補任に関する意志を天皇に伝達しうるということの意味は大きい(延久〈一〇六九—七四〉以降は受領挙が全く機能を失ってしまうが、摂関期はまだそうではない[189])。

一方、受領選定について天皇・公卿双方に基準を与えたものとして「巡」および「別功」がある。彼らとて無原則に選定していたわけではない。別功というのは成功を含む特別の賞である。では「巡」とは何か。それは候補者の前歴によって一定の枠を設け、それぞれの枠の年労の順番によって優先的に候補資格を与える制度といってよい。具体的には新叙巡(しんじよのじゅん)と旧吏巡(きゅうりのじゅん)があった。新叙巡というのは、蔵人、式部丞、民部丞、外記、史、検非違使(十世紀後半頃にはさらに大蔵丞、織部正(おりべのかみ)[190])等を経て叙爵した者を順に任命するシステムで、旧吏巡というのは、無事任を終えた受領経験者を巡により再任しようとするものである。彼らが公文勘済した時、つまり中央貢納物を納め終わった時を基準として順番を作ったらしい。新叙より旧吏の方が有利な国に任命された。受領の供給源はこのような人たちであった。新叙巡に相当するのが、六位のなかで最も有利な官についていた者であったことは前述したところである(六位顕官になるにも公卿挙があった)。

さて、十世紀初めの頃までは、前述の人々はそう待機することなく補任されたようである。しかし十世紀中頃にもなると受領希望者も増加し、幾年か待機期間が必要となってくる。巡が新しい問題となるのはこれ以後のことである。天延二年(九七四)には旧吏と新叙を格差なく任命してほしいという要求が旧吏から出されており[191]、受領になるのが困難化していく。また十世紀末には、公文勘済の早期化を促すため、旧吏を任中公文勘済者（任終年の年末までに公文勘済証明を得る者）と得替公文勘済者の巡に分けるようになり、長徳元年（九九五）には、解任ののち二年間で公文勘済しないと「叙用」しないという新制も出されている。[192]任中公文勘済者の方が有利であったことは言うまでもない。ところで待機期間の方は摂関期を通じて延長される傾向にあり、旧吏の方は五—六年、新叙のなかでは有利な式部巡で七—九年くらい（ただし蔵人は別格）となった。この傾向はその後も続き、十一世紀後半となると新叙者がまず零落して二十年を越す例も多くなる。旧吏の場合はそれほどではないけれど八—十五年くらいになり、院政期、特に鳥羽朝以降にはやはり二十年前後も待つことになってしまう。とりわけ「得替」の場合の凋落が著しい。こうなるともはや年労による受領を中心とする体制は崩壊したに等しい。

ところで十世紀後半—末以来の待機期間の延長は、補任権者にとっては格好の統制強化の条件となった。候補者たちは利益の多い職を求めて、摂関・公卿など、発言力を持つ者に対して財をつぎ込むことになる。また成功による受領補任は、摂関期には財源としてはまだ補助的であったとされるものの、[193]受領を権力者に結集させようという観点からみれば、その意義は小さくない。これも受領たちを摂関や公卿に奉仕させえた構造の一つである。

受領をさらに強くしばりつけたのは功過定である。すでにその儀式および意義については先学の研究にくわしい。[194]監査項目に次々と中央財源に必要なものを取り入れたことについては前述した。『北山抄』巻十にあげる計歴、延任、重任、色代(しきたい)、停交替使、不堪佃田、減省、無直交易、賑給、給復、異損、勘出等々の項目にはいずれも、いかに公的負担を減額させるかという受領たちの策略と、それをいかにチェックするかという公卿たちとの智恵比べの記録が満載されている。受領たちは特例を得ることからはじめて、それを慣例化させることに全力を投じ、公卿たちもずいぶん真剣な議論をしている。その実態は『北山抄』巻十の「古今功過例」にくわしい。功過定における公卿の発言はかなりの重みがある。前例に基づく「理」を一人の公卿が確執したため定の結論が出なかった例をいくつも検出できる。[195]

これをパスしないと加階ができないわけであるから、これまた公卿たちが受領を制御する有効な手段であった。そして、受領交替および地方政治の基本に関する申請の取り扱いが、院政期以前は原則として太政官の政ルートで取り扱われたことは注目してよい。この局面では、太政官政治は確実に生きていた。これを崩したのは院政期の、院による恣意的な遷任・相博・重任・成功の濫用、および知行国・院分国の展開であった。

3　摂関政治と受領および諸階層

ところで公卿たちが功過定の場で厳格な議論を行ったことは疑いないが、彼らの「正論」を破りうる者がいた。それは摂関(内覧)であった。摂政・関白は陣定には出席しなかった(一上内覧は出席)。しかし、あらかじめ公卿に意思表示をし、その結果、功過定の場では、問題点があるにもかかわらず「諸卿合眼」、すなわち顔を見合わせるだけで何ら発言せず、「無事」定が終わるという例は枚挙にいとまがない(196)。ここに受領が摂関と結びつき、また公卿にもさまざまな取り次ぎを依頼する理由がある(197)。

功過定を行うためには、受領からの申請に基づいてまず弁官・史による結政が行われ、その審査を経たうえで、南所または陣で上卿に上申され、さらに奏聞される必要があった。受領の交替および地方政治の根幹にかかわる事柄が政・奏・定の政務執行方式に最後まで残されたことは前述した。こういった事務に摂関(一上内覧を除く)は直接タッチはしなかったが、摂関のもとへは絶えず弁官が出入りしており、摂関・内覧の意は、いわば遠隔操作で十分に貫徹しえた。結政における大弁の文書監査上の権限は、その形式不備に関してはかなり強いものであった。それでも一上内覧道長の意向であれば、いったん留めた文書をも挙上(上卿に上申すること)しなければならなかった(198)。これは上卿が主催する「申文儀」の場合でも同じであった(199)。また摂関ゆかりの上卿たちも多かれ少なかれ、公卿から無法とそしられるような専恣を行った(200)。摂関からの特別な指示によって「違例」を許されるのは、その親昵者(一族や家司等)であり「強縁者」であった。ただし、功過定もほとんど形骸化し、何らの審査をも受けずに院近臣が受領を独占した院政期とは、状況が全く異なることも注意しておかなくてはならない。また「縁」のないものは相変わらず原則的な公卿の監査を受けなくてはならなかった。『小右記』にしろ『権記』にしろ、道長や頼通を批判する記事は少なくない。しかし実資や行成も彼ら自身に関わることとなると、何とか順応する道を考えるのであった。筆者はこの不平等性が、王権―公卿―受領が積極的に結びつき、下から上へ奉仕する関係が成立せざるをえなかった理由であったと思う。受領は公納物を減額されるための工作をする一方、在地から可能なかぎり集めた富を摂関・公卿たちに差をつけて注ぎ込んだ。摂関が人事権を完全に独占したわけではなく、時として天皇の主体性が前面に出たり両者の対立関係が表面化したりしたのは事実である。しかし、摂関の後見者としての発言力の大きさを否定はできない。

当然のことであるが、摂関といえども常に慣例無視をしていたわけではない。そこで、比較的自由に人事を動かしうる制度として利用されたのが、年給である。これは、彼らの人事工作のためのポストのプールとなった。摂関は自らの血縁関係者たる院・宮の年給を必要に応じて申請して、参議になりうる四位クラスの位まで自由にできた。前述のごとく尾上陽介は年給の本質を給主周辺の者への優待ととらえ、任料・叙料はそれに次ぐものと評価した。(201) 年給には掾（じょう）以下の国司を給する場合が多いが、その意味も決して小さくはない。それも十世紀後半くらいからは徐々に介や京官が入ってくる。摂関家の例ではないが、右大臣藤原実資が太皇太后御給により自らの所領筑前高田牧司（たかたのまきのつかさ）宗形信遠の給爵を申請し許可された例(202) を考えれば、同様のことが摂関家でも日常的に行われていたことが推測できる。この高田牧で注目されるのは、実資が藤原隆家の使者を介して宋国医僧から舶来の薬を購入した際に牧司藤原蔵規と宗像大宮司宗像妙忠が手助けをしていることである。(203) 中央・地方を問わず、種々の「縁」による仲介者をたどって下級官人が年給に応募した可能性は強い。地方の在庁官人に他国の任用国司の肩書を持つ者が少なくないのは、そのようなことと関係するのではないか。『権記』長保二年（一〇〇〇）四月五日条には「栄爵媒人料」なるものがみられる。この頃は位記も、受益者たる給主に渡され、そこから仲介人を経て応募者に渡されたようである[204]。これは、文書本文が受益者に渡される、いわゆる当事者主義への方向と軌を一にする[205]。この官位・官職の仲介関係には多くの仲介者がいた可能性があり、きわめて複雑だったと推測される。そしてその仲介ルートはおそらく物資流通における仲介ルートと一致していたと考えられる。種々の力添えや便宜供与の背後には、任料・叙料はいうに及ばず、種々の志や奉仕が必ず付随していた。長保元年七月二十五日の新制では、主計・主税官人が賂遺(賄賂)を求め諸国公文を抑留することが禁止され[206]、また『左経記』長元四年(一〇三一)十二月二十九日条には、「例給物」をもらわぬうちは、官文殿史部が「承知符」を国司側に手渡さないのが通例となっていると記されている。正式の文書授受の間にも利権が伴っている。マイナイとタテマツリモノとの間に一線を引くことはむずかしいと早川が指摘しているが[207]、そのタテマツリモノは上位へ行けば行くほど大きかったはずである。

　摂関家は女院・天皇・三后らとの関係を利用しつつ、一族の公卿や家司などを中枢とする一種の全国的ネットワークを持っていたと思う。ただ摂関家の場合、それは二方面から考える必要がある。その一つは、摂関が、天皇の代行または後見補佐者として、網野のいう「山野・河海の王」の支配組織とも深くかかわっていた点である。蔵人所による供御所の支配と摂関家の支配は重複する場合が多く、中世では蔵人所・諸家下家司・下級検非違使が強いつながりを有していた[208]。たびたび述べたごとく、摂関は蔵人方の内覧も行ったし、蔵人所に一族や家司を多数送り込んでもいた。その支配が交通路と深い関係を有していたことも明らかである[209](諸寺諸社も、神仏の権威をもって大衆・神人・供祭人等を組織しつつあった)。第二の側面は、受領との関係である。摂関家ネットワークのなかで、この両側面は実際には区別しがたく結びついていたと思う。

　摂関家は、道長の頃より多くの家司受領を組織していた。道長―頼通政権期にかけてのそれを整理してみると、多数の家司が次々と任命される国をいくつも検出できる。畿内では摂津、東海道では尾張・甲斐、東山道では、すでに指摘のある近江[210]・信濃・陸奥、山陰道では丹波・但馬・伯耆、山陽道では播磨・美作・備中・備後・周防、南海道では阿波・讃岐・伊予・土佐などがそれである。これらのうち尾張・丹波・伯耆・備中・周防は頼通執政期に新しく姿をあらわす。土田直鎮の整理による国の熟不によるランク付けを勘案すると[211]、有利さからいって第三ランクまでに入れられる十八国のうち十二国までがその中に入っている。とりわけ第一ランクとされる七国のうち六国までが入っている。いかに摂関家が熟国を独占していたかがわかろう。また地域別にみると瀬戸内海沿岸諸国のほとんどが含まれており、しかも頼通期に補強されている。これは海上交通による唐物流通路の完全な把握である。万寿三年(一〇二六)宋商人が頼通に名簿(みょうぶ)を奉り位階を求めたというできごとは[212]、このルート把握の一つの結果であろう。長徳四年(九九八)、秋篠寺へ送られる美作国米と塩の運送には、摂関家領鹿田庄(かだのしょう)別当の持船が雇われた(この船には寺使が同乗していた)[213]。貴族のネットワークと国衙や寺社のそれとは複雑に重複している。また東山道の近江国は、北陸からのルートの要であり、琵琶湖水上交通の基点木津は、背後に摂関家領の杣山をひかえた港津であった[214]。東国の甲斐・信濃は馬牧の国。陸奥もまた馬と金の国である。摂関家は、舶来品をも含めた西国からの貢進ルート、北陸からの運上物の要衝、馬や金などの特産国を押さえている。陸奥国で摂関家への荘園寄進が早期にみとめられることも、あるいはこれと関連するかも知れない[215]。また安房、上総、下総、常陸、相模、武蔵といった諸国には極端に家司受領の分布が少ないことも注目される。摂関家家司受領の国々は、院政期の『執政所抄』の諸国賦課のあり方にも影を落している。摂関家が、これら地方の富を中央へ集中できたのは、納所や専業者の成立、手形の使用といった流通機構の発達が前提となっていた[216]。そのような物資の流通機構のなかで受領から下級官人におよぶ広汎な人々が請負関係を成立させており、なかには源頼房のごとく、武力を有する者ももちろん含まれていた[217]。地方の特産物も明確化しつつあり、港湾には国々の納所が、都には京庫が成立し、弁済使が活躍する[218]。唐物への需要がなくなったわけではないのに、蔵人所が十一世紀に入ると唐物使の派遣をやめ、大宰府に任せてしまうのも、このような貢進ルートの充実と関係するかも知れない。また受領執鞭のために、京からは文筆能力に長じた目代が地方へ出る。『新猿楽記』の「四郎君」のような公文勘済のベテランが、実際の史料上にもかなり見出せる。[219] 万寿二年（一〇二五）の周防国弁済使惟宗義賢（よしかた）は後に大夫史となる人物で、自らは頼通家司であり、その時の受領は頼通の子俊綱を養子としていた。[220] 十一世紀の古記録にも、「城外」と記される五位クラスの官人は意外に多い。[221]

このような状況のなかで、受領の交替もほとんど在京のままで済ますことができるようになる。藤原実資の養子資頼は万寿二年、伯耆守の任を終え後司藤原範永と交替したが、その不与解由状は範永がまだ赴任する前の三月十七日にはすでに資頼の父実資の手元にあった。さらに新司範永は三月二十一日に「白紙解由」を送って、速やかに「与不の事」（交替事務）を済ませましょうと約して翌々日赴任して行った。実資はいちおう違和感を示しはするが、「憚る所ある」ゆえにこれを受納している。これは、うるさがたの右大臣実資に対する範永の特別の懇志ともいうべき処置であったが、実資が原則を曲げてこれを受け取ったのは——もちろんそれが彼にとって有利だったこともあるが——範永が頼通の家司であり、同時に有力な道長家司藤原能通の婿であったことによる。彼も、原則論を披陳してはいるが頼通のネットワークに連なったのである。実資は範永の義父能通との間で不与解由状のことを進め、範永の署名を能通に代書させている。資頼の署名は実資の家司清原頼隆が書いた。実資・能通どちらも知行国主的なあり方をしているのである。範永は八月にいったん帰京し「交替不動穀勘文」を渡している。おそらくそのような付属文書が整ったのが八月頃だったのであろう。九月七日には不与解由状と解由状を一緒に官に付し、十月二十一日に功過定を通過、資頼は治国加階をうけている。この間、勘解由使勘判が出された形跡は全くない。もし勘判が出されていたら不与解由状と解由状が同時に官に出されることなどありえない。公文勘済は必要であったが、不与解由状から解由状の交付に至る事務の途中経過を勘解由使がチェックすることはなくなり、当事者間でやりとりすれば良くなったのである。その後に功過定が行われ、ここへは勘解由使や主計・主税寮の勘文も出されたが、公卿や弁官に圧力をかけることができればずいぶん楽に功過定も通過できたのである。

国によって早晩はあるが、十一世紀半ば頃には全国的に受領は守に限定されてくる。それまで守以外の受領が必要だったのは、高位の遥任国司を置いたためである。十世紀末から十一世紀にかけての国司文書には国司全員の署所が設けられなくなり、受領一名の署名のみになってくる。[222]そうなれば、受領たる守より介の方が高位であっても、文書上には何のアンバランスも生まれてこない。受領の任命にもより自由な人選が可能となる。また、受領の遥任化をあらわす国司庁宣の出現が長久二年(一〇四一)であることを考えると、この両者には関連がありそうである。ともあれ京官が受領を兼ねることも多くなり、在地では目代・在庁官人が実務に当たるようになる。受領で弁官と摂関家司を兼ねるような人物が頼通政権後半期から見えはじめ、摂関家の家司に弁官が常駐するようになるのもこれらのことと関連するかも知れない。

公卿と受領の関係についていま一つ注目したいのは、一家の主流は公卿コースにのって昇進し、庶子は受領となるケースがかなりあり、父が現役の公卿として在任しておれば、実資と資頼のごとく、知行国的なかたちをとる例が目につく点である。藤原行成もその子実経は受領であり、家を継いだ行経のみが受領を経ず近衛コースをとって公卿へ昇進している。大納言藤原懐忠(かねただ)に至っては、重尹(しげまさ)のみが受領を経ず弁官コースをとって公卿となり、光尹・中尹・令尹(のりまさ)・輔尹はいずれも受領となり四位で一生を終えている。また前権大納言民部卿源俊賢(としかた)は甥の土佐守正良に対して知行主的立場で行動している。[223]さらに藤原頼通の場合でさえ、他家に養子に出してではあるが俊綱・家綱・忠綱を受領としている。これは公卿家の経済に何らかのかたちで受領をとり込まざるをえなかったことをあらわすのではなかろうか。

さて、受領を結節点として地方と中央をむすぶ人脈または物流の経路——その多くは摂関へとつながる——は、文化の通り道でもあった。受領層出身の女房たちの間で最新の知識が吸収され後宮文学が開花するのも右の事情と無関係であるまい。いわゆる国風文化に中国の影響が強いのは周知のことである。

ところで、平泉の柳御所(やなぎのごしょ)跡調査は、十二世紀において、舟運を前提とする、愛知県(常滑・渥美)産の大量の土器流入を明らかにした。しかし貿易陶磁についての発掘所見によれば、十二世紀にそれが全国的分布をみせるのに対して、十一世紀以前はそうでないという。十一世紀前半までの物流は京を中心に展開したとすべきであろう。(224)荘園公領制の成立期、荘園もこの受領たちを結節点とするルートをたどって中央に集中していったのではなかろうか。他方、十世紀以来の「兵」や武士も前述の人脈と関係をもちつつ成長していった。彼らは武的請負人という特徴をもち、天皇・摂関・貴族に仕え、京上して滝口や検非違使・侍等としてその爪牙の機能を果たした。また在地においては国衙の武力の一端を担う存在でもあった。しかし同時に、海賊や群党とも同質の側面を有し、国衙の強権に対して抵抗する存在にもなりえた。彼らにとって複数の請負関係をむすぶこと、すなわち諸方兼帯は、通常のことであった。そしてその最初の大規模な反国衙闘争が承平・天慶の乱であった。これは一時的にせよ東国および瀬戸内諸国の国家機能を麻痺させ、将門の乱は東国国家成立のさきがけとなった。この両乱を鎮圧したのもまた、政府の任命した「兵」であった。この大事件が国政全般に与えた影響の大きさについては前述のとおりである。その功労者たちは受領の地位を得、東国・東北等を中心に勢力を扶植していった。乱後、特別の難治国とされた東国地域では武士勢力の、とりわけ平氏の成長はいちじるしく、万寿五年(一〇二八)には平忠常の乱が発生、ほぼ三年間房総半島は中央の国家権力を拒絶した。この忠常は藤原教通の家人であり、鎮圧者源頼信の家人でもあった。そして前九年・後三年の役を経たのちの源氏は、主従関係を軸とする全国的な武士団の統領としての風貌を帯び、白河院にとりたてられた平氏もまた同様の性格を有するに至る。(225)ただ、彼らを成長させたのは私的な人脈だけではない。国家的な正式の請負者である諸国追捕使(ついぶし)としての活動と、それにかかわる勲功賞、および彼らへの勲功賞推挙権の付与が、その主従関係樹立に貢献したと思われる。(226)

さて再び十一世紀摂関制期にもどろう。道長や頼通の専恣と批判される行動は、実は異常なことなのではなく、王権の構成者としての属性に基づくものであったと思う。それが支配者層の秩序を背後で支えた面もあったことを注意しておきたい。

むすび

十世紀になると律令制的税制は、田租・正税・地子を中心として官物に、交易雑物および雑徭系負担が臨時雑役に構成替えされる[227](調については臨時雑役から官物に変化する)一方、名(みよう)が課税単位として一般化する。政府は十世紀前葉までは人別賦課の方針を維持するものの、十世紀末頃には田率賦課に切り替える。いわゆる負名制の定着はこの頃としてよい[228]。

そして所当官物制[229]を過渡として、十一世紀中頃には、各税目の区別を消滅させ、租・正税・地子・調・交易雑物等を継承した田率賦課の公田官物率法が成立する。いわゆる中世的な官物・雑公事の税体系が姿をあらわす[230]。郡郷制の再編、別名制、「職」の成立、荘園公領制の胎動、そして官司請負制。この時期は大きな変革期である[231]。それは荘園整理令の時代でもあった。延久荘園整理令とかかわりつつ設置された記録所は、太政官内の一種の行事所的な組織として、荘公区分の明確化を中央主導のもとに行った。大田文の作成もこの時期に推定されている。他方、内廷関係についても「内膳司饌、諸国御厨子弁贄、後院等御贄」が停止され、かわって給免田と諸国往来の特権をもつ中世的供御人制が成立し[232]、御稲田(みいなだ)の設定、内蔵頭(くらのかみ)の受領兼任等の改革が行われた[233]。また、神人や大衆の活動を背景に百王思想や王法相依を主張して大荘園領主と化した社寺も、新しい性格を帯びてくる[234]。院政の成立を寺社強訴との関係で理解する坂本賞三の見解は魅力的である[235]。武士層はまだ権力者の傭兵的立場にあったが、広域にわたる主従制的関係を成立させ、東国や東北には独立国家を生むエネルギーが着々と蓄積されてきていた。諸先学に導かれて私の力に余る部分を垣間みれば前述のごとくになろう。最初に記したように、この十一世紀後半からの時期を中世国家成立への胎動期としても、そう不自然ではなかろう。平忠常の乱はその転換への先触れであったかも知れない。九世紀に始まる王権や太政官制の変質の開始から、十世紀初頭の小画期を経て、いちおう形の落ちつく十世紀後半―末までの時期は、一連の過渡的変革期ととらえることができよう。ここでも承平・天慶の乱の事後処理が大きな役割を果たした。そして、兼家政権期から十一世紀の中頃までのいわゆる摂関盛期を、古代国家の最後の段階ととらえたい。

では、この摂関期の国家的官制をどのようにとらえることができるか。私は、天皇とその代行者、または後見的補助者で構成される王権が、宣旨職的に変化した太政官と蔵人所に足を置いた支配組織がそれであったと考えたい。それを動かした貴族官人層は、王権のもとに、天皇との親疎を基準として公卿、殿上人、諸大夫とランク付けされ、そのランクに相応する家格が形成された。受領は、そのなかで家格的には諸大夫層とされ、公卿層に統制されつつ太政官地方支配の中心に据えられた。受領にも宣旨職的性格があったことは、赴任にあたって天皇から直接に地方政治を行ううえでの条件提示をされる「罷申(まかりもうし)」の儀からうかがえる。

石母田正は支配階級結集のあり方として、機構や制度を媒介とする結合と、人格的・身分的従属関係を媒介とする結集があり、両者は相対的に独立し、かつ一方が他方に代位しえない関係にあると指摘した(236)。摂関期のそれをとらえるとすれば、後者は、「仕奉」を基本とする律令制的関係の内部で主従制的(家礼的)な関係が力を得つつある段階、制度的には、位階制を基本としつつも昇殿制等の原理が侵入した段階であり、前者は、後見者によって分権化した王権のもとで、やがて官司請負制に展開する宣旨職的な太政官・蔵人所の体制と考えておきたい。両側面ともに過渡的様相を呈している。

いわゆる摂関期の支配組織は、摂関制、宣旨職と「所」、受領制等によって特色づけられている。それは分権化と請負関係の展開によって裏打ちされていた。

さて、触れるべくして触れられなかった問題はあまりにも多い。十世紀末から十二世紀にかけて、耕地条件に大きな変化があり、[237]気候条件の変化とも相俟って、生産の基本単位たる共同体のあり方にも大きな変化があったことが指摘されている。[238]また村落についても、疎塊村から集村へという変化が指摘される。[239]右の状況が東国と西国では異なった様相を示すことにも注意する必要があろう。[240]大開墾の時代とされ、在地領主制と荘園が展開しはじめる。非農業民の世界も新しい展開を示す。このような、社会的変革期の具体的な様相と支配機構の変化との関連をとらえることが要請されていたことは承知しつつも、力が及ばなかった。文化の問題とともに今後の課題としたい。

(1) 『かげろふの日記』中。
(2) 『日本紀略』。
(3) 『日本書紀』天武十三年閏四月丙戌条。
(4) 石井正敏「十世紀の国際変動と日宋貿易」『新版古代の日本 アジアからみた古代日本』角川書店、一九九二年。
(5) 石母田正『古代末期政治史序説』未来社、一九六四年。義江彰夫「天皇と公家身分集団」『講座前近代の天皇』三、青木書店、一九九三年。
(6) 橋本義彦「貴族政権の政治構造」『岩波講座日本歴史』四、古代4、一九七六年。坂本賞三『荘園制成立と王朝国家』塙書房、一九八五年。
(7) 早川庄八「律令国家・王朝国家における天皇」『日本の社会史』三、岩波書店、一九八七年。吉田孝『律令国家と古代の社会』岩波書店、一九八三年。
(8) 橋本義則「外記政の成立」『史林』六四-六、一九八一年。古瀬奈津子「宮の構造と政務運営法」『史学雑誌』九三-七、一九八四年。吉川真司「申文刺文考」『日本史研究』三八二、一九九四年。
(9) 春名宏昭「太上天皇制の成立」『史学雑誌』九九-二、一九九〇年。筧敏生「中世の太上天皇について」『年報中世史研究』一七、一九九二年。

(10) 玉井力「女御・更衣制度の成立」『名古屋大学文学部研究論集』五六、一九七二年。
(11) 坂上康俊「関白の成立過程」、笹山晴生先生還暦記念会編『日本律令制論集』下、吉川弘文館、一九九三年。
(12) 『三代実録』元慶五年二月二十一日条。
(13) 坂本賞三「関白の創始」『神戸学院大学人文学部研究紀要』三、一九九一年。
(14) 橋本義彦『平安貴族』平凡社、一九八六年。
(15) 山本信吉「一上考」『国史学』九六、一九七五年。
(16) 黒板伸夫『摂関時代史論集』吉川弘文館、一九八〇年。
(17) 『清慎公記』康保四年七月二十二日条。『源語秘訣』夕顔。
(18) 『禁秘抄』『大鏡』。
(19) 橋本義彦、前掲注(6)論文。
(20) 注(19)に同じ。
(21) 渡辺直彦『日本古代官位制度の基礎的研究』吉川弘文館、一九七二年。
(22) 井原今朝男「中世の天皇・摂関・院」『史学雑誌』一〇〇‐八、一九九一年。
(23) 研究史の整理については、古瀬奈津子「天皇と貴族」『論争日本古代史』河出書房新社、一九九一年。
(24) 注(19)に同じ。
(25) 義江彰夫、前掲注(5)論文。
(26) 注(16)に同じ。
(27) 宇根俊範「律令官人制と貴族」『史学研究』一五五、一九八二年。長山泰孝『古代国家と王権』吉川弘文館、一九九二年。
(28) 早川庄八、前掲注(7)論文。
(29) 網野善彦「「日本の王権」とその特質」『朝日百科日本の歴史別冊　歴史を読みなおす3　天武・後白河・後醍醐』一九九四年。
(30) 倉林正次『饗宴の研究』儀制編、桜楓社、一九六九年。吉川真司「律令官人制の再編」『日本史研究』三二〇、一九八九年。
(31) 寛仁元年三月八日・石清水、同年十一月二十五日・加茂など。『西宮記』巻八、行幸裏書。

(32) 『三代実録』元慶三年九月九日条、但し宣命は摂政が代行。
(33) 吉村武彦「仕奉と貢納」『日本の社会史』四、岩波書店、一九八六年。
(34) 坂本賞三「御前定の出現とその背景」『史学研究』一八六、一九九〇年。
(35) 佐藤進一『日本の中世国家』岩波書店、一九八三年。
(36) 今江広道「「令外官」の一考察」、坂本太郎博士古稀記念会編『続日本古代史論集』下、吉川弘文館、一九七二年。
(37) 早川庄八『宣旨試論』岩波書店、一九九〇年。
(38) 梅村喬「「所」の基礎的考察」、笹山晴生先生還暦記念会編『日本律令制論集』下、吉川弘文館、一九九三年。
(39) 佐藤進一、前掲注(35)書。網野善彦『日本中世の非農業民と天皇』岩波書店、一九八四年。
(40) 長沢洋「王朝国家期の財政政策」、坂本賞三編『王朝国家国政史の研究』吉川弘文館、一九八七年。
(41) 丹生谷哲一『検非違使』平凡社、一九八六年。
(42) 義江彰夫「摂関院政期の朝廷の刑罰裁定体系」、永原慶二・稲垣泰彦・山口啓二編『中世・近世の国家と社会』東京大学出版会、一九八六年。
(43) 菊池京子「俗別当の成立――とくに〝官人〟俗別当について」『史林』五一－一、一九六八年。土谷恵「平安前期僧綱制の展開」『史艸』二四、一九八三年。
(44) 今正秀「王朝国家における別当制と政務運営」『史学研究』一九九、一九九三年。
(45) 下向井龍彦「『水左記』にみえる源俊房と薬師寺」、古代学協会編『後期摂関時代史の研究』吉川弘文館、一九九〇年。
(46) 岡野浩二「興福寺俗別当と勧学院」『仏教史学研究』三四－二、一九九一年。
(47) 古瀬奈津子「「殿上所充」小考」『国立歴史民俗博物館研究報告』四五、一九九二年。今正秀、前掲注(44)論文。岡野浩二「所充について」、渡辺直彦編『古代史論叢』続群書類従完成会、一九九四年。
(48) 注(44)に同じ。
(49) 岡野浩二、前掲注(47)論文。
(50) 『小右記』長和二年七月十六日条。
(51) 年預は所の預と同様の事務請負者的性格の職であるが、主として令制官司に置かれた。中世においては、長官・目代・年預が司務を全面的に請け負った。
(52) 今正秀「平安中後期から鎌倉期における官司運営の特質」『史学雑誌』九九－一、一九九〇年。
(53) 『貞信公記』延長二年十月十一日条。
(54) 鳥谷智文「王朝国家期における近衛府府務運営の一考察」『史学研究』一九九、一九九三年。佐々木恵介「『小右記』にみる摂関期近衛府の政務運営」、笹山晴生先生還暦記念会編『日本律令制論集』下、吉川弘文館、一九九三年。
(55) 『別聚符宣抄』。
(56) 今正秀「王朝国家中央機構の構造と特質」『ヒストリア』一四五、一九九四年。同「王朝国家宮廷社会の編成原理」『歴史学研究』六六五、一九九四年。
(57) 大津透『律令国家支配構造の研究』岩波書店、一九九三年。棚橋光男『中世成立期の法と国家』塙書房、一九八三年。
(58) 大津透、前掲注(57)書。
(59) 今江広道「公事分配について」『国史学』一二三、一九八四年。
(60) 『類聚符宣抄』巻六。
(61) 早川庄八「制について」、井上光貞博士還暦記念会編『古代史論叢』中、吉川弘文館、一九七八年。
(62) 吉川真司、前掲注(30)論文。
(63) 『政事要略』巻五十一。
(64) 注(29)に同じ。
(65) 玉井力「道長時代の蔵人に関する覚書」、弥永貞三先生還暦記念会編『日本古代の政治と経済』吉川弘文館、一九七八年。
↓本書第二部第三章。
(66) 『平安遺文』巻一、四〇五号。
(67) 注(56)に同じ。
(68) 下向井龍彦「王朝国家体制下における権門間相論裁定手続について」『史学研究』一四八、一九八〇年。
(69) 上杉和彦「摂関期の明法家と王朝国家」『史学雑誌』九五－一一、一九八六年。
(70) 曾我良成「弁官局の機能と官宣旨」、古代学協会編『後期摂関時代史の研究』吉川弘文館、一九九〇年。

(71) 曾我良成「官司請負制下の実務官人と家業の継承」『古代文化』三七－一二、一九八五年。

(72) 玉井力「「院政」支配と貴族官人層」『日本の社会史』三、岩波書店、一九八七年。→本書第一部第二章。

(73) 玉井力「官司請負制」『朝日百科日本の歴史別冊　歴史を読みなおす3　天武・後白河・後醍醐』一九九四年。

(74) 小泉恵子「中世前期における下級官人の動向について」『中世の人と政治』吉川弘文館、一九八八年。→本書第三部第五章。中原俊章『中世公家と地下官人』吉川弘文館、一九八七年。

(75) 吉川真司、前掲注(30)論文。

(76) 高田淳「巡爵とその成立」『国学院大学紀要』二六、一九八八年。吉川真司、前掲注(30)論文。玉井力「平安時代における加階と官司の労」『日本歴史』四八七、一九八八年。→本書第三部第五章。

(77) 田島公「氏爵の成立」『史林』七一－一、一九八八年。宇根俊範「氏爵と氏長者」、坂本賞三編『王朝国家国政史の研究』吉川弘文館、一九八七年。

(78) 時野谷滋『律令封禄制度史の研究』吉川弘文館、一九七七年。尾上陽介「年爵制度の変遷とその本質」『東京大学史料編纂所研究紀要』四、一九九四年。

(79) 笹山晴生『日本古代衛府制度の研究』東京大学出版会、一九八五年。

(80) 神谷正昌「平安初期の成選擬階儀」『延喜式研究』六、一九九二年。黒板伸夫、前掲注(16)書。

(81) 早川庄八『日本古代官僚制の研究』岩波書店、一九八六年。

(82) 『西宮記』巻二。

(83) 玉井力「「受領挙」について」『年報中世史研究』五、一九八〇年。→本書第三部第三章。

(84) 年給とは、天皇の関係をもつ特別の人物(たとえば院、宮、親王、公卿、キサキなど)に一定枠の官職(年官)または位階(年爵)への推挙権を与える制度で、権利を与えられた者を給主という(位階は院・宮対象の叙爵)、給主は応募者を募り、その者の任官または叙位を蔵人方に申請する。これが許可されれば応募者の任料・叙料が給主の収入となる。給主の地位により、与えられる官職(位階)に差があり、人数枠(給数)も異なっていた。「内給」といって、天皇分の年給もあった。

(85) 諸請とは、諸司長官に与えられた配下の下級官人の推挙権。蔵人方へ申請。

(86) 玉井力「平安時代の除目について」『史学雑誌』九三－一一、一九八四年。→本書第三部第一章。同「『紀家集』紙背文書について」『日本歴史』四三四、一九八四年。↓本書第三部第二章。
(87)『小右記』永祚元年正月五日条。
(88)『殿暦』永久五年正月五日条。
(89)尾上陽介、前掲注(78)論文。
(90)『延喜式』。古瀬奈津子「昇殿制の成立」、青木和夫先生還暦記念会編『日本古代の政治と文化』吉川弘文館、一九八七年。
(91)『禁秘抄』巻上、殿上人事。
(92)石母田正『日本古代国家論』第一部、岩波書店、一九七三年。今正秀、前掲注(56)両論文。
(93)古瀬奈津子「平安時代の「儀式」と天皇」『歴史学研究』五六〇、一九八六年。
(94)『小右記』長元四年二月十七日条。『権記』寛弘八年正月〔八〕日条。
(95)『左経記』長元八年二月八日条。
(96)玉井力「九・十世紀の蔵人所に関する一考察」『名古屋大学日本史論集』吉川弘文館、一九七五年↓本書第二部第二章。
(97)『左経記』寛仁元年九月二十日条に初見史料。
(98)吉川真司、前掲注(30)論文。山下信一郎「延喜式からみた節会と節禄」『延喜式研究』九、一九九四年。
(99)『西宮記』巻三、位禄事。吉川真司、前掲注(30)論文。
(100)勝山清次「受領貢物・荘園年貢・代銭納——伊勢国のばあい」『ふびと』四五、一九九三年。
(101)『官職秘鈔』。十三世紀の史料なので、なお検討の余地がある。
(102)『春記』長暦四年十一月八・二十八日条。
(103)橋本義則、前掲注(8)論文。吉川真司、前掲注(8)論文。
(104)曾我良成「王朝国家期における太政官政務処理手続について」、坂本賞三編『王朝国家国政史の研究』吉川弘文館、一九八七年。
(105)谷口昭「続文攷」『法制史研究』二二、一九七二年。
(106)『類聚符宣抄』巻六。
(107)橋本義彦、前掲注(6)論文。

(108)『朝野群載』巻二十七、天永二年十二月二十九日請印目録。『中右記』承徳二年十二月二十九日条。
(109)佐々木宗雄『日本王朝国家論』名著出版、一九九四年。
(110)『北山抄』巻七。
(111)早川庄八、前掲注(81)書。吉川真司、前掲注(8)論文。
(112)森田悌「律令奏請制度の展開」『史学雑誌』九四-四、一九八五年。
(113)橋本義彦、前掲注(6)論文。
(114)注(109)に同じ。
(115)『小右記』『御堂関白記』『左経記』。
(116)『中右記』保安元年十二月三十日条。
(117)井原今朝男「摂関・院政と天皇」『講座前近代の天皇』一、青木書店、一九九二年。
(118)注(104)に同じ。
(119)吉川真司、前掲注(8)論文。
(120)『権記』長保三年閏十二月条。
(121)『北山抄』巻三所引『貞信公記』。
(122)『九暦』天暦五年四月五日条。『北山抄』巻六、奉幣諸社事所引、天慶十年四月十九日の例。
(123)『小右記』治安元年十二月十八日・同二年五月一日・六月十八日条。
(124)『権記』長徳三年六月二十七日。『左経記』寛仁元年八月二十日・同四年五月二十四日条。
(125)『左経記』寛仁四年四月二十六日条。
(126)今正秀、前掲注(56)論文「王朝国家中央機構の構造と特質」。
(127)橋本義彦、前掲注(6)論文。
(128)注(104)に同じ。
(129)『大日本史料』三-五、五〇三頁『摂関詔宣下類聚』所引。
(130)注(117)に同じ。

(131)『続左丞抄』巻三、初覧吉書代々例。
(132)『権記』長徳元年九月二十日条。
(133)『江家次第』巻六。
(134)『政事要略』巻五十一、同日官符。
(135)『北山抄』巻七。
(136)『権記』長徳四年正月七日・長保三年正月二日条など。
(137)たとえば『権記』長保二年九月五日条。
(138)一例をあげれば『権記』長保二年九月五日条の維摩会関係のもの。これは『北山抄』に別当の職掌とされるものに一致する。
(139)『権記』長保六年四月二十九日条や同三十日条。
(140)たとえば『権記』長徳三年十二月十日条。
(141)大津透、前掲注(57)書。佐々木宗雄、前掲注(109)書。
(142)『小右記』『権記』。
(143)『北山抄』巻三。
(144)『春記』長久元年五月二十六・二十八日条。
(145)早川庄八「平安時代における天皇の一断面」『講座日本思想』三、東京大学出版会、一九八三年。
(146)『小右記』。
(147)『中右記』承徳元年二月六日条。棚橋光男、前掲注(57)書。
(148)『師記』治暦四年十二月二十五日条。
(149)源経頼の日記『左経記』の寛仁二―長元二年までの部分には、殿上弁経頼の活躍が満載されている。
(150)『為房卿記』寛治四年六月十八日条。
(151)『春記』長暦四年八月四―二十四日・長久元年五月二十六日・同九月二十二日条など。
(152)『左経記』万寿三年八月十二日条。

(153)『春記』長暦三年閏十二月二十三日条。
(154)藤木邦彦「陣定について」『平安王朝の政治と制度』吉川弘文館、一九九一年。安原功「中世王権の成立——「国家大事」と公卿議定」『年報中世史研究』一八、一九九三年。
(155)『小右記』寛仁三年七月十五日条。
(156)注(68)に同じ。
(157)美川圭「公卿議定制の類型とその性格」『史林』七四-六、一九九一年。
(158)坂本賞三、前掲注(34)論文。安原功、前掲注(154)論文。同「中世成立期の権力関係——天皇・摂関・院と公卿議定」『ヒストリア』一四五、一九九四年。
(159)土田直鎮「摂関政治と貴族文化」『日本歴史大系』一、山川出版社、一九八四年。
(160)今正秀、前掲注(56)論文「王朝国家中央機構の構造と特質」。
(161)北条秀樹「文書行政よりみたる国司受領化」『史学雑誌』八四-六、一九七五年。
(162)注(83)に同じ。
(163)『日本紀略』昌泰二年七月一日条。
(164)寺内浩「受領考課制度の成立と展開」『史林』七五-二、一九九二年。
(165)『貞信公記』天慶二年七月二日条。
(166)『政事要略』巻二十八。
(167)大津透、前掲注(57)書。佐々木宗雄、前掲注(109)書。
(168)『類聚符宣抄』巻八、勘出。
(169)『西宮記』巻五、不堪佃。
(170)『侍中群要』巻九、受領罷申。
(171)『北山抄』巻十。
(172)寺内浩、前掲注(164)論文。同「律令制数的支配の崩壊」『日本史研究』三三八、一九九四年。
(173)中込律子「受領請負制の再検討」、十世紀史研究会編『中世成立期の歴史像』東京堂出版、一九九三年。

(174)　増淵徹「勘解由使勘判抄の基礎的考察」『史学雑誌』九五‐四、一九八六年。管見の限りでは勘奏の最終所見は九五五年『北山抄』巻三)。
(175)　『政事要略』巻五十一、応和三年閏十二月二十八日官符・寛和三年三月五日官符。
(176)　大津透、前掲注(57)書。
(177)　渡辺晃宏「平安時代の不動穀」『史学雑誌』九八‐一二、一九八九年。
(178)　注(81)に同じ。
(179)　川本龍一「正蔵率分制と率分所」『弘前大学国史研究』七五、一九八三年。
(180)　大津透、前掲注(57)書。
(181)　注(40)に同じ。
(182)　大津透、前掲注(57)書。
(183)　『日本紀略』永祚元年八月十四日条。
(184)　坂本賞三『荘園制成立と王朝国家』塙書房、一九八五年。詫間直樹「一国平均役の成立について」、坂本賞三編『王朝国家国政史の研究』吉川弘文館、一九八七年。石井進「院政時代」『講座日本史』二、東京大学出版会、一九七〇年。上島享「一国平均役の確立過程――中世国家論の一視角」『史林』七三‐一、一九九〇年。
(185)　上島享「平安後期国家財政の研究」『日本史研究』三六〇、一九九二年。同「受領成功の展開」、井上満郎・杉橋隆夫編『古代・中世の政治と文化』思文閣出版、一九九四年。
(186)　『北山抄』巻十。
(187)　橋本義彦『藤原頼長』吉川弘文館、一九六四年。
(188)　『小右記』長和二年二月三日条。
(189)　注(83)に同じ。
(190)　『本朝文粋』巻六、天延二年十二月十七日奏状。
(191)　注(190)に同じ。
(192)　『権記』長徳四年八月十六・二十七日条。『本朝文粋』巻六、長和三年正月二十三日奏状。『朝野群載』巻二十六、治安元年十二月十六日宣旨。
(193) 上島享、前掲注(185)論文「受領成功の展開」。
(194) 福井俊彦「受領功過定について」、森克己先生還暦記念会編『対外関係と社会経済』塙書房、一九六八年。大津透、前掲注(57)書。寺内浩、前掲注(164)論文。
(195) 『小右記』長和三年十月十五日条など。
(196) 『小右記』長和三年一月六・二十三日、同五年一月十日、寛仁元年九月一日条など。
(197) 『小右記』寛仁四年十一月六・二十二日、同十二月五日条など。
(198) 『権記』長保四年二月二十三日条。
(199) 『小右記』長和三年十二月二十四・二十六日、万寿二年十月九日条。
(200) 『小右記』長元五年十二月二十五日条。
(201) 尾上陽介「親王の年官について――巡給制度の考察」『早稲田大学大学院文学研究科紀要』別冊一七、一九九〇年。同、前掲注(78)論文。
(202) 『小右記』治安元年二月七日条。
(203) 『小右記』長和三年六月二十五日条。妙忠は後に高田牧司となる。
(204) 『権記』長保二年二月三日、同三年三月二日条など。
(205) 佐藤進一「中世史料論」『岩波講座日本歴史』別巻二、一九七六年。
(206) 『新抄格勅符抄』。
(207) 早川庄八『中世に生きる律令』平凡社、一九八六年。
(208) 網野善彦、前掲注(39)書。中原俊章、前掲注(74)書。
(209) 網野善彦、前掲注(39)書。
(210) 泉谷康夫『日本中世社会成立史の研究』高科書店、一九九二年。
(211) 土田直鎮『奈良平安時代史研究』吉川弘文館、一九九二年。
(212) 『左経記』万寿三年七月十七日条。

(213) 戸田芳実「東西交通」『日本史(2) 中世I』有斐閣、一九七八年。
(214) 注(213)に同じ。
(215) 大石直正「陸奥国の荘園と公領」『東北学院大学東北文化研究所紀要』二二、一九九〇年。
(216) 大石直正「平安時代後期の徴税機構と荘園制」『東北学院大学論集』一、一九七〇年。佐藤泰弘「一一世紀日本の国家財政・徴税と商業」『新しい歴史学のために』二〇八、一九九二年。
(217) 阿部猛『律令国家解体過程の研究』新生社、一九六六年。
(218) 勝山清次「弁済使の成立について」『日本史研究』一五〇・一五一、一九七五年。同、前掲注(100)論文。
(219) 中原俊章、前掲注(74)書。
(220) 『小右記』万寿二年十二月一日、長元二年閏二月十一日条。
(221) 『小右記』長和二年四月十六日、寛仁三年六月四日条。『権記』長徳四年十二月十四日条。『左経記』長和五年五月十六日、長元四年三月二十八日条など。
(222) 富田正弘「平安時代における国司文書について」『京都府立資料館紀要』四、一九七五年。
(223) 『小右記』治安三年九月二十一日条。
(224) 矢部良明「中世陶器」『講座日本荘園史』一、吉川弘文館、一九八九年。小野正敏「中世みちのくの陶磁器と平泉」、平泉文化研究会編『日本史の中の柳の御所跡』吉川弘文館、一九九三年。
(225) 義江彰夫「武門の擡頭」『岩波講座日本通史』五、古代4、一九九五年。
(226) 下向井龍彦「王朝国家国衙軍制の基本視角」、坂本賞三編『王朝国家国政史の研究』吉川弘文館、一九八七年。
(227) 坂本賞三『日本王朝国家体制論』東京大学出版会、一九七二年。勝山清次「公田官物率法の成立とその諸前提」『史林』七〇-二、一九八七年。
(228) 勝山清次、前掲注(227)論文。戸田芳実『日本領主制成立史の研究』岩波書店、一九六七年。十世紀初頭に基準国図が作られ免除領田制とともに前期王朝国家の指標となったとする坂本の論(前注『日本王朝国家体制論』)に対しては賛否両論があるが、ここでは、十世紀後半―末にかけて国司検田の強化とともに免除領田も増加するものの、基準国図は作られなかったであろうとする見解(梅村喬『日本古代財政組織の研究』吉川弘文館、一九八七年)に従っておきたい。

(229) 平田耿二「十世紀後半における公領の収取体系について」『上智史学』二〇、一九七五年。
(230) 坂本賞三、前掲注(227)書。
(231) 注(227)に同じ。
(232) 網野善彦、前掲注(39)書。同『日本中世土地制度史の研究』塙書房、一九九一年。
(233) 橋本義彦、前掲注(6)論文。
(234) 黒田俊雄『日本中世の国家と宗教』岩波書店、一九七五年。
(235) 坂本賞三『藤原頼通の時代』平凡社、一九九一年。
(236) 石母田正、前掲注(92)書。
(237) 高橋学「古代以降における地形環境の変貌と土地開発」『日本史研究』三八〇、一九九四年。
(238) 鬼頭清明「六世紀までの日本列島」『岩波講座日本通史』二、古代1、一九九三年。
(239) 金田章裕『条里と村落の歴史地理学的研究』大明堂、一九八五年。同『微地形と中世村落』吉川弘文館、一九九三年。
(240) 網野善彦『東と西の語る日本の歴史』そしえて、一九八二年。

〔補注〕 注(228)の見解については、坂本賞三「基準国図について」(『古代文化』四八‐四、一九九六年)による批判を賜った。今後の課題としたい。

第二章　「院政」支配と貴族官人層

はじめに

院政支配の特色をどうとらえるかについては、受領層の政権であると主張した林屋辰三郎と、古代末期のデスポティズムと捉えた石母田正の論争にはじまり、権門体制論からの黒田俊雄の問題提起、橋本義彦の実証的研究など長い研究史と豊富な成果がある。[1] そのような中にあって近年、佐藤進一は中世国家論の立場から注目すべき見解を公表した。[2] 佐藤の説は、律令制が行きづまりを見せ始める九世紀頃より、官職制度に律令官僚制破壊に結びつく新しい動きが現われ、やがて、それは官司請負制と名づけられた体制を生みだし、十二世紀初中期に至って、これを支柱とする中世国家(王朝国家)が成立すると主張するもので、官司請負制の特徴としては、⑴蔵人所・検非違使など、太政官の外に天皇直属の形で成立し、令制官職の機能を吸収して大きい機能を有するに至った令外官（りょうげのかん）の展開と、これに対応した中央官司の再編の中で官司が自己完結的なものとなったこと、⑵これらの官職には特定の家業をもつ特定の氏が世襲的に任命されたこと、⑶これらの官職では職務活動と収益が不可分に結合していたことなどの諸点を挙げている。またこの説は王朝国家と鎌倉幕府をそれぞれ別の型の中世国家と捉える点でも特徴的である。

国家機構そのものの変質から説き起こしたこの説は、院政期支配機構を考える上でも、きわめて説得的かつ重要な示唆を与えるものである。

本章は、この佐藤による方向づけに従いつつ、院政期における人事支配のあり方に焦点を絞って、そこから院政の特色を垣間見てみようとするものである。このように問題を限定した時、まず確認せねばならないのは、院の人事権把握の推移であろう。そこで第一にこの点を検討し、その後に、佐藤の指摘した家業や家格の成立と院の人事支配がどのように関係しつつ展開したかを考えてみたい。

第一節　院人事権の推移と人事手続き

1　白河・鳥羽院政期

(一)　堀河朝

堀河朝(一〇八六―一一〇七年)においては院の権力もまだ不安定であった。その具体的な検証も進められてきているが(3)、人事権の掌握という面の追究はまだ不十分なようである。ここではこの点について調べてみたい。

堀河天皇が元服の後、初めて「御前」において除目儀(じもくのぎ)を行ったのは寛治六年(一〇九二)正月のことであるが(4)、白河院はその後も積極的に人事に関与した。それは、叙位・除目の際に院・天皇・関白の間を使者が幾度も往復したことや(5)、院が奏者の便宜のために、鳥羽殿からわざわざ内裏近辺の高松殿などへ出向いて指示を与えたことなどでも窺える(6)。『後二条師通記』嘉保三年(一〇九六)正月二十一―二十四日条によれば、院が除目の隅々にまで目を配り、監督していた様子がよくわかるのであるが、他方十一月八日条によれば、院へ提出された除目の素案の中に「内の御定(おさだめ)」すなわち天皇の意志が盛りこまれていたことも注目される。堀河天皇が人事面で院に対してかなり独自の動きをしたらしいことは、いくつもの例によって確認できる。すでに有名なことであるが、永長二年(一〇九七)四月三十日に藤原宗忠が内蔵頭(くらのかみ)に任命されたのは天皇の強い要望によるものであった(7)。また、康和五年(一一〇三)二月二十一日には藤原家忠が大将に任命されているが、『今鏡』の記すところによれば、この人事は院が寵臣藤原宗通を推薦したのに対して、天皇が強力な説得によって院を押し切ったものであったという。(8) さらに『永昌記』長治二年(一一〇五)正月二十七日条によれば、天皇が下級官職についてではあるが、年給や成功あるいは年労によって任命されるいくつかの官職を自ら事情を尋ねた上で決定している。(9) その他、『中右記』康和五年二月三十日条や『魚魯愚別録』巻九、任京官条所引の『綿書』(10)によれば、天皇が除目の儀式にも精通していたことがわかる。このように院にも天皇にも人事への積極的な関与が認められるのであるが、叙位・任官のような事柄は一カ所で統一的に決定がなされる必要がある。とすればそれはどこで行われたのであろうか。この点を解明してくれるのは、次の『永昌記』嘉承元年(一一〇六)十二月六日条である。

召により鳥羽(院)に参る。御物忌たりと雖も御前に召す、除目の間の事殊に悦び思食す事等あり

前日の除目の結果が大いに院を喜ばせたという記事なのであるが、院が除目を主催し、終始監督していたとすれば、このような発言はありえなかったはずである。つまり、この記事は、除目において院の予想外のことがおこりうる可能性をあらわしていると言えよう。また『中右記』康和五年正月五日条には、院が「殊に非道の超あるべからず」と命じた記事があるが、これらはいずれも、院が直接除目儀を管理していなかったことを物語っている。院との意見調整を行い、素案を作成し、それを執行したのは天皇の側であった。このような天皇の独自性が、院を批判して憚らなかった関白藤原師通に支えられていたことは明白である。

師通の院批判は、人事に関しても認められる。前掲の嘉保三年春除目の際に、院は受領を自ら選任したのであったが、その時に院分と郁芳門院分を双方とも任命した。師通はそれについて、

世間の人申すに云く、不便の事也、院両分任ずべからざるの由密々申す所なり

と世間の人の口を借りて批判している。実はこの時には受領の空席が少なく、受領になる条件を有しながら空席がな

いために順番を待っていた人々が多く選から漏れていたのである。[11] 彼はこのような批判を書きつけるだけでなく、嘉保三年(一〇九六)二月には未済の受領、つまり未納などのために受領の責務完了の確認を得ていない人々の重任を禁止するように院に求めている。[12] 当然ながら院はこれを拒否したが、[13] それは院近臣を続々と受領に任命してきていた院へのきわめて強い批判であった。[14] 堀河天皇の主体性は美川圭の指摘のごとく、[15] 藤原師実・師通の死後も衰えていない(師通は一〇九九年、師実は一一〇一年死)。それは前掲史料の多くが彼らの死後のものであることや、院・天皇間の意見の食い違いを示す事例が、やはり康和三年(一一〇一)以降に多く見出されることで明らかである。[16]

院と天皇は、お互いに強い牽制関係のもとに人事を行っていたと推測される。

(二) 鳥羽朝以降

堀河天皇の死後、鳥羽天皇が即位(一一〇七年)すると、除目の様相も大きく異なってくる。堀河朝において、院・天皇間を度々往復し、その調整の使者をつとめたのは主として民部卿源俊明であった[17](その他に藤原宗忠・為隆、源雅兼らも例は少ないが、使者となっている)。「大事」すなわち重要人事を行う時には関白自身が参院することもあったが、それは、そう多くはなかった。ところが、鳥羽朝以降は、摂政・関白(忠実)が自ら参院することが圧倒的に多くなる。[18] それ以外の使者はむしろ減少する。さらに詳しく史料をみてゆくと、摂関が参院して、そこで任人(にんじん)の実質的な決定を行っていたらしいことに気づく。天仁三年(一一一〇)正月の恒例除目の際には摂政忠実が参院して、毎日「除目沙汰」を行っており、特に二十四日には侍宿し、終日沙汰を行った、と『殿暦』に記されている。[19] また、『実行公記』天永二年(一一一一)正月二十三日条には、殿下(忠実)が院の「御前」において「転任者」を一紙に書いたという記事があり、実行は「是すなわち入眼と謂うべしと云々」と感想を書いている。摂関が、院のもとで一体となって決定をしているとみてよい。[20] このような関係は鳥羽天皇の元服後も維持された。『殿暦』永久三年(一一一五)八月十三日条および十二月十三日条によれば、除目儀そのものは確かに「御前」で行われているのであるが、実質的な決定は、すべて参院した忠実と院とで行われていたことがわかる。[21] また『殿暦』永久四年十二月二十二日条には、鳥羽天皇が「非道の事を仰せられ」たために、院が怒って除目の指示をしなかったと記されている。この時は関白忠実が取り計らって院の「御覧」に入れて何とか無事に事を運んだらしいが、すでに除目が、天皇のみでは処理できなくなっていたことを見越したうえでの院の処置であり、堀河朝とは大きく異なるものであったと言えよう。[22] そして、このような院の専権は鳥羽院政期(一一二九—五八年)にも引き継がれた。これらのことと関連して補任者決定の手続きにも変化があらわれてくる。いわゆる「任人折紙(にんじんおりがみ)」の一般化がそれである。以下それについて述べてみよう。なお直物(なおしもの)や[23]臨時除目の場合と恒例除目の場合では多少事情を異にするため、別個に検討してみたい。

(イ)　直物・臨時除目の任人折紙

『中右記』長承三年(一一三四)三月七日条には、直物に伴う除目の記事がある。『中右記』の記主藤原宗忠はこの除目の上卿(しょうけい)を勤めたが、除目を始めるに当たって、関白の命により暫く待たされている。それは蔵人弁(くろうどのべん)の藤原資信が院に召されたままま だ帰って来ていなかったためであるが、深更に及んで帰参した資信は中文(もうしぶみ)(正式の補任申請書)とともに「任人」を折紙に書いて密々に宗忠に授けている。[補注] そしてそれはそのまま左大弁に下され、左大弁の手によって除目の正式決定書である「下名(おりな)」が書かれた。この折紙には叙位者をも含めて、このとき任命された全員の名が記載されていた。以上の点から、この任人折紙が院の指示によって作られたものであり、除目全体を左右する重要な働きをなしていたことがわかる。[24] このようなことは「近代作法」であると記されているから、これがそう古くからの慣行ではないと推測される。大江匡房の『江家次第(ごうけしだい)』によれば、直物に伴う小除目で中文の提出されていない人物を任命する場合には、上卿に口頭で宣すると同時に「風記(ほのき)」(メモ)を蔵人が書いて渡すことになっていた。その実例は『春記』長暦三年(一〇三九)閏十二月二十日条にもみられる。これは申文のない補任者について誤りを避けるための方便と言ってよい。そして、それが「任人折紙」の本来のあり方であったと思われる。当然のことながら、それは天皇の仰せをうけて作成されるものであり、申文提出者の名はそこには記載されなかった。

前述の長承三年三月の場合のごとく、申文提出者をも折紙に記載した例は、鳥羽院政下の天承元年(一一三一)八月十七日のものを最初とする。このような形の折紙が成立したのは、院が除目儀に直接臨席せず、外部から指示を与えたことと関係があろう。一般に除目において提出された申文[25]は蔵人によって選定され、申文目録が作成される。そして、必要な申文は除目儀における天皇の座の前にある「御硯筥」の蓋に盛られ、そこから上卿に下されて儀式の場での決定のための資料とされるのであるが、院の指示を受ける場合には、申文ではなく、申文目録が院へもたらされ、院がそれに合点を付したり、目録以外の人物を付加した後に、最終的な任人折紙が作成されたようである[26]。つまり、天皇は除目に臨席するから、指示を与える時には、必要な申文を「御硯筥蓋」より選んで上卿に下し、申文のない時には、それについてのみ口頭の「仰せ」または折紙で指示を与えればよかった。ところが院は申文を直接扱わないのであるから、指示は使者を介して、申文の有無にかかわらず一括して折紙で申し送ることになる。つまり任人折紙の形の変化は、院政の展開と不離の関係にあると考えられるのである。

ところで、このような形式の任人折紙の成立に先立って、白河院政後半の元永年間(一一一八―一一二〇)頃より、申文と折紙の関係に微妙な変化が生じている。除目において殿上人は申文を出さないのが慣例であったらしいが[27]、地下人は必ず出すことになっていた。ところが補任者が地下であるにもかかわらず、除目の上卿のところに申文がもたらされず、その代わりにその名が折紙に殿上人たちとともに記されて上卿に伝えられる例が増加しているのである[28]。故実に詳しい藤原宗忠などは、申文不備の時は蔵人が代筆してでも準備すべきであると不満を漏らしているが[29]、これも院による折紙での一括指示が決定的な意味を持つに至った結果、申文の比重がやや軽くなったことをあらわすものではなかろうか。

(ロ)　恒例除目の任人折紙

春・秋の恒例除目における任人折紙の出現は、臨時除目の場合とは少々趣きを異にしている。白河院政下の例としては、長治二年(一一〇五)十二月十四日の京官除目の際のものをあげることができる。この時、内覧右大臣として執筆を勧めた藤原忠実は、天皇の「御前」において「今夜任ずべき物(者)」を折紙に書きつけている。[30] これは、忠実が心覚えとして作成したものと思われる。

これに次ぐ史料としては、鳥羽院政下仁平元年(一一五一)二月一日および二日の春除目の際のものをあげることができる。[31] この時の執筆は、内覧左大臣の藤原頼長であった。折紙を彼の許に持って来たのは蔵人頭藤原朝隆であったが、二月二日の折紙は法皇の命によりいったん禅閤藤原忠実に見せた後に頼長に届けられた。また、翌年の春除目の際には、院の「定仰」をうけて帰った朝隆(蔵人頭)が内裏で待っていた頼長にそれを伝え、さらに頼長の命によって関白に報じた後に折紙を書いて頼長に給している。これらはいずれも、近衛天皇元服後の事例であるが、折紙が院の命令によって作成されたことは明白である。堀河朝において天皇のもとで作成された折紙が、鳥羽院政下では、院の差配のもとに作成されるようになったのである。

このようにして、白河院政末期から鳥羽院政期にかけて折紙は除目に不可欠のものとなってゆく。ここでその折紙の特徴をまとめておくことにしよう。

(1) 任人折紙は儀式の表面に出るものではなく、「備忘物」[32]であった。そしてそれは本来天皇の仰せを書き留めるものであったが、院政の展開とともに白河院政末期頃以降、院の仰せを記すものとなり、鳥羽院政期において定着する(院が在世していても天皇に実権がある時には天皇の仰せで作成される)。

(2) 任人折紙はふつう蔵人が書くが、摂関が自ら書く場合もある。
(3) 除目の執筆にとって折紙は大間(おおま)に任人を記入するための最も基本的な資料とされるに至った。(33)
(4) 任人折紙には京官、受領、諸国権守(ごんのかみ)・介(すけ)が記載された。つまり要職はすべて記載されたのである。(34)
(5) 後白河院政下には叙位折紙も作られた。(35)

2 後白河院政期

(一) 応保元年(一一六一)九月十五日以前

後白河天皇は保元三年(一一五八)八月譲位し、院政を開始するが、二条天皇の親政を望む勢力も強く、政情はきわめて不安定であった。この間の経緯については、龍粛の研究に詳しい。(36) 龍も述べたごとく、当時の政事の決定は、天皇・院・大殿(藤原忠通)・関白(藤原基実)の同意のもとに行われていた。叙位任官の場合も例外ではないが、おのおのの発言力の強さには差があった。この点を少し具体的に検討してみよう。『山槐記』永暦二年(一一六一)四月一日条には、臨時除目の補任者決定についての詳細な記事が載せられている。記主藤原忠親は蔵人頭として、院・天皇・関白(藤原基実)・大殿(藤原忠通)の間を往反したのであるが、その行動を追ってみよう。彼はまず申文の「目録」を天皇に奏覧した後に、その指示によって、これを関白・大殿へ持参し、了解を得て院へ持参している。院はこの「目録」に「合点」を付して、さらに追加の補任者(ぶにんしゃ)を指示したうえで、重要事項(藤原成親の中将復任、藤原経房・平時忠の正五位下叙位のこと)については「御報書」を記して大殿忠通に諮問している。そこで忠親は再び忠通の許へ行き、その同意を得たうえで、院の「御合点」にしたがって「折紙」(任人折紙)を書き、再度院の確認を得て天皇のところに持参している。天皇はこれに対して、「頗る多々」とやや批判的な感想を述べたが、そのまま上卿に下して決定させている(このとき申文も上卿に下された)。この過程で補任者選定に決定的な役割を果したのは院であった。

天皇は発案者ではあったが、院の指示通りに作られた折紙をそのまま上卿に下している。この段階では「任人折紙」は鳥羽院政下と同じく、院の管掌下にあったのである。

(二)　応保元年(一一六一)九月―二条上皇の死まで

応保元年(一一六一)九月十五日、生まれて間もない後白河院の皇子(母は平時忠妹滋子)を立太子させようという策謀が発覚する。(37) その結果、平氏一門の教盛・時忠、少し遅れて院近臣の藤原信隆・成親・基家をはじめ六名の者が解官されたが、この事件を境として院と天皇の関係は大きく変化する。『山槐記』によれば永暦二年(一一六一)八月十二日に除目が行われているが、この時には前述の四月一日条と同様に、補任者の打ち合わせが大殿→内(天皇)→院へと伝えられており、頭弁藤原雅頼が所望輩(申文提出者)を折紙に書いて院へ持参し、院はそれに追加を書き加えて下給している。しかるに、九月以降になると、天皇はもっぱら前関白(大殿)忠通と関白基実に相談するのみで、院の意向を全く聞こうとしなくなる。任人折紙も天皇の管掌するところとなっている。(38)『源平盛衰記』はこの事件について述べた後、

　上皇政務ヲ不レ可ニ聞召一之由清盛卿申行ヒケリ

と清盛の武力を背景として、院の発言力が封じられたことを記しているが、信頼に価いするものとしてよい。(39) 同書には九月十五日の除目において、院が平信範を右少弁に、平時忠を五位蔵人に推したのに対し、天皇は、この両名を停めて藤原長方を右少弁に、藤原重方を五位蔵人にしたとある。(40) また『愚管抄』には、蓮華王院造営の勧賞(叙位)を院が申し出たにもかかわらず天皇が拒否したとあるが、いずれもありうることであった。(41) この間、院が人事に発言しえたのは、院御給(院のための年給)と朝覲行幸の際の勧賞叙位ぐらいのものだったのではなかろうか。(42) それでは、このような状態はいつまで続いたのであろうか。『山槐記』永万元年(一一六五)七月十八日条によれば、摂政は臨時除目

の日時決定に当たって、後白河院ではなく、二条院の意見を聞いて決めている。二条院は譲位後もなお大きい政治力を有していたのである。

(三) 六条朝―鹿ケ谷事件まで

『山槐記』(除目部類)仁安元年(一一六六)八月二十七日条によれば、このとき叙位の執筆を勤めた藤原忠親は、叙位者について「尻付」(叙位の理由を人名の下に定まった方式によって小書する慣例)についての指示がないこと、および姓のわからない人物が含まれていることに気づいて、これを摂政に尋ねている。これに対して摂政藤原基房は「折紙に書かれていない」「不分明」などと答えている。摂政がこのような答えをしている以上、この折紙の作成責任者は天皇か院でしかありえない。天皇は幼帝であるから、それは院ということになる。後白河院は二条院死後のこの時点では人事の全権を把握していたのである。それ以後、安元三年(一一七七)六月の「鹿ケ谷事件」まで、院は権力を恣にしえた。任人折紙が院の意によって作成されたのはもちろんであるが、叙位についても折紙が作成されるようになり(43)、本来は外記局で労を計算して作成していた叙位勘文や一加階勘文(44)も、院による人物の特定を待ってはじめて作成されるようになってしまうのである(45)。

ところで、この時期に関していま一つ注意すべきことは、平清盛の関与である。清盛は、すでに二条朝の永暦元年(一一六〇)の段階(時に参議)で、公卿たちの所望を天皇に取り次いだり、除目聞書を特別に送付されたりしており、特別扱いされていたことがわかるが、清盛が太政大臣となった仁安二年頃には摂政とともに院から補任者についての諮問をうける対象となっている(46)。いわば、院の権力核の内部に入り込んだわけであるが、そういった関係は、仁安二年(一一六七)二月三十日の例を最後に後を絶つ(47)。おそらくそれは、翌年二月の清盛の出家と関係するものと思われる。またこれは平氏の自立ともかかわるかと思われる。もちろん平氏の発言力が弱まったわけではない。外戚となった彼らはますます力を伸ばし、かつ一方で院との対立的要素を生んでいったのである。

(四)　鹿ケ谷事件―院政停止まで

「鹿ケ谷事件」を境として、院は人事から表面上は手を引かざるをえなくなった。『玉葉』治承元年(一一七七)十一月十五日条には「今度の除書一向に内の御沙汰たるべし、院知食すべからざるの由申さると云々」とあり、これ以後、除目・叙位儀は実際に天皇と関白の手で運営された。任人折紙も天皇の許で作られるようになった[48]。ところが彼らが不慣れなため、その内容に脱漏があったり誤りがあったり、相当な混乱がおこり、執筆を勤めた藤原兼実を困惑させている[49](これは、これまで院がすべてを指揮して来たことをあらわすものでもあろう)。しかし、五味文彦が明らかにしたごとく、院は人事に全く発言しなくなったのではない[50]。前掲の『玉葉』の記事には「ただし院からの注文で申し送る事だけは例外である」という内容の語句が付け加えられていたのである。結局、院にとっての必要事項は相変わらず院が指示し、近臣をとり立てるとともに、ついには関白息藤原師家を八歳で従三位中納言にするということまで行い、平氏による院政停止(一一七九年)の一因を作るに至ったのである。

人事手続きから見た院権力の推移は以上のごとくである。それでは、その権力はいかなる方向に動かされたのであろうか。以下この点を、家柄の問題を中心として考えてゆきたい。

第二節　院政と貴族官人層の再編

1　家格の成立

(一) 公　達

中世において、貴族層の家格は公達(きんだち)・諸大夫・侍というように区分されていた[51]。この区分はいつごろ成立するのであろうか。公達の語は上流貴族の子弟を指す呼称であり、諸大夫は本来、四・五位層官人の一般的呼称であった[52]。しかるに九世紀以降昇殿の制が整備されると、諸大夫は殿上人に対比され、もっぱら地下の四・五位層を指す用語として使用されるようになる[53]。十世紀以降の古記録においては、五位以上の官人層を「上達部(かんだちめ)・殿上人・諸大夫」と区分する例が多い[54]。このような呼称は必ずしも家柄を表わすものではなく、各官人のその時々の地位を表わすものにすぎない。しかし、十世紀末―十一世紀頃になると、明らかに家格と関わった形での公達・諸大夫の称が出現する。『枕草子』には、

君達は頭(とう)の中将、頭の弁、権中将、四位の少将、蔵人の弁、四位の侍従、蔵人の少納言、蔵人の兵衛佐。

とある[55]。ここでは公卿昇進に結びつく特定の官職とリンクした四・五位の君(公)達の姿を認めることができる。また、『左経記』寛仁元年(一〇一七)九月二十二日条には、「上達部」とともに「殿上地下君達」「諸大夫六位」などの称がみられる。ここに至って四・五位で地下であっても公達とされる人々と、六位であっても諸大夫とされる人々を確認しうるのであって、ここに、これらの家柄が成立したことを知りうる。以後、摂関家などの前駆者の記事では、上達部・殿上人・地下君(公)達・諸大夫・六位諸大夫というように記されるようになる[56]。それでは、公達・諸大夫というのは

どのような家を指したのであろうか。

表2は白河院政（一〇八六―一一二九年）頃までの史料に公達と記された人々を抽出したものである。表中の人物はほとんどが地下君達としてあらわれる。したがって、公達層の下限を確かめるには好都合である。いま、表中の人々の家系をみると、藤原氏にあってはいずれも忠平（八八〇―九四九）以降の摂関家の子孫であり、源氏にあっては宇多源氏以降の賜姓源氏に限られていることがわかる。(57) また、これらの源氏諸流は、ごく新しい賜姓にかかる三条源氏の通季を除いて、他はいずれも摂関家と強い姻戚関係で結ばれている。そして、当時の摂関家に最も疎遠にして公達層の最下層を形成するのが宇多源氏・醍醐源氏であったと思われる。

表2 史料に公達とされる者（白河院政期まで）

藤原氏	道長流（摂家）	忠宗，忠長
	教通流	長兼
	頼宗流	基俊，宗能，宗成
	長家流	家光
	道隆流	家信，宗兼，宗良，経能
	道綱流	有佐，道経
	道兼流	重房，兼基
	伊尹流	師仲，定実
	為光流	公章
	実頼流	季実，重実，季忠，兼平
源氏	三条源氏	通季
	村上源氏	広綱，師俊，家定
	醍醐源氏	国俊，実明
	宇多源氏	忠政

〔備考〕 1) この他，公季流・師尹流が公達家と思われる．
2) 『康平記』康平3年7月19日条，『為房卿記』寛治6年2月6日条，『江記』嘉保元年4月14日条，『永昌記』嘉承元年12月16日条，『中右記』康和4年6月3日条，康和5年12月22日条，嘉承3年1月24日条，天永2年10月5日条，天永3年8月7日条，『殿暦』永久2年12月21日条による．

以上のごとき公達家の範囲は、貴族たちの意識のうちで随分長いあいだ強固に生き続けたらしい。その一例は十四世紀の編纂になる『尊卑分脈』の藤原氏諸流の配列の仕方に認めることができる。国史大系本で言えば、第二編の「師尹公孫」までが公達家なのである。(58) また、院政期の古記録によっても、すでに公卿を出せなくなってから久しい為光流（藤原）の親方や親盛、(59) 道兼流（藤原）の忠重、(60) 師尹流（藤原）の朝輔、(61) 実頼流（藤原）の盛房(62)などが公達と記されている。一方、公卿を多く輩出した高藤流（藤原）や内麻呂流(藤原)の人々は依然として諸大夫であったし、後に羽林家(羽林=近衛次将。精華に次ぐ家柄)として公達の仲間入りをする末茂流(藤原)の有家や経重・保季といった人々も、現に近衛少将を帯びる近親(顕家)[63]がいるにもかかわらず、『玉葉』には、

君達に非ず、然れども先々此の如き役、君達に准じて奉仕する所也

とあって、本来の公達の扱いを受けていないのである[64]。摂関家の藤原頼長が末茂流の権勢家藤原家成にいだいた反感や、藤原兼実の平氏に対する悪感情[65]も右の秩序意識を前提とすればよく理解できる。

それでは公達層の昇進コースとはどのようなものだったのであろうか。笹山晴生・橋本義彦は公卿昇進の最短コースとして「叙爵→兵衛佐または侍従→少将→中将」という昇進過程を挙げているが、侍従や中少将が公達しか就かない官職とされていることから、このコースが公達層のものであったことは明らかである[66]。また、弁官を経て公卿昇進を果たすコースのうち、侍従や兵衛佐・少納言を経て弁官となるものがあった。私はこれを「弁官Aコース」としたことがあるが[67]、これも公達の家のコースと見てよい。要するに、公達とは、血縁的には十世紀以降の摂関家や賜姓源氏の子孫で、道長・頼通政権の段階において、近衛次将コースおよび弁官Aコースを経て公卿へ昇進しうる家柄として設定されたものと言えよう。

(二) 諸大夫

前述のごとく、諸大夫の家格も、道長政権の末期には成立していた。橋本義彦は諸大夫の上層を形成するものとして「蔵人五位」つまり六位蔵人を経て昇進するものがあり、一般的な層として、式部大夫(しきぶのたいふ)・衛門大夫・民部大夫等々、「官名プラス大夫」の称で呼ばれる人々があったとした[68]。道長時代の六位蔵人経験者の昇進について調査した結果によれば[69]、彼らは摂関期においてはごく稀に高年で参議または非参議従三位に昇りうる位のところに位置づけられてい

た。上層の諸大夫でこの程度なのであるから、諸大夫層とは、基本的に四・五位層に留まる階層とみてよい。

ところで、道長政権から頼通政権にかけての時期というのは、すでに指摘されるごとく、諸大夫層の家業の成立にとってきわめて重要な意味を持っていた(70)。一方、この時期は摂関家家司の譜代化が進行した時期でもあった。柴田房子はこれを調査し、藤原頼通の頃から醍醐源氏、高棟流桓武平氏、中原氏、高階氏、藤原北家良世流・高藤流・内麻呂流、南家貞嗣流、式家明衡流などが譜代家司家となってくると述べた(71)。注目すべきは、これらの氏の多くが独自の家業を持ち朝廷の中に不可欠の位置を占めてくる諸氏と一致することである。高藤流・内麻呂流・平氏などは弁官、内麻呂流・南家貞嗣流・式家明衡流などは文章道、中原氏は明経道と局務大外記の家である。これは単なる偶然ではない。おそらく、当時の摂関家の政治姿勢と関わるものと思われる。以下、この傾向についてもう少し具体的に調査をしてみよう。

承保三年(一〇七六)九月三日付の関白藤原師実家政所下文(72)には二十五名の家司(別当)が載せられているが、彼らの官職を一覧すると、この時の家司の体制が非常に充実したものであったことに気づく。その中には受領が九名、弁官が三名、そして検非違使佐・大夫外記・大夫史、さらには儒官である式部大輔・文章博士・助教・東宮学士・大学頭・図書頭などが含まれていた。受領が多いことについては、藤原道長段階の家司にも言えることで、別に異とするに当たらないが、その他の太政官実務の中枢を占める人々および儒官の

表3　摂関家司であった弁官（鳥羽院政まで）

藤原泰憲	長久2—延久4（高）
藤原正家	康平4—応徳元（内）
藤原隆方	治暦元—承暦元（高）
藤原為房	応徳3—寛治6（高）
藤原有信	寛治6—康和元（内）
平　時範	嘉保元—天仁元
藤原俊信	康和元—長治2（内）
藤原為隆	長治2—大治5（高）
藤原実光	嘉承元—長承3（内）
源　雅兼	嘉承2—天承元
平　実親	保安4—永治元
藤原有業	天承元—長承元（内）
藤原朝隆	保延3—保元元（高）
藤原光頼	永治元—保元元（高）
藤原光房	久安3—久寿元（高）
平　範家	久安4—保元2
藤原資長	久安6—永万元（内）

〔備考〕（内）—内麻呂流
（高）—高藤流

表4　検非違使佐と院司・家司

	長徳2 (996) 〜 万寿4 (1027) 惟宗允亮 〜 源為善				長元元 (1028) 〜 応徳3 (1086) 藤原家経 〜 藤原有俊				寛治元 (1087) 〜 大治4 (1129) 藤原知綱 〜 藤原顕能				大治5 (1130) 〜 保元元 (1156) 藤原宗光 〜 藤原惟方				保元2 (1157) 〜 建久3 (1192) 藤原頼憲 〜 藤原朝経			
	A	B	C	D	A	B	C	D	A	B	C	D	A	B	C	D	A	B	C	D
内麻呂流	2				6	5			4	3		1	1	1			1			1
高藤流	2				5	5			4		4		7		4	3	15		7	7
平氏	0				5	2			2	2			1			1	3		2	1
藤原氏の他の系統	4				1				2	2			0				2		2	
源氏	2				1	1			0				0				0			
他氏	3	2			3				0				0				0			
計	13	2			21	13			12	7	4	1	9	1	4	4	21		11	9

〔備考〕1)『中右記』により，寛治元—大治4年の期間に藤原尹通(南家)を加えた．
2) Aは総数，BはAのうち摂関家司の経歴をもつ者，CはAのうち院司の経歴をもつ者，DはAのうち院司および摂関家司を兼ねる者．

存在には注目する必要がある。これらの点は道長家司を一覧するかぎりではそれほど顕著でない[73]。摂関家家司の体制に変化が起きていることを想像させる。そこで、これらの官職個々について検討してみよう。

まず弁官の家司についてであるが、古くは藤原兼家の段階における平惟仲や藤原有国の例がある[74]。しかし、弁官に家司のいない時も多い。ところが藤原泰憲が一〇四〇年代に在任して以来、恒常的に弁官家司が置かれるようになったらしい。表3は、その頃から鳥羽院政に至る弁官家司の一覧表である。それによれば後三条朝（一〇六八—七二年）の前後より人数が増加し、白河院政期においてはつねに二—三名の弁官家司が在任していたことがわかる。この傾向は以後も維持される。また表3で明らかなごとく、その主流は藤原北家高藤流・内麻呂流と平氏であった。

次に検非違使佐について見よう。『二中歴(にちゅうれき)』には「靫負佐(ゆげいのすけ)」の歴名を記した部分がある。詳しくは別の機会に述べたいと思うが、実はこれは検非違使佐のかなり正確な歴名である[75]。いまこれを(1)道長政権期（九

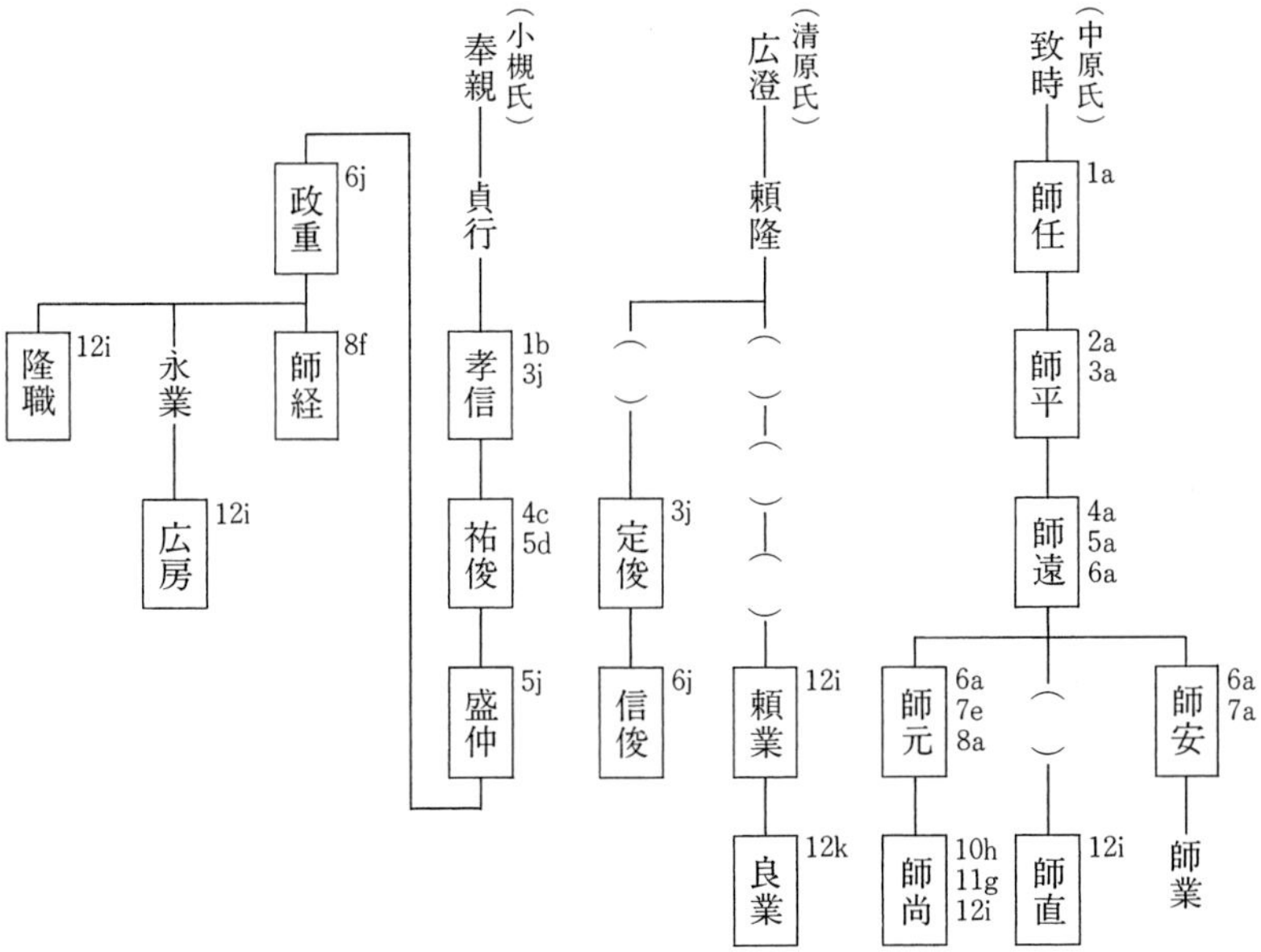

〔備考〕 1) □で囲んだのは，家司であった者．
2) 脇に付した番号は，彼らが仕えた主人．1 頼通，2 教通，3 師実，4 師通，5 忠実，6 忠通，7 頼長，8 基実，9 基房，10 基通，11 師家，12 兼実

〔出典〕 a『地下家伝』，b『康平記』，c『摂関詔宣下部類』，d『殿暦』，e『台記』，f『兵範記』，g『山槐記』，h『吉記』，i『玉葉』，j『平安遺文』，k『鎌倉遺文』

図 3　局務家・官務家と摂関家司

九六―一〇二七年)、(2)頼通政権―院政開始まで(一〇二八―八六年)、(3)白河院政期(一〇八七―一一二九年)、(4)鳥羽院政期(一一三〇―五六年)、(5)後白河親政期・院政期(一一五七―九二年)に区分して氏別に整理したのが、表4である。この職は、その任務の関係上、法知識と文筆能力が要求されたらしく、諸道の人々が多く任命されたが、頼通の時期に至って、藤原北家高藤流・内麻呂流と平氏の三氏が非常に多くなることと同時に、摂関家司の比率が飛躍的に増大することがわかる。上の三氏は、言うまでもなく、弁官を世襲する氏である。白河院政下に入ると藤原北家良世流の知綱と南家尹通を除いて他は、すべて上記の三氏で占められるに至る。[76] また、この時期になると院・摂関との関係をもたない者は皆

無となってしまう（その後の院政下における動向については後述）。弁官についての傾向と軌を一にしていると言えよう。[77]
次に外記・史の場合はどうであろうか（図3）。まず外記の場合、中原氏が局務を世襲しはじめるのは師任[78]（一〇四一年任）以降である。また、清原氏の場合は頼隆[79]（一〇二二・一〇三四年任）が局務となっているが、その子息は任命されず、世襲が安定するのは定俊[80]（一〇七八・一〇九一年任）以降である。また官務の小槻氏の場合も譜代左大史家としての家柄の成立は孝信（一〇四六年任）以降とされている。[81] 各家ともに諸道の家としての成立が少しずつ先行しているようであるが[82]、局務・官務家を成立させた中原師任・清原定俊・小槻孝信らはいずれも摂関家司であった。ただし、中原氏の場合、師任が摂関家司となったのは大夫外記を辞す直前であり[83]、彼の後任の局務となった中原長国や中原貞親は家司となっていない。師任の子師平は局務と家司を兼ねたが、その時期は、彼が二度目に局務となった延久三年（一〇七一）のことであり、彼がいったん外記局を離れた時、局務を勤めた三善為長にも家司の経歴はない。現職の局務が恒常的に家司となるのは師平以後である。清原氏の定俊はこの中原師平の後任であり、中原・清原両氏による局務の独占が固定するのも師平の二度目の拝任以後である。[84] 摂関家が局務を家司として組織するのは後三条朝以後なのである。
以上、細かく検討してきたが、官職の世襲化と家司の兼帯は頼通段階で大きく展開したことを知る。それが摂関家による官司支配の意向に関連すると推測することは無理ではなかろう。摂関家による上のごとき官職と家司の組織化に大きい加速を与えたのは、下向井龍彦の明らかにした「十一世紀中頃以降の弁官局の機能拡大及び家領関係訴訟の増加」であったと言えよう。[85] さらにそれは「王朝国家」の政策転換と関わるものであったと思われる。[86] しかし、一方、後三条朝における荘園整理令および記録所設置などの処置が、摂関家に与えた影響も無視できない。記録所の官員の構成と前掲師実家の家司の構成には類似点が多いように思われる。この時期に摂関家の家司の体制強化、官職の世襲化が一層推進されたことは先に見た通りである。摂関家の一族および姻戚関係者を公卿とし、世襲化しつつある家司を太政官中枢部に固定するという構想のもとに、公達・諸大夫という家格も、実務官人家の家職も、段階を追って成立していったと思われる。頼通以降の段階は摂関権力が退潮に向かった時期である。しかし、そうであるがゆえに自らの権力の体制化が急がれたのではなかろうか。

2　白河・鳥羽院政期

(一)　名　家

白河院が院政を開始するに当たって、人事面で、まず解決せねばならなかったのは、前述のごとき摂関家主導の体制をどう切り崩してゆくかという問題であった。さて、この問題に対する院の対応が、院近臣の登用であり、摂関家に倣った院司構成の創出であったことは橋本義彦の論考に詳しい(87)。院の組織した権臣・近臣たちは、(1)上流貴族出身の権臣、(2)弁官系の実務官僚、(3)受領系の官人、と分類される。彼らは院政期においてそれぞれの昇進コースを確立してゆく。以下その点をやや詳しく検討してみよう。まず弁官を中心とする人々の動向をさぐってみよう。

周知のごとく、弁官は、いわゆる名家流諸家の昇進コース上の官職として、彼らによってほとんど独占されるに至る。その家柄と昇進コース確立にかかわる重大な変化は、鳥羽院政下において認められる。表5は白河朝から後鳥羽朝にかけて(一〇七二―一一九八年)の五位蔵人の一覧である。従来、五位蔵人には、近衛次将コースをとって昇進する人々と、弁官コースをとって昇進する人々が相半ばして採用されていたのであるが、長承二年(一一三三)以後は、近衛次将系の人々の採用が激減してしまうのである(88)。その理由の一つとしては、上級貴族の場合若年で四位に叙せられることが多くなり、五位少将が少なくなってしまったことがあげられる(89)。しかし、少将の前段階である侍従や兵衛佐は存在したし、成年の少将も皆無ではなかった。蔵人を兼ねる弁官、つまり職事弁官が、院・天皇・摂関と太政官機構をつなぐ重要な役割を果たしたことは、すでに井原今朝男の研究に詳しい。また彼らによってになわれた政務運

表5　五位蔵人の家別・コース別一覧

	高藤流	内麻呂流	桓武平氏	藤原南家	その他の藤原氏	源氏	他氏	計	近衛次将コース	弁官コース	その他
白河	1				4	2	1	8	3	5	
堀河	2		1		5	8		16	9	5	2
鳥羽	2	1			7	1		11	7	4	
崇徳	1	1	1		5			11	4	2	2
	1				1	1				3	
近衛	3		1		1	1		6	1	5	
後白河	2	2	1	1	1	1		8	1	7	
二条	5		2	1				8		8	
六条	5		1			1		7		6	1
高倉	3	2	2			1		8		7	1
安徳	4	1						5		5	
後鳥羽	8	3	2		1	1		15		13	2

〔備考〕　崇徳朝は長承2年以前と以後に分けて集計した.

営方法である「奏事」もこの頃には成立してきている[90]。このような新体制に対する対応と考えれば院の意図は理解できよう。さらに近衛朝に入ると、藤原氏高藤流・同内麻呂流・桓武平氏以外の家(公達家)の五位蔵人補任が減少する。このような五位蔵人補任における変化は、弁官局の人事に影響を与えている。『弁官補任』を一見したところでは、それほど大きな変化はないようにも見えるが、それは、いったん弁官となると少弁→中弁→大弁とかなり長期間在任するために新しい傾向が目立たないためであって、新任者について検討してみるとその結果は明白である。近衛朝以降の新任弁官は、ほとんど高藤流・内麻呂流・平氏で占められてしまうのである(表6)。この他の家の例としては、後白河院政までの時期については、藤原信西の子俊憲・貞憲の兄弟と村上源氏の雅頼・兼忠父子(この家はその後もときどき弁官を出す)、そして大弁に直任された閑院流の実綱を数えるのみである。これらの変化とほぼ時を同じくして、院近臣と弁官の間にも固定した原則ができてきたようである。

高橋昌明は鳥羽院政下において公卿の約半数が院司とされたことを指摘したが、弁官の場合もほぼ同様の状態となっている。(91) また摂関家司と院司を兼ねる例が増加してくるのも近衛朝成立(一一四一年)の前後である(表7)。そして、これまで五位以上の院司としてはあまり採用されてこなかった内麻呂流藤原氏、平氏などの人々が院司の中枢部へ組み込まれてくる。また弁官と同様のことは検非違使佐についても言える。前掲表4によれば、白河院政下においては摂関家司の佐は院司のそれに劣らない。しかし摂関家司のうち院文殿(いんのふどの)に候した者が、表4に入れた院司以外に四名確認できるから(内麻呂流俊信・実光・行盛、南家尹通)、院による把握も進んできてはいる。(92) そして鳥羽院政に入ると全員に院司としての経歴がみられ、また摂関家司の経歴を持つ者もすべて院司兼帯ということになる。さらに、その過程の中で高藤流の人々がほとんど独占的にこの職に就くようになる。同流の優位はここで確定した。

　鳥羽院政下において院判官代の増員・充実が行われたことはすでに指摘されている。(93) それは弁官や弁官へのコースを歩みつつある人々の増加

表6　新任弁官

		(諸大夫)				(公達)					
		藤原氏		桓武平氏	藤原南家	藤原氏				村上源氏	醍醐源氏
		高藤流	内麻呂流			公季流	頼宗流	能信流	実頼流		
白河院政		4	3	2		1	3	2	1	2	2
鳥羽院政	崇徳朝	2	2			2			1	2	1
	近衛朝	2	2	1							
後白河親政・院政		14	4	6	2	1				1	1

表7　弁官と院司および摂関家司

		院司およびその経験者	摂関家司および経験者	双方を兼ねる者
白河院政	寛治2(1088)	2	1	
	天仁2(1109)	3	3	
	大治4(1129)	1	4	
鳥羽院政	保延2(1136)	2	1	
	保延4(1138)	3	2	1
	永治元(1141)	3	2	2
	久安2(1146)	4	2	2
	仁平2(1152)	3	5	3

〔備考〕できるかぎり，院庁下文のある年を選んだ．

によるものであり、これまで述べてきたことと表裏一体の関係にあることは明らかであろう。それは院の太政官把握の体制の一層の強化を物語ると同時に、五味文彦の説く、「院中沙汰」(院独自の裁判機構)の整備を保証するものでもあったと言えよう。(94)院は、この時期において、以後の実務官人系院司の体制を整えたのである。『職原鈔』は名家流の人々の昇進コースとして、八省輔(治民・兵)→勘解由次官→廷尉佐→五位蔵人→弁官と進むのが順路であると述べているが、これが最終的に確定し、高藤流・内麻呂流・平氏、すなわち名家専用のものとされたのはこの時期であった。それは同時に、摂関家の屈服を前提とした上での家司の院司化現象をも伴ったのである。

(二) 局務家・官務家

それでは、局務・官務クラスの官人は院政期に入ってどのように組織されたのであろうか。彼らは院別当や判官代にはならない。おそらく院文殿に組織されたのではなかろうか。後白河院政期の例であるが、『吉記(きつき)』承安四年(一一七四)八月十三日条は、文殿衆として大外記清原頼業、同中原師尚、助教中原師直、主計助(かずえのすけ)中原師茂らの名を載せている。また『地下家伝』によれば、局務の中原氏が白河院政初期より代々文殿に直していたことがわかる。(95)他氏については史料を欠くが、中原氏に準じて考えてよいのではなかろうか。摂関家の文殿に、明経博士・助教・算博士・明法博士が組織されていたことも推測の手がかりとなろう。(96)

彼らが摂関家司を兼ねていたことは従来の通りである(図3)。彼らもまた、摂関家・院に両属する形をとってゆく。

(三) 清華家

いわゆる清華家の基本的なあり方も、この時期に固まった。清華家が、外戚関係を梃子として成立してくることは、橋本義彦が指摘したところである。(97)これらの家々とは、具体的に村上源氏(久我家)と藤原北家公季流(徳大寺家・三条家・西園寺家）、同師実流（大炊御門家・花山院家）を指す（図4）。村上源氏の場合は師房（一〇六五年任大臣）以来継続して大臣を出しており、すでに摂関期より大臣家の地歩を得ていたといってよいが、他の二流の場合は新しく条件を得て大臣家となった氏である。公季流三条家の場合は実行（一一四九年任大臣）、徳大寺家の場合は実能（一一五〇年任大臣）、西園寺家の場合は実宗（一二〇五年任大臣）、師実流大炊御門家の場合は経宗（一一六四年任大臣）、花山院家の場合は忠雅（一一六七年任大臣）より大臣を世襲しはじめる。しかし、これらの家々が確立するためには、他

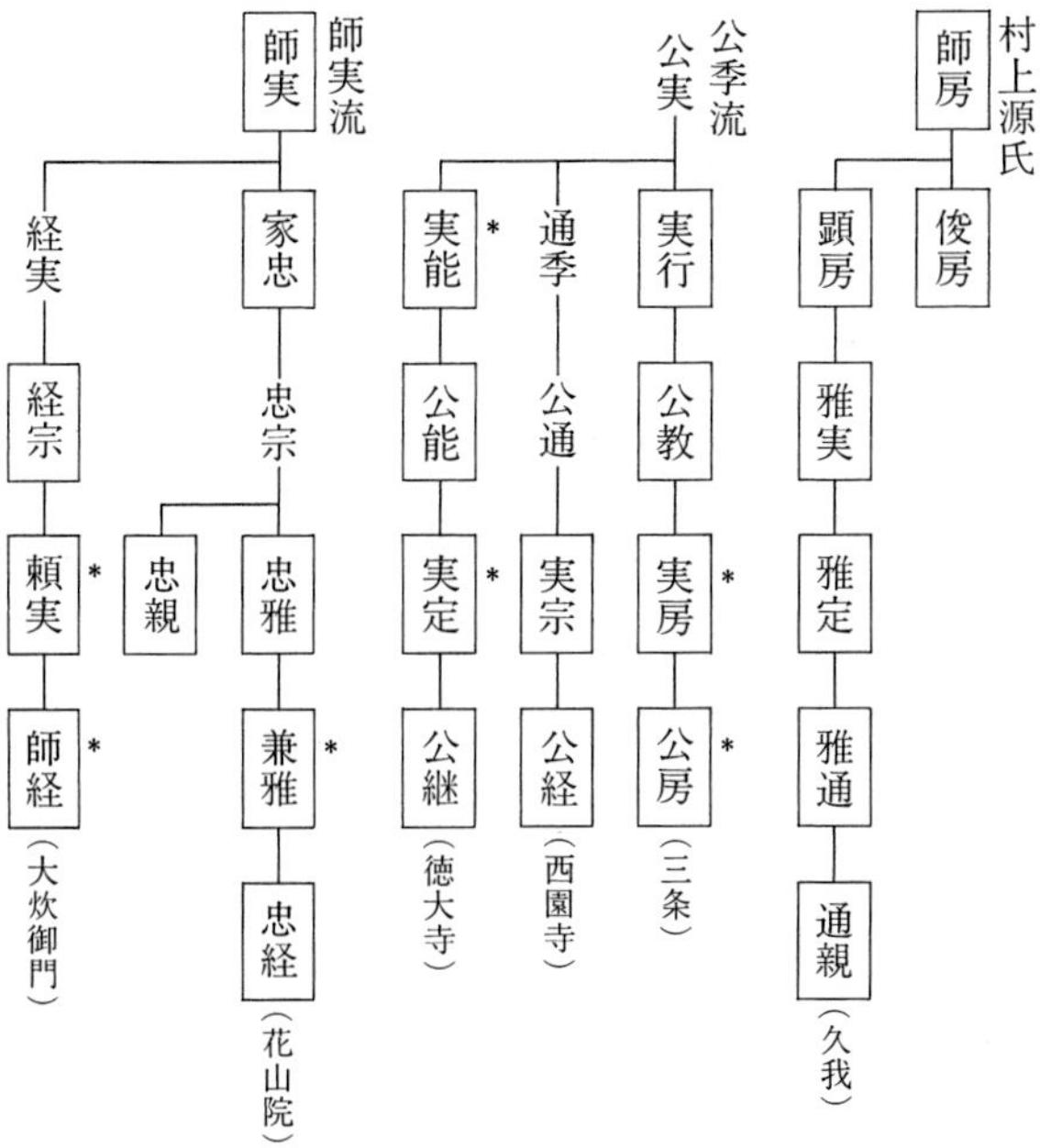

〔備考〕　　で囲んだのは大臣就任者．＊印は参議を経なかった者．

図4　清華家

の公達家に先んじて昇進するコースが確保される必要があろう。それは、近衛大将を自家の昇進コースにとり込むことと、三位中将から中納言へ直接昇進するという特別待遇を確保することであったと思われる。近衛大将であった故に上臈大納言を超越して大臣となった例は、藤原公能の場合に見られる(98)。

笹山晴生の研究によれば、近衛大将には専ら摂関の子息および師房流の村上源氏が就いたとされる(99)。この点から考えても、村上源氏は摂関期より大臣家の家格を保持していたと言えるのであるが、新規の家ではどうであったか。白河院政期末―鳥羽院政期にかけて、外戚公季流がこの条件を得る。徳大寺家の実

能(一一三九年任大将)、および三条家出身で実能の猶子として大将となった公教(一一五六年任大将)がそれである。以後、これらの家の嫡流は必ず大将となる。また、三位中将から中納言への直任というコースは、従来、摂関家の子息にのみ許されたものであった。しかるに前述の実能(一一二二年任中納言)および三条家公教の子実房(一一六六年任中納言)がこの条件を得ている。(100) おそらく、実能の例がその基準を作ったものと思われる。そして、その基準が以後成立してくる大臣家にも適用される。後白河院政下では、師実流の二家が二条天皇の外戚として前述の条件を得る。花山院家では、摂関の子息の家忠を除けば忠雅(一一六六年任大将)が初めて大将となり、(101) 大炊御門家では経宗(一一六六年任大将)が大臣の後に大将となっている。そして、それはその後の嫡流の人々によって受け継がれてゆく。(102) また中納言直任についても、忠雅の子兼雅(一一六八年任中納言)および経宗の子頼実(一一八三年任中納言)がその例をひらき、以後に伝えている。清華家の家格は、大将と、三位中将から中納言への昇進を、自らの家の世襲的な職歴にとり込んだ時に確立したと言えよう(103)(西園寺家の成立は遅れる)。この家柄成立期をになった人々の経歴をみると、いま一つ見逃しがたい点があることに気付く。それは、彼らが大臣就任以前に長期にわたって院司を勤めていたことである。(104) しかもそれは単に名目的なものではなく、公教・兼雅はそれぞれ、鳥羽院・後白河院の執事だったのであり、頼実もまた後白河院死去時に素服を賜わるほどの近臣であった。(105) 家柄成立期において、それを確実なものにするには、外戚関係のみならず、院(天皇が権力を握っている時には天皇)の近臣であることもまた必要であった。

ところで、これら大臣家の嫡流の場合、白河院政末から鳥羽院政前半の時期を最後として、受領の経歴を持たなくなることも注目してよい。(106) 家格の確立とともに、摂関家や大臣家など上級貴族層と受領との階層差もまた確定していったようである。

鳥羽院政下において、院は貴族社会の再編と太政官支配の体制を一応完成したのではなかろうか。その組織方法は摂関家のそれに範をとったものであり、かつまた蔵人所における権力集中の方法にも通じるものであったと思われる。

3　後白河親政・院政期

(一)　弁官

後白河親政・院政期における弁官局の氏族構成は、基本的には、鳥羽院政下のそれを継承している。しかし、多少の変化はある。まず、一時的現象ではあるが、藤原信西の子息(俊憲・貞憲)が補任されている。また桓武平氏のうちでは、傍系であった時忠・信範・親宗らが進出し、これまでの主流であった親信流の人々とならんで、弁官家としての地歩を獲得する。言うまでもなく、信西は院第一の寵臣であり、また平氏の面々は清盛や建春門院の関係者である。

次に、院司と弁官の関係であるが、すでに永暦二年(一一六一)の段階で、院は全弁官を院司としている[107]。院がほとんどの弁官を院司に組織するということは、以後通例となったらしい[108]。院による実務官人の院司への組織化は、極限状態に近いところまで進んだ。検非違使佐の場合も事情は異ならない。この時期の佐補任の傾向は、鳥羽院政下のそれを継承し、高藤流が圧倒的多数を占めている。それ以外の家では、藤原信西の子息、俊憲・貞憲の両名と、平氏の親宗・時忠・棟範、内麻呂流の資実を数えるのみ。いずれも特別な院近臣であった。高藤流の面々がほぼ全員、院司経験者であったことは言うまでもない。

(二)　羽林家

近衛府の次将(中将・少将)は公卿への最有力コース上の官職として、すでに摂関期より、公達層の主流の人々によって独占されてきていた。院政期には、公達の家であっても、すでにこの官職に就けなくなっていた人々も多い[109]。しかし、一方で傍系の公達および諸大夫以下の家系から、新しく次将の家柄が出現してくる。

白河院政下の少将、藤原忠隆(院近臣基隆の子、道隆流)や、鳥羽院・後白河院政下の藤原信頼(忠隆の子)らは傍系公達の再浮上の例であり、鳥羽院政下の藤原家明（院近臣家成の子）の場合は諸大夫層からの抜擢の例である。このような異例の人事は、当然のことながら上級貴族の激しい反感を買った[110]。白河・鳥羽院政下におけるこのような抜擢が以上の例に尽きることは、それが院近臣に対するきわめて特殊な厚遇であったことを物語ると同時に、その条件獲得の困難さをも示すものとしてよい。ところが、後白河院政期に入ると状況が変わる。この点を近衛次将の員数面から検討してみよう。笹山晴生の研究を参考にすれば、次将の人数は、鳥羽院政末期の仁平二年（一一五二）で二十人前後、後白河院政開始の年である保元三年（一一五八）で二十二人前後と推測されるが、安元元年（一一七五）には二十八人に増加し、その後に受け継がれる[111]（表8）。後白河院政下における増員が著しいのである。

表8　近衛次将の氏別一覧

		仁平二	保元三	安元元	建久二
藤原氏	摂関家	4	2	3	3
	公季流	5	7	4	9
	師実流	3	3	2	4
	頼宗流	3	3	2	5 (2)
	長家流			1	2
	道隆流				1
	道綱流			1	2
	末茂流	1	1	6	4
	南　家		1		1
村上源氏		3	1	4	3
宇多源氏			1	1	
平　氏				4	1
		19	19	28	35

〔備考〕　頼宗流で（　）に入れたのは，基家流の内訳.

定員の増加は近衛次将に止まらない。近衛少将の前段階の官職として重視された侍従についても同様なのである。『台記』仁平元年（一一五一）二月二十一日条によれば、このとき侍従の員数が十人となったことがわかるが、後白河院政下の嘉応二年（一一七〇）の段階では十五人に増加している[112]。このように見てくると、後白河院政下において、近衛次将コースをとって昇進してくる者の間に、変化が起こっていると考えざるをえない。表8は仁平二年（一一五二）、保元三年（一一五八）、安元元年（一一七五）、そして後白河上皇死去の直前の建久二年（一一九一）における次将の氏別一覧である。この表によれば、摂関家、藤原北家公季流、同師実流、同頼宗流、村上源氏、宇多源氏など、従来より

表9　新規の次将コース家の次将．補任一覧

藤原北家	末茂流(家成系)	*家明(永治元) *成親(久寿3) 隆房(永万2) 盛頼(嘉応3，在) 成経(承安元) 実教(承安2) 家光(安元元，在) 成宗(安元2) 隆保(寿永2) 教成(建久2)	四条流 山科流
	(顕季系)	顕家(安元2)	九条流 紙屋河流
	道隆流(基隆系)	*忠隆(保安3) 信頼(保元2)	
	(信隆系)	信清(文治3)	坊門流
	(親信系)	定輔(寿永2)	水無瀬流
	道綱流(季行系)	定能(永暦元) 親能(寿永2) 忠行(建久2)	楊梅流 二条流
	長家流(光能系)	光能(仁安2) 知光(寿永2)	大炊御門流
	(俊成系)	成家(元暦2) 定家(文治5)	御子左流
	頼宗流(基家系)	基家(保元4) 基宗(治承3) 保家(文治5)	持明院流 園流
藤原南家	(信西系)	成範(保元2) 修範(保元4) 基範(治承3) 範能(寿永元)	
平氏	(時忠系)	時実(承安元) 時家(安元2)	
	(忠盛系)	知盛(仁安元) 宗盛(仁安2) 惟盛(嘉応2) 清経(安元3) 資盛(治承2) 重衡(治承5) 有盛(養和2，在) 光盛(元暦元)	

〔備考〕 1)　*印は，白河，鳥羽院政下．
2)　(　)内の年号は，次将初任の年を記す．在としたのは任官時不明の者の初見の年．

通常的に近衛次将コースをとってきた人々の外に、藤原北家長家流、同道隆流、同道綱流、同末茂流、同頼宗流の傍系基家流、南家信西流、平氏(忠盛流)など新規に取り立てられた人々が進出していることに気づく。表9はこれら新規の家の次将補任者を網羅したものである(後白河院政まで)。これらの諸家のうち末茂流、南家信西流、平氏などは、本来的には諸大夫以下の階層に属する。その他の諸家は公達に属するが、彼らの父または祖父の代にはすでに次将コースをとりえなくなっていた系統の人々である。後白河院政下における次将急増の原因は、これら新規採用の家々の増加によるものと言ってよい。安元元年(一一七五)の段階では、このような新規採用の家柄の人々が全次将の半数弱を占めている。また建久二年(一一九一)の段階でもその数は減少していないのであるから、その官人社会への影響は大きいものであったと思われる。表9によれば、鳥羽院政以前に藤原氏末茂流・道隆流が、後白河親政期に藤原南家信西流が進出するが、他はすべて、後白河院政

表10　新規の次将コース参議昇進者(後白河親政・院政期)

		二条朝まで	六条朝以後	平均年齢
新規の次将コース	A　四位→参議	1	7	32.3
	B　三位→参議	0	4	40.5
次将・弁官以外のコース	C　四位→参議	1	3	42.0
	D　三位→参議	7	4	47.0

〔備考〕 本来の次将コースおよび弁官コースによる昇進者は除外.

期の進出であることがわかる。各個人についての説明は省かざるをえないが、いずれも著名な院近臣の家柄の出身者である。これは院の強力な意志のもとに行われた人事とせねばなるまい。院がこのような方針をとった理由の一つは、側近の顕官である近衛中少将に近臣を配置しようとしたことにあると思われる。しかし、より重要だったのは、彼らの公卿昇進——とりわけ参議以上への——の早期化だったと思われる。つまり近臣の議政官への進出を目的としたものと解されるのである。

前述の諸家の系譜をたどってみると、彼らの大部分が白河院以来の受領系の近臣の子孫であることがわかる。これらの家の人々は、院近臣として受領を歴任しつつ、院の経済的奉仕者として、兵衛佐(衛門佐)・中務輔・馬寮頭・修理大夫・内蔵頭などを経て非参議従三位に昇るという昇進コースを形成してきていた(113)。しかし鳥羽院政までの段階では、そこから参議以上に昇進することはごく稀であった。また四位から直接参議に昇ることなどは不可能に近かった。ところが後白河天皇の即位とともに、彼らの中から非参議を経て参議へ昇進する者が増加する。そして院政の展開とともに彼らの近衛次将コースへの昇格が行われ、四位から参議へ昇る者も増加する(表10)。いま表10に示した参議昇進時の平均年齢によって比較すれば、近衛次将がいかに有利であったかがわかろう。院がこのような人事を強行しえたのは、知行国制や若年受領の補任、受領の在京化などによって、近臣たちが在京したままで経済的活動に従事できるようになったことや、院領荘園の比重の増大に負うところが大きかった。羽林家の大部分は、旧来の公達プラス新規の近衛コースの院近臣家という形をとって、後白河院政期に定着していったのである。

むすび

人事面における院の専制が確立するのは鳥羽朝以降のことである。そして、院を中心とする人事方式が定式化されるのは、白河院政の最末期から鳥羽院政期にかけてであった。後白河院政は鳥羽院政下における成果を継承して出発したが、二条朝後半における院の人事上の発言はほとんど封じられた。院の独裁が本格的に展開したのは、六条朝から治承三年(一一七九)までとしてよい。

さて、院が人事の全権を把握した時、貴族官人社会を支配していたのは、摂関家主導のもとに作られてきた秩序であった。摂関家はその盛期において、自家との関係を中心として公達・諸大夫・侍という秩序を創出し、さらにその枠の中で太政官実務の中心にある人々を自らの家司に組み込むことによって支配しようとした。それは十一世紀中葉、後三条朝期と段階を追って整備された。そしてそれに伴って官職の世襲化が、摂関家の保護と圧力のもとで大きく推進された。院は摂関家のとった方法を、院と院近臣の関係を中心に据えることによって踏襲し、かつ、その関係を全官人層へ拡大し、貴族層を再編成した。すでに認められているごとく、摂関自身の近臣化、および弱体化、そして摂関家の家格の成立、さらには、受領層をはじめとする経済関係の官職の院への集中は、白河院政下で達成された。しかし、名家流の確立をはじめとして、太政官中枢の実務官人の家柄と家格が確定するのは鳥羽院政下であった。佐藤進一の述べたように、五位史の小槻氏による独占、中原・坂上両氏による明法博士の独占の成立もこの時期である[114]。院を中心とした貴族秩序への組みかえが一応完了したのはこの時期としてよいのではなかろうか。ところで、院に組織された実務官人たちは、摂関家司としても組織されていたという歴史的前提を有していた。それゆえに、摂関家の組織はそのまま院司の体制に取り込まれることとなった。彼ら実務官人たちは、幾重にも重複した私的な保護と従属の関係のもとで自らの官人社会における地歩を確保したし、摂関家自体もまた、その官界における位置を確定したのではなかろうか。かつて石井進は、(1)摂関家の院近臣化、(2)受領の地位低下、(3)荘園公領制の展開、という面から鳥羽院政の意義を大きく評価したことがあるが[115]、私も白河院政以来の官司支配の体制化が一応完了した時期として、これを捉えてみたい。

後白河院政は、前述の院政の成果の上に立って展開された。その特徴は、院による要職の院司化が極限に近いところまで拡大された点にある。弁官をほぼ全員院司としたことや、羽林家の範囲を拡大し定着させたことなどがそれである。公卿院司も増加し、後白河院死没時には関白藤原兼実のみを除いて中納言以上の公卿が全員院司とされている[116]。その理由としてはまず、院庁自体の国政上における役割の増大をあげることができる[117]。しかし、それと同時に院の置かれた状況がそれ以前の院政と比べて格段と厳しかったことが、院の体制強化に拍車をかけることになった点も見逃せない。ともあれ、摂関家・清華家・羽林家・名家、さらには局務家・官務家等々、公達・諸大夫・侍という大枠のもとにさらに細分化された中世的な家格・家業は、鳥羽院政下で骨格が完成し、羽林家の一部追加を経て後白河院政に至ったと言えよう。ここに至って家々はその家格に応じて貴族社会に位置づけられ、系列化され固定化された昇進コース上の官職を請け負ってゆくことになる。この家格秩序の基礎には、官位相当制と昇殿制があった(しかし官位相当を同じくする官職でも、コースを異にするものとの互換性はなくなっており、律令制段階の官位相当制とは趣きを異にする)。

そしてこの貴族秩序の頂点には従来通り天皇が据えられ、官職の付与者としての役割を果たした。したがって、この体制は天皇制を相変わらず強力に支えた。それは官司請負制とともに成立してきた秩序と言ってよい。院はこの体制の成立を領導したが、院にとっては、天皇制の強化を計るとともに、実権を自らに引きつけておく必要があった。院が太政官組織をたえず自らの影響下に置こうとし、一方で、院評定・奏事など院独自の機構を整えたのはそのためであろう。富田正弘は、中世の公家政治が天皇―太政官系統の政治と「治天の君」に直属する政治の二重構造からなり、前者も後者からの働きかけで動く構造になっていたことを指摘したが、従うべきであろう。[118] 院政は摂関期までの「品秩」(家格秩序)を破った点で、摂関家をはじめとする上級貴族層の根強い批判を受けた。[119] しかし、それにもかかわらず、この執政形態は、後白河院政後半期頃には、認めざるをえない既成事実として貴族たちの意識に定着したようである。「おり位のみかどのかどに車たつる様やはある」と白河院を批判した摂関藤原師通や、天下の乱れを「法王(白河院)已(すで)に在り、世間の事両方に相分(あいわか)るるの故」に求めた藤原宗忠と、後白河院と対立して親政的方向をとった二条天皇を「至孝の儀已に欠く」と評した後白河院政下の藤原兼実との間の微妙な院政評価の相違がそのことを物語っている。[120] 摂関家の立場から理念上は院政を否定した『愚管抄』が、「太上天皇ニテ世ヲシロシメスベシト又サダマリヌレバ」と記さざるをえなかった理由もそこにある。以後の推移を考えれば、この形態は、天皇・院を問わず「治天の君」と呼ばれるようになった天皇家の実質上の家長が独裁的に政治をとるものと捉えた方が適切であると思われるが、これが貴族の常識となるには、それだけの理由があった。竹内理三・田中文英の指摘するごとく、摂関期以降の貴族家における家長権の伸張が、この形態を背後で支えていたと考えられるからである。[121] 摂関家における大殿(現職の摂関の父)と現職の摂関の関係、知行国主と「国務」の関係などは、いずれも院と天皇、あるいは院と「世務」「朝務」[122]の関係に通じる。そして、それは官制上の長官とは別に「……務」と呼ばれる事実上の「長官」が存在するという官司請負制下の官職のあり方ときわめて密接な関係にあったと推測される。[123] 官司請負制の展開と併行して、天皇のあり方も、官司請負制下の「職」に近い特色を有するに至り、それが「治天の君」による執政のための重要な条件となったのではなかろうか。石井進は、院政期における天皇の「神」から「人」への転化を指摘したが、[124] これも右のことと軌を一にする事柄と思われる。

本章では院支配を表題に掲げながら、院権力の重要な支柱となった院評定・奏事など、院独自の機構や太政官機構の実態、さらには両者の相互関係などには全くふれることができなかった。欠陥の多い考察に終わったことを反省して、今後の課題としたい。

(1) 林屋辰三郎『古代国家の解体』東京大学出版会、一九五五年。石母田正『古代末期政治史序説』未来社、一九五六年。黒田俊雄「中世の国家と天皇」『岩波講座日本歴史』六、一九六二年。橋本義彦『平安貴族社会の研究』吉川弘文館、一九七六年。同『平安貴族』平凡社、一九八六年。
(2) 佐藤進一『日本の中世国家』岩波書店、一九八三年。
(3) 橋本義彦、前掲注(1)両書。美川圭「公卿議定制から見る院政の成立」『史林』六九‐四、一九八六年。
(4) 『中右記』寛治六年正月二十三日条。なお御前叙位儀は翌年正月からである(『中右記』)。
(5) たとえば『中右記』嘉保二年正月二十八日・承徳元年正月二十九日条など。
(6) 『中右記』康和四年十一月十四日条。
(7) 『中右記』永長二年四月三十日条。
(8) 『今鏡』五、ふぢなみの中、花の山。
(9) 臨時内給、宮御方申文、文章生、諸道得業生、問者生、院宮未給、行事所などのことを決定している。
(10) 『中右記』には譲任の場合の尻付の付し方について、『魚魯愚別録』には任京官の場合の折紙の作成について、天皇が教示した記事が載せられている。
(11) 『後二条師通記』嘉保三年正月二十四日条、『中右記』嘉保三年正月二十三日条裏書。
(12) 『後二条師通記』嘉保三年二月三日条。
(13) 『後二条師通記』嘉保三年二月五・六日条。
(14) 院近臣受領に未済の者が多かったことは『中右記』大治四年七月十八日条によって明らかである。
(15) 美川圭、前掲注(3)論文。
(16) 『殿暦』康和三年五月十六日・同五年正月十一日・二月一日条。『中右記』康和四年七月二十八日条。『続古事談』一、王道後宮(長治元年十二月追儺不参公卿勅勘のこと)。

(17) 佐藤圭「白河院政論――院・天皇・朝廷の関係を中心として」名古屋古代史研究会、一九八五年五月報告。
(18) 鳥羽天皇即位から藤原忠実の関白罷免までの間は、忠実が参院しないことの方が稀である(『殿暦』『中右記』『永昌記』)。
(19) 『殿暦』天仁三年正月二十四―二十八日条。
(20) 『大日本史料』三―一一、一九三頁。
(21) 他に『中右記』天永三年正月二十四日条。
(22) 『殿暦』元永元年十一月二十九日条には、鳥羽天皇の申請を院が拒否した例がある。
(23) 除目の誤りを訂正する儀式であるが、この時、臨時除目を行うのが例となっている。
(24) 『長秋記』天承元年八月十七日条。
(25) ただし蔵人方のもの。
(26) 『山槐記』永暦二年四月一日条。
(27) 玉井力「平安時代の除目について」『史学雑誌』九三―一一、一九八四年。→本書第三部第一章。
(28) 『中右記』元永元年四月三日・八月二十九日・元永三年二月十四日条など。
(29) 『中右記』元永元年八月二十九日条。
(30) 『殿暦』長治二年十二月十四日条。
(31) 『台記』仁平元年二月一・二日条。
(32) 『山槐記』仁安二年四月十日条。
(33) たとえば『山槐記』保元四年三月八日・仁安二年四月十日条。『玉葉』治承三年正月十五日条。
(34) 『玉葉』安元二年正月二十九日条。
(35) 『山槐記』(除目部類)仁安元年八月二十七日条、『兵範記』仁安三年正月六日条など。
(36) 龍粛『平安時代』春秋社、一九六二年。
(37) 『百練抄』応保元年九月二十八日条。『山槐記』同年十一月二十九日条。『山槐記』は九月二十九日の記事を十一月二十九日条にかけているが『公卿補任』仁安元年、仁安三年、承安元年条尻付によって誤りとすべきである。『山槐記』九月二十九日条は干支のみで記事を欠落しており、十一月二十九日条は干支を欠く。これも『山槐記』混乱の一支証となろう。また

『山槐記』は藤原基家を実家と記すが、これも前掲『公卿補任』の記事によって訂正すべきである。

(38)『山槐記』(除目部類)応保二年正月二十三日・十月二十八日・同三年正月十四・二十四日・長寛元年十二月二十日条。

(39) この記事は『愚管抄』『平家物語』にはないが、『源平盛衰記』が事実に近い記事を載せる場合があることについては、赤松俊秀「得長寿院落慶法要について」(『文学』三六－一〇、一九六八年)参照。

(40)『弁官補任』『職事補任』ともにこの記事と矛盾しない。

(41)『愚管抄』巻五、二条。

(42)『山槐記』長寛三年三月八日条には、「参二大殿一、覧二折紙一、仰云、早可レ申レ院、□申二関白殿一、仰同レ前、□親朝臣中将事」とあり、院の意向を伺った如くであるが、この文は欠失が多く、かつまた永暦二年四月一日条と全く同文である。「□親朝臣中将事」とあるのは、中将所望に関わる記事と思われるが、長寛三年頃の少将には「…親」の名をもつものはいない。永暦二年ならば「成親」であり、この記事は永暦二年四月一日条の竄入とすべきである。

(43) 注(35)に同じ。

(44) 叙位勘文とは、一定の官職において﨟次に従って恒例的に叙爵する場合、その人名を外記が選出して勘文となすもの。一加階勘文とは、従五位下の最上﨟者を選出する勘文。

(45)『玉葉』承安二年閏十二月二・八日・治承二年正月五日条。

(46)『山槐記』永暦二年四月一日条。なお、「除目聞書」とは除目の結果を公卿などに通報するために作る書類。本来は文字通り「聞き書き」であったが、後に下名を見て作るようになった。

(47)『兵範記』仁安二年五月十九日・十二月三十日条。

(48)『玉葉』治承三年正月十九日条。

(49)『玉葉』治承二年正月五日・二十六－二十九日・十二月二十四日・治承三年正月十五・十九日条。

(50) 五味文彦「平氏軍制の諸段階」『史学雑誌』八八－八、一九七九年。

(51)『官職秘鈔』。

(52) たとえば『万葉集』六－一〇一三。

(53) 古瀬奈津子「昇殿制の成立」『日本古代の政治と文化』吉川弘文館、一九八七年。

(54) たとえば『九暦』天暦八年四月十五日条。
(55) 『枕草子』君達は。
(56) 『康平記』康平三年七月十九日条。
(57) 宇多源氏の場合は雅信・重信流、醍醐源氏の場合は俊賢流に限られている。
(58) 益田崇「尊卑分脈の成立と編成」『東京大学史料編纂所報』二〇、一九八五年。
(59) 『兵範記』仁平四年正月三十日条。
(60) 『台記』仁平三年十一月二十六日条。
(61) 『玉葉』文治二年四月二十八日条。
(62) 注(61)に同じ。
(63) 安元二年十二月任少将(『公卿補任』建仁元年条)。
(64) 注(61)に同じ。
(65) 橋本義彦「院政政権の一考察」『書陵部紀要』四、一九五四年、前掲注(1)『平安貴族社会の研究』所収。『玉葉』治承元年十月十日条。
(66) 笹山晴生「左右近衛府上級官人の構成とその推移」『奈良平安時代史論集』下、吉川弘文館、一九八四年。橋本義彦「貴族政権の政治構造」『岩波講座日本歴史』四、一九七六年、前掲注(1)『平安貴族』所収。なお、中・少将、侍従を公達の官職とする点については『官職秘鈔』。
(67) 玉井力「道長時代の蔵人に関する覚書」『日本古代の社会と経済』下、吉川弘文館、一九七八年。→本書第二部第三章。
(68) 橋本義彦「蔵人五位と五位蔵人」『日本歴史』四二七、一九八三年、前掲注(1)『平安貴族』所収。
(69) 注(67)に同じ。
(70) 橋本義彦、前掲注(1)両書。佐藤進一、前掲注(2)書。桃裕行『上代学制の研究』目黒書店、一九四七年。
(71) 柴田房子「家司受領」『史窓』二八、一九七〇年。なお内麻呂流については論旨から判断して補った。
(72) 『平安遺文』巻三、一一三二号。
(73) 佐藤堅一「封建的主従制の源流に関する一試論」『初期封建制の研究』吉川弘文館、一九六四年。玉井力、前掲注(67)論文。

(74) 注(73)に同じ。

(75) 『二中歴』巻二、諸司歴。

(76) 知綱は寛治五年正月以前から嘉保元年十二月まで右衛門権佐(『中右記』『江記』)。尹通は『二中歴』にない。保安元年十一月から同二年まで左衛門権佐(『公卿補任』『弁官補任』)。両名とも摂関家司。

(77) 弁官と比べて家司兼帯はやや早期(長元末年頃)より増加する。

(78) 『地下家伝』巻二、押小路大外記。

(79) 『二中歴』巻二、官局歴。

(80) 注(79)に同じ。

(81) 曾我良成「官務家成立の歴史的背景」『史学雑誌』九二-三、一九八三年。

(82) 桃裕行、前掲注(70)書。

(83) 注(78)・(79)に同じ。

(84) 『二中歴』第二、官局歴。

(85) 下向井龍彦「王朝国家体制下における権門間相論裁定手続について」『史学研究』一四八、一九八〇年。

(86) 坂本賞三『日本王朝国家体制論』東京大学出版会、一九七二年。

(87) 橋本義彦、前掲注(1)両書。

(88) 『職事補任』。

(89) 『台記』仁平四年四月五日条。

(90) 井原今朝男「中世国家の儀礼と国役・公事」『歴史学研究』五六〇、一九八六年。曾我良成「王朝国家期における太政官政務処理手続について」『王朝国家国政史の研究』吉川弘文館、一九八七年。

(91) 高橋昌明『清盛以前』平凡社、一九八四年。

(92) 『本朝続文粋』巻六、奏状、康和六年正月二十六日、申刑部卿弾正大弼状。

(93) 高橋昌明、前掲注(91)書。

(94)　五味文彦「荘園・公領と記録所」『院政期社会の研究』山川出版社、一九八四年。
(95)　『地下家伝』巻二、押小路大外記。
(96)　『玉葉』文治二年六月二十八日条。
(97)　橋本義彦、前掲注(66)論文。
(98)　『山槐記』永暦元年八月十一日条。
(99)　笹山晴生、前掲注(66)論文。
(100)　その後、三条家では、公房・実親、徳大寺家では実定が参議を経ずに中納言となった。
(101)　藤原家忠の場合は、大臣家というより摂関の子息としての昇進である。昇進速度も遅く、大臣昇進は六十一歳である。また、その子息は大臣昇進を果たしていない。
(102)　その後、大炊御門家では師経が参議を経ずに中納言となっている。なお、これらの家では参議を経る場合もごく短期で中納言に昇進している。
(103)　三条家の場合、実行が大臣となっているが、彼は待賢門院と同腹ではなかった。弁官を経て昇進しており、大将にも就任していない。大臣就任年齢も七十歳と高く、大臣の欠がありながら九年間大納言に留められた後に任命されたものである。その子公教も実能の猶子としてはじめて大将となったのであって、大臣家としての家格は公教以後に確立したと思われる。
(104)　高橋昌明、前掲注(91)書。槙道雄「院政時代における院領荘園関係申請雑事の処理形態」『学習院史学』二二、一九八六年。
(105)　『皇室制度史料』太上天皇二、第四章、及び『心記』建久三年三月十八日条。
(106)　おそらく、藤原実能が元永元年に加賀守、藤原公能が大治元年に越中守に任命されたのが遅い例であろう。
(107)　『平安遺文』巻七、三一二二号。なお永暦元年五月にも六名の弁官院司が見られる(『平安遺文』巻七、三〇九三号)。
(108)　『平安遺文』巻七、三六六六号・巻八、三八三六・四一一四・四一七二号、『鎌倉遺文』巻一、八五・一〇一・三五三号・巻二、五八四号など。なお仁安—治承にかけての院庁下文には、弁官の署名が少ないが、これは署名をしていないだけで、記録類によって調査すると、ほとんどの弁官が院司であったことがわかる。
(109)　たとえば実頼流、為光流、師尹流など。

(110) 『台記』康治三年二月八日条。

(111) 笹山晴生、前掲注(66)論文。『兵範記』仁平二年四月一日条。『山槐記』保元三年八月二日条。『公卿補任』文治五年条尻付。本文中の員数は、左右近衛府ともにほぼ同数の次将が存在したと考えて推計した。なお、表8の人数集計は人名の判明するもののみ。

(112) 『公卿補任』文治五年条尻付。

(113) たとえば藤原顕季、家保、家成、経忠、清隆、基隆、長実、長輔など。

(114) 佐藤進一、前掲注(2)書。

(115) 石井進「院政時代」『講座日本史』二、東京大学出版会、一九七〇年。

(116) 『鎌倉遺文』巻二、五七九・五八〇・五八四・五八五号。

(117) 鈴木茂男「古文書学的に見た院政」『図説日本文化史大系』第五巻月報、小学館、一九六六年。中野淳之「院権力と太政官制」『ヒストリア』一〇一、一九八三年。五味文彦、前掲注(94)論文。

(118) 富田正弘「口宣・口宣案の成立と変遷」『古文書研究』一四・一五、一九七九・八〇年。

(119) 田中文英「院政期貴族の帝王観」『赤松俊秀教授退官記念 国史論集』一九七二年。北爪真佐夫「中世天皇制論」『大系日本国家史』二、東京大学出版会、一九七五年。黒田紘一郎「日本中世の国家と天皇」『歴史評論』三二〇、一九七七年。

(120) 『今鏡』二、すべらぎの中、もみぢのみかり。『中右記』嘉承二年七月十九日条。『玉葉』嘉応元年四月十日条。なお院政が定着したことを示す史料として「遜位之後、猶聞二朝務一自然事也、更非二本意一不レ堪二其器一」(『山槐記』治承四年七月二十九日条)という語句が使われることが多いが、これは、高倉院が朝務を執ることを辞退した記事の中に出てくるものであって「自然」の語を現代風に解釈すると文意がとれない。この「自然」は「偶然」または「思いがけぬ事」に近い使われ方をしていると解した方が、文章のつながりがよい。「自然」をこのように使用した例は『明月記』建暦二年二月二十三日条にあり、この時期の用例としておかしくはない(『講座日本の語彙』10、明治書院、一九八三年、一七九頁参照)。したがって、通説的評価は無理であろう。

(121) 竹内理三「貴族政治とその背景」『新日本史大系』古代編、朝倉書店、一九五二年。田中文英、前掲注(119)論文。

(122) 『尊卑分脈』師実流、経宗伝。『山槐記』治承四年七月二十九日条。

(123)　佐藤進一、前掲注(2)書。
(124)　石井進、前掲注(114)論文。
〔補注〕　旧稿で「任人書」としたのは誤りであり、「折紙」に改めた。

第二部　平安時代における官職と文書の様相

第一章　成立期蔵人所の性格について

——補任者の検討を中心として——

第一節　従来の研究

平安初期に設けられた新官職として、検非違使とならんできわめて重要な位置を与えられたものに、蔵人所がある。しかしながらこの官職のことが正史に記載されることはきわめて稀であり、とりわけ成立期の性格については、『日本後紀』の欠失ということもあって、不明な点が多い。

蔵人所の性格についての学説整理は、すでに亀田隆之や渡辺直彦によって行われているが、筆者も必要なかぎりにおいて行っておきたい[1]。

まず、現在、通説的な位置を占めるものとして、和田英松・川上多助・吉村茂樹・藤木邦彦等によって発展させられてきた見解をみてみよう[2]。

それらによれば、蔵人所は、平城上皇と嵯峨天皇との対立関係を契機として、弘仁元年(八一〇)三月十日に設置されたものであって、嵯峨天皇が機密漏洩を防止するために、その近臣、藤原冬嗣及び巨勢野足(こせののたり)を配して、機密文書や訴訟のことをとりあつかわせた、ということになる。そしてそれは、後に常置の官と化し、詔・勅伝宣の機能をもって、禁中の全てのことを掌るに至ったという。

これに対して、弥永貞三は、通説に基本的には依拠しながらも、成立当初の蔵人頭(くろうどのとう)、巨勢野足と藤原冬嗣の両名が武官を歴任した人物であることから天皇の禁衛を堅くする意図があったのではないか、との指摘をしている。さらに、これまた当初に任用された蔵人である清原夏野・朝野鹿取(かとり)の両名が文人的性格を有することから、嵯峨天皇の文事を好む性格と相俟って、冬嗣・野足等と共に、天皇の側近として一つの令外官(りょうげのかん)体制をつくり上げていたとする。それと同時に、家政機関の中枢でもあったとする。[3]

また、渡辺直彦は、成立期蔵人所の職掌を直接物語る唯一の史料である『類聚国史』逸文を、傍証史料の博捜によって検討した結果、それが信用に値いするものであることをつきとめ、[4]①弘仁元年三月十日に蔵人所が創設されたこと、②この時始めて殿上に侍する殿上人(昇殿者)を定めたこと、③この時点での蔵人所は機密文書及び諸訴を掌ったこと、等を明らかにした。渡辺の説は、通説を補強しつつ、弥永説をも容れており、さらに唐制の枢密院との関係を指摘して、後宮内侍との関係——蔵人所は内侍司の系をひくものであり、やがては、蔵人が内侍の請奏(しょうそう)宣伝[5]の機能を吸収してゆくこと——を強調している。

これとは別に、角田文衛は、八世紀末に設置された勅旨省、さらにその後身である勅旨所の分析を通じて、勅旨所が、①勅旨の速やかな下達と、②皇室料地の管理(経営ではなく)の職掌を持ったことを述べ、蔵人所は、職掌としては①を継承するものであり、藤原内麻呂・冬嗣父子が、平城・嵯峨の対立の中にあって、自家勢力伸長のために、嵯峨天皇に巧みに勧めて設置させたものであるとする。[6]角田の論中、蔵人所の設置を内麻呂・冬嗣の暗躍に求める点は、後述の森田悌説によって批判されるところである。しかし、通説では、薬子(くすこ)の変以後も、蔵人所が存続・発展してゆくことが説明できないとした点は重要な指摘である。

一方、亀田隆之は、前述の『類聚国史』逸文の信憑性を疑う立場から、六国史に蔵人関係の記事が載せられないことに注目し、これは、最初から、大きな権限を与える機関として出発したのではなく、天皇の私的な関係にある少数の官人達が、蔵人頭、あるいは蔵人として、天皇の命をうけて活動するといった、ごく内密の機関——その存在もごく一部の高官しか知らないような——であったとする。ただ、令制的政治機関が動脈硬化の現象をきたしていただけに、蔵人に任命された腹心達が、天皇の期待にこたえた活動を示したということが、この職を常置化する結果を生んだとする。『類聚国史』逸文については、森田・渡辺の述べるごとく、信頼すべきものと考えるが、ごく秘密の機関であったとする点は注目すべきであろう(7)。

また、森田悌は、蔵人所創設と薬子の変とを結びつけて考える通説を、積極的な論拠にもとづくわけではないとして排し、角田の内麻呂・冬嗣暗躍説に対しても、平城・嵯峨の対立期において、内麻呂・冬嗣の派閥を検出できないこと、冬嗣が頭就任後一年足らずで辞任していること、冬嗣の性格のとらえ方にも問題があること等から批判を加えた。また、通説において少納言や、中務省の職掌が、蔵人所に吸収されてしまうかのごとく理解されていることについても、実例をあげて否定する。そして蔵人所は皇室の家政をあずかったり、天皇の身辺の雑事に奉仕したりする内廷の家務機関ともいうべきもので、蔵人所に吸収されたのは内廷関係の諸司に限られるとする。それは勅旨省や勅旨所を拡大発展させたものであるともいう(8)。

以上、成立期蔵人所の性格にふれたものを中心として諸説を紹介してきた。筆者の立場は、基本的には通説を補強しつつ展開された渡辺説を継承するものであるが、他の諸氏の説もまた傾聴すべき多くのものを含んでいると考える。今ここでは、これらに一々私見を加えることは止めて、具体的な作業をおし進める中で検討を加えてゆくことにしたい。

第二節　蔵人の帯官

蔵人所の性格そのものについて直接ふれた史料は、すでに前掲諸論文によって全て網羅されていると言ってよい。

表 11　蔵人補任表(1)

	弘仁 1	2	3	4	5	6	7
蔵人頭	[3]巨勢野足[9]◎	[2]良岑安世	→	→	→	→	[10]◎ [11]藤原貞嗣
	[3]藤原冬嗣	[1]◎ [2]藤原三守	→	→	→	→	[10]◎ [11]直世王
蔵人	[3]百済王勝義	→	→	→	→	→	[2]○ [1]橘常主
	[3]清原夏野	[6]○		[1]藤原愛発	→	[1]○ [1]南淵弘貞	[1]○
	[3]朝野鹿取	[1]○		[1]和気真綱	→	[1]○	
			[1]紀興道	[1]○	[1]橘氏公	[1]○	
					[1]清原長谷	→	[1]○
					[12]文室秋津	→	[1]○

	弘仁 8	9	10	11	12	13	14	
蔵人頭	(貞嗣)→	→	[3]◎ [3]橘常主	→	→	[3]◎ [3]橘氏公	[1]△ [1]佐伯永継[4]△	[4]朝野鹿取[6]△
	(直世王)→	→	→	→	[1]◎ [1]南淵永河	[3]△ [3]藤原道雄	[1]◎ [1]朝野鹿取[4]△	[4]清原夏野[11]◎
								[6]橘長谷麿
蔵人	(常主)[1]○				[1]藤原常嗣	→	[1]○	[11]藤原長良
	[1]三原春上	→	→	[1]○				
	[1]滋野貞主	→	→	[1]○				
	[1]紀深江	→	→	→	→	[1]○		
			紀末守	→	→	→	→ [4]△	

	天長 1	2	3	4	5	6	7	8
蔵人頭	[6]藤原綱継	[7]◎ [7]三原春上	→	→	[1]◎ [1]藤原浄本	[11]◎	[8]藤原常嗣	[7]◎ [7]藤原家雄
	[6]藤原愛発	→	[2]◎ [2]藤原吉野	→	[5]◎ [6]文室秋津	→	[1]◎	[7]藤原助
	(長谷麿)[2]▲							
蔵人	(長良)[1]○	[1]藤原良房	→	→	[1]○		[1]橘岑継	→
			[1]安倍安仁	→	[1]○		[1]小野篁	→
				[1]藤原貞守	[1]○			
				[1]藤原助	→	[1]○		

	天長 9	10	[3]	承和 1	2	3	4	5	6
蔵人頭	(家雄)[3]▲ [4]橘弟氏	→ [2]△	[3]藤原良房	[7]◎ [7]清原滝雄	→	→	→	→	→
	(助)　→	→ [2]△	[3]安倍安仁	→	→	→	→	[1]◎ [6]藤原衛	→
蔵人	(岑継)[1]○		[3]藤原仲統	→	[1]○				
	(篁)　[1]○		[12]藤原氏宗	→	→	→	→	[1]○	
				[1]藤原良相	→	→	→	[1]○	

	承和 7	8	9	10	11	12	13
蔵人頭	[2]△ [3]藤原長良 (衛)→	→ →	→ [1]△ [1]橘岑継	→ →	[1]◎ 藤原良相 [1]◎ [12]橘氏人	→ [7]▲ [7]小野篁	→ →
蔵人	[1]南淵年名 [1]在原行平[12]△	[1]○	[1]伴善男	[1]○ 藤原良仁	[1]良岑宗貞 →	[1]○ [1]源舒 → [1]藤原諸葛	→ [1]○ [1]藤原冬緒 →

	承和 14	嘉祥 1	2	3
蔵人頭	(良相)→ [1]◎ [1]伴善男	[1]◎ [2]藤原嗣宗 [2]◎	[1]良岑宗貞 [2]橘真直	→ [3]△ → [3]△
蔵人	[2]△ [1]○ [1]在原業平 (諸葛)→	→ →	[1]○ →	→ [3]△

〔備考〕 ◎…参議昇進．○叙爵．▲…死亡．△…その他の理由による解任．人名，記号の左肩にある数字は月を示す．

しかしながら各氏共、具体的に蔵人となった人々についての検討を行っていないのはなぜであろうか。藤原冬嗣、巨勢野足、清原夏野、朝野鹿取の四人のみが蔵人の代表のような形で扱われ、その官歴や人となりが問題とされるのであるが、他の人々についてはほとんど検討が加えられていないのである。筆者はこの点に留意し、まず嵯峨―仁明朝(八〇九―八五〇年)の補任表を作成することから始めたいと思う。

表11は『職事補任』、『公卿補任』をはじめとして『古今和歌集目録』、『中古歌仙三十六人伝』、『尊卑分脈』等によって補任時期の明確なものを抽出したものである。確実なものは以上につきるわけであるが、『尊卑分脈』をはじめとする諸家の系譜の中には、蔵人であったことを注記で表わすものがある。これだけでは、その人が蔵人経験者であるということしかわからないのであるが、『公卿補任』等により現在判明するかぎりでは、蔵人に任用されるのは、ほとんどの場合、五位に叙せられる直前である。(9) そして叙爵と同時に蔵人を辞している。したがって、その人が叙爵した時期さえわかれば、蔵人に任用された時期もおよその見当はつけることができる。ただ、この推測が成立するためには、「蔵」または「蔵人」と注記される人が六位以下であることが必要となる。

五位蔵人が制度化されるのは仁和四年(八八八)のことであるが、[10]それ以前にも五位で蔵人となった人がいたことはすでに弥永貞三により指摘されている。確実なものとしては斉衡二年(八五五)に任用された藤原基経が初見であり、次の例としては貞観二年(八六〇)に任用された藤原山陰をあげることができる。[11]この両名はいずれも六位以下で蔵人を経験しており、五位蔵人となるに当たっては、あらためて蔵人に任命されている。また、この時期の蔵人頭の位階をみてゆくと、従五位下ないしは従五位上のものをかなり多くみとめることができる。蔵人頭より蔵人の方が位階が上ということは、やや不自然である。[12]また、『公卿補任』の尻付によっても、大部分が六位以下で蔵人となっている。もちろん五位の蔵人と考えないとつじつまの合わないような人もないわけではないが、「蔵」「蔵人」等と注記されるのは、おおむね六位以下の蔵人と考えてよいように思われる。[13]

以上の前提のもとに、叙爵時を基準として作成したのが表12である。

ただ、藤原氏をはじめ、系譜に注記のあるごく限られた氏しかこの表には入っていないこと、天皇の退位の際には蔵人全員が辞任する慣例があったらしいこと、及び最初からかなりの誤差が予想されること、などを充分に考えておく必要がある。

1　帯官の検討

蔵人所の官人は太政官においては、他の正官を帯するのが原則であった。この官職は官位相当制の適用をうけなかった。今江広道はこのような官職を「宣旨職(せんじしき)」と定義し、官位相当の存在する「除目官(じもくのかん)」と区別して、興味ある結論を出している。この宣旨職の主要なものは、あるものは便宜的処置として、あるものは官職の権限の一部が拡大されたものとして、または秘密裡に置かれたものであるとする。さらに、蔵人所官人の帯官についても、本来の律令制諸官司から宣旨をもって散直せしめられたものとする。[14]筆者は、この指摘をきわめて重要なものと考える。

表 12　蔵人補任表(2)

弘仁 1	2	3	4	5	6	7	8	9
[11]藤原浜主 [11]藤原文山	[1]菅原清人 [6]藤原総嗣		[1]藤原弟河	[1]藤原沢継 [1]紀善岑 [壬7]橘長谷麿	[1]藤原八綱	[1]藤原村田	[1]藤原行道	[3]藤原是雄

弘仁 10	11	12	13	14		天長 1	2	3
[1]藤原長岡	[1]藤原三成		[1]藤原家雄 [11]紀名虎	[1]藤原豊主	[4]藤原輔嗣 [4]藤原越雄 [4]藤原春継 [11]藤原永雄 [11]藤原伊勢雄	[6]藤原豊吉	[1]藤原大津	[1]藤原諸成

天長 4	5	6	7	8	9	10		承和 1
[1]紀野永 [1カ]藤原高房	[1]坂上正野	[1]藤原貞公		[1]藤原本雄	[1]藤原常守	[1]在原仲平	[3]藤原富士麻呂 [3]藤原宗善 [3]藤原高仁 [11]藤原秋常 [11]藤原高扶	[1]藤原岳守

承和 2	3	4	5	6	7	8	9	10	11	12
				[1]藤原友永 [1]藤原近主 [1]橘枝主	[1]藤原春岡 [1]橘真直 [10]藤原平雄	[11]藤原関主 [11]藤原岳雄	[1]藤原正世 [7左遷]藤原岑人 [7左遷]藤原貞庭		[1]藤原有貞 [1]藤原三藤 [1]藤原菅雄	[1]源　興 [1]藤原雄瀧 [1]橘岑範

承和 13	14	嘉祥 1	2	3
[1]橘春成 [1]高階岑緒 [1]紀今守	[1]坂上貞守	[1]藤原秀道		[1]紀貞守 [1]源　穎

前述のように考えるならば蔵人の帯官は、蔵人所の性格を物語る材料たりうるからである。蔵人の帯官が全く偶然に側近が兼ねていたものではなく、一定の傾向を持っていることも、このことを裏づけるものであろう。これら、蔵人の帯官及び経歴を別表㈠（表11関係者）、別表㈡（表12関係者）として章末に付した。以下、補任者の特色を中心として検討を加えよう。

（一）武官

まず第一に気づくのは、弥永が指摘した、武官的性格である。弥永は、わずかに、頭であった野足・冬嗣両名の性格からこれを推測したのであるが、頭、蔵人を問わず、武官的色彩は濃厚である。今、武官を兼ねる者を抽出すると、

蔵人頭

[嵯峨朝]

巨勢野足（左近衛中将）藤原冬嗣（左衛士督）藤原三守（右近衛少将・左兵衛督）良岑安世（左近衛少将・左衛門佐・右馬頭・左馬頭・左兵衛督・左衛門督）橘常主（右近衛少将・左近衛少将）橘氏公（右衛門督・右近衛中将）

[淳和朝]

清原夏野（左近衛中将）藤原綱継（左兵衛督）藤原吉野（右兵衛督）文室秋津（左近衛中将）藤原助（右近衛中将）藤原家雄（左兵衛督）

[仁明朝]

藤原良房（左近衛権少将・左近衛権中将）藤原長良（左馬頭・左兵衛督）橘岑継（左近衛中将）藤原良相（左近衛少将・左近衛中将）良岑宗貞（左近衛少将）橘真直（右近衛少将）

蔵人

〔嵯峨朝〕
朝野鹿取（右近衛将監）　百済王勝義（左衛門大尉）　文室秋津（右近衛将監）　橘氏公（右近衛将監）
〔淳和朝〕
藤原大津*（右近衛将監）　藤原富士麻呂*（右近衛権将監）
〔仁明朝〕
藤原良相（右衛門大尉・左兵衛権大尉）　藤原岳守*（右近衛将監）　橘真直*（左馬大允）　　（*印は表12所載の人物）

となる。この傾向はその後もずっと継続する。『職原鈔』には蔵人頭に近衛司方から一人を任ずることが記されているし、「頭中将」というのは十世紀頃にはごくふつうに使われる称となっている。(15) また六位では「蔵人尉」という称もしばしば使用される。(16)

武官は官人の昇進のための一つのコースとして、非常に有利なものであった。九世紀も中頃以降になると、これは高級官人の昇進コース化してしまい、やがては実力の伴わない威儀の官と化してゆく。しかし、この当時は、まだ実力者が補任されることも多かった。薬子の変における坂上田村麻呂や文室綿麻呂の活躍を思いおこせば、そのことは明白である。(17) ましてや将監や尉等の官職が、第一線に立って指揮をとるべき実力派の人々で占められていたであろうことは想像にかたくない。蔵人が帯する武官も、単なる栄誉官ではなく、もっと実質的な意味を持ったものと考えるべきである。

ところで、蔵人の武官的性格は、どのような事情から要請されたのであろうか。従来は、森田の指摘のように、それほど大きな論拠もなく、薬子の変から帰納されるのが常であった。森田に答えるためには、今一度たしかな史料であとづけてみる必要があろう。ここでは当時の天皇の側近武力の状態を検討してみよう。

弘仁元年、薬子の変直前の衛府官人を列挙すると次の如くである。

左近衛大将　藤原内麻呂
　中将　巨勢野足
　少将　安倍真直
　　同　藤原貞本（さだもと）
右近衛大将　坂上田村麻呂
　中将　藤原真夏
　少将　藤原三守
　権少将　良岑安世
左兵衛督　文室綿麻呂
　佐　（佐伯永継）
右兵衛督　藤原仲成
　佐　（坂上広野）
左衛門督　藤原冬嗣
右衛門督　藤原緒嗣
　佐　大中臣常麻呂
　権佐　紀百継

（　）は不確実なもの

これらの人々のうち、藤原仲成は薬子の変の主謀者であるし、藤原真夏・貞本等は、変において左遷されており、平城上皇側の人であったことが明らかである。[18] また、文室綿麻呂は、変の際には嵯峨天皇側について大活躍をするが、変の直前までは平城上皇の側近に侍していた人である。[19]

次に安倍真直も、①平城朝に侍従、少納言、衛門佐、近衛少将など側近の官に任用されていること、②平城天皇の諱は安殿であり、これはその乳母が阿倍小殿朝臣であったことに由来するが、彼ももと阿倍小殿朝臣を名乗っていたのであり、乳母を介して、平城との親近関係が予想できることなどから、これまた、平城側に近い人であったと言いうる。また、大中臣常麻呂も、薬子の変直後に備前権守とされている(九月十日)。後に周防守(九月十五日)となるが、いずれも変関係者の処分的色彩の強い叙目であり、平城側とみなされたのではないかと思われる。彼は、さかのぼって弘仁元年(八一〇)四月には、平城京を督作した功により叙位をうけているが、その任にあたった者の多くは平城側の人であった。[20]

このように、四人ないし六人もの平城側の人物が衛府の要職にいたわけである。冬嗣・野足に加えて、百済王勝義・朝野鹿取等、尉・将監クラスの——一旦事がおこれば第一線に出て指揮をとるべき——人々を蔵人として天皇の直接影響下においたことも理解できよう。

薬子の変において典型的にあらわれたごとく、貴族層の対立が皇位との関連のもとに進行し、その頂点に天皇と上皇、もしくは皇太子といった、天皇に准ずる権能を有する者が存在する場合には、命令が二系統から発せられることになり、令制の衛府は、そのままでは、天皇親衛軍としての役割を充分に果たせなくなる。このような場合、従来は近衛府(授刀衛)、または外衛府のごとく、一つの衛府全体が再編成ないしは新設によって、一勢力のために奉仕させられた。[21]

今度の場合には、嵯峨天皇の軍事的な勢力基盤は衛府官人を蔵人に起用するという形で作られた。帯官を原則とすることによって衛府を新置せずに、それと同じ効果を期待しうるところに、その特色がある。衛府が栄誉官化し、実質を失ってくると、そこに滝口のごとき武力が新しく要請されるようになる。[22] 平安初期においては、権力者内部における前述のような緊張関係は恒常的なものであった。[23] 蔵人所の武官的性格が長く後世まで継承されていったゆえんである。

(二) 式部省官人

蔵人で式部省官人を帯びるものは、武官におとらず多い。とりわけ式部丞を帯びる者は多く、『職原鈔』『官職秘鈔』などによれば、後世まで通例となっていたことがわかる。[24]例によって、表11・12より、この官を帯びるものを抽出してみよう。

大少輔

[嵯峨朝]

藤原冬嗣(大輔) 藤原三守(大輔) 橘常主(少輔・大輔)

[仁明朝]

藤原衛(まもる)(大輔) 小野篁(少輔)

大少丞

[嵯峨朝]

藤原愛発(ちかなり)(少丞・大丞) 南淵弘貞(少丞・大丞) 三原春上(大丞) 藤原常嗣(大丞) 紀深江(少丞)

[淳和朝]

藤原諸成*(大丞) 藤原高房*(大丞) 藤原助(少丞) 小野篁(少丞)

[仁明朝]

藤原氏宗(大丞) 南淵年名(少丞) 伴善男(大丞) 藤原冬緒(大丞)　(*印は表12所載の人物)

式部省は、文官の叙位・任官を職掌とする。[25]この省がいかに重要視されていたかについては、上級官職に任用された人々がいずれも当時の重要人物であったことによって、容易に推測できる。

平城朝においては、藤原葛野麻呂(卿)、吉備泉(大輔)、加陽豊年(大輔)等の側近の任用があり、薬子の変が勃発するや、藤原冬嗣(大輔)、小野岑守(少輔)等が任用されている。[26]

蔵人所設置の前後にあっては、弘仁元年(八一〇)六月の観察使廃止が平城上皇の手で行われたという一事でもわかるように、上皇の政治への干渉には著しいものがあった。[27] また薬子の変の際の宣命には、彼女が褒貶を意に任せて行ったとある。

人事のことをとりあつかうこの官職の状況を正確に把握しておく必要性は充分に考えられるところである。丞クラスの官人と言えば、省の実務にもっとも深くタッチする位置にあった。おそらく、蔵人に式部省官人を任用することによって急を要する人事をスムーズに行いうるように配慮したものと思われる。

(三) 弁官

平安中期には、蔵人頭が弁官を帯びるということは通例となっていた。彼らは「頭弁」とよばれ、『職原鈔』にも、

　蔵人頭……弁方一人……補レ之。常例也

とある。

成立期にあっても弁官が蔵人に任じられる例は多い。

［嵯峨朝］

藤原冬嗣(右少弁)　良岑安世(左少弁・右大弁)　橘常主(権左少弁・左中弁)　南淵永河(左中弁)　藤原道雄(右大弁)

［淳和朝］

藤原愛発(右中弁)　藤原吉野(左少弁)

〔仁明朝〕

小野篁(権右中弁・左中弁)　伴善男(右中弁)　藤原嗣宗(左中弁)

弁官といえば太政官事務局の中枢である。後には頭弁が太政官と天皇との間のパイプ的存在として活動している例を多くみることができるが、(28)このような役割は、おそらく成立期から存在していたものと思われる。また、成立当初の蔵人所の職掌として『類聚国史』逸文には「諸訴」のことがあったが、訴訟の受理は弁官の職掌である。(29)渡辺はこの職掌について、弘仁元年(八一〇)において、左大弁吉備泉が平城上皇に扈従したため、または関係諸司の分直により訴訟の受理に支障をきたし、それを蔵人所に代行させたのではないかとする。ただし、吉備泉が当時左大弁であったかどうかについては疑問がある。渡辺が依拠したのは『公卿補任』の尻付(しづけ)であるが、『公卿補任』の他の部分及び『日本後紀』によれば、大同四年(八〇九)六月から弘仁十一年一月までの左大弁は秋篠安人であったと考えられるからである。(30)

「訴」の中には当然ながら、反乱の密告等も含まれるわけで、職掌に欠けるところが生じたとするよりは、非常体制の中で、弁官の権能を一時的に蔵人所——右少弁・冬嗣——に吸収したということの方が理解しやすい。

承和十年(八四三)十一月に、謀反で訴えられた文室宮田麻呂が喚ばれて、勅使と共に蔵人所に出頭しているのは、この職掌と無関係でない。(31)

ともあれ蔵人所が訴訟のことをずっと扱ったわけではない。承和十三年のいわゆる善愷(ぜんがい)事件は、訴訟受理の職掌を弁官が行っていたことをあらわしている。(32)蔵人が弁官を帯するのは、前述したように、太政官と天皇との間の橋わたしの役割、及び非常時における弁官の職掌の吸収を意図したものであったといえよう。

(四)　中務省官人

渡辺・森田は、中務省が詔勅の作成・覆奏及び太政官への送付を任務とし、急を要する時にはここからまず諸司に「移」を発し、後に勅旨式によって勅を太政官に送るというように、勅旨伝達のパイプとなっていることに注目し、野足・冬嗣の両名が交互に大輔を兼ねたことは、蔵人頭が侍従や少納言、とりわけ内侍に代わって勅旨をうけた可能性を物語るとした。傾聴すべき見解であろう。

蔵人頭で中務省官人を帯びた例としては次の人々の名をあげることができる。

［嵯峨朝］

藤原冬嗣（大輔）　巨勢野足（大輔）　直世王（大輔）　橘常主（大輔）　朝野鹿取（大輔）

［淳和朝］

藤原愛発（大輔）

ところで、今一つ次のことに留意する必要がある。蔵人頭が中務大輔を帯するのは、淳和朝（八二三―八三三年）までである。

これに関連して大塚徳郎の提示した事実は注目に値いする。すなわち官僚機構の中での中務省の位置付けが、弘仁・天長（八一〇―八三四）の段階以後になると低下するというのである。それ以後の中務省は、卿が親王で占められ、大輔層も皇親系の人々の任用が増加し、参議以上に昇進する人を輩出しない。少輔になった人の中から参議となる例も減少する。[33] この変化は、蔵人頭において中務大輔を帯びる例が消滅する傾向と軌を一にする。

おそらくそれは「宣旨」の一般化など、蔵人が勅を奉じて上卿（しょうけい）に伝えることが通例化し、中務省の職掌の一部を蔵人所が吸収していったことの結果であろう。[34]

（五）　春宮坊官人

従来は、天皇の東宮時代に、その坊官として仕えた人々が、即位後に側近として蔵人に任用されるということが注目されてきた。もちろんこのことも重要な側面であるが、それとは別に、蔵人在任中に春宮坊官人を帯びる場合が多いことも注目する必要がある。列挙すれば、

［嵯峨朝］

藤原冬嗣（亮・大夫）　藤原三守（亮）　和気真綱（少進）　*橘長谷麿（大進）　清原長谷（少進・大進）

［淳和朝］

藤原助（少進・亮）　*藤原富士麻呂（少進）

［仁明朝］

小野篁（学士）　藤原冬緒（少進）　*藤原貞庭（少進）　藤原良仁（大進）

（*印は表12所載の人物）

となる。この特色も後代にうけつがれる。

『官職秘鈔』には

（春宮）亮可レ補二蔵人頭一者任之。

少進……於二六位進一者。可レ補二蔵人一者任レ之。

と記されている。

このことはどのように考えればよいのであろうか。

当時の天皇と東宮の間の特殊な緊張関係についてはすでに述べたところである。(35) その上、淳和は嵯峨と同年齢であった。嵯峨に不満を持つ人々が望みをたくすには充分な存在であった。(36) 筆者は、かつて後宮のことを述べた際にふれたことがあるが、(37) この両者の間には、対立を避けるためのさまざまな方策がめぐらされていた。淳和後宮に嵯峨皇女

正子内親王を皇后として納れたことや、皇子、源定（さだむ）を淳和の養子としたこと、度重なる文宴での交際等、いずれもこれに関係したことである。

蔵人が春宮官人を帯することについても、同様の配慮の一つとして考えられる。すなわち、それは両者の関係を緊密にし、緊張関係を緩和すると同時に、春宮坊の監視を行うという側面を持ったのではなかろうか。また、それは薬子の変以後も蔵人所が存続してゆく理由として充分に意味のあることであった。この外、皇后宮及び皇太后宮の官人が蔵人に任用されるケースもかなりみられる。これもまた、権力の中枢部における潤滑油的存在と考えれば理解できることである。

（六）　内蔵寮官人

森田は蔵人所を内廷の家務機関ととらえている。

たしかに九世紀も中末期になると、蔵人所が内廷経済に深くかかわりを持つようになる(38)。しかし、それが蔵人所創設当初から期待された職掌であったのかどうかについては必ずしも明確ではない。森田の言うごとく、勅旨所の再編強化されたのが蔵人所であるとする見解も充分な論拠があるわけではない。『延喜内蔵寮式』には、

凡番上史生四人、蔵部四人、勅旨舎人廿五人、別米一升

とある。勅旨舎人は勅旨所に勤務する舎人（とねり）であろうから、延喜(九〇一―九二三)段階では、勅旨所は内蔵寮の管轄下に入っていたことになる。

森田自身も、後には、勅旨所が内蔵寮の支配下にあったことをみとめているが(39)、そうすると、勅旨所の経済面での機能が蔵人所に継承されたとすることはもとより、その設定の目的を家政機関の再編——とりわけ経済面での——に求めることも、論拠にとぼしくなる。蔵人が天皇側近として、内廷での日常的な供奉全般に関与したことは、事実で

あると思われるが、それは必ずしも供御物の調達や財政源の確保にまで及ぶと考える必要はない。

今、これらの点について内蔵寮と蔵人との帯官関係を調べると、一つの興味あるデータを得ることができる。蔵人で内蔵寮の官を帯びる人物は、嵯峨朝から淳和朝にかけては全く見出せない。承和元年（八三四）に従五位下となった藤原岳守が内蔵助を兼ねたかもしれないというのが最初の例である。しかるに承和以降になると、藤原良相が四―五年にかけて内蔵助を、十一―十五年にかけて助及び頭を帯びる。文徳朝（八五〇―八五八年）に入ると、藤原良縄が嘉祥三年（八五〇）―仁寿二年（八五二）まで助、斉衡元年（八五四）―天安二年（八五八）までずっと助ないしは頭を帯びるなど、帯官事例は多くなってくる。貞観（八五九―八七七）に入るとこの傾向はさらに増大する。

このデータは弘仁―承和（八一〇―八四八）までの期間、内蔵寮が軽視されていたことをあらわすものではない。否、むしろ勅旨田の活発な設定等を通じて重要人物がここに任用されたことについては、森田自身が述べたところである。[40] 内蔵寮は、この時期には独自に強力な活動を行っていたと考える方がよいのではなかろうか。蔵人所が内廷の中心的存在に発展してゆくのは、むしろ承和以降と考えられるのである。内蔵頭等にあまり重要でない人物が任用されるようになるのも、勅旨田の設置があまり行われなくなることと、もちろん無関係ではないが、蔵人所との相互関係において考えることも必要なのではなかろうか。[41]

2　側近的性格について

これまで、いくつかの事項に亘って帯官を検討してきたわけであるが、これとは別に文人的素養のある人や、天皇と特殊な親近関係にある人が多く任用されていた。これはすでに諸氏が例外なく蔵人の側近的性格として指摘するところであるが、この特殊な親近関係とは、血縁・婚姻関係はもちろんのこと、天皇の個人的な意向にもかかわるところが大きいものであった。当然のことながら、政治的に有能な人のみが任用されるわけではない。たとえば高橋文室麻呂は、琴に堪能であったということによって蔵人となっている。[42]しかし一方、政治的に有能であっても、天皇の意に副わなければ、これまた起用されないということにもなる。天皇が交替すれば血縁的な親近関係も前代とはちがったものになる。嵯峨朝と淳和朝の蔵人を比較しても、起用され、重用される人物にかなりの差がみられる。[43]蔵人及び蔵人頭が昇進のためにきわめて有利な官職であったことは、もはや説明を必要としまい。とりわけ蔵人頭は参議直前の職である場合が多かった。そこに前述のごとき天皇の意志が強く反映するということは、とりもなおさず、太政官の中枢部にそれが強く反映するということである。

亀田も述べるごとく、それは一面でたしかに、出自の限界をのりこえて進出しようとする能吏の起用を可能にし、官界に新風を送り込むことになった。しかし他面では、福井俊彦の主張のように、[44]新・旧側近の対立を必然化した。嵯峨・淳和両帝が自らの側近を他の側近の中に送り込み、その同化をはかることによって行った、頂点における緊張関係の緩和への努力も、下部からくつがえされる条件を同時に育成してきていたと思われる。

むすび

以上、蔵人所に補任された人々を検討することによって、その性格を推測してきた。もとより、諸先学の指摘を補強したにすぎない点も少なくないが、ここで一応のまとめをしておこう。

弘仁元年三月十日に設置された蔵人所は、弥永が指摘するように、[45]軍事的な性格をきわめて強く持ち、緊急事態において、律令制諸衛府の兵力を天皇親衛軍として充分に機能させることを一つの重要な目的としていた。それと同時に、通説的に認められている詔勅などの命令伝達、渡辺もふれているが、[46]反乱の告訴を含む訴訟、及び弁官における政事、さらには人事等の職掌を、非常時において天皇のもとに集中することをも目的としていた。言いかえれば、律令制の重要機能を、非常事がおきた時には天皇が掌握しうるように配慮された官職であったということになる。また、冬嗣が春宮亮を帯びたのは、高岳親王を擁する東宮に対する警戒とみてよい。

しかるに薬子の変の後も非常事態を予想すべき要因は決してなくなったわけではなく、緊急時にはいつでも前述のような機能を果たしうる官職として、蔵人所はそのまま存続したのではなかろうか。それと同時に、そういった非常事態の要因となる権力中枢部の内部分裂に対する警戒と、それが顕然化しないための歯止めの役割――天皇・上皇・皇太子等の間の潤滑油的役割――をも負わせられるに至る。ただ、蔵人に任用された側近が官界で力を持ち、一つの側近体制といったものを作ったことは、前述のこととはうらはらに、新旧側近(嵯峨と淳和の)間の亀裂を深めていったことも否めない。

ともあれ、これら蔵人所の特殊な機能は、蔵人が令制官職を帯びるのを原則とする点――今江広道によって明らかにされた「宣旨職」としての特色[47]――に負うところが多かった。すなわち、蔵人所は、他の令制官職を改変せず、そのままにしておいて、諸官司の殿上出先機関といった形で、所期の機能を果たすことができたからである。

蔵人所は九世紀後半―十世紀にもなると、御厨子所(みずしどころ)や進物所をはじめ、「所々」とされる内廷諸機関を配下におさめ、内膳司や内蔵寮とも密接なかかわりを持ち、文字通り内廷の中心的存在となってゆく。進物所は貞観年間(八五九―八七七)、御厨子所も寛平年間(八八九―八九八)には史料上に確実な姿をあらわす[48]。

しかし、設置当初の蔵人所は、前述したごとく、政治的・軍事的色彩が強かった。この官職が経済的側面を強めてゆくのは、承和以後のことと思われる。この少し前に、蔵人頭で中務大輔を帯びる者がいなくなることも注目される。蔵人所も、この頃を一つの画期として徐々に性格を変えてゆくようである。

それは藤原良房の台頭と時期を同じくしている。当時の政治情勢との関連のもとに、これらのことを考えるのは次の課題としたい。

（1）亀田隆之「成立期の蔵人に関する一考察」『日本歴史』二六三、一九七〇年。渡辺直彦「蔵人所の研究」『日本古代官位制度の基礎的研究』吉川弘文館、一九七二年。
（2）和田英松『官職要解』明治書院、一九二六年。川上多助『平安朝史』上、内外書籍、一九三〇年。吉村茂樹「平安時代の政治」『岩波講座日本歴史』二、一九三四年。藤木邦彦『日本全史』Ⅲ、東京大学出版会、一九五九年。
（3）弥永貞三『体系日本史叢書　政治史Ⅰ』山川出版社、一九六五年。
（4）渡辺直彦、前掲注（1）論文。近藤芳樹の『標注職原鈔校本』に「類聚国史に、弘仁元年三月十日始置蔵人所、令侍殿上、掌機密文書及諸訴、と見ゆ」とあるもので、現存する『類聚国史』や『日本紀略』にはのせられていないところから、亀田隆之によって疑問視されている。
（5）『後宮職員令』。
（6）角田文衛「勅旨省と勅旨所」『古代学』一〇―二・三・四、一九六二年。
（7）亀田隆之、前掲注（1）論文。
（8）森田悌「蔵人所についての一考察」『日本古代官司制度史研究序説』現代創造社、一九六七年。
（9）『公卿補任』尻付による。もちろん、辞任など、例外がないわけではない。
（10）『職事補任』。「仁和四年十一月廿七日、始置二五位蔵人二人一、止二六位二人一。」『一代要記』も同内容。
（11）『公卿補任』尻付。なお、〔　〕は筆者注。
〔藤原基経〕
仁寿二・正―蔵人（蔭孫無位。年十七）……〔仁寿四〕十月十一日従五下。……〔斉衡二〕四月廿日蔵人。
〔藤原山陰〕
〔天安〕二・十月蔵人。十一月七日従五下。……〔貞観〕同四・十一蔵人。
（12）従五位下の例としては、良岑安世・南淵永河（嵯峨朝）、良岑宗貞・橘真直（仁明朝）、従五位上としては藤原三守（嵯峨朝）、藤原吉野・藤原助（淳和朝）、伴善男（仁明朝）等をあげることができる。
（13）『尊卑分脈』に蔵人とされる者のうち、藤原友人は延暦二十四年段階ですでに従五位下であった（『日本後紀』延暦二十四年十二月十五日条）。また、同貞本は「承和蔵人」とされている。彼は薬子の変に連坐し、天長十年六月に還京。時に従五位下。承和十三年正月に従五位上となっているから、承和年中に蔵人であるためには、五位蔵人でないとつじつまが合わない。藤原春津は「五蔵」とされる。彼が五位であった期間は天長八年—承和十年。したがって、基経・山陰より早い例となる(『続日本後紀』『類聚国史』)。この外、藤原長山が「五蔵」とされるが、この注は前田家所蔵一本と内閣文庫本のみにあり、他の伝本にはない。長山は宝亀七年(七七六)に従五位下となり、十年以降は史上に姿をあらわさない。この注記は誤りとすべきであろう。

(13) 六位以下としたのは、蔵人の場合必ずしも六位という位が必要だったわけではないらしく、菅原清人・百済王勝義等は従七位であったし、藤原基経・在原行平等は無位であった等のことによる。

(14) 今江広道「令外官の研究」『続日本古代史論集』下、吉川弘文館、一九七二年。

(15) たとえば『竹取物語』『源氏物語』など。

(16) 『侍中群要』『西宮記』。

(17) 笹山晴生「平安前期の左右近衛府に関する考察」『日本古代史論集』下、吉川弘文館、一九六二年。弥永貞三「仁和の内宴」『日本古代史論集』下、吉川弘文館、一九六二年。角田文衛「文室巻雄と坂上滝守」『王朝の映像』東京堂出版、一九七〇年。玉井力「承和の変について」『歴史学研究』二八六、一九六四年。『日本後紀』、弘仁元年九月十日条。

(18) 藤原真夏は内麻呂の長子であるが、平城天皇の東宮時代に春宮権亮・亮をつとめた近臣で、変では伊豆権守に左遷されている(『日本後紀』)。免罪の後、ずっと平城上皇の院に陪奉した。藤原貞本は、縄主の子。母は薬子である。変後、飛騨権守に左遷。

(19) 文室綿麻呂は平城上皇に近侍していたのであるが、変勃発の日に召されて上京し、左衛士府に禁固された。ところが武芸の人であるということで、坂上田村麻呂の奏請により許されて、平城側を追討する軍を指揮した(『日本後紀』)。

(20) この時の叙位で加階されたのは、磯野王、藤原真夏、藤原継業、紀田上、菅野庭主、藤原綱継、藤原弟貞、大中臣常麻呂、大中臣魚取、大枝永山、御室氏嗣、石川弟直、伊吉清守の十三名。うち磯野王、紀田上、菅野庭主、御室氏嗣、藤原真夏の五名は、変により左遷されている。伊吉清守、大中臣魚取両名はこの記事を最後に史上から姿を消すし、藤原弟貞も、変直後に丹後守となったきり姿を消す。

(21) 笹山晴生「中衛府の研究」『古代学』六‐三、一九五七年。

(22)　滝口は寛平年間の設置(『西宮記』『拾芥抄』)。
(23)　佐伯有清「政変と律令天皇制の変貌」『日本古代の政治と社会』吉川弘文館、一九七〇年。
(24)　『職原鈔』式部大丞の項。『官職秘鈔』式部丞の項。
(25)　『職員令』式部卿職掌の項。
(26)　史料は、『日本後紀』による。
(27)　北山茂夫「平城上皇の変についての一試論——日本古代政治史の研究　続編その二」『立命館法学』四四、一九六三年。
佐伯有清、前掲注(23)論文。
(28)　『貞信公記』『九暦』『小右記』等をはじめとする平安期の記録にはそのような例を多く見ることができる。
(29)　『職員令』左大弁職掌の項。
(30)　吉備泉は大同三年五月に左大弁となっている(『日本後紀』)が、六月には菅野真道と交替しており(『日本後紀』)、その後大同四年六月には秋篠安人が任用されている(『公卿補任』)。安人は弘仁元年九月十日に参議・右衛士督となるが、その際「左大弁如故」とあるから(『日本後紀』)、吉備泉が九月十日に大弁を解任されたとするのは誤りである。
(31)　『続日本後紀』承和十年十一月二十二日条。
(32)　法隆寺僧善愷の不法な訴を受理したという理由で右少弁伴善男が他の五人の弁官を弾劾した事件(『続日本後紀』)。
(33)　大塚徳郎『平安初期政治史研究』吉川弘文館、一九六九年。
(34)　これは中務省の詔・勅に関する職掌がなくなったことを意味するものではない。
(35)　㈠武官の項参照。
(36)　両人共、延暦五年生。
(37)　玉井力「女御・更衣制度の成立」『名古屋大学文学部研究論集』五六、一九七二年。
(38)　森田悌、前掲(8)論文。菊池京子「所の成立と展開」『史窓』二六、一九六八年。
(39)　森田悌「平安初期内蔵寮の研究」『金沢大学法文学部論集』史学篇一九、一九七二年。
(40)　注(39)に同じ。内蔵頭(嵯峨・淳和・仁明朝)としては、藤原三守、小野岑守、佐伯永継、朝野鹿取、紀百継、南淵永河、滋野貞主、和気真綱、藤原文山、藤原良相などが任用されている。藤原文山を除いて他はいずれも蔵人頭ないしは参議以上に任命された人々である。

(41) 前述のごとく考える場合「鷹飼」と「禁野」の管理についてふれておかねばならない。渡辺の説いたごとく、十世紀段階では「御鷹飼」の補任は蔵人所の管掌するところであった。禁野の管掌も蔵人所に委ねられていた。これらのことに蔵人所が関与するようになるのは意外に早い。『三代実録』元慶七年七月五日条には、

勅。弘仁十一年以来、主鷹司鷹飼卅人、犬卅牙食料、毎月宛二彼司一。其中割二鷹飼十人犬十牙料一。宛二送蔵人所一。貞観二年以後、無レ置二官人一、雑事停廃、今鷹飼十人、犬十牙料、永以二熟食一宛二蔵人所一。

とある。これによれば、弘仁十一年段階で鷹飼十人、犬十牙が主鷹司より割かれて蔵人所に直していたことになる。さらに元慶にもなると全面的に蔵人所の支配下に入ることになるのである。鷹狩りの舞台となる禁野と蔵人所の関係については、元慶六年十二月二十一日条に、

……美濃国不破・安八両郡野本自禁制、永為二蔵人所猟野一……備前国児島郡野永為二蔵人所猟野一。……

とあるのが初見である。ここに「蔵人所猟野」とされない禁野が、蔵人所の管轄下にあったのかどうかは確かめるすべがないが、「放レ鷹追レ兎」(『三代実録』元慶六年十二月二十一日条)すなわち鷹飼りと禁野が切り離せないものであるとすれば、蔵人所と禁野の関係もかなり古くにさかのぼる可能性がある。

もし、これらが供御と関係するとすれば、前述の推測はくずれる。しかし、主鷹司が兵部省管轄であったことでも判明するように、「鷹狩り」は貴族のレクリエーション的な色彩と同時に軍事演習的色彩の強いものであった(角田文衛「池原綱主」『王朝の映像』東京堂出版、一九七〇年)。禁野についても、その地理的条件などから充分に検討を加えなければならないが、当初経済基盤として設定されたものではなさそうである。したがって、これらが蔵人所に早くから管掌されていたとしても問題はない。

(42) 『三代実録』貞観六年二月二日条。

(43) 表12及び別表。朝野鹿取・橘氏公が嵯峨朝末に蔵人頭になりながら、淳和朝には不調であり、承和に入ってから参議に任用されたり、淳和朝に入ると藤原式家の人々が急激に進出したりすることでも判明する。なおこのことについては福井俊彦「淳和朝の官人」『早稲田大学高等学院研究年誌』一一、一九六六年、同「承和の変についての一考察」『日本歴史』二六〇、一九七〇年、参照。

(44) 福井俊彦、前掲注(43)両論文。
(45) 弥永貞三、前掲注(17)論文。
(46) 渡辺直彦、前掲注(1)論文。
(47) 今江広道、前掲注(14)論文。
(48) 菊池京子、前掲注(38)論文。

〔補注〕 旧稿の表には誤りがあったため、表11・表12・別表共に全面的に再検討し書き改めた。またその際、市川久編『蔵人補任』続群書類従完成会、一九八九年、山口博『王朝歌壇の研究』別巻、蔵人補任、桜楓社、一九七九年、飯倉晴武校注『弁官補任』続群書類従完成会、一九八二年、市川久編『近衛府補任』続群書類従完成会、一九九二年、等を参照させていただいた。本文にも一部修正箇所が生じたが論旨には影響がない。補任記事については煩をさけて出典を省略したが、上記の補任類を参照されたい。

別表(一)—(1)

〈嵯峨朝・蔵人頭〉

人名	蔵人在任期間	帯官	帯官在任期間	備考
巨勢野足	弘仁元・三～元・九	左近中将	←――→	嵯峨在藩時の春宮大夫。武官を歴任す。弘仁元、参議。弘仁七・十二・十四没。〔公〕
		中務大輔	弘仁元・八――→	
藤原冬嗣	弘仁元・三～二・一	右少弁	――→弘仁元・九	内麻呂子。嵯峨在藩時、春宮大進・春宮亮。弘仁二、参議。天長三・七・二十四没。〔公〕
		春宮亮	――→弘仁元・八	
		侍従	?	
		左衛士督	←――→	
		大舎人頭	?	
		春宮大夫	弘仁元・八→元・九	
		式部大輔	〃元・九→元・十一	
		中務大輔	〃元・十一――→	

別表㈠—(2)

人名	蔵人在任期間	帯官	帯官在任期間	備考
藤原三守	弘仁二・二〜七・十	右近少将	→弘仁五・八	南家真作子。嵯峨在藩時、主蔵正。妻は皇后橘嘉智子の妹、安万子。女は仁明女御。嵯峨近臣として天皇退位後も院に侍奉。弘仁七、参議。承和七・七・七没。〔続後紀〕〔伝〕
		左兵衛督	弘仁五・八→	
		春宮亮	→弘仁二・十	
		式部大輔	弘仁五・一→	
良岑安世	弘仁二・二〜七・十	左近少将	→弘仁三・十二	桓武子。「少好鷹犬、事騎射、自余伎芸皆称多能…以才兼武官」と評された。文武両道に秀ず。凌雲集・文華秀麗集・経国集に詩あり。弘仁七、参議。天長七・七・六没。〔公〕
		左衛門佐	弘仁三・十二→五・一	
		右馬頭	弘仁五・一→五・二	
		左馬頭	弘仁五・二→五・五	
		左兵衛督	弘仁五・五→五・八	
		左衛門督	弘仁五・八→	
		左少弁	→弘仁五・一	
		左京大夫	弘仁六・七→七・一	
		右大弁	弘仁七・一→	
藤原貞嗣	弘仁七・十一〜十・三	皇后宮大夫	←→	南家巨勢麿子。桓武末年に弁官を歴任。弘仁十、参議。天長元・正・四没。〔公〕
直世王	弘仁七・十一〜十二・一	中務大輔	←→	浄原王子。弘仁十二、参議。承和元・正・四没。〔続後紀〕
		右京大夫	→弘仁九・十	
		左京大夫	弘仁九・十→	
橘常主	弘仁十・三〜十三・三	権左少弁	→弘仁十・六	島田麻呂子。学才があったらしく、大学少允になっている。経国集に詩あり。橘嘉智子の従兄弟であり、嵯峨の親任を得たらしく、早い昇進をしている。弘仁十三、参議。天長三・六・二没。〔公〕
		左中弁	弘仁十・六→十・八	
		右近少将	弘仁十・八→十・十	
		左近少将	弘仁十・十→十二・四	
		式部少輔	弘仁十二・一→十二・五	
		中務大輔	弘仁十二・五→十二・九	
		式部大輔	弘仁十二・九→	
		修理大夫	弘仁十二・四→	
南淵永河	弘仁十二・一〜十三・三	左中弁	←→	弘貞の弟。嵯峨天皇侍読。天皇の退位後は院に侍奉。文人。

人名	在任期間	官職	官職在任	備考
		治部大輔	弘仁十二・六——→	経国集に嵯峨との交渉を物語る詩を納む。天安元・十・十三没。〔文実〕〔伝〕
藤原道雄	弘仁十三・三〜十四・一	右大弁	←→	北家小黒麻呂子。大学少允・頭となっており、大学出身の可能性が強い。凌雲集に詩あり。弘仁十四、参議。弘仁十四・九・二十三没。〔公〕
橘氏公	弘仁十三・三〜十四・一	右衛門督	——→弘仁十三・十一	清友子。皇后の弟であることから、嵯峨・仁明に重用さる。淳和朝はやや不遇であった。仁明即位直後、参議。承和十四・十二・十九没。〔続後紀〕〔伝〕
		右近中将	弘仁十三・十一——→	
朝野鹿取	弘仁十四・一〜十四・四	中務大輔	←→	鷹取子。嵯峨天皇侍講。大学出身。「立性謹慎、臨事明了、以吏幹称」と評されている。武官を歴任、淳和朝に大宰大弐に出た。文華秀麗集に詩あり。天長十、参議。承和十・六・十一没。〔続後紀〕〔伝〕
佐伯永継	弘仁十四・一〜十四・四			継成子。文華秀麗集に詩あり。天長三、従三位。天長五・十一・十二没。〔公〕

〈淳和朝・蔵人頭〉

人名	在任期間	官職	官職在任	備考
清原夏野	弘仁十四・四〜十四・十一	左近中将	弘仁十四・五——→	小倉王子。淳和在藩時の春宮大進・亮。即位後重用される。嵯峨との親交もあった。著名な文人。弘仁十四、参議。承和四・十・七没。〔続後紀〕〔伝〕
朝野鹿取	弘仁十四・四〜十四・六	中務大輔	←→	前掲
橘長谷麿	弘仁十四・六〜天長元・二	弾正大弼	←→	嶋田麻呂子。常主の兄。大学出身の能吏。嵯峨朝の昇進早い。天長元・二・九没。〔類史〕〔伝〕
		左中弁	弘仁十四・五——→	
			←→	
藤原綱継	天長元・六〜二・七	左兵衛督	←→	式家蔵下麻呂子。平城在藩時の春宮少進・大進。淳和朝に優遇。天長二、参議。承和十四・七・二十六没。〔続後紀〕〔伝〕
		神祇伯	←→	
藤原愛発	天長元・六〜三・二	右中弁	←→	北家内麻呂子。淳和在藩時の春宮少進、大同年中、文章生。度々応詔の詩を作ったという文人。女子を恒貞親王に納れている。淳和に重用され、天長三、参議。承和十・九・十三没。〔続後紀〕〔伝〕
		中務大輔	?——→	
三原春上	天長二・七〜五・一	兵部大輔	←→	弟平王子。経国集に、淳和との交渉を示す詩がある。文官を

人名	蔵人在任期間	帯官	帯官在任期間	備考
				歴任。天長五、参議。承和十二・十一・十八没。〔続後紀〕
藤原吉野	天長三・二～五・五	弾正少弼 弾正大弼 左少弁 皇太后宮大夫 右兵衛督	天長二・九→三・九 天長三・九→ ? 天長四・二→五・壬三 天長五・壬三→	式家綱継子。淳和在藩時、主蔵正・春宮少進。大学出身。文華秀麗集に大伴親王(淳和)より贈られた詩あり。淳和近臣として帝の退位後、淳和院に陪奉。承和の変連坐。天長五、参議。承和十三・八・十二没。〔続後紀〕(伝
藤原浄本	天長五・一～六・十一	大舎人頭	↔	式家蔵下麻呂子。天長七、従三位。天長七・七・二十一没。〔公〕
文室秋津	天長五・六～七・一	左近中将	↔	大原子(天武系四世)。検非違使別当。「監察非違、最是其人也、亦論武芸、足称驍将」と評される。淳和朝に重用され、天長六、参議。承和の変左遷。承和十・三・二没。〔続後紀〕(伝
藤原常嗣	天長七・八～八・七	刑部少輔 勘解由次官 〃長官	→天長七・九 天長七・九→八・一 〃八・一→	北家葛野麻呂子。「少遊大学、渉猟史漢、諳誦文選、又好属文、兼能隷書」とされる。経国集に詩あり。仁明在藩時の春宮亮。天長八、参議。承和七・四・二十三没。〔続後紀〕(伝
藤原家雄	天長八・七～九・三	左兵衛督	↔	式家緒嗣子。「頗学典籍、兼善歩射」と評され、文武両道に堪能。淳和外戚。弘仁末―天長にかけて早い昇進をするが、天長九・三・二十没。〔類史〕(伝
藤原助	天長八・七～十・二	春宮亮 右近少将	↔ 天長十・二→	北家内麻呂子。「少遊大学、頗渉史伝」と評された。承和十、参議。仁寿三・五・二十九没。〔文実〕(伝
橘弟氏	天長九・四～十・二	左京大夫	↔	清友子。嘉智子兄弟。承和七・四・五没。〔続後紀〕
〈仁明朝・蔵人頭〉				
藤原良房	天長十・三～承和元・七	左近権少将 左近権中将	→天長十・十一 天長十・十一→	冬嗣子。母尚侍藤原美都子。嵯峨寵臣。皇女源潔姫を妻とする。妹順子は仁明女御。女明子は文徳女御、清和母。承和元、参議。貞観十四・九・二没。〔三実〕
安倍安仁	天長十・三～承和五・一	兵部少輔 〃大輔	→承和元・七 承和元・七→二・二	寛麿子。若くして校書殿に直した。能吏。嵯峨寵臣。「太上皇(嵯峨)甚親任」とあり、嵯峨院の別当となった。承和五、参

		刑部大輔	〃二・二→二・十一	議。貞観元・四・二十三没〔三実〕(伝
		治部大輔	〃二・十一——→	
清原滝雄	承和元・七～七・二	雅楽頭	←→	夏野子。天長七、夏野双丘山荘文宴で従五位下。承和元、再び嵯峨の行幸をうけ、従四位下となっている。夏野の影響が大きい。貞観五・一・十一没。〔三実〕(伝
藤原衛	承和五・六～九・一	式部大輔	←→	内麻呂子。「七才遊学」。文章生、大学助、弁官式部大輔等歴任。(「淳和)帝甚器之」。承和九、大宰大弐として赴任。能吏。天安元・十一・五没。〔文実〕(伝
藤原長良	承和七・三～十一・一	左馬頭	——→承和九・七	冬嗣子。母良房に同じ。「兄弟之間、友愛天至」と評さる。承和十一、参議。斉衡三・七・三没。〔文実〕(伝
		左兵衛督	承和九・七——→	
橘岑継	承和九・一～十一・一	兵部大輔	←→	氏公子。母は仁明乳母。仁明在藩時に陪奉し「稍蒙寵幸」とされる。若年時文書を好まず、後改めて、励精し、「略通意旨」ずるまでになったという。承和十一、参議。貞観二・十・二十九没。〔三実〕(伝
		左近中将	←→	
藤原良相	承和十一・一～十五・一	左近少将	——→承和十三・一	冬嗣子。「局量開曠、及於弱冠、始遊大学、雅有才弁」と評されている。承和十五、参議。貞観九・十・十没〔三実〕(伝
		左近中将	承和十三・一——→	
橘氏人	承和十一・十二～十二・七	内蔵頭	←→	清友子。皇太后嘉智子兄弟。承和十二・七・四没。〔続後紀〕
		神祇伯	←→	
小野篁	承和十二・七～十四・一	東宮学士	←→	岑守子。武事にも堪能であったが、嵯峨の嘆息をきいて学に志したという。文章生。「文章奇麗」と評される。草隷にも巧みであった。経国集に詩あり。承和十四、参議。仁寿二・十二・二十二没。〔文実〕(伝
		式部少輔	←→	
		権右中弁	承和十三・五→十三・九	
		左中弁	〃十三・九——→	
伴善男	承和十四・一～十五・二	右中弁	←→	国道子。「弱冠入直校書殿、侍奉仁明天皇、稍被知寵、任寄日重」とされる。善愷事件では五名の弁官を弾劾。叙爵から参議までわずかに五年。承和十五、参議。貞観八・九・二十二没。〔三実〕(伝
藤原嗣宗	嘉祥元・二～　？	左中弁	←→	北家永貞子。大学出身。忠勤をもって、仁明天皇から優寵を加えられた。嘉祥二・十一・二十九没。〔続後紀〕(伝
良岑宗貞	嘉祥二・一～三・三	左近少将	←→	安世子。仁明の寵臣。嘉祥三・三・二十八、天皇の没に伴って出家。法名、遍照。歌人。〔文実〕(伝

別表(一)—(4)

人名	蔵人在任期間	帯官	帯官在任期間	備考
橘　真直	嘉祥二・二〜三・三	右近少将	←→	氏公子。「性善唱哥、仁明天皇、所憐愛也」とされる。承和の変で左遷されたが再び起用された。仁寿二・六・二十没。〔文実〕（伝）
〈嵯峨朝・蔵人〉				
清原夏野	弘仁元・三〜二・六	（大舎人大允）	←→	前掲
朝野鹿取	弘仁元・三〜二・一	右近将監	←→	〃
百済王勝義	弘仁元・三〜七・二	左衛門大尉	←→	玄風子。「少遊大学、頗習文章」とされる。大学少允となる。武官的性格も有す。承和六、従三位。斉衡二・七・二十二没。〔文実〕（伝）
紀　興道	弘仁三・一〜四・一			勝長子。「門風相承、能伝射礼之容儀」とされ、武官的性格が強い。承和元・六・二十一没。〔続後紀〕（伝）
藤原愛発	弘仁四・一〜六・一	式部少丞	→弘仁四・一	前掲
		〃大丞	弘仁四・一→	
和気真綱	弘仁四・一〜六・一	春宮少進	弘仁五・一→	清麻呂子。「少遊大学、頗読史伝」とあり。文章生。「稟性敦厚、忠孝兼資、執事之中、未嘗邪枉」と評さる。承和七、参議。善愷事件にて左遷。承和十三・九・二十七没。〔続後紀〕
清原長谷	弘仁五・一〜七・一	春宮少進	弘仁五・一→六・一	石浄王子。天長八、参議。承和元・十一・二十六没。〔続後紀〕
		春宮大進	弘仁六・一→	
橘　氏公	弘仁五・一〜六・一	右近将監	←→	前掲
文室秋津	弘仁五・十二〜七・一	右近将監	←→	前掲
南淵弘貞	弘仁六・一〜七・一	式部少丞	→弘仁六・六	奈弖麻呂子。「少遊学館、渉猟百家」と評され、文章生となっている。弘仁元・三、昇殿。文人。学者。淳和在藩時の学士。淳和に重用された。経国集に詩あり。天長二、参議。天長十・九・十九没。〔続後紀〕
		〃大丞	弘仁六・六→	
橘　常主	弘仁七・一〜八・一	式部少丞	→弘仁七・三	前掲
		〃大丞	弘仁七・三→	

三原春上	弘仁八・一〜十一・一	式部大丞	←→	前掲
滋野貞主	弘仁八・一〜十一・一	大内記	←→	家訳子。文章生。仁明在藩時の学士。学者。文人。凌雲集、文華秀麗集、経国集の詩により嵯峨天皇との親交がわかる。女を仁明・文徳に納れる。承和九、参議。仁寿二・二・八没。〔文実〕(伝
紀深江	弘仁八・一〜十三・一	式部少丞	←→	田上子。「少遊大学、略渉史書」と評され、文章生となり大学少允・式部少丞を歴任。能吏。善政をもって加階されている。淳和天皇に重用された。承和七・十・五没。〔続後紀〕(伝
紀末守	弘仁十〜十四・四			真人子。文華秀麗集に詩あり。天長二・一叙爵。
藤原常嗣	弘仁十二・一〜十四・一	右京少進	→弘仁十三・?	前掲
		式部大丞	弘仁十三→	
〈淳和朝・蔵人〉				
藤原長良	弘仁十四・十一〜天長元・一			前掲
藤原良房	天長二・一〜五・一	中判事	←→	前掲
安倍安仁	天長三・一〜五・一		←→	前掲
藤原助	天長四・一〜六・一	春宮少進	→天長五・壬三	前掲
		式部少丞	天長五・壬三→	
藤原貞守	天長四・一〜五・一	皇太后宮少進	←→	北家諸貞子。「器宇凝峻、頗有学渉」とされた俊才。大学大允。恒貞親王の春宮亮。承和の変にて左遷。文徳朝に蔵人頭を経て仁寿三、参議。貞観元・五・一没。〔三実〕(伝
橘岑継	天長七・一〜九・一			前掲
小野篁	天長七・一〜九・一	大内記	→天長七・二	前掲
		式部少丞	天長七・二→	
〈仁明朝・蔵人〉				
藤原仲統	天長十・三〜承和二・一			南家三守子。母従四位下伴友子。武官を歴任し、清和朝蔵人頭。貞観十四、参議。貞観十七・六・六没。〔三実〕(伝
藤原氏宗	天長十・十二〜承和五・一	式部大丞	←→	北家葛野麻呂子。文徳在藩時の春宮亮。文徳朝蔵人頭。仁寿元、参議。貞観十四・二・七没。〔三実〕

別表(一)—(5)

人名	蔵人在任期間	帯官	帯官在任期間	備考
藤原良相	承和一・一～五・一	右衛門大尉 左兵衛権大尉 内蔵助	承和元・九→二・八 〃 二・八→三・十 〃 三・十→	前掲
南淵年名	承和七・一～八・一	式部少丞	↕	永河子。「性聡察、有局量、莅官理事、以清幹聞」とされた能吏。斉衡、三蔵人頭。貞観六、参議。清和在藩時の春宮権亮。元慶元・四・八没。〔三実〕〔伝〕
在原行平	承和七・一～七・十二			阿保親王子。女を清和に納れている。歌人。貞観十二、参議。寛平五・七・十九没。〔公〕
伴善男	承和九・一～十・一	大内記 式部大丞	→承和八・十一 承和八・十一→	前掲
藤原良仁	承和十～十三・一	主蔵正 春宮大進	→? ?→	冬嗣七子。「美姿儀、風神警亮」と評される。大学出身。文徳側近であったが、天安元、左遷。貞観二・八・五没。〔三実〕〔伝〕
良岑宗貞	承和十一・一～十二・一			前掲
源舒	承和十二・一～十四・二			嵯峨孫。明子。貞観十三、蔵人頭、貞観十七、参議。元慶五・十一・二十九没。〔三実〕
藤原諸葛	承和十二・一～嘉祥三・三			南家三守孫。有統子。母橘小数。貞観十七、蔵人頭。元慶三、参議。寛平七・六・二十没。〔公〕
藤原冬緒	承和十三・一～十四・一	式部大丞 春宮少進	→承和十三・二 承和十三・二→	京家豊彦子。文徳・清和両帝の在藩時に春宮官人として勤仕。貞観四、時政の是非を論じた時「声名粗達、器識漸優、吏幹之称、仍有可愛」とさる。貞観十一、参議。寛平二・五・二十五没〔公〕
在原業平	承和十四・一～嘉祥二・一			阿保親王子。歌人。元慶四・五・二十八没。〔三実〕〔伝〕〔古今和歌集目録〕
高橋文室麻呂	嵯峨没後～ ?			彦公子。琴の名手であることをもって蔵人に任用された。貞観六・二・二没。〔三実〕〔伝〕

〔備考〕（一） 外官を帯する場合は省略した。

（二）　帯官在任期間の項に年月が入っていないものは、蔵人補任時または辞任時に、継続して、その官にあったことをあらわす。

別表(二)—(1)

人名	叙爵年月	帯官	備考
藤原浜主	弘仁元・十一		園人子。「容儀可観、但託以漳浜、罕有朝謁、名家之胤而余烈不聞」とされる。承和十二・一・四没〔続後紀〕(伝
藤原文山	弘仁元・十一		南家雄友子。雄友は平城により左遷され、嵯峨によって本位に復された人。承和八・三・二十一没。〔続後紀〕
菅原清人	弘仁二・一		古人子。従七位からの叙爵。嵯峨の侍講。文人。
藤原総嗣	弘仁二・六		北家末茂子。
藤原弟河	弘仁四・一		南家雄友子。
藤原沢継	弘仁五・一		北家末茂子。
紀善岑	弘仁五・一		広浜子。承和四・六・三十没。〔続後紀〕
橘長谷麿	弘仁五・壬七	春宮大進	前掲
藤原八綱	弘仁六・一		式家蔵下麻呂子。
藤原村田	弘仁七・一		南家真作子。
藤原行道	弘仁八・一		北家城主子。斉衡元・十二・十九没。〔文実〕(伝
藤原是雄	弘仁九・三		北家真夏子。文華秀麗集に嵯峨との交渉を示す詩がある。恒貞親王に女子を納れている。
藤原長岡	弘仁十・一		内麻呂六子。大同二、左兵衛少尉となり、その際「最長武芸」と評されている。行政能力もあった。嘉祥二・二・六没。〔続後紀〕(伝
藤原三成	弘仁十一・一		南家真作子。三守の兄。「天資慎密、言語無瑕」と評さる。「一朝能琴の士」であったという。経国集に嵯峨の詔にこたえて詩を賦している。仁明在藩時の春宮亮。天長七・四・三十没。〔類史〕(伝
藤原家雄	弘仁十三・一		前掲
紀名虎	弘仁十三・十一		勝長子。仁明天皇に女を納れている。淳和朝は不遇であるが承和年間に早い昇進をしている。承和十四・六・十六没〔続後紀〕
藤原豊主	弘仁十四・一		京家大継子。承和十四・五・十七没。〔続後紀〕
藤原輔嗣	弘仁十四・四		北家永貞子。承和七・五、淳和の装束司。嘉祥三、淳和山陵へ遣使。平安遺文〇六八・〇六九号文書には、「某院別当」とされる。おそらく淳和院であろう。
藤原越雄	弘仁十四・四		北家真夏子。

人名	叙爵年月	帯官	備考
藤原春継	弘仁十四・四		南家黒麻呂子。
藤原永雄	弘仁十四・十一		南家根乙麻呂子。
藤原伊勢雄	弘仁十四・十一		南家今河子。
藤原豊吉	天長元・六	鋳銭司次官	京家大継子。
藤原大津	天長二・一	右近将監	北家内麻呂子。「身長短小、而意気難奪、尤善歩射、頗超等輩」とされる。武人。斉衡元・十・九没。〔文実〕(伝)
藤原諸成	天長三・一	式部大丞	南家助川長男。弘仁年中、文章生。「聡悟超倫」とされた俊才。学中三傑と号したという。斉衡三・四・十八没。〔文実〕(伝)
藤原高房	天長四・春	式部大丞	北家藤嗣三子。国司としての治績を有す。能吏。仁寿二・二・二十五没。〔文実〕(伝)
紀野永	天長四・一		田上子。
坂上正野	天長五・一		田村麻呂子。
藤原貞公	天長六・一		北家園主子。
藤原本雄	天長八・一		式家緒嗣子。貞観十八・三・二十八没。〔三実〕
藤原常守	天長九・一		南家貞嗣子。
在原仲平	天長十・一		阿保親王子。無位からの叙爵。
藤原宗善	天長十・三		北家永貞子。仁寿年間、検非違使。天安二・四・十六没。〔三実〕(伝)
藤原富士麻呂	天長十・三	春宮少進 右近権将監	南家村田二子。東宮時代の仁明に仕え「稍蒙恩遇」とある。大学出身。「頗渉史漢……兼便弓馬」と評される。嘉祥三・二・十六没。〔続後紀〕(伝)
藤原高仁	天長十・三		南家貞嗣子。
藤原秋常	天長十・十一		南家雄友子。承和の変左遷。
藤原高扶	天長十・十一		南家弟河子。
藤原岳守	承和一・一	右近将監 内蔵助	南家三成子。大学出身。東宮時代の仁明に侍奉。「応対左右、挙止閑雅、太子甚器重之」と評される。仁寿元・九・二十六没。〔文実〕(伝)
藤原友永	承和六・一		南家伊勢人子。
藤原近主	承和六・一		式家吉野子。承和の変当時、春宮大進であったため左遷。
橘枝主	承和六・一		綿裳子。
橘真直	承和七・一	左馬大允	前掲

藤原春岡	承和七・一		北家藤嗣子。
藤原平雄	承和七・十		北家真夏子。母橘清友女。無位からの叙爵。
藤原関主	承和八・十一		北家園人子。
藤原岳雄	承和八・十一		南家三成子。善愷事件左遷。
藤原岑人		民部大丞	南家貞嗣子。承和の変左遷。時に正六位上。
藤原貞庭		春宮少進	式家縄主子。承和の変左遷。時に正六位上。
藤原正世	承和九・一		式家貞本子。母橘氏。承和の変左遷。
藤原有貞	承和十一・一		南家三守子。「年在童齓、侍奉仁明天皇、姉為女御因而蒙寵狎」と評される。貞観十五・三・二十六没。〔三実〕(伝)
藤原三藤	承和十一・一		南家貞嗣子。
藤原菅雄	承和十一・一		式家山人子。「承和蔵人」と注記あり。
藤原雄瀧	承和十二・一		北家桜麿子。
源興	承和十二・一		常子。「美姿質、能挙止、外皃雄峻、内性寛柔、幼略無学、暗於百氏」と評さる。貞観十四・十一・十九没。〔三実〕(伝)
橘岑範	承和十二・一		真材子。
橘春成	承和十三・一		枝主子。
高階岑緒	承和十三・一		石見王子。承和十一年賜姓。〔尊卑分脈〕
紀今守	承和十三・一		真人子。能吏。貞観四年時政の是非を論じた時「所歴之州。風声必暢。論之良吏。自為先鳴」と評された。貞観十四・三・二十九没。〔三実〕(伝)
坂上貞守	承和十四・一		鷹主子。「好武事便弓馬」と評せられる。武官的性格をもつ。貞観十八・九・九没。〔三実〕(伝)
藤原秀道	喜祥元・一		北家総嗣子。元慶三・二・十没。〔三実〕
源穎	嘉祥三・一		常子。元慶三・十・二十九没。〔三実〕
紀貞守	嘉祥三・一		真人子。

〔備考〕 (一) 官職は叙爵時のもの。
(二) 別表(一)(二)、共に死没時についてのみ出典を記した。
〔出典〕 略称は以下の通り。〔公〕=公卿補任、〔類史〕=類聚国史、〔続後紀〕=続日本後紀、〔文実〕=日本文徳天皇実録、〔三実〕=日本三代実録。伝の中に続柄・年齢以外の記事がある場合は、出典の次に(伝)と注記した。

第二章　九・十世紀の蔵人所に関する一考察
――内廷経済の中枢としての側面を中心に――

はじめに

弘仁元年(八一〇)三月に設置された蔵人所は、この時期の天皇、ないしは天皇制を考える上で興味のある官司の一つである。この官司は、天皇の家政機関の中枢へと発展してゆくと同時に、側近の府として、当時の官人社会に重きをなし、権力の推移とも密接にかかわった。この二つの側面からの研究は、最近ようやく緒についたと言ってよい。[1]しかし、家政機関としての側面から追究する場合は十世紀以降、側近の府としての側面から追究する場合は成立期に研究が集中している。

史料的な制約がそういった現状を余儀なくさせていることは否めないのであるが、官司としての蔵人所の変遷の具体的な追究は、充分に行われているとは言いがたい。前に筆者は、今まで比較的注目されることの少なかった補任関係の史料から成立期の性格を明らかにしようと試みたが、その結果、成立期の蔵人所は、天皇の護衛、詔勅伝宣、官人人事、反乱の告訴をも含む訴訟、弁官の政事等に深く関与し、緊急事態が生じた際には、それらの諸機能を天皇のもとに集中する役割と、権力者層の頂点――とりわけ天皇と東宮――の間の潤滑油的な役割を強く負わされていたと考えた。そして承和(八三四―八四八)頃を境として、新しく経済的機能が付与されてくるのではないかと推測した。[2]

蔵人所のその後の変遷は、この新旧二つの側面の展開過程をあとづけることから考えてゆく必要がある。もちろん両者は密接に関連しつつ展開するのであるが、本章では、とりあえず後者、すなわち内廷経済の中枢として発展してゆく側面から、十世紀頃に至る変遷過程を追究してみたい。

第一節　蔵人の兼帯官職について

表13は、村上朝(九四六—九六七年)までに、蔵人が兼帯した官職のうち、事例の多いものについて集計したものである。(3) 武官・弁官・式部省官人等は、成立期の傾向を継承してきわめて多い。また春宮坊にあっては、宇多朝(八八七—八九七年)頃から大少進の兼帯が減少し、代わって亮の兼帯が恒常化するが、基本的には成立期と同傾向を示すとしてよい。しかし数的には成立期と同様であっても、たとえば衛府の実質の形骸化にみられるごとく、(4) 黙視しがたい変化が生じていたことは容易に推測できる。この点についての詳細な検討は別稿にゆずるとして、今は主題に即して承和以降新しく出現した、経済的側面を有する官司との兼帯傾向のその後の推移に目を移そう。

まず内蔵寮(くらりょう)官人であるが、承和四年(八三七)に藤原良相(よしみ)が内蔵助を帯びて以来、藤原良縄(よしただ)、藤原常行と貞観初年まではほとんど欠けることなく、藤原北家の重要人物が兼帯していた。(5)

しかるに、藤原常行が貞観六年(八六四)正月に参議に昇進し、蔵人所を去った後、光孝朝(八八四—八八七年)に至るまでの兼帯例は多くない。この間、内蔵頭に任命されたのは、藤原安方・和気彝範(つねのり)・良岑晨直(ときなお)等であるが、(6) すでに森田悌が指摘するように、この頃の内蔵頭はたしかに、それ以前と比べて、やや重要でない人物が選ばれている。森田はこれを、清和朝以後勅旨田の設置が減少することと関連させたうえで、当時の権力者たる良房・基経等が皇室経済の充実に消極的であったことのあらわれであると論じた。森田が藤原常行をも指導性に欠ける人物とした点には疑問が残るが、(7) たしかに清和・陽成朝(八五八—八八四年)は、天皇が若年であったこともあって、その政治的な主体性

表 13　蔵人の兼帯官職

		嵯峨	淳和	仁明	文徳	清和	陽成	光孝	宇多	醍醐	朱雀	村上
衛府・馬寮	中少将・督・佐・馬頭	6	6	6	5	7	6	2	11	15	8	15
	将監・大少尉・馬助	4	(2)	1(2)	6	8(2)	(3)	1(1)	4	16	6	9
弁官	大　弁	2	0	0	3	2	0	1	2	2	1	2
	中　弁	2	1	3	5	2	2	2	5	3	3	1
	少　弁	3	1	0	0	0	1	0	1	2	2	3
中務省	大　輔	5	2	0	0	0	0	0	0	0	0	0
式部省	大少輔	3	0	2	1	0	1	0	1	5	0	0
	大少丞	5	2(2)	4	0	(8)	1	(1)	0	5	4	6
兵部省	大少輔	0	1	2	0	2	0	0	0	1	0	0
	大少丞	0	0	0	0	0	0	(1)	2	1	1	0
春宮坊	大　夫	1	0	0	0	0	—	—	0	0	0	0
	亮	2	1	0	2	0	—	—	1	5	0	4
	大少進	2(1)	1(1)	2(1)	1	1	—	—	1	0	0	0
	学　士	0	0	1	0	0	—	—	0	0	0	1
内蔵寮	頭	0	0	1	1	1	0	0	3	1	2	5
	助	0	0	1(1)	1	1	0	(1)	1	3	0	0
木工寮	頭	0	0	0	0	0	0	1	1	0	0	0
	助	0	0	0	0	(1)	0	0	1	2	3	2
主殿寮	頭	0	0	0	0	0	0	0	0	1	0	0
	助	0	0	0	0	(1)	0	(1)	0	0	1	3
修理職	大夫	1	0	—	—	—	—	—	2	2	0	1
	亮	0	0	—	—	—	—	—	0	3	2	3
侍従・次侍従		1	0	0	1	1	2	0	4	1	1	0
大少内記		1	1	1	(1)	1	0	0	1	2	1	1

〔備考〕（　）内の数字は不確実なもの．同一欄に記した官職間での移動は数に入れなかった．権任の場合は，正任に準じて集計した．

表14 内蔵寮官人と蔵人の兼帯

仁明	(藤原岳守)	(助)？→承和一・正	〈続後〉
	藤原 良相	(助)承和三・一〇→承和五・正 (頭)承和一一・正→承和一五・正	〈公〉
文徳	藤原 良縄	(権助)嘉祥三・四→仁寿二・正 (助)仁寿三・七→(権頭)斉衡三・二→天安二・九	〈公〉
清和	藤原 常行	(頭)貞観二・一一→貞観六・正	〈公〉
	藤原 有穂	(権助)貞観一八・一二→貞観一九・正	〈公〉
光孝	(藤原高階)	(助)？→仁和二・正	〈三実〉
宇多	藤原 高経	(権頭)仁和三・八→寛平二・九	〈歌〉
	源 湛	(権頭)寛平二・九→(頭)寛平四・正→寛平四・二	〈公〉
	藤原 定国	(頭)寛平五・閏五→寛平八・正	〈公〉
	藤原 高階	(助)仁和四・一〇→？	〈職〉
醍醐	良岑 衆樹	(権助)昌泰二・正→延喜五・一〇	〈公〉
	藤原 兼輔	(助)延喜九・正→(権頭)延喜一六・三→(頭)延喜一七・正→延喜二一・三	〈公〉〈歌〉
	平 希世	(権助)延喜一九・四→？	〈職〉〈蔵〉
朱雀	源 相職	(頭)天慶一・一〇→天慶四・正 (頭)天慶四・三→天慶四・一二	〈弁〉〈職〉
	良岑 義方	(権頭)天慶五・四→天慶六・正以前	〈職〉〈世紀〉
村上	平 随時	(頭)天慶九・七→天暦二・正	〈公〉
	藤原 有相	(頭)天暦二・二→天暦九・七	〈公〉
	藤原 朝成	(頭)天徳二・正→天徳二・閏七	〈公〉
	藤原 文範	(頭)康保三・一一→康保四・正	〈公〉
	藤原 兼通	(頭)康保四・正→康保四・五	〈公〉

〔備考〕〈 〉…出典。補注Ⅱ参照。

表15 修理職官人と蔵人の兼帯

嵯峨	橘　常主	(大夫)弘仁一二・四→弘仁一三・三	〈公〉
宇多	源　希	(大夫)寛平五・三→寛平七・一〇	〈公〉
	在原　友于	(大夫)寛平七・一〇→寛平九・七	〈公〉
醍醐	在原　友于	(大夫)昌泰二・三→昌泰三・正	〈公〉
	平　時望	(大夫)延長五・二→延長八・正	〈公〉
	平　起永	(権亮)　？　→延喜一六・正	〈蔵〉
	良岑　仲遠	(亮)延喜一六・正〔在〕→延喜二一・正	〈蔵〉
	源　公忠	(亮)延喜二一・正→延長二・正	〈蔵〉〈歌〉
朱雀	源　中明	(亮)承平三・一〔在〕→承平三・六〔在〕	〈九暦〉〈西宮〉
	藤原　仲陳	(亮)天慶七・正〔在〕	〈九暦〉
村上	平　随時	(大夫)天慶九・四→天暦二・正	〈公〉
	藤原　守正	(権亮)天慶九・九→天慶九・一一	〈大鏡〉
	藤原　清正	(権亮)天暦三・五→　？	〈歌〉
	平　珍材	(亮)天徳三・八〔在〕→天徳四・正〔在〕	〈闘詩〉〈村上〉

〔備考〕〈　〉…出典。補注Ⅱ参照。〔在〕…在任中であることをあらわす。

はきわめて稀薄な時期であった。

他方、弥永貞三が述べたごとく、この時期には、蔵人を含む、いわゆる要職の「貴族化」が急激に進行した。(8) 内蔵寮官人の蔵人兼帯事例の一時的減少は、内蔵寮の官人社会における一時的な地位低下と、蔵人所の貴族化がもたらした結果であると考えておきたい。

ところで光孝朝以降——とりわけ宇多朝以降——になると再び兼帯事例が増加する。表14は、その状況を示したものであるが、十世紀前半―中葉にかけてその兼帯はほぼ恒常化していると言える。

森田は、①内蔵寮物の出納が、令制下においても、太政官を介さずに行われた、②これは、『延喜式』の段階でも、内侍宣によって行われた、③『侍中群要』では内蔵の匙(かぎ)の管理を蔵人所が行うこととなっていた、等のことから、蔵人所が、内侍宣の機能を吸収し、内蔵寮を実質的に支配するに至ったとした(9)。『侍中群要』には、内蔵寮に下す宣旨には太政官がかかわらず、蔵人が出納に仰せて、ただちに寮へ下すべき旨の規定もあり、内侍宣→蔵人方宣旨へという推移は疑う余地がない（後に、蔵人方の吉書奏(きっしょのそう)が、内蔵寮請奏(しょうそう)をもって例となすに至るが、これも、蔵人所と内蔵寮の関係の密接さを物語るものであろう(10)）。土田直鎮は、内侍宣を検討した結果、寛平（八八九―八九八）頃以後は、

表16 木工寮官人と蔵人の兼帯

清和	（藤原維邦）	（権助）　？　→貞観一一・正	〈三実〉
光孝	平　正範	（頭）仁和二・二→仁和三・八	〈公〉
宇多	源　昇	（頭）寛平五・二→寛平七・一〇	〈公〉
	藤原　玄上	（権助）寛平二・正→（助）寛平三・三→寛平五・一	〈公〉
醍醐	藤原　安国	（助）延喜一六以前→延喜一七・一一	〈蔵〉
	源　昭	（助）延喜二二・一→延長二・九〔在〕	〈蔵〉〈西宮〉
朱雀	藤原　尹風	（権助）天慶三・一一〔在〕→（助）天慶四・一二〔在〕	〈要略〉〈世紀〉
	藤原　佐忠	（権助）天慶八・一二〔在〕	〈世紀〉
	藤原　為輔	（権助）天慶九・二→天慶九・一二	〈公〉
村上	藤原　守仁	（助）応和一・閏三〔在〕	〈村上〉
	藤原　永頼	（助）康保二・八〔在〕	〈村上〉

〔備考〕〈　〉…出典。補注Ⅱ参照。〔在〕…在任中であることをあらわす。

表17 主殿寮官人と蔵人の兼帯

清和	(藤原水谷)	(権助) ? →天安二・一一	〈三実〉
光孝	藤原 末並	(助)元慶八・二〔在〕	〈三実〉
醍醐	良岑 衆樹	(頭)延喜五・一〇→延喜七または一〇	〈公〉
朱雀	藤原 興方	(助)天慶一・八〔在〕→天慶四・一一〔在〕	〈世紀〉
村上	藤原 為光	(助)天徳一・一〇〔在〕→天徳三・三〔在〕	〈紀略〉〈闘詩〉
	藤原 安親	(権助)天暦七・九→天暦一〇・正	〈公〉
	紀 文利	(権助)応和二・五〔在〕	〈歌合〉

〔備考〕〈 〉…出典。補注Ⅱ参照。〔在〕…在任中であることをあらわす。

実質的には蔵人が宣を行って、形だけ典侍以上宣などと称するようになることを指摘した(11)。これは、蔵人と内蔵寮官人の兼帯が増加するのと時期を同じくしている。蔵人所は、内侍の請奏宣伝の機能を吸収すると同時に、その宣旨を受ける側の官司にも、人を配して、支配の強化をはかったのである。

この時期における兼帯傾向の変化は、単に内蔵寮官人が増加するということのみではない。官人の昇進という面からは必ずしも、それほど有利な官職とは思われない修理職・木工寮・主殿寮等の官人を蔵人が兼ねる例が多くなってくる(表15―17)。修理職は、修理営作を職掌とする令外の官である。おそらく延暦二十四年(八〇五)に廃止された造宮職の系譜を引くものと思われ、弘仁九年(八一八)に設置され、天長二、三年(八二五、六)頃に一旦廃止され木工寮に併合されている。これが復活されるのは寛平二年(八九〇)十月のことである(12)(天長二年以前の修理職官人兼帯は一例みとめられる)。木工寮は「宮構木作及採材」を掌った宮内省被管の官司であるが(13)、平安初期には、造宮職・修理職・修理左右坊城使・鍛冶司・(土工司)等を併合して修理・造営関係の中心的官司となると同時に、諸細工のことにもかかわっている。[14]『延喜木工寮式』には、年料供御料物のことが記されており、供御のための細工にたずさわったことがわかる。[15]主殿寮は「供御輿輦・蓋笠・繖扇・帷帳・湯沐・洒掃殿庭、及燈燭・松柴・炭燎等」のことを掌る官司で、[16]やはり宮内省被管であった。大同三年(八〇八)には官奴司、寛平八年には主油司を併合している。[17]『延喜主殿寮式』には「供奉年料」が計上されており、設営関係のことをもって、内廷の日常的な諸事に就事した。また同式によれば諸司に充てる薪は内侍宣によって処分されることになっていた。[18]これらは、いずれも内廷的諸司としてよい。

『西宮記』は木工寮・修理職・掃部寮・主殿寮・造酒司・主水司の「内候」なるものを記している。[19]その位置は、修理内候(作)が西南外廊隅、木工内候が中院西宮城、主殿・掃部内候が東南廊内、造酒・主水内候が安福殿西庇であったとされる。[20]いずれも内裏の郭内もしくはそれに接したところにあり、その位置及び名称から考えて、これらは内廷的諸官司が内裏において直接命令をうけるための「候所」であったと思われる。内侍宣や蔵人方宣旨が候所の官人を経由してそれぞれの官司に下されたであろうことは想像にかたくない。十世紀以降の記録には、内廷的諸司が「蔵人の仰せ」によって催される例を見出しうるが、[21]そのような場合も、蔵人から直接「候所」の官人に命令されたものと思われる。

内侍宣は、直接被管所管関係のない官司に対しても有効に機能しえた。前述したごとく、蔵人が、この機能を継承したとすれば、諸司に対して命令を下すに当たって、必ずしもその官司の官人を蔵人が兼ねる必要はない。蔵人の内廷諸司官人兼帯は、蔵人所が内侍宣の機能をさらに強化し、太政官とは別個に、内廷経済をになう諸司を直接組織しはじめたことをあらわすものである。[22]

この傾向の延長線上にあって見逃しえないこととして、これら諸官司と供御人の関係をあげることができる。[23]網野善彦は、中世的な供御人体制の成立を十一世紀後半頃に求めたが、内蔵寮も主殿寮も、この頃にはその体制を成立させている。[24]史料的には、鎌倉時代に下るが、修理職・木工寮の場合も同様の供御組織を成立させていたと思われる。[25]

これらは、本司に属しつつ、蔵人所の支配にも従った。両者の支配がどのような関係のもとに行われたかについては今後の問題とせざるをえないが、供御人に関する訴訟の裁定が、蔵人所の扱うところであったことは疑いない。蔵人所が、供御組織の末端部の訴訟の裁定を行った例は、延喜二十年(九二〇)にまで確実にさかのぼる。[26] 網野は供御人体制に至る前段階における画期として、九世紀末—十世紀の供御組織の強化に注目した。[27] 蔵人による内廷諸司兼帯は、これと全く軌を一にするものと言えよう。

第二節 「所々」の変質と蔵人所

1 「所々」の種類と特色

菊池京子は論文「所の成立と展開」の中で、「所々」の実態について調査を加え、寛平—延喜(八八九—九二三)の時期が、蔵人所にとって大きい転期であり、それ以後、蔵人所は、内廷関係の所々を統轄して、家政機関の中枢へと発展してゆくことを述べた。その統轄の方法を筆者なりにまとめてみれば、①蔵人所が「所」の人事権を掌握する、②蔵人が「所」の官人に任命される、③「所」の実際の勤務内容において蔵人の指示を受ける、等となろう。また、寛平—延喜以前の「所」が必ずしも蔵人所に直結していないことも推測している。[28] 指摘された事実はいずれも重要なことばかりである。しかし、この蔵人所の変化がいかなる事情のもとにもたらされたのかという点については、権力者の交替という観点からしかふれていない。ここでは前節に検出した兼帯官職についてのデータの意味づけをも含めて、「所」の展開について再検討を加えてみたい。

内廷関係の「所々」とその職員に関する記載を、『西宮記』(故実叢書本)巻八によって示せば次のごとくになる。[29]

内舎人所
内竪所……以二大臣中将六位一為二別当一、有二頭執事一……
進物所……近衛次将為二別当一、有二頭「以奉膳為預奉膳(ママ)」執事膳部一
御厨子所……有二別当預衆一
御書所……有二預書手一
一本御書所……有二公卿弁別当預書手一
内御書所……有二別当開闔衆等一
大哥所……有二親王大納言非参議六位別当師和受(ママ)哥師十生案主一
内記所……内記外有二史生一
侍従所……有二所監預膳部一……有レ厨
画所……有二別当(五位蔵人)預墨画及分内竪一
作物所……有二別当頭預一
楽所……有二別当(五位六位蔵人)預一
内侍所
糸所
蔵人所……有二別当(大臣)頭蔵人出納小舎人一
滝口……寛平被レ置二衆十人一廿人随時議
国史式所……有二宣旨一之時立レ之
校書殿……有二別当頭執事一

薬　　殿　……侍医等薬生候
納　　殿　……以二蔵人雑色一為レ預
御櫛笥殿　……以二上臈女「房」一為二別当一、有二女蔵人一
酒　　殿　……有二別当〔弁〕預一
贄　　殿　……有二別当〔蔵人〕預一

今、これらの「所々」を通観した時、「所」の職員の構成といい、人事権の所在といい、その性格は必ずしも一様でないとせねばならない。とりわけ、「所」の職員任命手続きの相違は、「所」の性格にきわめて大きい影響を与えたと思われる。以下、これを基準として分類を行ってみよう。

A　まず第一にあげられるのは「禁中所々」(30)「陣中所々」(31)を中心とするもので、頭及び預以下の職員が、蔵人方宣旨によって任命されることになっているものである。『西宮記』によって掲げれば、蔵人所・滝口・内御書所・一本御書所・内豎所・進物所・御厨子所・画所・作物所等がこれに属する。(32)この他『侍中群要』によれば、『西宮記』には記載のない校書殿・納殿が入れられている。(33)『西宮記』は、「所々」別当の補任については大臣が御前において定め、弁・史を経て、官符を賜うか、本所の人を召して仰せ下すか、いずれかの方法によるべきことを記しているが、(34)『伝宣草』によれば、絵所・薬殿・御厨子所・贄殿・酒殿・御書所・楽所・作物所の別当は蔵人方宣旨によって補任されることになっている。(35)鎌倉時代において、「陣中所々」の別当が、「官方所々」の別当と共に官宣旨で補任されている例もあり、『伝宣草』の規定は必ずしも絶対的なものではなかったらしいが、(36)それはともかくとして、薬殿・贄殿・酒殿・御書所・楽所もまた、このグループの「所」に入れてよいものと思われる。(37)

これらは言うまでもなく、内廷的な「所」の中心的存在であると同時に、九・十世紀の交以降は蔵人所の影響を最も強く受けたものである。このグループの「所々」にも時期による変遷がある。「所」の職員構成を調べてみると、

これらの中には「頭」を置くものと「預」を置くものがあることに気づく。今「頭」を持つ「所」を列挙してみると、蔵人所・校書殿・内竪所・進物所・作物所の五つとなる。これらにおいて特徴的なのは、そのいずれもが、弘仁—承和(八一〇—八四八)頃までには史上に姿をみせていることである(38)。これに対して寛平—延喜以降にはじめて姿をみせる「所」にあっては「預」を持つものがほとんどで、「頭」を持つものは皆無である(「頭」「預」の双方をもつ所としては進物所・作物所がある)。

この外、A類の「所々」にやや一般的な職員としては「執事」がある。これについては次の史料がある(39)。

内竪所
請㆘重蒙㆓処分㆒因㆓准進物所校書殿等例㆒、改㆓官人代号㆒、為㆗執事職㆘状、
右謹検㆓案内㆒、件所頭官人代各六員也、其号雖㆑異、勤公是同、供㆓奉節会㆒、勤㆓仕殿上役㆒、又臨時奉㆓蔵人所仰㆒、趁㆓陣頭官中之召㆒、如㆑此之勤、曾無㆓差別㆒、而諸司往々以㆓雑色人等㆒、私号㆓官人代㆒、彼此雖㆑異、名号一同、仍不㆑案㆓事情㆒之輩、以為㆓卑賤之職㆒、於㆑是競進之輩漸稀、繁劇之勤殆闕、(中略)重望特蒙㆓鴻恩㆒、因㆓准進物所校書殿等例㆒、改㆓官人代号㆒為㆓執事職㆒、然則出仕之人励㆓勤王之節㆒、拝官之輩知㆓奉公之貴㆒、仍勒㆓事状㆒、謹請㆓処分㆒、
承平六年四月三日
官人代村主
内蔵遠兼
頭　上毛野公房
内蔵
橘　忠胤
嶋田公忠

別当大蔵大丞　吉野滋春
惟原保尚

別当中納言兼民部卿中宮大夫平朝臣伊望宣、奉レ勅依レ請者
同年閏十一月十一日
別当大蔵大丞吉野滋春奉

奉行
別当左近衛少将源朝臣当季

すなわち、内竪所が官人代の職掌「供ニ奉節会一、勤ニ仕殿上役一、又臨時奉ニ蔵人所仰一、趁ニ陣頭官中之召一」の特殊性を理由として、すでに改称を行っていた進物所・校書殿にならって官人代→執事への改称を申請し、許可されているのである。

「執事」がおかれたのは、「頭」を有する「所」である校書殿・進物所・内竪所であり(それ以外の「所」に置かれた例はない)、その職掌は殿上における直接の勤仕を特色とする。それは「頭」と同系列に属するものであったと言えよう。同じA類の「所」でも弘仁—承和頃から存在した「所々」と寛平—延喜以降に成立した「所々」との間には見逃しがたい変化があったのである。

この分類は、十世紀以降の状態を基準としたものである。菊池の明らかにしたごとく、蔵人所の発展過程について、九世紀と十世紀を同一視することはできない。とすれば、このA類の「所々」の人事も弘仁—承和頃に蔵人所のもとに行われたかはどうかは、はなはだ疑わしいとせねばならない。おそらく、内侍宣が蔵人方宣旨に代わる役割を果たしたのではないかと思われるが、史料的に確認することは困難である(40)。

B　次にあげられるのは、「所」の職員人事について太政官が強く関与するものである。大歌所(おおうたどころ)・侍従所・侍従厨(くりや)等をこれに入れることができる。すなわち、『西宮記』は大歌六位別当・御琴師幷和琴歌師の補任を、官宣旨によっ

て行うと記しており、『伝宣草』もまた「大歌所別当預事」を「下弁官宣旨」及び「下外記宣旨」の部に入れている。[41][42]また、侍従所の「所監」補任についても、『西宮記』は、少納言の挙によって上卿が一定し仰せ下す旨を記しており、『伝宣草』もこれを「下外記宣旨」の部に入れている。[43][44]『西宮記』はまた、侍従厨の場合についても、別当は「一大臣宣」、預は「上宣」としている。[45][46]このグループに属する「所々」のうち、大歌所は弘仁七年(八一六)頃、侍従所は承和三年(八三六)、侍従厨は弘仁十三年(八二二)には確実に存在している。[47]侍従厨は侍従所に付属するものであるから、侍従所も侍従厨と同じ頃には成立していたとしてよい。いずれも、かなり早い時期に成立していることが特徴的である。

大歌所は、大歌の教習・演奏を行う所で、治部省雅楽寮とは深い関連を有し、そこから分立してきたものと考えられる。[48]侍従所・侍従厨は中務省被管になる侍従の「局曹」とその「厨」であって、[49]これまた太政官との関連は密接である。その職掌は、「局曹」の管理・運営であって、直接近侍することではない。これらの「所」はA類の所のうちでも、弘仁―承和頃に存在したものと比較した時、内廷に日常的に直接近侍し奉仕するという側面が稀薄である。令制下にあって、内廷は、太政官組織の内に一体となって組み込まれていたわけであるが、その原則がまだ健在で、内廷組織自体の独立性が弱い時期に成立したことが、その職務内容の特徴とも相俟って、これらの「所々」と太政官との関係を密接にしたのではなかろうか。

C　最後にあげられるのは、令制内の官人を主要な構成員とし、「所」独自の職員を有しないものである。内侍所・内記所・内舎人所（うどねりどころ）等がそれである。これらの「所」構成員の補任は、言うまでもなく令にしたがって、太政官で行われる。それは諸官司の令制本来の職掌にもとづく内廷内の候所またはその局曹であった。内侍所・内記所・内舎人所等が存在するということは、その本司たる内侍司や中務省の無実化をもたらすものではない。A類及びB類の「所々」による内廷組織の整備と律令制官職機構の弛緩が、結果としてこれらの「所」に徐々に独立した性格を与え

ていったと言うべきであろう。蔵人所に対する独立性は強いと言ってよい。〔補注Ⅲ〕

令制内廷組織に新しい変化を与えたものは、言うまでもなくA類・B類の「所々」である。それらのうち、B類の「所々」が一様に弘仁―承和頃にはすでに存在していたことは注目に値いする。寛平―延喜以降続々と新設されてくる「所々」に、B類とされるものはない。B類の「大歌所」ときわめて類似した性格を持つ楽所も、A類に入れられているのである。A・B類の区別が明確な内容を持っていたのは、寛平―延喜より以前の時期であったとしてよい。

ところで、その時期におけるA類とB類の区別は、何に由来するものであろうか。この点を推測するための手がかりは、「頭」にある。「頭」の意味するところは「かしら」「長」である。しかし「トウ」と読み、(50)「カミ」とは読まないならわしであったことでもわかるように、それは「長官」ではなかった。蔵人頭が二名であり、内竪頭が六名もいたことはそれを物語る。(51)「所」の「頭」は、その殿上勤仕者達の長と考えた方がよい。このことを後述する「預」の性格と対比した時、寛平―延喜以前のA類の「所」の特質は「殿上に日常的に直接勤仕し、供奉する」ことであったと思われる。(52)B類の「所」は、それ以外のもの、すなわち、どちらかと言えば間接的、基礎的(臨時的な形で直接供奉する場合も含む)な役割を果たすものだったのであろう。

九・十世紀の交における「所」の職員構成及び人事面での前述のごとき変化が、蔵人所の発展と表裏一体であったことは言うまでもない。しかし、この側面からとらえるのみでは不充分である。弘仁―承和頃の「所々」の内容がいかなる変化をとげて、九・十世紀の交に至ったのかをたしかめる必要がある。この点を中心に考察を進めてみよう。

2 「預」について

寛平―延喜以降の「所々」に「預」が頻出することはすでにのべた。これはA類の「所」のみならず、B類とした侍従所や侍従厨、更には内廷関係以外の「所々」、諸院、諸庄、社寺の機構などにも置かれた。

「頭」がA類の「所」にかぎられ、「殿上勤仕者達の長」と考えられるのに対して、「預」とはどのようなものだったのであろうか。「預」の語意は「仮に人手に渡して保護・保管を頼む」「引受けて保管を約する」等である[53]。「所」にあっては、「別当」と共に――物資調達をも含めて――総括的事務責任者であったとしてよい。「別当」と「預」が同系列の職掌を持つものであったことについては、次に掲げる二つの史料によって明白である。

① 東大寺高庭□（庄別当カ）霊俊解申請移文事

（中略）

承和九年七月十九日　別当僧「霊俊」[54]

② 因幡国高庭庄預解申進承和九年損益帳事

（中略）

承和九年七月廿一日預僧「霊俊」[55]

ところで右のような内容を持つ「預」の初見はいつごろのことであろうか。これが一定の官職の呼称として史料上にあらわれるのは、それほど古いことではない。管見の及ぶかぎりでは、天長六年(八二九)十月の「(紫野)院預」(『類聚国史』巻三十二帝王遊猟)、承和元年(八三四)七月の「穀倉院預人」(『続日本後紀』)、承和十二年十一月の「鴨河悲田預僧賢儀」(同上)等が早い例のようである。弘仁―承和前後から存在する「所」で「預」を置くものは、侍従所・侍従厨・進物所・作物所があるが、この中で侍従厨は厨という名称から言って、物資の出納・管理を職掌とすると考えられる。とすれば、ここなどは「預」が最も早く置かれてしかるべきところである。しかるに別当に関しては天長元年(八二四)に、解由（げゆ）を責むべきことが決定されているが[56]、「預」が解由を責められるようになるのは貞観十二年(八七〇)のことである[57]。ここに至って、はじめて「預」が正式の責任者として取り扱われるに至ったのである[58](これは内廷の「所」の「預」の初見史料でもある)。進物所に関しては、貞観十八年二月に参考とすべき史料がある[59]。その内容は、双六の座に居て、検非違使によって禁固された同所の膳部の給暇を申請したものであるが、そこに署名している「所」の官人は、別当・頭・膳部であり「預」の姿はない。また、作物所の「預」については寛平元年(八八九)に初見史料がある。(60)

これらのことから、弘仁―承和頃までの内廷の「所」に「預」がなかったというには、いささか無理があるかもしれないが、「預」の一般化、ないしはその機能の重視が承和―貞観以後に始まり、寛平―延喜頃には定着すると考えることは可能であろう。

では「預」の特質はどこにあるのであろうか。ここで「預」の語義について少し考えてみよう。「預」の語に対して、前述のような意味を付すのは、日本で発生した用法である。(61)この語は本来的には、与・予に通じて用いられ、「やすんずる」「およぶ」「かかわる」「参与する」等々の意味を持った。(62)今問題としている語意は、この「かかわる」「参与する」が転じたものと思われる。日本的に変化した「預」が、いつごろから使用されはじめたのかはさらに検討すべきことと思われるが、これが一般に多用されるに至ったのは、八世紀も後半以後である。(63)

日本の律令制が、中国のそれを移植したものであったことを考えれば、中国にない「預」が律令制官職用語として採用されるはずはない。これに近い意味をもつ律令制官職用語を求めるならば「領」(64)である。この語もまた「受ける」(65)の意味を有しているが、それと同時に「頭(かしら)」ないしは「長」として「統べ治める」というニュアンスを含んでいる。これに対して「預」の方は、委託し、引き受けるという関係しかあらわさず、その引き受け方までは限定しない。

八世紀の造東大寺司配下にあった勢田庄領・猪名部枚虫(いなべのひらむし)が、本来は大舎人という事務官人的な職にあった者で、(66)食料から必要物資に至るまで全て司より給され、時には造東大寺司の雑使にもあてられる存在であったのに対して、十世紀の東寺領丹波国多紀郡河内郷一条四桃本里内の庄園においては、庄預・多紀良時が擬郡司を兼ね「奸開二庄内一、為二治田一売三却人々二」する存在であった。(67)これは「領」と「預」の両者の性格の相違を物語るものと言えよう。

弘仁十四年(八二三)二月の公営田設置についての官奏では、[68]

択二村里幹了者一、各為二正長一、量二其所一レ堪、令レ預二一町以上一、縁レ田之事、惣委二任之一

といった形で使用され、内容的には、これを全面的に踏襲した元慶官田では、[69]

一　営田預人事

……宜下不レ問二土人浪人一、択二取力田之輩一、差為二正長一、令上レ預二其事一

とされている。

また、「預」の字が「請」「負」に通じて用いられ「預作」＝「負作」＝「請作」として平安初期以後の史料にしばしば使用されることは周知の通りである。[70] 請作が十世紀以降の農地経営の基本的な方式としてきわめて重要な位置づけを与えられていることは言うまでもない。

このようにみてくると、「預」の語には請け負い的側面がきわめて強いように思われる。官職名としての「預」の出現も、その「官職」が律令制官職用語ではとらえきれない新しい側面を帯びてきていたためではなかろうか。

3　「所」の性格の変化

「預」の一般化ないしは重視は、「所」の管理機構の強化を意味する。とすれば、前に結論のみを述べたごとく、弘仁—承和頃の「頭」をもつ(おそらく「預」はまだ置かれていない)「所々」(すなわちA類の「所々」)に、第一義的に期待された職掌は必要物資の調達ではなく、殿上に供奉し、勤仕することだったということになる。それらは令制諸官司の殿上出先機関ないしは、そのいくつかの結合したものとして、その経済基盤においても、律令官制に強く依存していたものと思われる。[71] しかるに「預」の出現と併行して、「所」の性格にも変化が起こってきたわけである。この点に関して、進物所の動向は興味深い。この「所」は、前述したように、弘仁—承和頃から存在した「頭」を有す

る「所」であったが、九世紀も後半に入ると独自の経済活動を行いはじめる。『類聚三代格』巻十九は次のごとき官符を載せている。

太政官符

応レ禁二止内膳司進物所幷諸院諸宮恣放二贄人腰文幡一事

右得近江国解偁、此国所レ在御厨、勢多、和邇、筑摩及田上御網代等、所レ役俻人百六十四人、又皇太后宮職御網代所レ役俻人卅人、或日次或年料、一向潔斎勤二供御事一、自レ此以外何有二贄人一、而今件司所院宮等、不レ択二土浪人一恣放二腰文幡一、遍二満国中一、其数不レ少、如レ此之輩、心挾二遁役一、寄二事供御一、動凌二弱民一、害レ政之甚、莫レ過レ斯焉、望請、官裁、上件御厨御網代贄人之外悉従二停止一者、右大臣宣、事之無レ拠、深背二朝章一、自レ今以後一切禁断、諸国准レ此、

元慶七年十月廿六日

すなわち、これまで近江国では国衙の管下にある定額(じょうがく)の贄人達が、もっぱら御厨・御網代からの贄貢進にあたっていたが、内膳司・進物所・諸院・諸宮等が直接に員外贄人を任命し(72)、それが「国中に遍満し、心に遁役を挾み、動(やや)もすれば弱民を凌している」というのである。この禁制は俻丁の減少を防ぐと同時に、国衙管下の贄人達の特権を擁護する目的を持ったものと思われるが、問題の直接の発端は、内膳司・進物所等々の独自の経済活動にあったわけである。「所」の管理機構の整備が要請されるのももっともであると言わねばなるまい。

ところで供御の食料に関する「所」としては、今一つ御厨子所がある。御厨子所の初見は寛平元年(八八九)であり、「頭」を持たず、「預」を持つ所である(73)。進物所・御厨子所どちらも類似した職掌を持つ。しかし、詳細に見てゆくと、両者には微妙な相違がある。そして、それは寛平—延喜頃を境とする新旧の「所」の性格の転換を物語っているように思われる。以下、両者の相違点を列挙してみよう。

①『西宮記』によれば、進物所が内膳司の出先機関的な役割を果たしているのに対して、御厨子所は、内膳・内蔵・造酒・大膳及び諸御厨・衛府御贄をもって朝干飯（あさかれい）及び朝夕御膳に奉仕することになっている。(74)

②「進物所例」「御厨子所例」の逸文はごくわずかであるが、現存するかぎりで言えば、「進物所例」はすべて殿上供奉行為に関係するものであるのに対して、御厨子所例は日次御贄（ひなみのみにえ）・四衛府贄等、贄物貢進関係のものが多い。(75)

③御厨子所には後世供御人が多く付属するのに対して、進物所には今のところ供御人を付属せしめた例を見出せない。(76)

④『天延二年記』によれば、殿上見参をとるのに際して、進物所に使が出され、御厨子所の見参は、進物所の使に付せられている。(77)

これらの特徴から、進物所には殿上勤仕的性格が強く、御厨子所には供御物調進に関与するという性格が強いことがわかる。

仁和二年（八八六）の贄戸廃止から、寛平―延喜に至って贄物貢進体制が蔵人所を中心としたものに再編されてゆくこと、及びその背後に律令制的収取の困難化と、「長」にひきいられた特権的な贄人達の活動があったことについては、戸田芳実や網野善彦の指摘する通りである。(78)また菊池の指摘するごとく、蔵人所が多くの「所々」を組織してゆくのも、この頃のことであった。(79)

ここで注意したいのは、再編された貢進体制において、蔵人所は、単に「所々」を支配するのみでなく、末端部の組織にまで直接影響力を持つに至ったことである。延喜二十年（九二〇）の丸部安沢解は、その具体的なあり方を物語っている。(80)

近江史生丸部安沢解　申請蔵人所裁事

請下被レ召二仰式部省一早令上申二補任一之状

右安沢依＝日次供御所労一去延喜十二年任＝伊勢史生一、罷レ任之後、去年被レ恤＝任件国史生一、而式部省称レ不レ進＝本任国解由一、未レ申＝補任一、謹検＝案内一、安沢任＝伊勢史生＝之時、勤＝奉供御一、不レ向＝任国一、仍去延喜十二年二月廿一日留京官符下レ国先了、然則遥任之人何拘＝解由一、望請所裁、被レ召＝仰彼省一、早令レ申＝補任一、仍録＝事由一、謹請レ裁、謹解、

延喜廿年六月十九日　　近江史生丸部安沢

右大臣宣、奉レ勅、宜仰＝式部省一、莫レ令レ責＝件安沢本任放還一者、

同年閏六月廿八日　　大外記伴宿祢久永奉

すなわち、前任国解由未進を理由として、近江史生への補任をとどめられた丸部安沢が、日次供御所に勤仕し、そのための留京官符をも下されているのだから、解由を責められるのは不当であると蔵人所に訴えて認められているのである(81)(右大臣は藤原忠平であり、蔵人所別当)。ここに記される日次供御所は、近江国のものであると思われるが、これは延喜十一年十二月二十日に制定され、御厨子所例に収められた六箇国日次御贄貢進の制に関係するものであった(82)。ここより出される贄物は一旦内膳司に集積された上で国からの解文を蔵人に見せ、その指示によって、御厨子所及び進物所に分配されることになっていた。ここに蔵人所は進物所や御厨子所を配下に置くと同時に、末端の近江国供御所にも直接指令を与えうる権限を持つに至ったのである。この体制下にあっては、かつて元慶年間(八七七―八八五)に内膳司や進物所と近江国との間に生じたごとき問題は蔵人所のもとで統一的に解決されることになったと思われる。

御厨子所の出現は、こういった新体制に適応し、供御物調進機能を強化する意味を持ったのではなかろうか。前述したごとき御厨子所の性格は、寛平―延喜以後の供御物調進を必要とする他の「所々」に通有のものであったと思われる。「預」は、それらの所々において多く置かれたのである。おそらく、それらの「預」は贄人集団等、供御の末

端部の組織と直接交渉を持ちつつ、所期の貢進機能を請け負ったものと思われる。[83]「預」は供御物貢進を必ずしも必要としない「所」にも置かれ、その職掌は多様であったと思われるが、その多様性を含みうるところにその特色があったとも言える。それは律令制的官職の概念では含みきれない内容を持つ「官職」——九・十世紀の新しい状勢に対応して、請け負い的側面を強めた——にふさわしい称であった。

この新体制の出現が、太政官の内廷的官司にゆだねられていた職掌の一部を蔵人所の影響下に置くものであったことは前述した通りであるが、その趨勢の中でA類の「所々」の変遷とも相俟って、これまでならばB類の「所々」に入れられるべきものがA類の「所々」の中に入れられてゆくことも容易に理解できる。寛平—延喜以降、蔵人所がそのもとに組織した「所々」とは、以上のごとき変質をとげたものであり、そこに蔵人所の新展開があったと言えよう。

むすび

蔵人所には「承和例」[84]があったことが知られるが、承和前後は蔵人所にとっても、内廷の「所々」にとっても、一つの変化が始まった時期であった。律令制的な収取が困難となってきたことが、蔵人の内蔵寮官人兼帯や、「所」の「預」の定着にみられるごとく、蔵人所に独自の経済的性格を附与せざるをえなくなったのである。

これからしばらくの間を過渡的な時期として、寛平—延喜ともなると、それが一つの定式として成立する。蔵人所は、内廷的諸官司との兼帯関係を増加させ、それらの官司の機能を必要に応じて、太政官を経由せずに直接把握するに至る。他方「所々」も、独自の機能を強化しつつ、蔵人所のもとに再編成される。それは赤松俊秀・戸田芳実・網野善彦等の強調した、御厨の大規模な設置や供御物貢進体制の確立等のことと表裏一体のものであった。[85]

皇室の私経済とも言うべきものは、この頃から徐々に姿をあらわしはじめる。寛平—延喜と言えば、荘園整理令及び御厨整理令をはじめ、表面的には貴族層の律令制復帰をめざす最後の努力が行われた時期である。しかし、その背後にあって天皇家が他を制しつつ、特権的な形で内廷の経済基盤を固めていったわけである。支配者層の代表としての律令制天皇の一側面にも大きな変化が起こりつつあったと言えよう。

(1) 和田英松『官職要解』明治書院、一九二六年。川上多助『平安朝史』上、内外書籍、一九三〇年。吉村茂樹「平安時代の政治」『岩波講座日本歴史』二、一九三三年。藤木邦彦『日本全史』Ⅲ、東京大学出版会、一九五九年。弥永貞三『体系日本史叢書 政治史Ⅰ』山川出版社、一九六五年。亀田隆之「成立期の蔵人に関する一考察」『日本歴史』二六三、一九七〇年。渡辺直彦「蔵人所の研究」『日本古代官位制度の研究』吉川弘文館、一九七二年。角田文衛「勅旨省と勅旨所」『古代学』一〇-一・二・三・四、一九六二年。森田悌「蔵人所についての一考察」『日本古代官司制度研究序説』現代創造社、一九六七年。菊池京子「所の成立と展開」『史窓』二六、一九六八年。

(2) 玉井力「成立期蔵人所の性格について」『名古屋大学文学部研究論集』五九、一九七三年。→本書第二部第一章。

(3) 本書第二部第一章も参照されたい。

(4) 笹山晴生「平安前期の左右近衛府に関する考察」『日本古代史論集』下、吉川弘文館、一九六二年。

(5) 藤原良相は冬嗣の子、良房の弟。藤原興邦が貞観六年正月に内麻呂の孫、大津の子。文徳天皇のすこぶる重用した近臣。藤原常行は良相の子。この外『職事補任』は藤原興邦が貞観六年正月—七年三月まで蔵人頭と内蔵権頭を兼ねたとするが、『三代実録』によれば彼は貞観五年正月に没したことになっている。『職事補任』が彼の後任とする良岑清風についても、『三代実録』は貞観五年四月に没したことを記している。『職事補任』と『三代実録』の間に混乱がみられるのである。今は『三代実録』にしたがって、興邦については補任例から除外しておく。

(6) 藤原安方は南家巨勢麻呂流浄名の子。貞観七年正月に内蔵頭となっている(『三代実録』)。和気彝範は、元慶元年四月に内蔵頭として見え、仁和元年二月にも、内蔵頭に補任された記事がある(『三代実録』)。良岑晨直は安世の子。元慶五年四月には内蔵権頭であったが、仁和三年八月正任に転じた(『三代実録』)。

(7) 森田悌「平安初期内蔵寮の考察」『金沢大学法文学部論集』史学篇一九、一九七二年。
藤原常行は、仁寿元年、十八歳で蔵人となり、翌年叙爵し、天安二年十月蔵人頭となり、貞観六年正月に参議昇進を果たしている。時に二十九歳、彼は良房の養子基経とは同年齢である。その昇進はきわめて早く、基経とほとんど差が認められない。蔵人となったのは基経の方が一年早いが、叙爵したのはわずかに二カ月しかちがわない。そして参議に昇進したのは同時である。常行もまた藤原北家の最重要人物の一人であったとしてよい。森田の指摘する傾向は、むしろ応天門の変の後に顕在化するのではなかろうか。

(8) 弥永貞三「仁和の内宴」『日本古代史論集』下、吉川弘文館、一九六二年。

(9) 森田悌、前掲注(1)(7)論文。

(10) 『朝野群載』巻五、朝儀下、蔵人所、申吉書。

(11) 土田直鎮「内侍宣について」『日本学士院紀要』一七―三、一九五九年。

(12) 修理職の沿革を物語る史料としては次のごときものがある。

A　太政官符

　応停修理職隷木工寮事

右検二案内一、去延暦廿四年廃二造宮職一、隷二木工寮一、弘仁九年置二修理職一、令レ掌二其職一、今被二中納言従三位兼行左兵衛督清原真人夏野宣一偁奉レ勅、停二修理職一隷二木工寮一、其□□□□准レ修理職之例一。但減二大允大属各一人一。医師一人一。加二算師一員一。□(『類聚三代格』巻四、廃置諸司事)

B　太政官符

　定二修理職官位一事

(前略)又弘仁九年七月十九日符偁、修理職官位馬料季禄等准二廃造宮職一者、右大臣宣、奉レ勅、件職官位宜レ仍二旧貫一、

　寛平三年八月三日(『類聚三代格』巻五、定官員幷官位事)

C　嵯峨天皇弘仁九年七月庚寅、定二修理職史生八員一。(『類聚国史』巻一〇七)

D　太政官符

　応下停二修理左右坊城使一、置中修理職上事

右□年十月十日符已置件□以後宜改其号□

□日(『類聚三代格』巻四、廃置諸司事)

E　寛平二年十月卅日　停二修理左右坊城使一併二修理職一（『日本紀略』）
F　寛平二年十一月十三日　復レ旧置二修理職一隷二木工寮一（『日本紀略』）

A・B・Cにより、修理職が弘仁九年（八一八）七月頃に設置されたこと、及びそれが造宮職の系譜を引くものであったことが判明する。しかるに、A史料により、一旦停止されて木工寮に隷せしめたことがわかる。この史料は欠年号であるが、清原夏野が中納言従三位兼行左兵衛督であったのは、天長二年八月—三年八月までであるから、修理職の停止も、その頃としてよい。修理職と類似した機能を持つものとして左右坊城使があるが、それに関しては次の史料がある。

応三左右坊城使并侍従厨防鴨河葛野河両所五位以下別当四年遷替兼責二解由一事
右太政官去天長元年六月十九日下二民部省一符偁、参議左大弁従四位上直世王奏状偁、侍従厨并防鴨河、葛野河両所五位以下別当等、永預二其事一、曾無二交替一（中略）望請、自今以後、限二三箇年一更相遷替、付二領官物一、即責二解由一、謹録二事状一、伏聴二　天裁一者、右大臣宣、奉　レ勅依レ奏者、今被二大納言正三位兼行左近衛大将民部卿清原真人夏野宣一偁奉　レ勅、三年之歴従レ事迫促、宜下自今以後以二四箇年一為中遷替期上　左右坊城使同准レ之、
　天長八年十二月九日（『類聚三代格』巻五、交替幷解由事）

これによると、天長八年の官符によって、他の「所々」と共に遷替年限及び解由のことを定められた左右坊城使は、天長元年官符の中には含まれていない。これは、左右坊城使の成立が天長元年六月—八年までの間であったことを推測させる。修理職の再置と同時にこれに併合されていることも、坊城使の設置が、修理職の廃止に伴うものではないかとの推測を助けるものであろう。これは仁寿二年三月二十日に一旦停廃されるが（『類聚三代格』斉衡二年九月十九日格）、貞観十五年十月十日に至って復置されている。

修理職の復置は、E史料によれば寛平二年十月三十日以前である。しかるにF史料はその十三日後に再び、復置のことを載せている。また、再置された修理職が木工寮に隷せしめられていることも不自然である。この混乱はD史料によって解くことができる。国史大系本『類聚三代格』の編者は、この史料を弘仁九年のものではないかとしているが、弘仁年間に修理左右坊城使の存在を示す史料はない。文中に「十月十日符已置件□」とあるが、「件□」とは修理左右坊城使又は修理職のどちらかである。このように考えると、「十月十日」は修理左右坊城使が復置された貞観十五年十月十日である可能性が強くなる。とすれば「改其号」めたのも修理左右坊城使であって、まさに、これが廃されたのと、修理職が設置されたの

は同時ということになる。したがって、その時期は寛平二年十月三十日ということになろう。

(13)『職員令』宮内省木工頭職掌。

(14)造宮職・修理職・修理左右坊城使については注(12)参照。鍛冶司は大同三年(八〇八)正月に併合(『類聚国史』巻一〇七、職官)。土工司が併合された年代は不明であるが、『延喜式』にはすでになく、その職掌は木工寮に吸収されている(『延喜木工寮式』)。

(15)『延喜木工寮式』神事幷年料供御条。

(16)『職員令』宮内省主殿頭職掌。

(17)『類聚国史』巻一〇七、職官。『類聚三代格』巻四、廃置諸司事。

(18)『延喜主殿寮式』。

(19)『西宮記』巻八、所々事。以下、特に注記しない限り故実叢書本による。

(20)図5参照。

(21)たとえば『親信卿記』(陽明叢書『平記』)天禄三年十二月十日条。

(22)『延喜式部省式』及び『兵部省式』によれば、太政官・左右弁官・内記・中宮・内蔵・織部・木工・主殿・掃部・修理・春宮、及び馬寮等の宮職坊寮司の史生は「宣旨」を待って補任されることになっていた。この「宣旨」は、『西宮記』における同様の規定(巻十三諸宣旨の項は、三局史生・修理職・木工寮・主殿寮・内蔵寮・内匠寮・馬寮史生が奉勅であることを記しており、巻十五宣旨事の項は、三局史生・修理職・木工寮・馬寮・内蔵寮・主殿寮・掃部寮・斎院史生が奉勅であるとする)によって、奉勅宣旨であったことがわかる。

　史生の補任は、本来ならば式部判補であり、勅を必要としなかったはずである。太政官及び弁官(三局)史生の場合が、太政官の中枢部に勤務するということによる重視であることは言うまでもないが、他の諸司はいずれも内廷に深いかかわりを持つ官司ばかりである。ここにも内廷的諸司に対する重視と、天皇

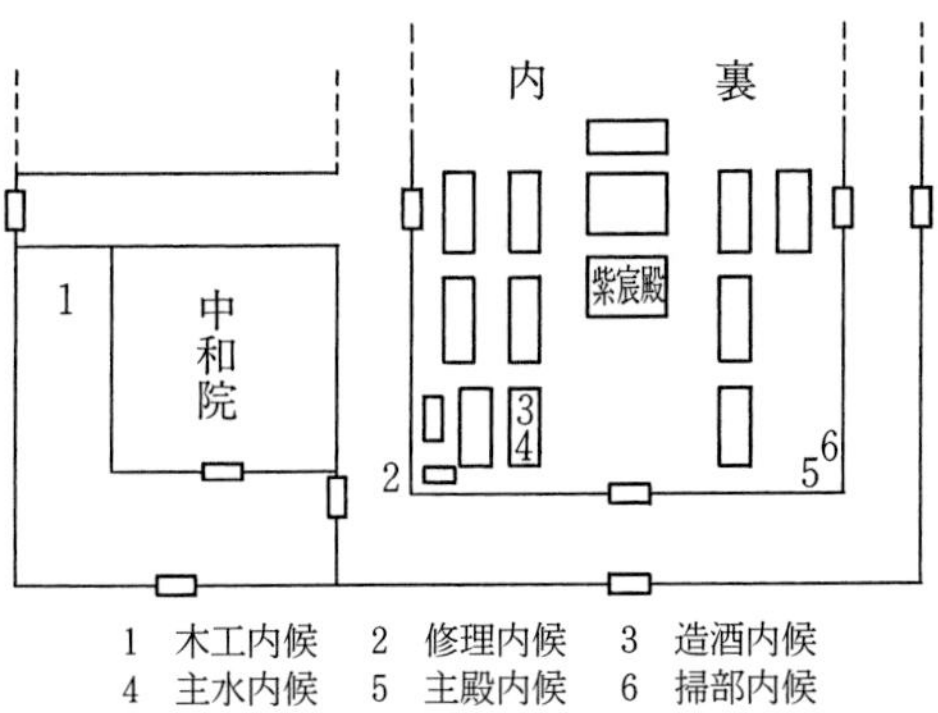

1　木工内候　　2　修理内候　　3　造酒内候
4　主水内候　　5　主殿内候　　6　掃部内候

図5　内候

家からの直接の影響力の強化をみとめることができるのではなかろうか。

(23) 網野善彦「日本中世における海民の存在形態」『社会経済史学』三六-五、一九七〇年。同「中世における天皇支配権の一考察——供御人作手を中心として——」『史学雑誌』八一-九、一九七二年。

(24) 保延元年十一月十二日宣旨(『平安遺文』巻九、四七一一号)には内蔵寮御櫛生の称がみられる。内蔵寮供御人については、小野晃嗣「内蔵寮経済と供御人」『史学雑誌』四九-八・九、一九三八年、参照。小野は、内蔵寮供御人の成立について、本来は御厨子所支配下にあったのであるが、内蔵頭が御厨子所別当を兼ねるという慣例の成立によって、内蔵寮支配下に入ったと説明した。そして、内蔵寮が御厨子所と関係なく独自に供御人をひきいる例は、後出であるとした。しかし、網野の述べたごとく、この例も平安時代にさかのぼると考えられる。前掲の「御櫛生」などは、その例としてよい。
主殿寮供御人の例としては、久安五年十一月十五日の蔵人所牒(『平安遺文』巻六、二六七八号)にみられる小野山供御人がある。

(25) 修理職に属する供御人としては山国供御人があげられるが、史料的には室町時代に下る(『守光公記』永正九年五月十三日・同十二年八月六日条、奥野高広『皇室御経済史の研究』国書刊行会、一九八二年、第二章所引)。また木工寮供御人としては奥野高広が扇座を指摘している(『皇室御経済史の研究』)。『葉黄記』宝治元年三月一日条には、「夏間蔵人方公事用途事」の中に、最勝講用途のための諸司役を列挙している。その中に修理職木工寮役も含まれており、供御のための専属の体制を予測させる。また少し時代が下るが、赤松俊秀が論文「座について」(『史林』三七-一、一九五四年)において紹介した修理関係の七通の文書は、木工寮及び修理職と蔵人所の関係を考えるうえでも興味深いものがある。これらは永仁四年十一—十二月にかけてのものであり、そのうち三通は、修理職が上級機関に対して工の徴発についての指示をあおいだもの、他の四通は、修理職の徴発をうけた側の諸院・寺及び工の申状である。これらはその文意から言って、すべて同一の機関に対して出されたものと思われる。宛所を明記している文書は一通ある。それには「頭兵部卿殿」とされていた。これは、永仁三年六月—五年六月まで蔵人頭に在任し、同三年八月に兵部卿を兼ねた藤原光泰である(『公卿補任』『職事補任』)。とすれば、この禁裏修理のことは、蔵人所のもっぱら催すところであったことになる。

(26) 『類聚符宣抄』巻八、任符、近江史生丸部安沢解。一六七頁参照。

(27) 網野善彦、前掲注(23)両論文。

(28)　菊池京子、前掲注(1)論文。
(29)　『西宮記』巻八、所々事。
(30)　『天延二年記』天延二年五月二十四日条。
　　禁中別当奏レ慶、謂校書殿、内竪所、進物所、御厨子所、薬殿、作物所等也、但内御書所下二別宣旨一不レ奏二慶由一、
(31)　『侍中群要』第十、所々別当事、所々任人事。
(32)　『西宮記』巻十三、諸宣旨。
(33)　注(31)に同じ。
(34)　注(32)に同じ。
(35)　『伝宣草』蔵人方宣旨。
(36)　『続左丞抄』巻三所収、承久二年三月二十五日宣旨。なお、『朝野群載』巻五(朝儀下、蔵人所)によれば応徳三年八月十二日に、画所・作物所・御厨子所・内酒殿・御書所・薬殿・内贄殿の別当が蔵人方宣旨で任命されている。
(37)　注(30)・(36)参照。
(38)　蔵人所の成立は弘仁元年三月(『公卿補任』)、進物所の初見は『弘仁式』(『小野宮年中行事』正月五日太政官進二参議以上上日一条所引)。校書殿・作物所・内竪所の初見については、菊池京子、前掲注(1)論文による(校書殿…弘仁年中、作物所…承和七年、内竪所…弘仁二年前後)。
(39)　『類聚符宣抄』第七、改官人代為執事。なお菊池はこの文書における内竪所別当を吉野滋春のみに限っており、その後天慶四年に至って参議藤原元方が任命せられたことをもって、「漸く公卿の兼官となってきた」とするが、これは誤りであろう。『西宮記』巻八、所々事には、内竪所には大臣・中将・六位の別当があったことを載せている。本文書の「別当中納言兼民部卿中宮大夫平朝臣伊望」「別当左近衛少将源朝臣当季」「別当大蔵大丞吉野滋春」はいずれも内竪所別当と考えてよい。内竪所の申状に対する認可が別当宣で行われているのである。
(40)　前述のごとく考えると、弘仁―承和頃のA類「所々」を一つのグループとして分類する根拠がなくなるかの感がある。しかし、この頃のA類の「所々」に通有してみられる職員構成上の特色は、なおこれらを一グループとしてとらえることが妥当性を持つことを物語っている。

(41)『西宮記』巻十三・十五。『伝宣草』。
(42)『朝野群載』巻五、長和四年十月十五日宣旨は、大歌所六位別当を弁官宣旨で補任した例である。
(43)注(41)に同じ。
(44)『類聚符宣抄』巻七、長元二年宣旨は、侍従所監を外記宣旨で補任した例である。
(45)『西宮記』巻十三・十五。
(46)『類聚符宣抄』巻七、延喜十九年四月十七日官符は、別当が官符によって補任された例である。
(47)菊池京子、前掲注(1)論文。大歌所の場合は『文徳実録』嘉祥三年十一月己卯の興世書主伝中に、弘仁七年頃に彼が別当となったことを記す。侍従所の場合は『続日本後紀』承和三年閏五月十四日条。侍従厨の場合は『類聚符宣抄』巻十、弘仁十三年正月二十日宣旨。なお林屋辰三郎は大歌所の成立を天応頃に求めている(『中世芸能史の研究』岩波書店、一九六〇年、第三章第三節)。
(48)林屋辰三郎、前掲注(47)書。
(49)『倭名類聚鈔』巻五(元和二十巻本)には、「局……職員令云侍従局……俗謂局如所、侍従所、内舎人所等是也」とある。
(50)たとえば『源氏物語』行幸、「藤大納言春宮大夫などいまはきこゆることもゝみななりいてつゝものしたまふをのつからわさともなきにおほえたかくやむことなき殿上人くらひとのとう五位のくら人……」、同東屋「こたみのとうはうたかひなくみかとの御くちつからこて給へるなり」。
(51)前掲注(39)、承平六年四月三日付内竪所請状。
(52)第二節3参照。
(53)上田万年他編『大字典』講談社。
(54)『平安遺文』巻一、〇七一号。
(55)『平安遺文』巻一、〇七二号。
(56)『類聚三代格』巻五、天長八年十二月九日官符所引、天長元年六月十九日官符。
(57)『三代実録』貞観十二年四月二十八日条。なおこれは『延喜式部省式』にも採用されている。
(58)『延喜式部省式』解由条には解由を責むべき対象について、「諸司不レ預二公文一之類並不レ責二解由一」と記す。「預」も公文に責任を負う存在だったのである。

(59)『朝野群載』巻十一、廷尉。雑人獄所候者、依二本所請一申レ給レ假。

進物所

請膳部多治忠岑

右忠岑以二去正月廿五日一佩、双六座居被二禁固一矣、而従二今月二日一本病発、動煩苦、為二彼病一所レ請如レ件、

貞観十八年二月七日　膳部　大春日茂蔭

頭　大膳亮藤原氏助

別当　左近衛少将兼近江介藤原朝臣

内蔵頭　藤原朝臣安世

(60)『扶桑略記』寛平元年十二月六日条。

(61)『大字典』、簡野道明『辞源』角川書店。

(62) 諸橋轍次『大漢和辞典』大修館書店。『辞源』商務印書館版。

(63)「右人、預二木工所雑政一毎レ物別当」(天平宝字五年十二月二十三日造寺司牒、『大日本古文書』四巻五二五頁〈以下、巻・頁を略して示す〉)、「右人依レ預二公文幷雑物出入一……」(天平宝字二年十月五日東寺写経所解、『大日本古文書』四－三四〇)等の用法は「参与する」とも「引き受ける」とも受けとれるが、「右豊継父三家連息嶋預二観世音寺稲事一仕奉、此上件稲不レ進、身命死亡…」(天平宝字二年十二月廿一日筑前国早良郡人夫三家連豊継解『大日本古文書』一四－二七〇)や「預二郡家佃　勅旨御田陸町一…」(天平神護二年十月二十日足羽郡少領阿須波束麻呂解『大日本古文書』五－五五三)に至っては、明らかに今問題としている語意を含むとせねばならない。おそらく、これなどが使用例としては早いものではないかと思われる。なお、この用法は、『古事記』『日本書紀』『風土記』『万葉集』など八世紀前半及びそれ以前の状態を記す史料には見出しえない。

(64) たとえば、大領・少領・総領等をはじめとして、山門領(『風土記』)・東方領(『日本書紀』)など例は多い。造東大寺司管下の所々には「領」と呼ばれる官人達がいた。この「領」は所に特有の官職ではなく、「将領」と同じものであることが、福山敏男によって指摘されている(福山敏男『日本建築史の研究』桑名文星堂、一九四三年、及び『大日本古文書』五－一五六)、将領は造東大寺司のほか、造宮職(『続日本紀』和銅二年九月丁巳条)、木工寮(『三代実録』貞観八年六月三日条及び仁

和三年八月六日条、『延喜木工寮式』)、修理職(『延喜式部省式』)等造営関係の官司におかれた職で、史生の下にランク付けされる存在であった。「所」の職員としては、「案主」や「舎人」を含む階層であったらしい(『大日本古文書』五-一六三・三五三には「領」=「舎人」の例があり、同五巻には「案主」=「領」の例を多く見出すことができる。「案主」は「領」の中から特に指名されたもののようである)。彼らは本来、大舎人寮に属する大舎人や文部位子・散位寮散位・造東大寺司番上等舎人クラスの下級官人であった。そして造東大寺司のもとで、その配下の末端組織に派遣されて、各部署の名を冠して山作所領(たとえば『大日本古文書』一五-一七一)、送榑領(五-八九)、瓶原薗領(五-三一七)、市領(五-三一一)、甲賀運材領(一五-一六九)、三雲運材領(一五-一六九)、泉木屋領(一六-一一三)、桴領(二五-三〇三)、経所領(一三-一など)、坂田庄領(一五-一七三)、勢多庄領(五―四〇一)等々と呼ばれた。彼らは末端組織の事務責任者としてよく(領が木印を有した例が一五-一六三にある。造営工事の場合は工事現場の責任者。おそらく将領の本来の職掌は現場責任者だったと思われるが、造東大寺司では写経所にも領が派遣されている)、「所」の場合には別当を補佐して活動している。

「将領」は前述したように、造営関係の官司において十世紀以降にも存続するものであり、この「領」が「預」に変化したわけではない。しかし、九世紀に至って内廷関係の所において、別当の下に位置づけられるポストに命名するに当たって、かなり類似した面の多い、領系統の字が選ばれなかったことには注目しておく必要があろう。

(65) 『大漢和辞典』。

(66) 『大日本古文書』五-一七、一五-三五六、五-二五五・三一三、一〇-一八一、一六-一一三など。

(67) 『平安遺文』巻一、二五三号、東寺伝法供家牒。

(68) 『類聚三代格』巻十五、易田并公営田事。

(69) 『類聚三代格』巻十五、易田并公営田事。

(70) 「預作」=「請作」は、この時期の農地耕営の基本的な方式として、きわめて重要な位置づけを与えられている(村井康彦「田堵の存在形態」『古代国家解体過程の研究』岩波書店、一九六五年、第三章三節。原秀三郎「田使と田堵と農民」『日本史研究』八〇、一九六五年)。九・十世紀の請作・地子田重視の傾向と「預」の出現とは無関係でないと思われる。これについては今後さらに検討を加えることとしたい。

(71) 今江広道「令外官について」、坂本博士古稀記念会編『続日本古代史論集』下、吉川弘文館、一九七二年。

(72)『三代実録』天慶七年十月二十六日条には、「員外贄人」とされている。
(73)菊池京子、前掲注(1)論文。
(74)『西宮記』巻八、所々事。
(75)進物所例は『西宮記』巻四、内膳司供忌火御飯条・巻六、御仏名条。御厨子所例は、同書巻四、神今食条・巻十、裏書にみられる。
(76)御厨子所供御人については、小野晃嗣、前掲注(24)論文、及び網野善彦、前掲注(23)論文「中世における天皇支配権の一考察」にくわしい。
(77)天延二年十一月一日条。
(78)戸田芳実「御厨と在地領主」『日本史の研究』ミネルヴァ書房、一九七二年。網野善彦、前掲注(23)論文「中世における天皇支配権の一考察」。
(79)菊池京子、前掲注(1)論文。
(80)『類聚符宣抄』第八、任符。
(81)渡辺直彦「蔵人所別当について」『日本古代官位制度の基礎的研究』吉川弘文館、一九七二年、第五篇第二章。
(82)「日次供御所」の所在を明記していないのは、それがどこの国の供御所であったかが自明のことであったためである。とすればそれは、文中所出の伊勢または近江以外に考えられない。日次供御所は畿内五カ国と近江に置かれたものであるから、それは近江以外に考えられないことになる。渡辺直彦も、理由は明記しないが、近江であると推測している(前掲注(81)論文)。
(83)小野晃嗣・網野善彦、前掲注(76)論文には、御厨子所預の活発な活動が論じられている。
(84)『西宮記』巻四、任二相撲司一条。同書巻二、三月一日差造茶使事条。
(85)赤松俊秀、前掲注(25)論文・戸田芳実、前掲注(78)論文・網野善彦、前掲注(23)両論文。
〔補注Ⅰ〕表13は旧稿を全面的に再検討し、修正した。
〔補注Ⅱ〕表14―17は旧稿を修正し、出典を付した。出典の略称は次の通りである。

続後＝続日本後紀。三実＝日本三代実録。公＝公卿補任。弁＝弁官補任。歌＝三十六人歌仙伝。職＝職事補任。蔵＝蔵人補任。世紀＝本朝世紀。紀略＝日本紀略。要略＝政事要略。村上＝村上天皇日記。闘詩＝天徳三年八月闘詩行事略記。大鏡＝大鏡裏書。歌合＝内裏歌合。

〔補注Ⅲ〕 内侍司の変質については、吉川真司「律令時代の女官」(『律令官僚制の研究』塙書房、一九九八年)に新しい見解が展開されている。

第三章　道長時代の蔵人に関する覚書
——家柄・昇進を中心にして——

はじめに

蔵人所は、平安初期に設置されて以来、九・十世紀の交の再編成を経て、天皇家家政機関の中枢として、あるいは側近の府として、権力者間のパイプ的役割を果たしつつ、中世に至っても活発な活動を続けた。この官司についての研究は、成立期や九・十世紀の再編成期、及び中世における活動等、多方面にわたってすでにかなりの蓄積を持っている(1)。しかしながら、まだ空白とすべき部分も少なくはない。

本章は、主として道長政権下における蔵人達の家柄・帯官・昇進等の分析を通じて、いわゆる摂関期における蔵人所のあり方をさぐってみようとするものである(2)。

第一節　六位蔵人

１　六位蔵人と公卿昇進

平安初期において、有能でありながら門地を持たぬ人達が六位蔵人を足がかりとして蔵人頭（くろうどのとう）を経て公卿へと昇進し、

蔵人の関係

光孝朝	宇多朝	醍醐朝	朱雀朝	村上朝	冷泉朝	円融朝
	HH	AAHHHH	A**H**HH	AHHHHH		AH
G	AC	AAACDE **G**HHH	BB**H**H	DG**HH**		AC
E	F**GG**	ACEF**GH**H	**H**	D**EEGGHHH**	**GG**	CC**GG**
H	**GH**	C**FH**	**GGHH**	**FGH**		**EFGH**
H	**G**	**HH**	**GGH**			**FFGH**
	G	F				
H 源2 **G** 源1	**G** 源4, 藤1 **H** 源1, 王1	**F** 藤1, **G** 平2 **H** 源2, 藤2	**G** 藤4 **H** 源5, 藤1	**E** 藤2, **F** 藤1 **G** 源2, 藤1 **H** 源5, 藤1	**G** 藤2	**E** 藤1, **F** 藤3 **G** 源2, 藤2 **H** 源1, 藤1

人及び頭, E　五位蔵人のみ, F　五位蔵人及び頭, G　頭のみ, H　蔵人経験なし.
位となっていた者.

特徴的な活躍をしたことは周知の通りである。(3) 彼らの昇進の第一歩は、六位蔵人となることであった。そして、天皇の側近として昇進することが、門閥政治家に伍してゆくための唯一の道であった。表18は、公卿昇進者の蔵人経験の有無をまとめたものである。これによれば、光孝朝(八八四―八八七年)以前において、六位蔵人→頭→参議という昇進コースは、源氏・王を除いて、家柄の上下を問わず多くの公卿昇進者が通る一般的なコースであったことがわかる。(4)

しかし、宇多朝(八八七―八九七年)頃より六位蔵人を経て公卿へ昇る者が減少し、その傾向は、朱雀朝(九三〇―九四六年)頃には決定的となる。その最大の原因は、菊地康明がすでに明らかにしたごとく、五位直叙の特別待遇を受ける者の増加であった。

それは、仁和二年(八八六)における、藤原時平の正五位下直叙に始まる。その後、基経の子をはじめとして時平・忠平等の子が、「大臣息」として五位に直叙されたほか、藤原氏主流に近い人々が、院・三宮・内親王給や氏爵等によって五位直叙の特別待遇をうけるに至ったのである。(5) これが朱雀朝頃になると公卿層の構成に大きい影響を与え、皇親として同じく特権的な昇進をする源氏の進出とともに、六位蔵人から昇進してくる人々の公卿進出の余地をきわめて少なくしてしまったのである。(6)

表18　参議昇進と

参議到達年齢	嵯峨朝	淳和朝	仁明朝	文徳朝	清和朝	陽成朝
60以上	ghh	G	D**H**	**H**	AHH	**H**
50～59	g	ADgh	AAD	D	DDDDH	CDD
40～49	ghh	ADDG	DDDDD**H**	DD**H**	DD**HH**	**H**
30～39	Dgg	DD	DDD**HH**	**H**		D
～29		**HH**	**H**	**H**	CD**H**	
年齢不明						
備　考		**H** 源2	**H** 源3, 王1	**H** 源2, 平1 王1	**H** 源3	**H** 源1, 王1

〔備考〕 公卿昇進前における蔵人経験の有無により A—H に分類した．
A　六位蔵人のみ，B　六位及び五位蔵人，C　六位，五位蔵人及び頭，D　六位蔵
ゴシック文字は五位直叙された者．アルファベット小文字は蔵人所設置以前に五

以上のごとき事情によって、六位蔵人の公卿への進出は減少するのであるが、それだけでなく、彼らの公卿昇進後の進出についても、ほぼ時期を同じくして一つの基準ができてくる。

『公卿補任』によれば、天徳四年（九六〇）—安和三年（九七〇）にかけて大納言・右大臣・左大臣を歴任した藤原在衡を最後として、それ以後、彼らの昇進は中納言を限界とするようになったことがわかる——大部分は参議止りである——。在衡以前には、藤原高藤・藤原定国・藤原道明・藤原恒佐など、大納言以上に昇る者もかなりいたのである。すなわち、村上朝（九四六—九六七年）頃を境として六位蔵人出身者の極官は、参議、稀に中納言へ昇進しうるという形に固定してゆくのである。

それでは、このような昇進の限界を示す六位蔵人達は、どのような家柄から出ているのであろうか。これについては、単に公卿昇進者のみならず、六位蔵人の全員について調査してみる必要がある。

2　六位蔵人の家柄

管見の及ぶかぎりで、道長政権下（長徳元年〈九九五〉—万寿四年〈一〇二七〉）の六位蔵人を家系別に示したのが表19である。

まず藤原北家では魚名流八名（山陰・安親流が多い。総嗣流は一名）、

表19　道長政権下の六位蔵人

		一条朝(長徳元年以降)	三　条　朝	後一条朝(万寿四年以前)
藤原北家	忠平流		1(朝元)	
	長良流	3(章信・貞光・庶政)	1(章信*)	2(範永・範基)
	高藤流	3(定輔・泰通・隆光)	1(隆佐)	2(惟経・頼宣)
	利基流	3(信経・惟規・為資)	1(頼祐)	1(経任)
	魚名流	4(定佐・行正・季任・頼任)	1(親業)	3(保相・良任・教任)
	内麻呂―有国流	3(広業・資業・景能)		1(家経)
	良世流			1(邦恒)
藤原南家	貞嗣流		2(敦親・永信)	2(実範・永職)
	真作流	2(実房・惟任)	1(登任)	
	菅根流	1(中尹)		
藤原式家		1(敦信)		
藤原氏家系不明		1(広政)	1(頼親)	1(国成)
源氏	文徳	2(兼宣・方弘)	1(懐信)	
	清和	2(忠隆・頼国)		
	光孝	2(国経・道済)	2(為善・季範)	
	宇多	1(済政)		5(経季・資通・親方・経長・経宗)
	醍醐	4(至光・保任・永光・頼貞)		4(章任・則成・経成・定良)
平氏	桓武	1(行義)	2(雅康・忠貞)	6(教成・以康・範国・定親・行親・親経)
	家系不明	1(知信)		
橘氏		4(則光・行資・義通・則隆)	2(義通*・好任)	3(則長・成任・済通)
高階氏		1(成順)	3(業敏・在平・成順*)	1(成章)
菅原氏		1(孝標)		
大江氏		1(挙周)		1(定経)
紀氏			1(致頼)	
他氏		1(宮道式光)		
不明		2(忠孝・雅弘)		2(親任・備通)

〔備考〕＊印は重出の場合

高藤流六名、長良—清経流五名(元名流が多い)、利基流五名、内麻呂—有国流四名(全て有国の子孫)、忠平流一名、良世流一名を数える。藤原南家では、貞嗣流四名、真作(またなり)流三名、菅根流一名等を数える。藤原式家からは、わずかに一名を認めるのみ。この外、家系不明者が三名いる。源氏では文徳源氏三名、清和源氏二名、光孝源氏四名、宇多源氏六名(雅信流及び重信流に集中している)、醍醐源氏八名を数える。この外の氏では、桓武平氏九名(親信流、惟仲流が多い)、家系不明平氏一名、橘氏八名(好古流及び長谷麿流に集中している)。高階氏四名、大江氏二名、菅原氏一名、紀氏一名、宮道氏一名等であり、氏姓不明者四名を数える。前述したごとき事情によって、藤原北家忠平流の人々や、二世以上の源氏がほとんど姿をみせていないのは当然である。

表 20　醍醐—村上朝の六位蔵人

			醍醐朝	朱雀朝	村上朝
藤原北家	冬嗣流	時平流		1	4
		良世流		1	
		長良流		1	3
		高藤流	1	2	
		利基流	1		1
	魚名流	総嗣流	5	4	2
		その他	3		4
藤原南家		貞嗣流	3	1	3
		真作流	2	2	2
		菅根流	1		2
		その他	1		
藤原式家				1	2
藤原京家			2	1	1
藤原氏家系不明			1		
源氏		嵯峨	4		1
		文徳	1	1	
		仁明			1
		光孝	2	1	3
		宇多			1
平氏		桓武		3	1
		その他	4		
橘氏			1		1
大江氏			1		2
紀氏			3		2
良岑氏			3		
菅原氏			1		
その他			1	1	

これらを通覧した時まず気づくのは、特定の狭い範囲の家流から集中的に蔵人を出す傾向があることである。そのほとんどは、醍醐朝(八九七―九三〇年)以降に公卿を出したことのある家柄であると言ってよい。しかし、父を公卿とする比率は、醍醐―村上朝の状況と比べるといちじるしく低下している(道長政権下では、一三・七%にすぎないが、醍醐朝では三四・一%、朱雀朝では三五%、村上朝では五〇%となっている[7])。

家系の面からみた場合、藤原北家長良流・高藤流・利基流・魚名流(総嗣流も含む)、藤原南家貞嗣流・真作流・菅根流、文徳源氏、光孝源氏、桓武平氏、橘氏、紀氏、大江氏等が継続して六位蔵人を輩出している。他方、道長時代に新しく蔵人を出すようになった家系としては、藤原北家内麻呂―有国流、宇多源氏、醍醐源氏、高階氏、菅原氏等をあげることができる。逆に、蔵人を出さなくなった家系としては、藤原北家時平流、藤原京家、嵯峨源氏、良岑氏等をあげることができる。

まず、蔵人を出さなくなった家柄についてみてみよう。これらは、皇親系として、あるいは、藤原氏の重要な部分を構成する家流として、いずれも多くの公卿昇進者を輩出してきたのであるが、時代の経過と共に天皇との血縁関係もうすれ、また藤原氏の場合は、その主流から離れてゆき、一族から公卿を出すこともなくなって、蔵人所からも離れていったものと思われる[8]。

新しく蔵人を出すようになった高階氏の場合は、言うまでもなく藤原道隆室で、一条天皇皇后定子の母であった貴子との関係が考えられる。宇多源氏・醍醐源氏の場合は、ようやく三世または四世の時代に入り、五位直叙の特権も失われ、六位を経る者も出すようになったことがあげられる。また菅原氏の場合は、蔵人になるための一つの要件であった学問的性格を維持しつつ、一族に公卿昇進を果たした輔正(すけまさ)を擁している。内麻呂流は、これまた公卿となった有国の子孫ばかりである。

しかし、道長時代の蔵人の出自は、単に父祖の太政官における地位からだけでは説明しきれない。たとえば藤原南家の真作流で、公卿となった玄上や伊衡とは系譜的にかなり離れてしまった人々の補任例が多いことや[9]、家系別補任者数に公卿構成からは想像しがたいかたよりがあること等は[10]、前述の観点では理解できない。橋本義彦は、藤原北家高藤流の人々を検討した結果、この家は為輔〈天延三年〈九七五〉に参議昇進、寛和二年〈九八六〉没〉以後、外戚氏族としての性格から脱却し、弁官・蔵人・受領に足を置く実務官人としての性格を強め、惟憲〈治安三年〈一〇二三〉従三位昇進、長元六年〈一〇三三〉没〉以後は、摂関家・院の近臣としての性格を合わせ持つに至ったと論じた[11]。この指摘は当面の問題に関する重要な示唆を含んでいる。

今、六位蔵人で、摂関家と婚姻関係を持つ者、及び摂関家家司もしくはその近親を抽出すると表21のごとくになり[12]、その数は五十二名にのぼる。検出しえた六位蔵人の総数が九十六名であるから、その過半数に及ぶ人々が摂関家と強い結合関係を有していたことになる（その大部分は家司関係者である）。多数の蔵人を輩出した家柄のほとんどがこの条件を持っていたのである[13]。

それでは、この傾向はいつごろから見られるものなのであろうか。まず、摂関家（藤原氏主流）の婚姻関係者が六位蔵人に多用されるようになるのは、基経流が外戚となり、忠平が摂政となった朱雀朝以降のことである。宇多・醍醐朝においては、天皇と密接な関係を有する者は多いのであるが、時平や忠平と関係を有する者はそう多くはない[14]。

次に家司及びその近親と蔵人との関係はどうであろうか。延喜二十年（九二〇）九月十一日の右大臣藤原忠平家牒には[15]、家司の一員として「前右衛門権佐橘朝臣」「紀伊守伴宿祢」「主計頭大蔵宿祢良実」「民部少丞藤原遂常」等の名がみられる。森田悌は「前右衛門権佐橘朝臣」を橘公佐、「紀伊守伴宿祢」を後に参議となる伴保平と推定し、その上でこれをもとにして「能官受領、ないしは文武の有力京官」を家司として組織する傾向が忠平政権下にはじまることを指摘した[16]。これらの署名者のうち、伴保平には蔵人の経験はない[17]。また、その近親で蔵人となった人も見出せない[18]。その他の人々はいずれも系譜関係不明であるが、橘公佐については推測が可能である。この時期の官界に活躍す

表21　六位蔵人と摂関家の関係

家系		人名	摂関家との関係
藤原北家	長良流	章信	道長家司知章子
		範永	頼通家司
		範基	〃
	良世流	邦恒	頼通家司
	高藤流	泰通	道長家司
		惟経	泰通子
		隆佐	頼通家司
		隆光	隆佐兄，道長家司惟憲・泰通従兄弟，頼通近習者
		定輔	道長家司惟憲・泰通従兄弟
		頼宣	〃
	利基流	為資	頼宗家司
	魚名流	定佐	道長家司季随甥
		親業	季随子
		良任	〃
		保相	頼通家司
		季任	保相兄
		教任	道長家司輔公子
		頼任	女が道長家司済家妻
	内麻呂流	広業	兼家家司有国子，道長家司
		景能	有国子
		資業	〃
		家経	広業子
藤原南家	真作流	実房	道長家司方正子
		登任	道長家司師範甥
	貞嗣流	永信	道長家司能通弟
		実範	能通子
		敦親	能通甥
		永職	〃
宇多源氏	雅信流	済政	道長家司，道長室倫子甥
		資通	済政子
		経季	済政甥
醍醐源氏	代明親王流	永光	道長妻の従兄弟
		保任	道長妻の甥
		経成	道長妻の甥
	有明親王流	頼貞	道長家司高雅従兄弟
		章任	高雅子
桓武平氏	惟仲流	忠貞	兼家家司惟仲子
		雅康	惟仲甥
		以康	〃
	親信流	行義	道長家司重義弟
		教成	重義子
		範国	重義甥，頼通家司
		定親	重義甥
		親経	〃
橘氏	好古流	則光	道長家司に準じた扱いをうけている(『御堂関白記』長和2.4.13条)
		則隆	則光弟
		好任	則光子
		則長	〃
	長谷麿流	義通	道長家司為義子
		済通	〃
高階氏		業敏	頼通家司
		成章	業敏弟，頼通家司

〔備考〕佐藤堅一，柴田房子の研究(注13)を参照しつつ，『小右記』『権記』『御堂関白記』『左経記』『春記』『康平記』『公卿補任』等により作成した．

る橘氏の人々のうちでは、広相の子息達が重要な位置を占めているのであるが、そのいずれもが「公」の字を通字としている。[19] この点から言って、公佐も広相の子であった可能性が強い。広相の子で蔵人となった者は少なくない。[20] 家司やその近親と蔵人との結合関係の出発点は、やはり忠平政権下にあったものと言ってよい。そして、それは兼家政権下における平惟仲や藤原有国の例[21]で明らかなごとく、その後一貫して強化され、道長政権下においては、摂関家家政機関に関わりを持つことが蔵人になるための優先的条件となるに至ったのである。

かつて六位蔵人は公卿の子弟の競望する職であったが、忠平政権(醍醐朝末期―朱雀朝)から道長政権に至る間に、中級官人の子弟で摂関家と結びついた者の就くべき職へと変化していったのである。それは、言うまでもなく、公卿の子弟の多くが五位直叙によって六位を経なくなったことの結果であると同時に、時の流れと共に中級官人家たることを余儀なくされた家流の人々の中で、摂関家との関わりを持たぬ者が疎外されていった結果であった。

表22　六位蔵人の帯官

	一条朝(長徳元年以降)	三条朝	後一条朝(万寿4年以前)
式部丞	16	6	15
兵部丞	5	1	4
民部丞	1	1	
衛門尉	10(4)	6(2)	11(5)
兵衛尉	3	3	3
近衛将監		1	1
修理亮	3	1	2
主殿助	4		2
典薬助			2
縫殿助		1	1
大炊助	1	1	
図書助			2
内記	2	1	1
文章生 文章得業生	6	3	2

〔備考〕　三朝を通じて2例以下のものは省略．衛門尉の項の(　)は，その中で検非違使を兼ねるもの．

3　蔵人の帯官

前述のごとき条件を持つ者が六位蔵人となったわけであるが、それでは彼らは、蔵人在任中にいかなる官職を経て五位に昇進していったのであろうか。ここでは、焦点を蔵人の昇進コースにしぼって、その帯官を考えてみよう[22](表22参照)。

まず、一条・三条・後一条三朝(九九五―一〇二七年)を通じて圧倒的多数を占めるのは、式部丞と衛門尉である。次いで兵部丞・兵衛尉、更に内廷経済関係の諸司の次官である修理亮・主殿助。その他の官職では文章生・文章得業生・内記等が目立つ。これは従来の兼帯傾向を基本的に継承したものと言えよう。[23] しかし、注目すべきは、他の官を帯びて蔵人となった者の多くが、やがて式部丞に遷るという現象がみられることである。[24] このようなコースをとる者を数えてみると二十六名に達し、式部丞を帯びた者の総数の約七〇%にのぼる。彼らの式部丞以前の官職を調べてみると、八省丞では兵部丞が多く、武官では衛門尉が目立つ。また、いわゆる諸司助では修理亮・主殿助・縫殿助等が多い。内記からの転出も二例ほど認められる。さらに、式部丞の場合ほど多くはないが、衛門尉への転出の傾向が認められる。この場合には兵衛尉からの転出が目立つ。[25]

これらの結果から、六位蔵人の帯官は式部丞と衛門尉を二つの頂点とするようになっていたこと、及び前者の方が後者より上位の官職と意識されていたこと等が判明する。[26]

4　六位蔵人の昇進

次に、六位蔵人が叙爵後、いかなる昇進を遂げるかを問題としたい。[27] 当該時期の六位蔵人経験者のうち、公卿に昇りえた者としては、源経長・源資通・源経成・藤原広業・藤原資業・藤原隆佐・高階成章の七名をあげることができる。彼らの昇進は、言うまでもなく、当時の六位蔵人達の望みうる最高のものであった。したがって、まずそのあり方を検討し、それと公卿に昇りえなかった多くの六位蔵人経験者の昇進のあり方を比較しつつ考えてゆきたい。

最初に、前記七名を昇進過程の特色によって大きく三つのグループに分けて考えたい。第一のグループは源経長・源資通・源経成の三人。第二のグループは藤原広業と資業。第三のグループは藤原隆佐・高階成章である。

第一グループの特徴は、彼らがいずれも少弁から参議に至るまでずっと弁官として活躍していることであり、また彼らの少弁に至るまでの官職にも共通性が見出せることである。源経長は弁官以前に左馬助・少納言を経ており、源資通は侍従・左馬助・左兵衛佐・民部少輔を経ている。源経成は侍従・少納言を経ている。彼らの官歴は、それぞれ小異を持ちながらも、侍従・馬寮助・少納言等共通した官を経ている。ここでは、彼らの昇進が参議へのコースとしてどのように位置づけられるべきものだったのかを確かめておく必要がある。この点に関して重要な示唆を与えてくれるのは、笹山晴生の論文「平安前期の左右近衛府に関する考察」(28)である。

笹山によれば、公卿昇進のための典型的なコースとしては、侍従→兵衛佐→少将→中将のコースがあり、後に清華流の人々の昇進コースとして定着してゆくという（今、これを「近衛コース」と呼ぶ）。六位蔵人経験者ではもちろん、このような典型的なコースを歩んだ者はいない。近衛中少将に昇った者としては源済政（なりまさ）が唯一の例である(29)。彼は宇多源氏で道長室倫子の甥であると同時に、有力な道長家家司であった。父時中も弟朝任（あさとう）も近衛コースをとって参議に昇っており、六位蔵人経験者としては例外中の例外と言ってよい。

笹山はまた、近衛中少将から弁官へ移って参議へ昇るものもあったことを指摘している（今、これを「近衛―弁官コース」とする）。そしてこれらのコースは師輔時代に成立し、道長時代に至って一般化されたとする。近衛―弁官コースをとって参議となった者は、道長時代から後三条朝までに十一名（藤原経通・同定頼・同経任・同顕家・同資仲〔以上小野宮流〕・同朝経〔兼通流〕・同経輔〔道隆流〕・同行成〔伊尹（これまさ）流〕・同懐忠（かねただ）〔南家〕・同重尹〔南家〕・源俊賢〔宇多源氏〕）を数える(30)。小野宮流、南家等をはじめとして摂関家主流からややはなれた人々が目立つ。ただ小野宮流資平の一男資房が近衛コースを歩んだのに対して、二男資仲がこのコースであり、道隆流隆家一男良頼が近衛コース、二男経輔がこのコースをとっていることでもわかるように、これは近衛コースに次いで有利なものであった。さらに橋本義彦の研究によれば、それらに次いで、近衛府官人を経ずに弁官を経て昇進するコースがあったことも明らかにされている(31)。

今問題としている資通・経成・経長の昇進コースはそれに該当する。しかし、このコースをとる人々の中で、彼らは最上層を形成するものと考えられる。後三条朝(一〇六八—七二年)頃までの公卿で彼らと同じような昇進をした者としては源道方(宇多源氏)・藤原経家(小野宮流)・藤原伊房(伊尹流)等をあげることができる。[32] その特徴は、いずれも侍従または馬寮助・少納言(時には兵衛佐)を経て少弁に到達し、その後弁官として昇進を重ね参議に昇っていることである(源経頼は侍従・兵衛佐の代わりに玄蕃頭・次侍従を経て少納言・弁官と昇進しているが、彼もこのグループに入れてよいものと思われる)。[33] しかるにこれらの人々は、いずれも従五位下を直叙されている。また侍従・兵衛佐(衛門佐)等は近衛コースの人々が少将になる前に経由することが多い官職であった。また侍従の代わりに馬寮助を経る例や、少将の代わりに少納言を経る例があったことは笹山の研究にくわしい。[34] とすればこのコースも、近衛コース及び近衛—弁官コースと関連しつつ、そこから疎外された人々がとるようになったものと考えてよかろう。すなわち、近衛コースの少将の代わりに少納言を配し、その後に弁官を歴任させるようにしたと考えればよい(今、これを弁官Aコースとする)。前掲した近衛—弁官コースの人々の参議昇進時の年齢の平均をとると三九・四歳となる。これに対して弁官Aコースの人々の平均年齢は四五・一歳となり、両者の差は明白である。[35]

　このコースは、六位蔵人層にとって必ずしも一般的なものではなかったらしい。六位蔵人から弁官へ昇った者は十五名を数えるが、今検討している三名以外に侍従や兵衛佐・少納言等を経た者はいない。資通は雅信流宇多源氏であり、経成は重光流醍醐源氏であったが、いずれも道長と姻戚関係で結ばれている。[36] 経長もまた宇多源氏であり、彼の父道方は、彼が蔵人となった時点ですでに公卿に昇っていた。[37] これらの家流は六位蔵人の家柄としては特別の扱いをうけていたらしく、家系を同じくする他の六位蔵人の叙爵後の官職も有利なものが多いのである。[38]

　さて、ところで以上のごときコースこそとりえなかったが、六位蔵人経験者で弁官に昇るものは少なくない。列挙すれば、大江景理（かげまさ）(中弁)・藤原頼任(中弁)・藤原章信(少弁・中弁)・平定親(少弁・中弁・大弁)・藤原家経(少弁)・藤原輔尹（すけただ）(少弁・中弁)・藤原頼明(少弁)・藤原広業(少弁)・藤原資業(少弁)・源済政(少弁)・藤原国成(少弁)・源為善(少弁)等となる。[39]今彼らが弁官以前に経たり、弁官在任中に兼ねた官職を調べると、衛門権佐が五例もあることに気づく。[40]朧谷寿の研究によれば、[41]衛門権佐は十世紀において、昇進コース上の一階梯としての官職からはずされており、これを経て参議に昇る者はごく稀であったとされる。またたとえ昇ったとしても高齢であり、参議止りであったとされている。弁官Aコースをとって公卿に昇った者でこの官を経た者は、後三条朝までの史料によるかぎりでは皆無である。衛門権佐は弁官Aコースより一段下のコースを歩む官人達の経る官職だったのである。六位蔵人層にとって、この官と関係しつつ弁官に昇るということはかなり一般的であったようである。

この衛門権佐と弁官を組み込んだ昇進コースは、院政期に入ってから八省大少輔―勘解由次官―衛門権佐―弁官(その間に五位蔵人を帯びる)という形に整理される(弁官Bコース)。そして名家流の典型的な公卿昇進コースとなってゆく。[42]この時代はその準備段階というべきで、衛門権佐を経て弁官となった者の中には後の名家流に系譜を引く者がかなり認められる。[43]また弁官就任者で勘解由次官を経た者が検出できる(藤原広業・藤原国成)ことも興味深い。[44]

六位蔵人経験者で、弁官には昇らなかったが衛門権佐を経た人も五名(平雅康・平範国・藤原隆佐・藤原中尹(なかただ)・藤原定輔)を数える。[45]ただし、この頃に蔵人から衛門権佐を経て公卿昇進を果たすことはきわめて困難であったらしく、参議昇進者はいない。非参議従三位に昇ったのは、後述するように、別の有利な条件を有した藤原資業と藤原隆佐のみであった。

次に、以上のことを前提として、はじめに第二のグループとした藤原資業及び藤原広業について考えることとする。資業も広業も共に弁官を経て昇進しているのであるが、少弁→大弁までずっと弁官局に勤務したわけではない。資業が衛門権佐を経ているのに対して、広業は衛門佐を経ている。[46]朧谷によれば、衛門佐は近衛コースへの一階梯として位置づけられる官職とされている。しかし、その中にあって広業のみは例外的存在であったとされている。[47]この両名は共に有国の子であり、その官歴も衛門佐と権佐の相違こそあれ、他はきわめてよく似ている。すなわち両者共に学問的素養を有し、天皇の侍読をつとめ、東宮学士・文章博士等を経て式部大輔となっているのである。[48]

道長政権下の長保元年(九九九)六月、彼らの父藤原有国は、その中文の中で「式部大輔為二帝師一者」が参議昇進の資格の一つであったことを述べている。[49] またそれを理由とした参議中文も残されている。[50] すなわち資業・広業の昇進には、「帝の師たる式部大輔」であったことが大きな役割を果たしていたと思われるのである。このコースもまた六位蔵人の昇進にとって重要なものであった。参議や三位にこそ昇りえなかったが、彼らと類似したコースをたどった者に、平定親・藤原家経・大江挙周等がいる。[51] 音人以来の大江氏と共に、後の日野家につながる資業・広業・家経兄弟が、儒家としての性格を形成しつつあるのが注目される。

最後に藤原隆佐・高階成章の昇進の条件を検討してみよう。隆佐は京官を多く歴任し、成章は受領を歴任して、共に高齢かつ非参議ながら三位にまで昇ったが、両名に共通するのはいずれも東宮と深い関わりを持っていることである。[52] 近衛コースや弁官コースをとりえない人々にとって残された道は、権力者に個人的に近づきうる顕官につくことしかなかったと思われる。その点で、春宮坊や中宮職の官につくことは大きなメリットとなりえた。また彼らは同時に摂関家家司でもあった(共に頼通家司)。[53] 彼らは権力者とのつながりを全面的に生かして前述したごとき昇進を遂げたと思われる。道長政権下において六位蔵人を経て院・三宮・東宮等の官職につく者はきわめて多い。[54] これらの官から弁官や少納言、前述の衛門権佐等へ移る道も残されていた。『官職秘鈔』にも中宮大進→弁官へのコースが記されている。

以上、六位蔵人のその後の昇進について、便宜上いくつかのコースに分けて考えてきたが、実際には、同一人が弁官を経つつ「帝の師たる式部大輔」であることも可能であったし、また院・東宮・中宮等と深く関わることも可能であった。公卿昇進を果たしたような人達は、このように有利な条件をいくつも合わせ持つことが多かったのである。

ただ、この際注意を要するのは、前述のごとき京官に継続して就きえたのは六位蔵人層のごく一部であったということである。国司を歴任しつつ中級官人として一生を終えるのが六位蔵人経験者の一般的な姿であったと言えよう。[55]

第二節　蔵人頭および五位蔵人

道長政権下における蔵人頭・五位蔵人について検討を加えてみよう。

まず、蔵人頭であるが、わずかに一名を除いて他は全部、参議に昇進しており、参議昇進の前段階としての位置は成立期以来変わっていないと言えよう。ところでその家柄であるが、摂関家主流である道長・頼通の子息が、能信を除いて、全員蔵人頭を経ていないことが注目される。成立期以来、嵯峨源氏をはじめとする一・二世源氏及び諸王には、蔵人頭を経ずに参議昇進を果たす例が多かったのであるが、藤原氏の場合は、少なくとも基経・時平の段階までは、主要な人物は全て蔵人頭を経て昇進していた。五位直叙を受け近衛コースをとって、非常に若くして参議以上に昇る者の中で蔵人頭を経ない例は、忠平をもって最初とする。その後、時平の子保忠・顕忠、実頼の子頼忠・斉敏、孫の佐理、師輔の子公季、兼家の子道隆・道長等の例をみるが、道長政権下では、むしろ頭を経ずに、参議または中納言へ昇ることが通例とされている。[56]

今、長徳元年(九九五)—万寿四年(一〇二七)に至る蔵人頭の家柄を列挙すると次のごとくになる。[57]

○藤原北家・忠平流　十四名(斉信・通任・行成・正光・実成・公信・朝経・能信・資平・兼綱・道雅・定頼・経通・公成)

○藤原南家・道明流　一名(重尹)

○宇多源氏　二名(道方・朝任)

○醍醐源氏　三名(俊賢・経房・顕基)

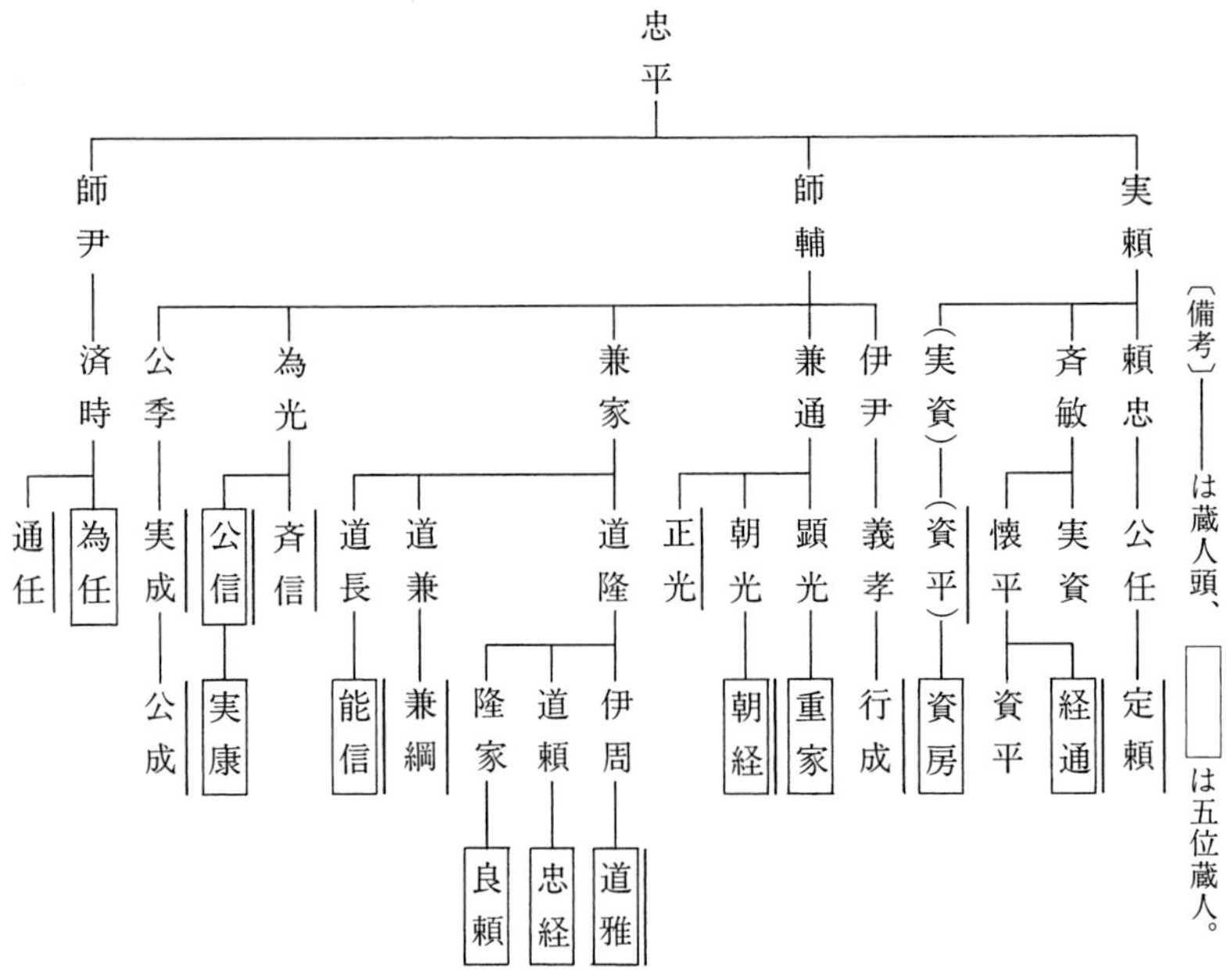

図6　長徳元―万寿四年の忠平流五位蔵人及び蔵人頭

○村上源氏　一名(頼定)

やはり、摂関家と血縁的に近い家柄として特別の家格を有していた忠平流の人々が、圧倒的に多く補任されている。宇多源氏の二名のうち、道方は重信の子。道長の室倫子の従兄弟であり、師輔女を母としていたとする説もある(58)。朝任は時中の子。倫子の甥に当たる。母も、道長母と縁が深い魚名流安親の女であった(59)。道長家司済政の兄である。醍醐源氏の俊賢・経房は、共に高明の子。母は師輔女であった。道長の妻には高明女が入っており、彼らと摂関家とは二重の婚姻関係で結ばれている。顕基は俊賢の子。『栄花物語』には、頼通が彼を養子としたとある(60)。

以上の人々を除くと、残るのは村上二世源氏の頼定と南家懐忠の子重尹の二名のみとなる。蔵人頭は摂関家傍流の人々、及び摂関家と婚姻関係(家司関係を合わせ持つ場合もある)を通じて結びついた人々によって占められていたと言ってよい。

では、彼らは蔵人頭としていかなる官を帯びていたのであろうか。すでに知られる通り、近衛中将及び弁官を帯びる者が圧倒的多数を占めている。頭中将(とうのちゅうじょう)としては藤原斉信・同正光・源経房・藤原実成・源頼定・藤原公信・同能信・同資平・同道雅・源朝任・藤原公成・源顕基の十二名、頭弁(とうのべん)としては源俊賢・藤原行成・源道方・藤原朝経・同経通・同定頼・同重尹の七名をあげることができる。

中将や弁官以外の官を帯びる者としては、藤原正光(中将から大蔵卿に転出)・藤原通任(左馬頭及び修理大夫)・藤原兼綱(民部大輔)の三名を数えるのみである。また、その他の官職で兼任例の比較的多いものとしては、内蔵頭と東宮・中宮・皇太后宮等の坊・職の亮等があげられよう。内蔵頭としては藤原経房・同公信・同定頼、春宮権亮としては藤原公成(東宮は敦良親王＝後朱雀天皇、母は道長女彰子)、中宮亮としては藤原正光・同実成(中宮は道長女彰子)・藤原能信(中宮は道長女妍子)、皇太后宮亮としては藤原定頼・同重尹(皇太后は妍子)等の名をあげることができる。内蔵頭の兼帯については、すでに前章でふれたところである(61)。また東宮をはじめ中宮等の亮の兼帯については、その主人が全て道長女ないしは、その所生であることに注意しておきたい。

五位蔵人は、蔵人頭の場合よりは家柄の範囲もやや広がっている。しかし、基本的には蔵人頭と同一の傾向を持っている。列挙すれば次のようになる。

○藤原北家忠平流　十一名(為任・重家・朝経・公信・経通・道雅・忠経・能信・良頼・実康・資房)、長良流　一名(章信)、高藤流　二名(説孝(よしたか)・泰通)、内麻呂流　二名(広業・資業)、魚名流　一名(陳政(のぶまさ))
○宇多源氏　七名(道方・済政・朝任・雅通・経親・経頼・資通)
○醍醐源氏　三名(定良・隆国・保任)
○大江氏　一名(景理)

忠平流以外の者の経歴について述べよう。長良流章信は道長家司知章の子。高藤流泰通も道長家司であり、説孝はその叔父に当たる人である。内麻呂流広業・資業は共に兼家家司有国の子。また広業は道長家司であった。魚名流陳政は安親の子。安親の妹は道長の母である。宇多源氏の済政・朝任については前述した。また資通は済政の子である。雅通は雅信の養子。経頼は扶義(すけよし)の子、雅信の孫。経親は前述の道方の子。共に倫子との関係が考えられる人達である。醍醐源氏の定良は前述の経房の子、隆国もまた前述の俊賢の子。共に道長妻であった高明女との関係が考えられる。また保任は代明親王流重光の孫である。重光女もまた道長に嫁していた。これ以外には大江景理が残るのみである。

以上で明らかなように、忠平流以外の五位蔵人にも道長との関係はきわめて濃厚に認められる。頭の場合には婚姻関係で結合する場合が多いのに対して、五位蔵人の場合には家司関係で結合する者がかなり含まれてきた結果、その家柄の範囲もやや広がることとなったようである。

次にその帯官であるが、やはり近衛少将及び弁官が大部分を占める。

まず、少将を帯びた者としては、藤原重家・同公信・同経通・源雅通・藤原道雅・同忠経・源経親・同隆国・藤原良頼・同実康・同資房の十一名があげられる。また近衛コースをとって昇進する場合に、少将以前に経る官職として、侍従・兵衛佐または衛門佐・少納言等があげられるが、これらの官を歴任する間に蔵人となった者もある。すなわち、源定良は侍従→左衛門佐の間に蔵人となり、蔵人辞任後に少将へ昇っている。同様に、藤原能信も左兵衛権佐→少納言の間に蔵人となり、蔵人辞任後に権中将へ昇進している。また前掲の藤原道雅は左兵衛佐→少将の時代に、源朝任は少納言→少将の時代に蔵人を帯びている。

次に、弁官を帯びる者としては、藤原為任・源道方・藤原説孝・同朝経・源済政・藤原経通・同広業・大江景理・藤原資業・源経頼・藤原章信・源資通の十二名をあげることができる。そのうち源道方は少納言→少弁、源済政は阿波権守→少弁、藤原広業は勘解由次官→民部権少輔→左少弁、源資通は侍従→左馬助→右兵衛佐→民部少輔→左少弁

↓右中弁の時代に蔵人を帯びている。また藤原経通は蔵人として少将から中弁へ移っている。これらの人々以外では、内蔵権頭藤原陳政、甲斐権守源保任、民部少輔藤原泰通の三人を数えるのみである。

五位蔵人は、近衛コース、弁官コースを歩む官人達が五位時代に経る職となっている(62)。

近衛少将・弁官以外で比較的目立つ兼帯官職としては、内蔵権頭(大江景理・藤原陳政)、衛門権佐(藤原資業・藤原章信)等がある。

『職原鈔』は、五位蔵人をもって「為二出身之初一」と述べているが、この職につくことは昇進上、確かに有利なことであった。道長政権下の五位蔵人二十七名のうち十四名が公卿昇進を果たしている。今、公卿昇進を果たせなかった者の家系を調べてみると、忠平流三名(うち一人は二十五歳で出家)、高藤流二名、長良流一名、宇多源氏三名(うち一名は現職中将で没している)、醍醐源氏二名となり、各家系別の総数と比較した場合、摂関家との関係が間接的になればなる程、昇進コースからはずされてゆく可能性も大きくなっていくことがわかる。

むすび

これまで、蔵人の家柄、兼帯官職、昇進等について述べてきたわけであるが、ここでは、それらの結果から考えられる蔵人所の特色、及びそこへの道長の支配のあり方を考えてみたい。

道長時代の蔵人達が兼帯する官職のうち、主なものをあげると次のようになる。

①武官。近衛中少将・衛門尉が特に多いが、兵衛尉も少なくない。
②弁官。
③式部丞。次いで兵部丞。
④文章生・文章得業生。また過去にこれらを経て蔵人となった者はきわめて多い。

⑤内蔵頭・修理亮・主殿助をはじめとする内廷経済関係諸司官人。

このうち①②③④については成立期からずっと継承されてきた特色であると言ってよい[63]。⑤についても兼帯官職に多少の変化――たとえば内蔵助が五位の就任すべき官となったため[64]六位蔵人から姿を消したり、王朝によって傾向が異なる等――を含みながらも、九・十世紀の交からずっと継承されてきた特色としてよい。

成立当初と異なるのは、春宮坊官人がそれほど多くなってきていることである。この時期の天皇が外戚たる摂関家の庇護のもとにあり、蔵人所にも以前のごとく天皇側近機関としての独自の政治的活動を期待しえないことは言うまでもない。平安初期にみられた天皇と皇太子の間の緊張関係も認めることは不可能となっている。春宮大進が五位の官となっていたことの影響も大きかったと思われるが[65]、前述のことも無視することはできないように思う。しかし、このことから蔵人所の当初の性格が全くなくなってしまったとするのは問題がある。武官については後述するとして、②③⑤の官職はこの時代においても依然として実体を持った重要なものばかりであった。では、武官はどうであろうか。武官のうち、近衛中将や少将が実質を全く失ってしまっていることは明らかである[66]。また衛門尉や兵衛尉についても、全てが武官としての実体を具えていたとは言いがたい。しかし彼らの中に検非違使の宣旨を受けた者がかなりあることを考えると[67]、なお護衛官としての役割も無視しきれないように思われる。また蔵人所の経済的活動がいささかも衰えていないことも明らかである[68]。

とすれば道長政権下においても、蔵人所の骨格のみは変えられることがなかったと言えよう[69]。このことは摂関権力衰退後の蔵人所を考える上で重要な問題を提供している。

それでは、この蔵人所に対する道長の対応の仕方はどうであったか。

この時期には摂関家を頂点とする家柄の秩序と、それに応じた昇進コースのいくつかが形成されつつあった。頭・五位・六位とそれぞれランクを異にする蔵人達も、その中に組み込まれつつあった。摂関の子息には、蔵人頭をも経ない特別の昇進コースが準備され、次いで公卿昇進コース上の官人が経る職となっていた蔵人頭・五位蔵人には、摂関傍系の人々や摂関家と婚姻関係を持つ人々、家司関係者のうちの重要人物等が重点的に配置されることとなった。また基本的に中級官人層の経るべき職となった六位蔵人には、主として家司関係者が大量に配された。道長は、蔵人所を自らの関係者で一杯にすることによって、ここを支配していたのである。頼通政権下において蔵人頭藤原資房(小野宮家出身)が、

蔵人事或非二其家之者一、或嬰児或強縁之輩、

と嘆いたのも、前述のごとき摂関家の支配のあり方と無関係ではない[70]。この傾向は朱雀・村上朝頃から徐々に強化されてきたものと言ってよい。

摂関家がこのような形で蔵人所を支配したのは、前述したごとく、ここが天皇の側近機関として平安初期以来の骨格をそのまま残し、依然として実質を持った要職者が集中していることや、天皇―摂関家―太政官のパイプ的存在として重要な位置を占めたことに起因するところが大きい。蔵人所は摂関家にとってたえず目を配っておく必要のある官職だったのである。しかし、それと同時に、蔵人所の持つ経済的性格が摂関家経済にとって無視できない意味を持っていたのではないかとの疑問もぬぐうことはできない。

丹生谷哲一は散所(さんじょ)の形成について考察し、それが律令中央官司から、院宮・摂関大臣家・社寺への官人の分属に源を持つと主張した[71]。これによれば、蔵人所支配下の供御(くご)組織の一部が摂関家に分割されるということもありうることになる。有名な摂津国長渚浜散所雑色は小一条院→式部卿(敦貞親王)家→二条関白(藤原教通)家へと伝領されたという[72]。丹生谷はこれを大膳職の雑供戸に発するものと推測しているが、延喜十一年(九一一)の日次御贄(ひなみのみにえ)貢進の制によって再編成された摂津国の贄人の一部であった可能性もなしとはしない[73]。また網野善彦によって、掃部寮大庭御野の中には摂関家散所雑色がいたことが明らかにされている[74]。これは摂関家に奉仕する人的集団が供御人集団と同一母体か

ら分割された例としてよい。

このような場合に摂関家関係者を蔵人所へ配置しておくことはきわめて有利なことであったと考えられる。[75]また既存の摂関家供奉者の活動を保護するためにも、供御組織に対して強大な支配力を有する蔵人所を把握しておくことは必要であったと思われる。

（1）亀田隆之「成立期の蔵人に関する一考察」『日本歴史』二六三、一九七〇年。角田文衛「勅旨省と勅旨所」『古代学』一〇－二・三・四、一九六二年。森田悌「蔵人所についての一考察」『日本古代官司制度研究序説』現代創造社、一九六七年。渡辺直彦「蔵人所の研究」『日本古代官位制度の基礎的研究』吉川弘文館、一九七二年。菊池京子「所の成立と展開」『史窓』二六、一九六八年。網野善彦「中世における天皇支配権の一考察――供御人作手を中心として――」『史学雑誌』八一－九、一九七二年。玉井力「成立期蔵人所の性格について」『名古屋大学文学部研究論集』五九、一九七三年。↓本書第二部第一章。同「九・十世紀の蔵人所に関する一考察」『名古屋大学日本史論集』吉川弘文館、一九七五年。↓本書第二部第二章。

（2）蔵人の職歴に関する史料の明示はあまりにも煩雑になるため、本章では特に必要な場合を除いて省略した。また系譜関係の史料は特に明記しないかぎり、『尊卑分脈』によるものとする。

（3）弥永貞三『体系日本史叢書　政治史1』山川出版社、一九六五年、第二章第三節。同「仁和二年の内宴」『日本古代史論集』下、吉川弘文館、一九六二年。福井俊彦「承和の変についての一考察」『日本歴史』二六〇、一九七〇年。玉井力「承和の変について」『歴史学研究』二八六、一九六五年。

（4）このコースをとって昇進する人々の家柄は承和の変以後いちじるしく貴族化されてくる。弥永貞三、前掲注（3）「仁和二年の内宴」、森田悌、前掲注（1）『日本古代官司制度史研究序説』参照。

（5）菊地康明「吉黄記について」高橋隆三博士古稀記念『古記録の研究』続群書類従完成会、一九七〇年。

ここで五位直叙の実態について述べておきたい。

まず藤原基経の子息のごとく、特例的に「大臣子息」として、おおむね元服時に従五位下以上の位階を授けられる場合を検討してみよう。表23は、『公卿補任』によって、後一条朝頃までの例を抽出したものである。これによって明らかなことは、この待遇を受けるのはきわめて限られた範囲の人達であったという点である。すなわち、醍醐朝までの例は、五位直叙の時点で、その父が全て最上席の大臣であったことを示している。それも一つの恒常的方式として確立していたのではなく、一回的・臨時的側面が強かったらしく、贈太政大臣藤原時平を父とする顕忠などは東宮御給によって叙爵している。

朱雀朝以後になると一つの原則ができたらしく、道長没時頃までは、内覧・太政大臣・摂政・関白の子息(養子も含む)の

表 23 「大臣息」による五位直叙者

	直叙の年	位　階	年齢	父	父の地位
藤原時平	仁和 2	正 5 位下	16	基経	関白太政大臣従 1 位
仲平	寛平 2	正 5 位下	16	〃	関白太政大臣従 1 位
忠平	寛平 7	正 5 位下	16	〃	故関白太政大臣贈正 1 位
保忠	延喜 6	従 5 位下	15	時平	左大臣従 2 位
実頼	延喜15	従 5 位下	16	忠平	右大臣正 3 位
敦忠	延喜21	従 5 位下	17	時平	贈太政大臣正 1 位
師輔	延長元	従 5 位下	16	忠平	右大臣従 2 位
師氏	延長 6	従 5 位下	16	〃	左大臣正 2 位
師尹	承平 2	従 5 位下	13	〃	摂政左大臣正 2 位
公季	康保 4	正 5 位下	12	師輔	故右大臣正 2 位 ※1
実資	安和 2	従 5 位下	13	(実頼)	(関白太政大臣従 1 位) ※2
義懐	天禄 3	従 5 位下	16	伊尹	摂政太政大臣正 2 位
公任	天元 3	正 5 位下	15	頼忠	関白太政大臣正 2 位
兼隆	正暦 6	従 5 位上	11	道兼	右大臣正 2 位
公信	長徳元	従 5 位下	19	為光	故太政大臣正 1 位
頼通	長保 5	正 5 位下	12	道長	左大臣正 2 位，内覧
頼宗	寛弘元	従 5 位上	12	〃	〃
教通	寛弘 3	正 5 位下	11	〃	〃
能信	寛弘 3	従 5 位上	12	〃	〃
兼経	寛弘 8	従 5 位上	12	(道長)	(左大臣正 2 位，内覧) ※3
長家	寛仁元	従 5 位上	13	道長	前摂政太政大臣従 1 位
兼頼	万寿 3	正 5 位下	14	(道長)	(前太政大臣) ※4
信家	長元 3	正 5 位下	12	(頼通)	(関白左大臣従 1 位) ※5
俊家	長元 4	従 5 位上	13	頼宗	権大納言正 2 位
通基	長元 5	従 5 位上	12	教通	内大臣正 2 位
通房	長元 8	正 5 位下	11	頼通	関白左大臣従 1 位

〔備考〕 1) 史料は『公卿補任』による(但し藤原仲平については『日本紀略』). (　)は養父の場合.

2) ※1 母が康子内親王. ※2 実父は斉敏. ※3 実父は道綱(『権記』). ※4 実父は頼宗. ※5 実父は教通(『尊卑分脈』).

みがこの待遇を得ている。唯一の例外は康保四年(九六七)に正五位下を直叙された藤原公季であるが、これは母が康子内親王であったためと思われる(彼の父は右大臣師輔であり、前述の条件にあてはまらない)。その間与えられる位階は従五位下―正五位下にわたっており、その時々の事情によって一定していないが、道長政権下においては、道長の子で倫子所生の場合は正五位下、他の母の所生の場合は従五位上とされていたようである。道長の第六子長家は源高明女を母としていたが、倫子が自らの子としたために、その叙位に当たっては正五位下とすべきか従五位上にすべきかの疑義が出されている(『御堂関白記』寛仁元年四月二十六日条)が、これなどもその原則の存在を窺わせる史料である。しかるに、道長の最晩年から頼通政権に至っては再び前述の基準が動揺しはじめ、教通(内大臣)や頼宗(権大納言)の子までこの待遇を受けるに至っている。与えられる位階の方も上昇する傾向がみられ、道長養子兼頼、頼通養子信家などが正五位下となった外、前述の教通や頼宗の子息からも従五位上直叙の者を出すに至っている。

次に、五位直叙の今一つの形である氏爵、院・三宮・内親王給等による場合について述べたい。その例はあまりにも多く、史料を全て提示することは困難であるが、寛平九年(八九七)に中宮・大嘗会給で叙爵した平伊望の場合を唯一の例外として、他は全て叙爵時において従二位以上の祖父または従三位以上の父を持っている。従三位蔭子及び従二位蔭孫の叙せられる位は、令によれば従六位下であった。したがって四階加叙に当たる部分を年爵で補って叙爵するというのが通例であったらしい。しかし、これは必要条件にすぎず、条件を有しながらも六位を経験する者も少なくない。道長時代までの公卿昇進者についてみるかぎりでは、この直叙をうけたものは、基経の子孫、源氏の他には藤原北家高藤流の朝成、南家菅根流の懐忠のみである。結果的にはこの特権的叙爵も、摂関主流に近い関係を持つ人々に集中しているのである。これは、この加階が氏爵をはぶけば、院・三宮・内親王給によるものであり、給主の恣意に負うところがきわめて大きかったことと、給主のほとんどが摂関家と近い関係にあったことによるものであろう。なお特に注意はしなかったが、源氏の人々も天皇との関係の親疎によって差があるが、従来通り特別な待遇をうけている。

(6) 公卿のうちの六位蔵人経験者は宇多朝頃から減少する。しかし、これは従来から六位蔵人を経ることが少なかった皇親を多く起用したことなど、宇多天皇の人材登用の方針とも関係があるようである。また、この頃から村上朝にかけて、受領を歴任した高齢者を公卿に登用する傾向があるが、彼らの中には蔵人を経ない者が多く、これも六位蔵人出身者減少の一因となっている。五位直叙者が公卿構成に大きな影響を与えてくるのは、やはり朱雀朝頃からとせねばならない。

（7）表20参照。父を公卿とする者の歴名は以下の通りである（『公卿補任』及び『尊卑分脈』による）。
〔道長政権下〕藤原広業・景能・資業（父有国）藤原家経（父広業）藤原中尹（父懐忠）源遠相・兼宣（父惟正）源致方（父重信）源済政（父時中）源経長（父道方）源永光（父保光）平行義（父親信）平忠貞（父惟仲）　蔵人総数九十六名中十三名
〔醍醐朝〕藤原後蔭・俊房・後胤（父有穂）藤原有好（父定国）藤原公利（父山陰）藤原尹甫・尹文（父道明）藤原清貫（父保則）源静（父光）源昭（父弘）紀淑光・淑行・淑人（父長谷雄）良岑義方（父衆樹）　蔵人四十一名中十四名
〔朱雀朝〕藤原俊連（父有穂）藤原文範（父元名）藤原元輔（父顕忠）藤原尹風（父道明）源中明（父当時）平真材（父時望）平善理（父伊望）　蔵人二十名中七名
〔村上朝〕藤原守正（父兼輔）藤原為信（父文範）藤原重輔・信輔（父顕忠）藤原助信・佐時（父敦忠）藤原時清・守仁（父安親）藤原致忠・光忠（父道方）＊藤原尹風（父道明）源是輔（父清平）源学（父等）平珍材（父時望）紀文実・文利（父淑光）大江澄景（父朝綱）大江斉光（父維時）　蔵人三十六名中十八名（＊印は重出）

（8）藤原北家時平流最後の公卿は元輔。天延三年に参議正四位下で没している。同じく京家の場合は冬緒。寛平二年（八九〇）前大納言正三位で没している。嵯峨源氏の場合は等。天暦五年（九五一）に参議正四位下で没している。良岑氏の場合は衆樹。延喜二十年（九二〇）、参議従四位上で没している（『公卿補任』）。

（9）伊衡は真作の第一子村田の流。玄上は三守―有統の流であるが、道長時代の蔵人は有統の弟有貞に源を持つ経邦流に属する者が多い。

（10）表19参照。

（11）橋本義彦「勧修寺流藤原氏の形成とその性格」坂本博士還暦記念『日本古代史論集』下、吉川弘文館、一九六二年。

（12）道長家家司については佐藤堅一「封建的主従制の源流に関する一試論」（『初期封建制の研究』吉川弘文館、一九六四年）及び柴田房子「家司受領」（『史窓』二八、一九七〇年）、同「道長をめぐる家司」（『古代文化』二一―八、一九六九年）を参照。
道長家司歴名を列記すれば次のようになる。なお前記論文に漏れたもののみ出典を掲げた。
○藤原北家高藤流―惟憲・泰通
長良流―惟風・知章（『御堂関白記』長和二年二月二十六日条）
魚名流―公則・済家・季随・輔公

実頼流─資頼
内麻呂流─広業（『小右記』万寿四年十二月十四日条）
南家武智麻呂流─保昌
真作流─方正
貞嗣流─能通・師範（『御堂関白記』寛仁二年二月三日条）
○宇多源氏─済政
○醍醐源氏─高雅
○桓武平氏─重義
○菅原氏─為職・典雅
○橘氏─為義
○他氏─多米国平・但波奉親・甘南備保資・多治比守忠

（13）表19・21参照。

（14）天皇及び藤原氏主流と関係のある六位蔵人を列挙する。

〔宇多朝〕
藤原定国（北家高藤流）…女が女御、『大和物語』によれば藤原時平婿
橘公頼・公緒（広相の子）…妹が更衣

〔醍醐朝〕
藤原有好（北家高藤流）…外戚、妹が女御
藤原兼輔（北家利基流）…女が更衣
藤原成国（北家総嗣流）…光孝天皇外戚、女が更衣
藤原道明（南家貞嗣流）…東宮時代旧臣
藤原伊衡（南家真作流）…女が更衣
藤原治方（南家真作流）…妹が藤原師輔室

藤原当幹(南家巨勢麻呂流)…姪が更衣
藤原忠房(京家)…東宮時代旧臣
源　俊(嵯峨源氏)…妹が更衣
良岑衆樹…東宮時代旧臣

〔朱雀朝〕
藤原元輔(北家時平流)…外戚、叔母が藤原実頼室
藤原為輔(北家高藤流)…醍醐外戚、叔母が藤原実頼・師尹室
藤原興方(南家真作流)…妹が藤原師輔室
藤原遠規(南家真作流)…叔母が藤原師輔室
藤原仲陳(式家)…妹が藤原師輔妻
平　真材(桓武平氏)…妹が藤原兼家妻

〔村上朝〕
藤原助信・佐時(時平流)…外戚
藤原守仁(北家魚名流)…藤原実頼家人
藤原安親(北家魚名流)…妹が藤原兼家室
藤原時清(北家魚名流)…叔母が藤原兼家室
藤原致忠・光忠(南家巨勢麻呂流)…妹が更衣
藤原棟世(南家真作流)…従姉妹が皇后
平　珍材(桓武平氏)…妹が藤原兼通室・冷泉天皇乳母
平　惟仲(桓武平氏)…藤原兼家家司、叔母が藤原兼通室・冷泉天皇乳母

(15)『平安遺文』巻一、二一七号。
(16)森田悌「摂関政治成立期の考察」『歴史学研究』四三一、一九七六年。
(17)『公卿補任』天慶二年、伴保平尻付。

(18) 表20参照。
(19) 『尊卑分脈』は公廉・公材・公統・公緒・公頼・公彦を載せている。また同時代の橘氏で「公」の字をもつ者は『尊卑分脈』によるかぎりでは、他に例をみない。
(20) 例えば公緒(寛平二年四月在任『寛平御遺誡』)・公頼(寛平八年正月—昌泰二年四月在任『公卿補任』)等。『尊卑分脈』はこの他に公統・公材を載せる。ただ、この場合は家司の家格と蔵人の家格が同程度となったと考えるべきで、明確に家司の蔵人への補任とみなされる例は平惟仲や藤原有国の場合が最初である。
(21) 藤原有国と平惟仲は兼家の最も信頼した家司で(『栄花物語』巻三)、有国は兼家の摂政就任と同年の寛和二年十一月に、また惟仲はその翌々年の永延二年正月に五位蔵人となっている(『公卿補任』)。
(22) 考察の対象は長徳元年—万寿四年の六位蔵人に限った。
(23) 玉井力、前掲注(1)論文「九・十世紀の蔵人所に関する考察」。
(24) 式部丞への転出例は次のごとくである。

〔兵部丞〕
藤原信経(宮内庁書陵部本『枕草子』中「くちおしき物」傍註〈『大日本史料』二—三、七二頁〉)藤原広政(『権記』寛弘六年三月四日条、同寛弘四年正月十三日条)橘義通(『小右記』長和元年四月二十日条、『本朝世紀』長和二年四月十日条)藤原定佐(『権記』寛弘元年八月四日条、同寛弘三年五月十一日条)藤原教任(『小右記』治安元年八月二十九日条、同治安二年四月三日条)

〔宮内丞〕
源道済(『中古歌仙三十六人伝』、『権記』長保二年正月二十二日条、『本朝世紀』長保五年六月二十一日条)

〔衛門尉〕
橘則隆(『小右記』長保元年八月四日条、『権記』長保二年四月十五日条)高階成順(『権記』寛弘五年四月十八日条、『小右記』寛弘八年七月九日条)藤原頼祐(『小右記』寛弘八年八月十一日条、『本朝世紀』長和二年四月二十一日条)源資通(『公卿補任』長久五年尻付、『小右記』治安二年四月三日条)源則成(『小右記』万寿元年正月七日条、同万寿元年十二月十九日条)藤原惟任(『権記』寛弘七年正月二日条、同寛弘八年六月十三日条)

〔兵衛尉〕
大江定経（『小右記』長和五年三月十二日条、『左経記』寛仁二年三月五日条）
〔修理亮〕
源済政（宮内庁書陵部本『枕草子』上「頭弁の御もとより」傍註〈『大日本史料』二―二、二〇八頁〉、『長徳二年大間書』〈『大日本史料』二―二、五一三頁〉）橘則長（『小右記』治安二年四月三日条、『小右記』治安三年五月七日条）
〔主殿助〕
藤原泰通（『権記』長徳四年二月十五日条、同長徳四年十二月十三日条）藤原隆光（『権記』長保三年六月二十日条、同寛弘二年九月六日条）藤原頼宣（『小右記』寛仁元年八月五日条、『左経記』寛仁二年六月十四日条）高階成章（『公卿補任』天喜三年尻付、『小右記』長和五年三月七日条）
〔縫殿助〕
高階在平（『権記』寛弘八年八月十一日条、『小右記』長和元年四月二十七日条）藤原良任（『左経記』寛仁四年七月十九日条、『小右記』治安元年三月六日条）
〔大炊助〕
橘行資（『小右記』長徳二年九月十八日条、『権記』長徳四年二月十二日条）
〔大学助〕
源頼貞（『権記』長保元年九月二十四日条、同長保六年正月五日条）
〔内記〕
藤原隆佐（『公卿補任』康平二年尻付、『小右記』長和二年正月十五日条）藤原経任（『小右記』万寿二年十一月十四日条、同万寿三年七月九日条）
〔勘解由判官〕
平雅康（『小右記』寛弘八年八月十一日条、同長和二年正月二十八日条）

(25)　衛門尉への転出例は次のごとくである。
〔兵衛尉〕

藤原惟任（『御堂関白記』寛弘五年三月二十七日条、『権記』寛弘五年四月十八日条。惟任は後に式部丞に遷る）橘義通（『権記』寛弘八年正月八日条、『小右記』寛弘八年十二月十七日条。義通はその後再び兵衛尉になり、兵部丞・式部丞と遷任する）藤原敦親（『小右記』長和二年正月十五日条、同長和三年正月二十七日条）藤原惟経（『小右記』万寿元年十月十六日条、同万寿元年十月十七日条。惟経はその後図書助に遷る）

〔木工助〕

藤原永信（『小右記』長和三年正月十日条、同長和五年正月二十九日条）

〔大膳亮〕

源資通（『公卿補任』長久五年尻付、『左経記』寛仁四年正月九日条）

〔掃部助〕

源兼宣（『小右記』長保元年十一月五日条、『権記』長保二年四月十五日条。兼宣はその後再び掃部助に戻る）

(26)『江家次第』や『官職秘鈔』には式部丞・衛門尉に挙すべき人々の資格が記されている。式部丞への有資格者の中には「兵部丞一﨟」「公卿子孫二合為二諸司助一者」「候二殿上一諸司助」「大業者居二諸司一者」等が入れられており、衛門尉への有資格者には「諸司助允」「兵衛尉」その他いくつかの官が入れられている。院政期における原則のいくつかは、すでに道長時代に存在していたのである。

一方、醍醐朝の様相はこれと少し異なっている。すなわち、文章生・文章得業生出身者や、兵部丞から式部丞に転ずる例は認められるのであるが、職寮の助から式部丞へうつる例は、大学寮や図書寮等儒官とされるものをはぶけば、ほとんど認められない。この頃より内廷関係の諸官司の亮・助が蔵人に任命されることは多くなるのであるが、彼らは式部丞とならずに叙爵している。彼らが式部丞を経るようになるのは朱雀・村上朝以降のことのようである。

(27) この項にかぎって、道長政権以前の一条朝において六位蔵人となった者をも考察の対象とした。

(28) 坂本博士還暦記念『日本古代史論集』下、吉川弘文館、一九六二年、所収。

(29)『権記』長保五年二月十一日条、同寛弘八年十一月十六日条。

(30)『公卿補任』による。

(31) 橋本義彦「貴族政権の政治構造」『岩波講座日本歴史』四、古代4、一九七六年。

(32)『公卿補任』による。

(33)『公卿補任』長元三年、源経頼尻付。

(34)笹山晴生、前掲注(28)論文「平安前期の左右近衛府に関する考察」。

(35)『公卿補任』による。

(36)雅信女倫子は道長室で頼通・教通・彰子・妍子等の母(『尊卑分脈』)。重光女も道長に嫁し、長信を産んでいる(『尊卑分脈』)。

(37)経長は治安二年四月に蔵人となっている。時に父道方は権中納言従二位(『公卿補任』)。

(38)宇多源氏雅信流の済政については前述。また経季は衛門佐(例えば『左経記』長元四年四月二十五日条)・少納言(例えば『春記』長久元年十二月二十一日条)等に任命された。重信流では親方が兵衛佐(『小右記』治安二年四月十七日条)となっている。醍醐源氏重光流では保任が五位蔵人(『職事補任』)となっている。

(39)『弁官補任』及び『公卿補任』による。輔尹については『権記』長保四年五月十六日条等により、済政については『権記』長保二年四月二十三日条による。

(40)藤原章信(『左経記』寛仁元年八月九日条)源為善(『小右記』万寿二年十月三日条)平定親(『春記』長暦三年十一月六日条)藤原家経(『弁官補任』長元元年条)藤原頼任(『小右記』長和三年六月十八日条)。

(41)朧谷寿「十世紀における左右衛門府官人の研究——佐・権佐——」『平安文化の研究』四、平安博物館、一九七一年。

(42)『職原鈔』には、

　五位蔵人三人。五位殿上人中。名家譜第殊撰二其器用一所レ補レ之也。補二当職一者次第昇進已為二恒規一。是故以レ摂二当職一已為二出身之初一云々。常例先任二八省輔。治民。兵一次任二勘解由次官一。次廷尉佐。次補二五位蔵人一。次任二弁官一。是順路也。(下略)

とあり、『職事補任』『公卿補任』等によって、この形が定着する時期を鳥羽院政期に求めることができる。それ以降の五位蔵人は、ほとんどこのコースをとる人で占められ、近衛コースをとる人は激減する。

(43)たとえば、藤原北家内麻呂流の家経・資業など。

(44)『公卿補任』寛仁四年、藤原広業尻付。『職事補任』後一条朝。

(45) 平雅康(『左経記』長元元年四月十七日条)。平範国(『左経記』長元九年五月十九日条)。藤原隆佐(『左経記』長元七年九月二十八日条、『公卿補任』康平二年藤原隆佐尻付)。藤原中尹(『権記』寛弘八年四月十五日条)。藤原定輔(『小右記』万寿二年三月十三日条)。ここにも、後の名家流につながる人が少なくない。
(46) 『公卿補任』寛仁四年、藤原広業尻付、及び寛徳二年、藤原資業尻付。
(47) 注(41)に同じ。
(48) 注(46)に同じ。
(49) 『朝野群載』巻九、功労。
(50) 『朝野群載』巻九、功労、式部大輔藤原朝臣敦光申文(天承二年正月二十日)。また『官職秘鈔』も同じ原則を載せている。
(51) 平定親は、少弁、中弁、大弁の外に衛門権佐、後朱雀天皇侍読、後朱雀・後冷泉天皇の東宮時代の学士、文章博士、式部大輔等の官に就いている(『弁官補任』『春記』『尊卑分脈』)。藤原家経は少弁、衛門権佐の外、後一条天皇侍読、式部権大輔を歴任している(『弁官補任』『左経記』)。大江挙周は後一条天皇東宮時代の学士、後一条天皇侍読、文章博士、式部権大輔を歴任している(『権記』『小右記』『左経記』)。
(52) 『公卿補任』康平二年、藤原隆佐尻付、同天喜三年、高階成章尻付。
(53) 表21参照。
(54) 院・坊官・宮司となった者を左に掲げる。福井俊彦「道長政権と坊官・宮司」『史学論集対外関係と政治文化』二、吉川弘文館、一九七四年、参照。
〔一条院〕 藤原季任(判官代)
〔三条院〕 藤原隆佐(判官代) 藤原登任(判官代) 源懐信(判官代)
〔小一条院〕 藤原永信(判官代)
〔上東門院〕 源済政(別当) 藤原惟任(判官代) 藤原永信(判官代) 平範国(判官代)
〔春宮坊(居貞=三条天皇)〕 藤原知光(大進) 大江景理(権大進) 藤原広業(学士)
〔春宮坊(敦成=後一条天皇)〕 橘則隆(大進) 藤原資業(学士) 大江挙周(学士)
〔春宮坊(敦良=後朱雀天皇)〕 藤原泰通(亮) 藤原惟任(大進) 源懐信(少進・大進) 橘義通(大進) 藤原範基(少進・大進)

高階成章（大進）藤原章信（権大進）
（春宮坊（親仁＝後冷泉天皇））藤原隆佐（亮）高階成章（権大進）
（皇后宮（藤原威子））藤原隆光（亮）
（中宮（藤原彰子））藤原泰通（大進）
（中宮（藤原妍子））藤原頼任（権大進）
（中宮（藤原威子））橘則隆（亮）源為善（権大進・亮）藤原公業（＝景能）（大進）橘義通（大進）藤原保相（権大進）
（皇太后宮（藤原彰子））源頼国（大進）藤原庶政（大進）藤原敦親（大進）
（皇太后宮（藤原妍子））源済政（亮）藤原頼任（権亮・権大進）
（大皇太后宮（藤原彰子））源済政（亮）藤原敦親（大進）藤原頼明（大進）藤原季任（少進・大進）源頼国（権大進）

(55) 道長政権下において検出した六位蔵人は九十六名であるが、叙爵後京官就任の記録を残す者は三十四名にすぎない。
(56) 『公卿補任』による。
(57) 以下、本節における蔵人頭・五位蔵人の官歴についての史料は、特記しないかぎり『公卿補任』『職事補任』『弁官補任』等をもとにして、『権記』『小右記』『御堂関白記』『左経記』『春記』等によって修正したものである。
(58) 『尊卑分脈』。なお『公卿補任』は源高明女とする。
(59) 道長母時姫と安親は共に魚名流中正の子。
(60) 『栄花物語』巻卅一「殿上の花見」。
(61) 玉井力、前掲注(1)論文「九・十世紀の蔵人所に関する一考察」。
(62) 五位蔵人が弁官と近衛少将から成るという特徴が院政期に至って崩れることについては、注(42)参照。
(63) 玉井力、前掲注(1)両論文。
(64) 『官職秘鈔』には「経二蔵人一式部民部丞五位幷一道者任レ之」とある。すでに醍醐朝の蔵人においても、叙爵の後に内蔵助となる例が多い。たとえば良岑衆樹（昌泰二年任、時に従五位下〈『公卿補任』〉）・藤原兼輔（延喜三年任、時に従五位下〈『公卿補任』〉）・良岑仲連（延喜二十一年任、時に従五位下〈『蔵人補任』〉）・源公忠（延長三年任、時に従五位下〈『古今和歌集目録』〉）。

(65)『官職秘鈔』には春宮大進について「名家諸大夫任レ之」とあり、福井俊彦「摂関政治と坊官」『早稲田大学高等学院研究年誌』一七、一九七三年、及び『春宮坊官補任』によって、醍醐朝から道長政権までの実例を調べても、大進は全て五位である。
(66)笹山晴生、前掲注(28)論文「平安前期の左右近衛府に関する考察」。
(67)表22参照。
(68)網野善彦「日本中世における海民の存在形態」『社会経済史学』三六‐五、一九七〇年。同、前掲注(1)論文。渡辺直彦、前掲注(1)論文。
(69)前掲注(1)「成立期蔵人所の性格について」において筆者は、蔵人の兼帯官職の特徴から、蔵人所は律令制官職の中枢部分の機能を、非常時には天皇のもとに直接的に集中しうる可能性を持っていたのではないかと考えた。
(70)『春記』長暦四年八月九日条。
(71)丹生谷哲一「散所の形成過程について」『日本史研究』一二一、一九七一年。
(72)小島鉦作「加茂御祖神社の摂津長州供祭人の研究」『神道研究』一‐一、一九四〇年。
(73)網野善彦、前掲注(68)論文「日本中世における海民の存在形態」。『侍中群要』巻三、御厨子所例。
(74)網野善彦「中世前期の『散所』と給免田」『史林』五九‐一、一九七六年。
(75)道長時代に「摂関家散所」の所見があることについては、森末義彰「散所」『中世の社寺と芸術』四、畝傍書房、一九四一年、参照。

〔補注〕蔵人の補任については、山口博『王朝歌壇の研究』別巻(蔵人補任、桜楓社、一九七九年)及び市川久編『蔵人補任』(続群書類従完成会、一九八九年)を参照されたい。

第四章　請奏の成立

はじめに

平安時代に盛行した上奏文書の一つに請奏というものがある。それは、『公式令』の規定しないものであり、主として行事の料物申請や叙位任官の申請に多くの例を見る。十世紀以降の公事用途申請において、内蔵寮請奏が重要な役割を果たしたことについては、すでに古瀬奈津子、古尾谷知浩等によって注目されている。[1]古尾谷の場合は内蔵寮の機能の問題として、また古瀬の場合は蔵人方行事の問題として分析したものである。したがって、請奏そのものに焦点を据えて分析を加える余地はまだ残されている。この請奏のあり方は、律令官司制の変質と大きな関わりを持っているように思われる。本章ではその点に注目しつつ、請奏の成立と展開について考察を加えてみたい。

第一節　「請奏」と「請」

請奏の文書様式は、『公式令』の規定する論奏式、奏事式、便奏式等とは大きく異なっている。まずその例を『朝野群載』[2]によって挙げてみよう。

〈史料一〉

内蔵寮

請綿卅屯

油六斗

（中略）

右従今月廿五日被行御八講用途析、以諸国所進年析料率分内所請如件

治暦元年九月十三日　正六位上行少属紀朝臣時成

正六位上行少允惟宗朝臣俊忠

早川庄八は『国史大辞典』において、請奏が諸司またはそれに準ずる機関によって料物申請や任官申請の際に用いられた上奏文書であることを説明し、その様式上の特徴として、

①上奏文書でありながら「奏」の字が用いられない。

②冒頭の差出所に官司名のみが記される。

③文末は「所請如件」「謹請処分」と結び、後者の場合は「天恩」「天裁」等の語が付される例であった。

等の点を挙げている(3)。つまり「請奏」とは、奏の形をとらない特殊な奏なのである。したがって文書様式を問題とすれば、これが奏書であるか、官衙間の文書であるかの区別はつかない（文中に天恩・天裁といった語が入ればわかるが、請奏の中にはそれらの語が入らないものも多い）。現に八世紀以来官衙間で使用された非公式様文書（『公式令』の規定外の文書を以後このように表現する）の中で、これと同じような形式の文書を見出すことはそう困難ではない。一例を示そう。

〈史料二〉(4)

供　御所請佐「土」良一六「二十」口　籠尻佐良料

正月廿日　「了」

「判充大進」
付物ア山成
「小折」　高橋田張麻呂

これは平城宮の東院と推測される部分から出土した木簡である。供御所が土器を請求したものであるが、別筆の書き入れによって宛先が春宮坊であったことが分かる。

早川庄八はこのような文書に注目し、それを「請」と名付けた[5]。また、狩野久も物資を請求する木簡の中にこの形式のものを多く見出している[6]。両氏共にこれを「解」の系列に属する上申文書の簡略化されたものとするが、「請」と「請奏」がきわめて密接な関係にあることは明白であろう。

そこでまず「請」の存在形態から探ってゆくこととしたい。

すでに指摘されるごとく、「請」の中に「解」の簡略化されたもの、ないしは「解申請」の省略化されたと思われるものが多いことは疑いない。しかし詳細に見てゆくと、今少し広い用途を持っていたように思われる。

〈史料三〉[7]

奉写　御執経所
奉請仁王一百部
右、被太政大臣禅師今日宣云、件経除先所奉請之外、更令奉請者、今依宣旨、
差舎人今木稲持充使、奉請如件
天平神護二年四月六日
図書少允日置「浄足」
「判許(異筆)　合請卅三部六十五巻（一巻複）　主典他田水主」

これは、内裏にあったと推測される奉写御執経所から造東大寺司に仁王経の借り出しを要求した文書の正文である[8]。

「奉請」の語は、「貸し出し」「借り出し」「受領」のいずれの意味にも使われるが[9]、この場合は奥の判によって借り出

し要求であることがわかる。この文書は、奉写御執経所と造東大寺司の間の経典貸借関係文書を貼り継いだ継文(つぎぶみ)の中に入れられているが、同じく経典借り出しを要求する奉写御執経所発給の文書に、「奉写御執経所移造東大寺司」と書き出すものがいくつも見られる。[10]

また、造東大寺司が奉写御執経所へ「移」を出した例もある。[11] したがって「請」の中には「移」を省略したものがあったということになる。

〈史料四〉[12]

上院　請斧弐柄

右、暫之間、請借如件、

異筆「依状充如員 付男成」

正月廿二日僧正美

これは、造石山寺所に来た文書であるが、上院と石山院の間には「牒」が往復しており、この「請」も「牒」に代わるものとしてよい。[13] 下達文書に「請」が使われた例は今のところ検出していないが、「請」は解のみならず、「移」・「牒」によって意志伝達を行うべき機関へももたらされたのである。右のように「請」を個々に分析してゆけば、「解」・「移」・「牒」を代行するものに分類しうるが、おそらくその特徴は被管・所管関係を意識しない文書という点にあったのではないかと思う。それは「請」という語句がふさわしくさえあれば、どこにでも発給されえたのではないかと思うのである。「請」の持つ右の特徴は、他の非公式様文書の多くにも通じる属性であると推測される。

早川は前述論文において様々な非公式様文書を整理し、下達文書としての「告」・「充」・「召」、上行文書としての「請」・「進」・「貢」等の様式を検出するとともに、「牒」の非律令的な機能も明らかにした。下達文書の「召」・「告」には、符型のものと牒型のもの(差出・本文・日付・位署の特徴による)があることも指摘した。[14]

公式様文書に使われる「符」・「解」・「移」・「牒」等の語は、「伝達」や「札」を意味するものであるが、それ以外の具体的内容を含むものではない。つまり、この語は被管・所管関係を明確にするために官僚制的な論理によって設定されたものと言ってよい。

しかし、非公式様文書に使用される「充」・「告」・「召」・「請」・「進」・「貢」等は、それ自体一定の具体的な行為を表わすものである。その行為の内容が下達であったり上進であったりすることはあっても、公式様文書が設定するような被管・所管関係を前提とはしていないのではなかろうか。たとえば符型の「召」の一例である天平宝字二年(七五八)二月二十□日付の造東大寺司召文[15]の場合、造東大寺司は直接被所管関係にない画工司の工人を召している。また、「充」の例である天平宝字六年二月九日の筥陶司充文[16]は筥陶司が雑器を造石山寺所に充てるものであるが、この両者の間に被所管関係はない。「充」には、符型のものと牒型のものの双方が存在するが、そのことは「充」という文字を有する文書が下達にも互通にも使用されたことを物語っている(「奉充」とする文書もあるが[17]、このようにすれば上進文書に使用される可能性も否定できない)。「告」もまた、告知札の例でわかるごとく、被管所司にのみ発給されるものとは言いがたい[18]。

第二節　「請」の実態

前節では、非公式様文書としての「請」の属性について述べたが、ここでは、「請」の具体的なあり方を考えてみたい。

「請」には差出官司を冒頭に記すものと、記さないものがある。後者は省略の度合いがより強いものである。今、前者をA型、後者をB型としよう。請奏と関係が深いのは言うまでもなくA型の方である。そこで、以下の考察においてはA型の「請」を中心にして検討することとしたい。また、特に断らないかぎり、「請」という呼称もA型を指すものとしよう。[19]

1　木簡における「請」

平城宮・藤原宮をはじめとする官衙遺跡から出土した請形式の木簡はかなりの数にのぼっている。また、長岡宮においては太政官厨家関係の請飯文書が多数出土して注目を浴びている。[20]狩野久は「古代木簡概説」のなかで請求木簡としての「請」(AB両型を含む)の特色を総括して、これらが日々発生する一件毎の請求に多用されたと述べた。また、下方または上方に小孔をあけた例があることから、伝票として束ねて保管したものもあったことを指摘した。[21]また、長岡宮の請飯文書について検討を加えた今泉隆雄は、それらが日々の少量ずつの請求伝票として、ある段階まで保管されたことを明らかにした。[22]それらを集計した上で正式の請求が行われ、木簡は廃棄されたのである。軽微にして日常的な請求、あるいは、すでに大枠が予算化されていて、それを日々分割して請求してゆくような場合には、請形式の使用はごく一般的だったのではなかろうか(もちろん「解」や「移」も使われる)。木簡の中には省略の度合いが多く、請求者の名前すら記されないものもある。しかしそれも請求者の口頭の説明、及び請求者自身の信用度によって充分に役割を果たしたものと思われる。

2　正倉院文書の中の「請」

『正倉院文書』の中にも「請」は多い。その請求の内容を例示すれば次のようになる。

①布施物(銭・布)請求
②食料・雑物及び代銭請求
③写経材料(紙・墨・筆・帙・綺・緒・軸等)及びその直銭請求

④経師・校生等技術者の要請
⑤雇役功銭請求
⑥要劇銭請求
⑦仕丁月養物請求
⑧衣服や雑物の借用
⑨仏像・浄土図請求
⑩仕丁返還要求[23]
⑪仏典の借用

以上のうち、もっとも例が多いのは請経文とよばれる⑪である。また、ややまとまったものを請求するものとしては①がある。これで見るかぎり、写経所の日常的な事柄を中心としてかなり広範囲に「請」が使われていたと言えそうである。ただし、これらの史料の多くは案として残されたものである。もし、請型の文書が下書きや控えなど部内の資料としてのみ使われ、正式の文書としては『公式令』にのっとったものが通用していたとすれば、右の傾向を一般化するわけにはいかなくなる。そこで次に、請型文書がいかなる局面で使用されたかということを考えてみたい。

（一）　草案としての「請」

「請」の中には、確実に草案として使用されたものがある。

東大寺写経所では天平宝字八年（七六四）七月二十八日の道鏡の宣によって大般若経六百巻の書写が行われたが、[24]『正倉院文書』続々修十八帙七巻にはこのときの布施請求に関する二通の文書が残されている。一通は天平宝字八年十一月二十一日付の造東大寺司請（『大日本古文書』は造東大寺司布施注文とする）であり、もう一通は同年十一月二十八日付の経所解である。この両者は、その内容から見て同一の請求に関わるものであることは疑いない。ただ、どちらにも修正の書き込みがあって、その関係はやや複雑である。幸いにもマイクロフィルムによってその間の経緯を推測することが可能である。

〈史料五〉(25)

① 〔b経所解〕造東寺司　申請経師等布施事
② 大般若経一部六百巻
③ 用紙一万二千（三百十八）〔b六十五〕張
④ 装潢紙一万二千（六百十八）〔b三百六十五〕張　之中三百張表紙
⑤ 校紙三万六千（九百五十四）〔b一百九十五〕張　挍三度
⑥ 題経六百巻
⑦ 応賜布施布三百（八十二端一丈九尺三寸）〔b七十四端三丈五寸〕〔a八〕
⑧ 三百七端三丈九尺九寸〔b一　二　六　七〕経師料　以一端充写紙四十張
⑨ 卅（一端二丈二尺八寸）〔b三丈八尺〕装潢料　以一端充作紙四百張
⑩ 三十六端四丈五寸〔a（三丈九尺六寸）〕〔b七尺八寸〕校生料　以一端充校紙一千張
⑪ 六端題師料　以一端充題経一百巻
⑫ 以前、依去七月廿八日宣、所奉写大般若経経〔師〕等布施物、所請如件

⑬ 天平宝字八年十一月廿一日　判官従五位下佐伯宿（祢）（a次官正五位下国中連）
b十二月五日案主上
b判官弥努連
b史生土師
b案主建部

〈史料六〉(26)

① 経所解　申請経師等布施事
② 大般若経一部六百巻
③ 用紙一万二千三百十八張（*「六十五張」）
④ 装潢紙一万二千六百十八張（*「三」 *「六十五」）之中三百張表紙
⑤ 校紙三万六千一百九十五張 校三度
⑥ 題経六百巻
⑦ 応賜布施布三百八十二端一丈八尺三寸（*「七十四　三　四寸」）
⑧ 三百七端三丈九尺九寸経師料（*「一　二　六　七」）以一端充写紙卌張
⑨ 卅一端二丈二尺八寸装潢料（*「三　八」）以一端充作紙四百張
⑩ 三十六端三丈九尺六寸校生料（*「七尺八寸」）以一端充校紙一千張
⑪ 六端題師料 以一端充題経一百巻
⑫ 以前、依内裏今月廿七日宣、経師布施物、所請如件、以解（*「去七月廿八日宣所奉写大般若経々師等布施物所請如件」）

⑬

天平宝字八年十一月廿八日案主上　「馬養」
判官弥努連「奥麻呂」
史生土師　「家守」
案主建部　「広足」

＊印は朱書

まず史料五であるが、これはやや乱雑な、一目で案文と分かる書体で書かれており、日下（にっか）には「判官従五位下佐伯宿（祢）」とある。この文書には二度にわたる修正が施されている。最初の修正はその個所の文字の上に棒線を引き、その右側に修正の文字を記している。ただ一字ごとの修正の場合は、その字の右に修正文字を記すだけである。史料にaと注記した部分がそれである。このときの修正で日下の人名は「次官正五位下国中連」と書き換えられ、七行目「三百八十二端一丈九尺三寸」の「九」が「八」に、十行目「四丈五寸」が「三丈九尺六寸」に書き換えられている。これを第一次修正とすれば、この文書にはさらに第二次修正が加えられている。

その詳細は後述するとして、つぎに史料六を見てみよう。この文書は行を整えて楷書で書かれた写経所の解である。おそらく正文にするつもりで作成されたと思われ、案主上馬養・判官弥努連奥麻呂・史生土師家守・案主建部広足の自署がある。内容的には第一次修正を受けた後の史料五を土台として書かれたことが明白である。その数値は、五行目の校紙の枚数をはぶけばすべて第一次修正のものに一致する。五行目の数値は史料五の第二次修正部分と同じであるから、第一次修正→史料六→第二次修正という順序を想定することができる。それ以外で第一次修正と相違する点は、冒頭の「造東寺司」が「経所解　申請経師等布施事」と換えられ、日付が十一月二十八日に変更されたこと、署名者が上馬養以下四名に入れ替わったことなどである。また「依去七月廿八日宣、所奉写大般若経経師等布施物、所請如件」という文言が「依内裏今月廿七日宣、経師布施物、所請如件、以解」と変更されている。造東寺司請から経所解に変えられたのである。この文書は署名を終えたところで何らかの事情でボツにされ、さらに朱注を加えられて案文とされた。

十二月五日付の史料五への第二次修正は史料六を踏まえて行われた(第五行目に注意されたい)。

この修正では、数値については修正個所を丸く囲んでその右側に修正文字を入れている(史料五にbと注記)。ただし八行目は「一」「二」「六」「七」と、修正文字を右に注記するだけである。この部分の数値は史料五・六ともに同じであるから、注記は第二次修正の際のものである。また前回修正した十行目の数字は再び修正されることとなったため右に余白がなくなり、左側に修正文字が書かれている。この時の大きい修正は、日付が十二月五日になおされ、位署が史料六を踏襲して「案主上」「判官弥努連」「史生土師」「案主建部」となっている点である。また第一行目の「造東寺司」が「経所解　申請経師等布施事」と修正されたのも、書体からいってこの時のことと思われる。ただ十二行目の「依去七月廿八日宣、所奉写大般若経経師等布施物、所請如件」という文言は史料六を継承せず、元のままとされている。この写経は七月二十八日の道鏡の宣によって始められたものであって、この日を明記する関係史料はあるが[27]、史料六のように「今月(十一月)廿七日内裏宣」を論拠とする請求文書は他にない。おそらくここが史料六の問題点の一つだったのではないかと思われる。

次に、史料六の朱注について考えてみよう。この朱注は第二次修正を加えた史料五の内容と同じである。ただ異なっているのは、日付に注記がないことと、史料五の七行目の数値「五寸」が朱注では「四寸」となっていることだけである。では、それらの前後関係はどうだったのか。そこで、史料五の写真で件の「五寸」の部分を改めて観察してみると、この五の字は、第一次修正を受けたときに注記された「八」の右半分と重なって、あたかも「四」のように見えるのである。この読み違いの結果が朱注に残されたとすれば、この朱注は疑いもなく、第二次修正を加えられた史料五から書き写されたことになる。おそらくこれが正式の文書の直接の下書きになったのであろう。史料六に朱注を加えたのは、史料五が度重なる書き込みによって見にくくなったためであろう。このように「請」が草案として利用された例は確かに存在する。[28]しかし、正文として独立した機能を発揮した例もまた存在する。次にはそのような例を挙げてみよう。

(二) 正文としての「請」

次の文書は天平宝字二年(七五八)八月の藤原仲麻呂宣によって開始された御願経(金剛般若経)書写の際のものである。

〈史料七〉[29]

請銭五貫四百文

東大寺写経所

三貫六百文綺一百八十丈直料 丈別二文

一貫八百文朱頂軸一千二百枚直料 以二枚宛銭三文

右将奉着金剛般若経一千二百巻料綺幷軸等直所請如件

天平宝字二年十月十二日主典正八位下安都宿祢「雄足」

諧好な書体で書かれ、雄足の自署の入ったこの文書については、すでに山本幸男の研究がある。[30]山本はこれを写経所から坤宮官に提出された正文とし、支給とともに返されたものと推測している。この案文も残されているが、いずれも請の形を取っている。[31]

〈史料八〉[32]

石山院奉写大般若所
請仕丁私部広国　　梶壹枚
右仕丁、預奉写　勅旨経事、自山作所、請夫等粮於院家到、即返遣間、衛士日下部千足来相也、件人船盗云、直有打縛事、共勘其趣不聞、然此船津者、諸百姓船多停宿所、或流来倚、或託人到、然件船不知彼来由、但江川渡間、乗件広国、因茲所縛参上、仍具其事由、差散位少初位上工広道充使、請処分如件
天平宝字六年五月十四日案主従八位上下村主「道主」
別当造東大寺司主典正八位上安都宿祢「雄足」

これは、山作所から石山院へ使者としてやってきた仕丁が、その帰途において船盗人の疑いをかけられ、捕縛されたという事件への写経所の対応を示す文書である。ここでは、この仕丁が勅旨経書写に関わる者であることを証明して、その返還を要求している。端正な文書で下道主と安都雄足の自署が据えられている。この文書の案文は、造石山院所の控えとして「公文案帳」のなかに残されている。[33] 文面は全く同じであるが、第一行目の差出の下に「左衛士」と記されている点が注目される。雄足の位署が「別当造東大寺司主典正八位上」と省略せずに書かれていることは、これが外部の機関へ向けた文書であったことを物語っている。とすれば、これが左衛士府へ出された正文であるとみても何ら矛盾はない。案文に左衛士と注記されたのは、正文が「請」の形で出されたためである。「請」には宛先が書かれないから、後のために注記しておく必要があったのである。おそらく仕丁の返還とともに文書も返されたのであろう。造石山院所ではこの文書の紙背を利用して、同年十一月三十日付の石山院務所解案、造寺所黒米報進文案が[34]書かれている。

これらの他に、大般若経書写の経師及び校生として大舎人(おおどねり)二人を請う天平宝字六年三月十三日の奉写石山院大般若所請(「奉写石山院大般若所請経師文」[35])も、奉写石山院大般若所から大舎人寮へ出された文書の正文と思われるし[36]、天

平十七年の大粮請求文書の中の民部省請(「民部省粮文」二月二十八日)や太政官請(「太政官粮文」十一月二十一日)[37]も正文である。[38]また、前掲の上院請[39]もそうである。

さらに、正文として使用された「請」として見逃しえないのは、いわゆる請経文の中の経典借用を請求するものである。その例がいかに多かったかは、天平宝字年間に奉写御執経所から造東大寺司にもたらされた数々の借用請求文書を見れば明らかである。[40]このように見てくると、「請」が官司の部内にとどまらず官司と官司の間でも、日常的な請求を中心としてかなり広く用いられていたということもまた事実であったと思われる。

そうだとすれば、このような略式文書が流通する条件とは何かが問われることとなろう。以下、節を改めて考えてみたい。

第三節　「請」をめぐる環境

1　「注文」と「請」

『大日本古文書』や『正倉院古文書目録』をみると、「注文」とされるものの中に「請」の形を持つものが少なくない。この両者にはきわめて深い関係があるように思われる。そこでまず、「請」と「注文」の関係を考えてみることとしたい。

佐藤進一はその著『古文書学入門』のなかで、中世の注文について、「注進状の一種で明細書きにしたもの、例えば人名・人数や物品の数量・種類などを列挙したもの」[41]と述べている。また、保立道久は『日本歴史大事典』の中でその特徴を、「あることがらを調査し、要件を明細書きにしたメモ。(中略)書き上げの対象は人名、人数や物品の数量・種類など、まったく任意であった。また一通で独立した報告書として機能した注進状と異なり、注文は、文書として提出することを予定しない手控えを本質とし、明細報告書として上申文書などに添えられた副進文書をも含む」と要約した[42]。

「注文」の語が史料上に使われることはきわめて少ないが、天平勝宝三年(七五一)十二月十五日の写書所注文には、「校生装潢題経等細注文者、検付布施帳」と記されており、当時も注文と呼ばれていたことがわかる[43]。

注文のもっとも大きな特色は、メモであれ報告書であれ、細部に渡るデータの提示を第一義とする点であろう。また、今で言う別紙資料的なものも含まれよう。『正倉院文書』にもその例は多く、形式も多岐にわたるが、一応、冒頭に官司名を記したもの(A型)とそれを省略したもの(B型)に分けておこう。

このうちA型のものは同一官司内に止まらず、官司と官司の間での報告にしばしば用いられている。つまり、事実の詳細を示す資料としての書類は、略式文書の形のままで提出されることが多かったのである。

では「請」と「注文」はどのように関わるのであろうか。「請」と関係の深い請求関係の「注文」を提示してみる。

〈史料九[44]〉

石山寺奉写大般若所

合且応請雑物捌種

紙一万三千六百卅八張

（中略）

帙六十枚各長一尺八寸　綺一百二丈

軸六百枚　　　　　　　葹十五柄大五 小十

刀子十枚大六 小四　　盆十口

清菜四斛七斗二升

右自内裏可給雑物如件

天平宝字六年正月十六日

（『大日本古文書』はこの文書を「石山寺奉写大般若所雑物注文」と命名している）

この史料には「所請内裏如件」ではなく「自内裏可給雑物如件」とされているから、内裏に直接請求したものではなく、写経所での控え、又は造東大寺司への報告すなわち「注文」である。これに対して、前掲の史料七（『正倉院文書目録』は東大寺写経所請銭注文とする）は「所請如件」と請求しており、文書名を付けるならば「請」である。[45]

このように一応の区別を付けることはできるのであるが、次のような場合もある。

〈史料十〉[46]

写疏所　請表紙幷緒軸等直事

合疏一百十四巻

表紙五十七張以一張着二巻 直銭百七十一文以三文充紙一張

（中略）

惣可請銭一千一百廿七文

天平廿一年正月廿八日　他田水主

史生志斐

文書の冒頭は「写疏所　請……事」と「請」の形をとるが、本文には「惣可請銭一千一百廿七文」と請銭の提示なのである。また、次の史料では、一つの文書の中に請求と報告の双方が同居している。

〈史料十一〉[47]

写経所

一　請帙幷画籤人

右今日已〔以〕往、所題経九百余巻、仍且所請如件

一　画籤事〔者〕以朱用哉〔若墨之〕以墨用哉

（中略）

一　装潢期限事

（中略）

右依宣旨勘注如件〔前〕

以前等状、附勇山内主申送如件

天平宝字五年四月十四日　　賀茂朝臣

主典　安都宿祢

「請求する」ということと「請求内容の提示」ということは、実務の場では同じ意味を持つ。「請」と「注文」は非常に近い関係にあると言えよう。

「請」が正文として姿を現わすことの背後には、非公式様文書の形のままで多用された「注文」との関係が考えられる。

2　官司の性格と「請」

「請」の実例を検討してみると、その使用が差出者と宛先の性格に由来する場合があることに気づく。例をあげよ

う。

〈史料十二〉[48]

民部省三月粮文

合直丁已下駈使丁已上壹伯陸拾貳人 八十四人直丁 七十八人断

応給米肆拾捌斛柒斗貳升　塩肆斗捌升柒合貳夕　布柒拾捌段

（中略）

以前、来三月廿九箇日料粮、所請如件、

天平十七年二月廿八日　史生田辺豊目

少録上村主人麻呂

平群文屋朝臣益人

〈史料十三〉[49]

太政官

合仕丁参拾人 直丁十五人 断丁十五人 得度貳人 並直丁 定貳拾捌人 直丁十三人 断丁十五人 料米柒斛捌斗 日別二升

塩柒升捌合 日別二夕 綿参拾屯 人別二屯

（中略）

以前仕丁等来十一月卅箇日食料米

塩幷綿等物所請如件、

天平十七年十月廿一日　右大史正六位上勲十二等　土師宿祢「牛勝」

前者は民部省部内の仕丁の粮物を請求したものであるが、宛先も民部省である。民部省から民部省へ「解」を出すわけにはいかない。後者の場合は、太政官弁官局の仕丁の粮物を請求したものであるが、この場合も適当な公式様文書はない。

『公式令』によれば、被管官司が他司に文書を出す場合には、所管官司に「解」を出して、そこからさらに「移」によって転送することになっていた。その具体的な状況は、天平十七年(七四五)のいわゆる大粮請求文書によって知ることができる(史料十二・十三もこの継文の中に含まれる)[50]。しかし、『正倉院文書』や木簡には、このような原則を無視して直接目的官司へ出された「移」や「牒」が多く検出される。早川は「移」・「牒」の具体的な使用例を検討し、令外の官司と他官司の文書の往復に「移」を用いるか「牒」を用いるかの明確な基準はなかったとする一方、令制官司同士の間では必ず「移」が用いられたとする[51]。令制の原則が崩れているとはいえ、なお差出官司と宛先官司の性格が使用される文書の種類に制約を加えていることを明らかにしたこの指摘は、「請」を考えるうえで重要である。「請」が「移」・「牒」と同じ働きをすることについては前述したが、「請」と「移」・「牒」の間には微妙な差違が認められる。この点を奉写御執経所と奉写一切経司について検討してみたい。

近藤毅大によれば、奉写御執経所は、称徳天皇のもとで一切経の入手・書写・勘経を行う機関で、内裏(法華寺)に置かれた「所」である。所管官司も明確ではなく、他司の官人を別当させることによって運営されていた。他方、奉写一切経司は奉写御執経所から発展した令外官司で、四等官組織を持つ、れっきとした「除目官(じもくのかん)」である[52]。これらの官司と造東大寺司の間では、経典の貸借に関わる文書が頻繁に往復していた。今、天平宝字六年(七六二)―神護景雲三年(七六九)に至る往復文書を整理してみると、表24のようになる。これによれば、「除目官」奉写一切経司と造東大寺司の間では、公式様文書による「移」や「牒」が圧倒的に多いことがわかる。他方、「所」である奉写御執経所との間では、「請」形式の文書がかなり多いことがわかる。近藤は奉写御執経所が図書寮官人によって占められ、正式の官司へと発展して行く時期を天平神護元年とするが、実はこの時期を境に「請」が少なくなり、「移」・「牒」が

表24　造東大寺司（写経所）と奉写一切経所・奉写一切経司の間の往復文書

差出者	宛先	期間	非律令的文書	移	牒
奉写御執経所	造東（大）寺司及び写経所	宝字六～八	三四	○	一
		神護一～景雲一・八	七	一七	一
奉写一切経司		景雲一・九～景雲三	○	一一	六
造東（大）寺司	奉写御執経所	宝字六～八	八	○	○
		神護一～景雲一・八	一	五	一
	奉写一切経司	景雲一・九～景雲三	二	一二	一〇

多くなるのである。請型の文書は正式の令制官司でも使われたが、官僚制的秩序からはずれた「所」において使用される頻度がより多かったのである。

さて、ところで被管所管関係の概念でうまくとらえられない場所として、内裏がある。筆者は、ここへも請型の文書が出されたのではないかと思う。造東大寺司や写経所が内裏と交渉を持つことは少なくない。しかし、造東大寺司や写経所が「解」を出すことは考えられない(53)。内裏の主体は言うまでもなく天皇と皇后である。『公式令』の規定外であるが、これらの官司から「奏」が出された例は皆無でない(54)。しかし、『正倉院文書』に残された例の少なさから言っても、これもあまり一般的であったとは言いがたい。そこで考えられるのが請型の文書である。この型の文書が内裏の代弁者的な役割を果たした外嶋院や奉写御執経所に多かったことも参考になる。以下、節を改めてその可能性を探ってみよう。

第四節　東大寺鋳鏡用度注文

天平宝字六年三月、保良宮（ほらのみや）にあった孝謙上皇は径一尺の銅鏡四面の鋳造を思い立った。勅を受けた因八麻中村は、三月二十五日の宣で、造鏡のための予算作成を造石山寺所に命じている。これを受けた造東大寺司主典で造石山寺所別当でもあった安都雄足（あとのおたり）は、所管官司たる造東大寺司と連絡を取り、予算作成の能力を持った技術者の派遣を求めている。[55]このときに作られた予算案は、鏡鋳用度注文として『正倉院文書』に残されている。

〈史料十四〉[56]

東大寺

応鋳　御鏡四面 各径一尺、厚五分

合応用熟銅七十斤 大

（中略）

応奉仕雑工一十人

（中略）

応給食料米二斛四斗八升雑工并夫一百廿四人料 人別二升

（中略）

薦二枚

折薦四枚

簀二枚

円座六枚

以前、依去三月廿五日因八麻中村宣、応奉仕　御鏡用度如件、

天平宝字六年四月二日主典正八位上安都宿祢「雄足」

これは造鏡のための材料、労働力、食費、その他を書き上げたもので、形式的には非公式様文書のA型である。「応奉仕　御鏡用度如件」と結んでいるから、その内容は報告書であり、表題の通り注文としてよい。この鋳鏡事業

は早くから研究者に注目されており、最近では関係史料を精密な調査によって整理した西洋子や岡藤良敬の研究がある。それを参考にしつつ検討してみよう[57]。

前掲の文書は『正倉院文書』続修四十巻(『大日本古文書』五巻二〇一頁)に収められている。今これを①としよう。この文書には全く同文の案文がある。これは、続々修十八帙三巻(十五巻一八一頁)に収められている。今これを②とする。

②の文書は天平宝字六年正月十五日から天平宝字七年二月十八日にかけて延々と写し継がれた、「造石山寺所解移牒符案」と称される一連の継文の中に入れられている。これは、造石山寺所の事務処理のために作られた控え(公文案帳)である。それに対して①の文書は、その造石山寺所解移牒符案の末尾近くに紙背を提供した一次文書として残存したものと推測されている。造石山寺所で反故紙として一旦廃棄されたものだったのである。

①と②を比較すると、②は三―四項目を同一行に詰めて記しており自署もなく、明らかに写しとわかるのに対して、①では一項目一行で記しており、用紙も折界・押界があり、文字も行間を整えて丁寧に書かれ、安都雄足の自署が入れられている。また、①には別筆で「可買」「禾田」「可受禾田佐所」など、収納に関する指示や、「受了九日」といった収納記録、「上奈良附采女山守」など、造鏡事業が石山から奈良に移管された際に物資を移送した記録、その他収納に関わる様々な墨勾・朱勾が付されている。これらのことから、①は正文または正文にきわめて近い控えであり、様々な注記や勾などから、物資の収納をチェックする台帳としての機能を持ったものであると推測されている。

ところで、この文書が作られるきっかけとなったのは、天平宝字六年三月二十五日の石山院牒に見られる孝謙太上天皇の勅と、それを奉じた因八麻中村の宣であった。その宣には「為鋳一尺鏡四面、上手工四人許、早速令召者、宜察状、且用度令勘故、不論日夜、令持調度進上、事有期限、不得延廻」とあった[58]。造鏡のために上手工四人を石山に召せと言っているのであるが、その直接の理由が「用度令勘故」であったことに注目したい。この頃、孝謙は石山に近い保良宮にあり、そこから造石山寺所に直接命令を下したのである。造東大寺司主典で造石山寺所の別当であった安都雄足が、その命を造東大寺司に申し送ったのがこの牒である。それによって作成された予算見積もりがこの用度注文だったのである。とすれば①の文書、または細部に至るまで寸分違わぬ文書が、太上天皇孝謙の目に入れられたはずである。

この文書及びその案が、いずれも「造東大寺司解」ではなく「東大寺」と書き出し、「用度如件」と結ぶ注文の形をとっているのも、内裏への注進とすれば納得がゆく。

この注文で請求された物のうち、食料品が内裏から支給されたことは疑いのないところであるし、他の物も基本的に内裏から支出されたと推測されている。(59) このように考えれば、少量の物資に留まらず、鋳鏡事業や写経事業などかなりまとまった予算請求や布施申請等を内裏に対して行う際にも、「請」ないしは注文型の文書が口頭申請を補う資料、もしくは内訳書といった形で使用されていたことを推測しても、そう不自然ではなかろう。前掲の石山寺奉写大般若所雑物注文(史料九)が「内裏より給うべき雑物」を書き上げていることは、右の推測をさらに補強するであろう。(60) 造東大寺司からの用度申請や布施申請文書に注文型のものしか残されていない場合は少なくない。それぞれの場合の請求先を精査する作業が不可欠であるが、それらの中には「請」や「注文」の型のまま内裏へ提出されたものもかなりあったのではないか。

第五節　奈良時代の「請奏」

「奏」という形をとらずに天皇のもとに確実にもたらされたと思われる文書が、八世紀においていくつか存在する。次にそれらについて考察を加えてみたい。それらはいずれも正倉院の納物出納に関わるものである。

〈史料十五〉[61]

施薬院請物

桂心壹伯斤 東大寺所収者

右件薬、為用所尽、既

無院裏、今欲買用亦無

売人、仍請如件

天平宝字三年三月十九日

葛木戸主

「宜」

これは施薬院が正倉院にある桂心百斤を請求したものである。この文書を作成したのは葛木戸主であり、マイクロフィルムによれば本文・日付・署名に至るまで同一人の筆跡と思われる。この請求に対して、光明皇太后の「宜」という勅筆の許可文言が加えられている。古尾谷知浩は、この文書の「葛木戸主」という署名は皇太后の許可文言が書き加えられた後に記入されたとする[62]。署名がいつ加えられたかということは決して小さいことではないが、写真では判定しがたい。ここでは結論を留保せざるをえない。葛木戸主は有名な側近女官であった和気広虫の夫で、光明皇太后の側近である。彼が施薬院と関係を持ったとする史料所見はない。ここでは施薬院官人としてではなく、側近として署したものと思われる。

この文書で注目すべきことは、第一行が「施薬院請物」となっている点である。後の請奏ならば「施薬院請」と書くべきところである。これはこの文書が、施薬院で作成されたものではなく、側近の戸主が伝えた文書であることに由来する。「施薬院の請求する物」が桂心百斤であって、その請求の理由が何であったかということを注記したのがこの文書だったと思われる。このような請求は口頭で行うのが一般的であった[63]。したがって、この文書は請求書と言うよりは、口頭報告を補う「注文」(メモないしは資料)としての性格を有すると解される。このような請求には具体的な数量が関わるのであり、誤りなきことを期すと同時に記録としての機能も期待されるという点からメモが提出されたのではなかろうか。もし、古尾谷の説くごとく、当初皇太后にもたらされたものに署名がなかったとすれば、口頭の説明なくして文書のみで機能を果たしたとはとうてい考えられない。また、奏上以前に署名が加えられていても事情は同じであったと思われる。

〈史料十六〉(64)

沙金貳仟壹拾陸両　有東大寺

右造寺司所請如件

天平勝宝九歳正月十八日

巨萬朝臣「福信」

(勅筆)「宜」

「以同月廿一日依数下

長官佐伯宿祢「今毛人」　判官紀朝臣「池主」

竪子巨萬朝臣「福信」　葛木連「戸主」」

この文書も前の文書とほとんど同じ形式である。これについても古尾谷は、巨万(こまの)福信の署名は勅筆の後に加えられたとする。巨万福信が光明皇太后に文書を提出し、「宜」の許可を得る。福信と葛木戸主が使者として東大寺に赴き、造東大寺司の長官佐伯今毛人(さえきのいまえみし)と同判官紀池主(きのいけぬし)と共に沙金の出給に立ち会い、この奥に署名を加えたということは確実である。ところで福信が皇太后に提出した文書も、造寺司が出した文書ではなく、竪子巨万福信が造寺司の請求を受けて、それを自らの責任のもとに報告した注文の形式をとる点に注目したい。史料十五と同じ特徴を有しているのである。

〈史料十七〉[65]

造東大寺司

合請薬柒種

桂心壹拾斤小　人参壹拾斤小

（中略）

紫雪壹拾両小

天応元年八月十六日

参議藤原朝臣」「家依」（自署）

「左大臣宣（異筆）

この文書は、冒頭から日付までは同一人の筆になり、左大臣宣から参議藤原朝臣までは別の人の筆である。そして藤原家依（いえより）の「家依」という自署が入れられている。これについては、早川庄八がこの間の事情を『宣旨試論』の中で、「双倉北献物出用帳」と対比させつつ考察を加えている。[66] 早川はこの文書が造東大寺司から東大寺（宝物）検校使を経由して太政官にもたらされたと推測し、天皇の許可のもとに左大臣が宣をし、検校使藤原家依がそれを奉じたことを明らかにした。この時の検校使は藤原家依と建部人上（たけるべのひとかみ）であったが、文書の冒頭から日付までの部分が造東大寺司から検校使に付された簡易文書、「左大臣宣」と「参議藤原朝臣」の文字を記したのが建部人上、そして自署を記したのが藤原家依ということになる。文書に勾がかけられているのは出給の時のチェックである。

ここで造東大寺司が提出した文書は、これまで検討してきたものの内では最も請奏に近い形式を持っている。異なるところは署名がない点である。しかし、この点は請奏の淵源を考えるうえでは貴重な貢献をしてくれる。筆者はこれを要求のための注文、つまり別紙資料と考えるからである。この文書は検校使から左大臣にもたらされ、大臣の口頭申請のための資料として、おそらく天皇にも署名のないままで提示されたのではなかろうか。大臣や側近が直接天皇と対面して申請するのであれば、資料がメモ的なものであっても事柄の信頼性においては何ら問題は生じない。それは検校使から大臣へ上申する場合でも同様であったと思われる。

以上、奈良時代における請奏類似の文書はいずれも「注文」＝別添資料、またはメモとして上申されたと思われるものであった。メモであれば、それが署名を欠いていたり、形式上整わないものであったりしても問題はない。検討した諸例がかなり多様な形を取ったのは、そういった事情によるものであろう。

む　す　び

請奏の起源を追究すれば、「請」にたどりつく。非公式様文書の一つである「請」は「注文」とも関わりつつ、律令官職の末端部でそれ自身独立した文書としてかなり広く用いられていた。それは「所」のような令外の官職や、公式様文書が不適合な局面で特に多く用いられた。末端官司が内裏と直接交渉しようとする場合も、そのような局面が生まれる。そこでも「注文」や請型の文書が利用され、やがて請奏へと形を整えていったのではなかろうか。

律令制にとって、公文書の体系がきわめて重要な意味を持つものであったことは言うまでもない。にもかかわらず、「請」のような非律令的文書が根強く存在するのはなぜなのだろうか。この点について注目されるのは、つぎの藤原宮跡出土木簡である。

弾正台笠吉麻呂請根大夫前　桃子一二升　奉直丁刀良(67)

この史料は『大宝令』以後のものらしいが、「……の前に請う」という古体を残す文面から憶測すれば、「請」が『大宝令』より古い時代から使用されていたということ――言いかえれば、公式様文書の方が新参者であったということ――もありえよう。上の設問に対する答えの一つは、このような事情の中にあるのかもしれない(68)。

(1) 古瀬奈津子「行事蔵人について――摂関期を中心に」『国立歴史民族博物館研究報告』一九、一九九五年。古尾谷知浩「古代の内蔵寮について」『史学雑誌』一〇〇－一二、一九九一年。
(2) 『朝野群載』巻五、内裏御八講用途請奏。
(3) 『国史大辞典』吉川弘文館、〈しょうそう〉の項。
(4) 『平城宮出土木簡概報』一二一・一二。
(5) 早川庄八「公式様文書と文書木簡」『木簡研究』七、一九八五年。
(6) 狩野久「古代木簡概説」木簡学会編『日本古代木簡選』岩波書店、一九九〇年。
(7) 『大日本古文書』(一六巻四四〇頁)。以下『大日本古文書』については書名を省略し、( )の中に巻－頁のみを入れることとする。また『正倉院文書』についても巻次のみを示す。
(8) 福山敏男「奈良朝に於ける写経所に関する研究」『史学雑誌』四三－一二、一九三二年。井上薫『奈良朝仏教史の研究』吉川弘文館、一九六六年。
(9) 大平聡「正倉院文書に見える奉請」『ヒストリア』一二六、一九九〇年。
(10) 表24参照。
(11) 表24参照。このような例は他にも多い。
(12) 上院請斧文(一五－三〇九・続修四四)。
(13) 上院務所牒(五－一三二)・石山院牒(一五－二五四)など。
(14) 注(5)に同じ。
(15) 造東大寺司召文(四－二六〇・続修四三)。
(16) 筥陶司充文(五－一〇四・続修四三)。
(17) 造石山寺所銭米充用注文(五－一〇四・史館本七)。
(18) 平城京東三坊大路側溝出土告知札(『平城宮出土木簡概報』七、八頁)。天平宝字六年二月十日付の大尼公所牒の奥に記された安都雄足の告は「善光所」に出されている。善光は大尼公所の尼で、もちろん写経所との被所管関係はない(五－一〇六)。なお「告」については、川端新「牒・告書・下文――荘園制的文書体系の成立まで」『史林』八一‐三、一九九八年、菊池武雄「日本の告書に就いて」『東京大学史料編纂所報』一三、一九七八年、がある。

(19) 「請」のなかでA型のものを特に取り上げたのは、請奏がこの形を取ることと、それが律令的な公文書にもっとも近い形を取ることによる。「請」の様々な形態を区別しつつそれぞれの機能を考えるのは今後の課題である。

(20) 『長岡京木簡』一、向日市教育委員会、一九八四年。

(21) 注(6)に同じ。

(22) 「木簡はいつ廃棄されるか」『木簡研究』一六、一九九四年。

(23) ①布施(布・銭)請求

(四‐四四一)(五‐五〇一)(一〇‐四五三)(一〇‐六三一)(一〇‐六三五)(一四‐六〇?)(一四‐三七二)。

②食料・雑物及びその代銭請求

(二‐三九六)(三‐四七八)(五‐一一〇*)(五‐四七八)(六‐四)(八‐五四二)(一四‐三六九*)(一五‐一八九?)(二四‐三二三)。

③写経材料及びその直銭請求

(四‐三四五)(五‐五〇二)(六‐五五)(六‐七八)(七‐一七〇)(九‐一七八)(九‐一八〇)(一〇‐八五)(一三‐四七*)(一三‐一一一*)(一四‐一八八)(一四‐二七九)(一四‐三八〇)(一五‐八)(一六‐五五九)。

④技術者要請

(五‐一三五)(五‐一四一)(一五‐五〇*)(一五‐一五七)(一五‐一五九)(一五‐一六三)。

⑤雇役功銭請求

(一五‐一八五)。

⑥要劇銭請求

(五‐二三〇)(一五‐一五五)(一五‐一九六)。

⑦仕丁月養物請求

(一五‐二四六)。

⑧仏像・浄土図請求
（五－四七八）（一五－一八五）。
⑨衣服及び雑物借用
（一五－三〇九）（一五－一六二）。
⑩仕丁返還要求
（五－二三二）（一五－二〇五）。
⑪仏典の借用
例が多いため省略。

出典は『大日本古文書』。?を付したものは請求でない可能性を含むもの。＊を付したものは注文型の文書の中に請求が含まれるもの。

(24) 井上薫「奈良朝写経所の一考察」『日本古代の政治と宗教』吉川弘文館、一九六一年。
(25) 造東寺司経師等布施注文（五－五〇一・続々修一八－七）。マイクロフィルムによって改めた部分がある。
(26) 経所解（五－五〇二・続々修一八－七）。マイクロフィルムによって改めた部分がある。
(27) 造東寺司請帙綺注文（五－五〇二）、奉写経所解（五－四九八）。
(28) 東大寺写経所請綺幷軸直注文（一四－一八八）、造東寺司布施奉請文案（一四－三七二）など、他にも例は多い。
(29) 東大寺写経所請銭注文（四－三四五・続修四三－四）。
(30) 山本幸男「天平宝字二年における御願経・知識経書写関係史料の整理と検討」下、『正倉院文書研究』二、一九九四年。
(31) 東大寺写経所請銭文案（一四－一八八・続々修一八－六裏）。
(32) 石山院奉写大般若所請仕丁文（五－二三〇・続修四四－四）。
(33) 石山院奉写大般若所請仕丁文案（一五－二〇五・続々修一八－三）。
(34) 造石山寺所解移牒符案に入れられている（一五－二四八・続修四四－四裏）。
(35) 奉写石山院大般若所請経師文（五－一四一・続修四四－二）。
(36) この文書は大舎人二名を経師・校生として大般若所に出向させることを要請するものであるが、「造東大寺司主典正八位上安都宿祢雄足」「散位従八位上下村主道主」と官職名を省略しない署名(自署)があり、整った楷書で書かれている。これが写経所に残ったのは、おそらく出向した大舎人が持参したためであろう。天平宝字二年六月二十六日の造東大寺司移(一三－二三四)では大舎人寮へ経師を請うており、この場合も宛先は大舎人寮と思われる。なおこの時出向した物部塩浪の上日を大舎人寮へ申し送った、大般若所の四月二十七日付牒案が残っている(一五－一九四)。

(37) 二－三九六・続修四二、二四－三二三・続々修二三－四、『正倉院文書拾遺』四六。

(38) 山田英雄「天平一七年の文書をめぐって」『日本古代史攷』岩波書店、一九八七年。櫛木謙周「上京役丁の給養システム——仕丁・衛士を中心に」『日本古代労働力編成の研究』塙書房、一九九六年。

(39) 史料四、上院請斧文。前掲注(12)。

(40) 表24参照。

(41) 佐藤進一『古文書学入門』法政大学出版局、一九七一年。

(42) 『日本歴史大事典』平凡社、〈ちゅうもん〉の項。

(43) 写書所布施文案(一二－一八三・続々修四二－二)。なお、この文書の前半は、三－五二八・続修別集五〇裏。

(44) 石山寺奉写大般若所雑物注文(五－五八・続修後集二八－五)。

(45) 本書二二五頁。

(46) 寺華厳疏本幷筆墨紙充帳(一〇－八五・続々修六－一)。

(47) 写経所申送文案(一五－五〇・続々修三－四)。

(48) 民部省粮文(二－三九六・続修四二)。

(49) 太政官粮文。本文書は二四－三二三・続々修二三－四裏、及び『正倉院文書拾遺』四六の二断簡に分かれているが、ここでは同一文書として扱った。注(38)参照。

(50) 注(39)に同じ。

(51) 注(5)に同じ。

(52) 近藤毅大「八世紀における「所」と令外官司——奉写一切経所と奉写御執経所の検討から」『史学雑誌』一〇六－三、一九九七年。

(53) 内裏に出された「解」としては唯一「施薬院解」(一六－五〇四・北倉文書)がある。施薬院は光明に直結する極めて特殊な官職であり、一般化はできない。
(54) 東大寺写経所奏(三－三一九、一一－七二・続々修一〇－二五)、造東寺司奏案(一一－四七五・続々修四〇－一)、造東寺司奏(一七－四九・続々修一六－一)など。早川庄八、前掲注(5)論文参照。
(55) 岡藤良敬「天平宝字六年、鋳鏡関係史料の検討」『正倉院文書研究』五、一九九七年。
(56) 東大寺鋳鏡用度注文(五－二〇一・続修四〇)。
(57) 岡藤良敬、前掲注(55)論文。西洋子「造石山寺所解移牒符案の復元について」『律令国家の構造』吉川弘文館、一九八九年。
(58) 石山院牒案(五－一六〇・続々修一八－三)。
(59) 注(55)に同じ。
(60) 本書二三九頁。
(61) 一四－二七九・北倉文書。
(62) 古尾谷知浩「東大寺正倉院勅封蔵の出納体制」『正倉院文書研究』五、一九九七年。
(63) 吉川真司「奈良時代の宣」『律令官僚制の研究』塙書房、一九九八年。
(64) 一三－二〇七・北倉文書。
(65) 造東大寺司請(奏)(二五－附一・北倉文書)。
(66) 早川庄八『宣旨試論』岩波書店、一九九〇年。
(67) 『藤原宮』七七号木簡、奈良県教育委員会編、一九六九年。
(68) 『藤原宮木簡』一、解説、奈良国立文化財研究所、一九七八年。東野治之「木簡に現れた「某の前に申す」という形式の文書について」『日本古代木簡の研究』塙書房、一九八三年。早川庄八、前掲注(5)論文。加藤優「藤原宮跡」『日本古代木簡選』岩波書店、一九九〇年。

第五章　平安時代の請奏

はじめに

奈良時代の請奏（しょうそう）の特色は次のように要約できる[1]。

(1)律令階統制に関わらず、直接に後宮女官、または側近を通じて上奏する。
(2)口奏を補う資料、または注文の性格を帯びている。まだ定型化されていない。
(3)天皇個人及び天皇家に関わる局面で多く使用された。

平安時代になると請奏の使用が増えることはよく知られている。次の課題はその具体的な展開を明らかにすることである。請奏の利用に変化が見られるのは、九世紀中葉から十世紀にかけてである。以下、詳しく検討してみよう。

九・十世紀以降の請奏をその用途によって分類すれば、大きく三つにまとめることができる。その①は年中行事の料物を請求するための請奏、②は除目・叙位等における申請の請奏、③はその他、である。

従来、内蔵寮（くらりょう）請奏(①の一部)のみが注目されてきたが、それ以外のものも無視すべきではない。以下、右の分類に従って、それぞれのあり方を検討してみたい。

第一節　料物申請の請奏

料物申請の請奏のうちで、最も著名なものは内蔵寮請奏であろう。すでに研究も多いが、古瀬奈津子・古尾谷知浩の研究が重要な指摘を行っている(2)。古瀬は蔵人所の展開という視点から請奏を考察し、これが①蔵人方から太政官機構を動かして官内の庫蔵機関から用途料物を得るシステムであること、②その出現は、蔵人所主導の、太政官を経由しない命令系統の成立を意味すること等を明らかにした。また、古尾谷は内蔵寮に視点を据えて分析し、これを奈良時代から引き続き行われた「太政官を介さない物品調達システム」の展開形態として捉え、平安初期に拡充しつつ制度化された内蔵寮出給体制との継続性を強調する。これらの主張は矛盾するものではなく、内蔵寮請奏の持つ二つの側面を物語るものと言ってよい。ここでは両者の提言を踏まえつつ、内蔵寮請奏をも含めた料物請奏全体について、さらに具体的な検討を行ってみたい。

料物請奏の存在が古記録の中で確実に認められるのは、『親信卿記』の天延元年(九七三)六月十二日条である。そこには、

供二直嘗御粥一事如レ例、主水司奉二御盥請奏一、給二出納一令レ行、即返納時返二給請奏一

とある。しかし、古瀬が注目したように『親信卿記』天延元年五月二十二日条には、不動調伏法御修法(七ヶ日孔雀経御修法)に関して、

内蔵寮申請

銭四十八貫　絹十二疋　綿二百五十屯

信濃布十段　調布廿端　糸二絇

以上大宰綿代

同申請

白米卌五石　糯米六石二斗　大豆三斗

小豆三斗　大角豆五斗　胡麻五斗

大麦三斗　小麦三斗

以上　大炊寮

油一石二斗 主殿寮　塩二石 大膳職

諸国率分

という記事がある。『西宮記』によれば御修法には内蔵寮請奏が出されることになっており、この内蔵寮申請は疑いなく内蔵寮請奏であったと思われる。[3] 請奏のことを記す儀式書としては『新儀式』『西宮記』が古い。また、『延喜式』には全く見られない。これらから料物請奏の成立にとって十世紀の中葉が重要な意味を持つらしいことがわかる。

内蔵寮請奏が出された行事についてはすでに古尾谷がまとめている。[4] 氏の例示でおおむね尽くされているが、時期を摂関期までに限って、その出典を含めて料物請奏を一覧したのが表25・26である。そのなかから蔵人方請奏(内蔵寮請奏をふくむ)が出された行事を抽出すれば次のようになる。

a　儀式書(『新儀式』『西宮記』『北山抄』『侍中群要』)にあるもの

例幣、臨時奉幣(伊勢)[5]、荷前(のさき)別貢幣、宇佐使、盂蘭盆、御仏名、御読経、御修法、内宴、改御装束

b　その他の史料で確認できるもの

代厄御祭・防火災御祭、祈晴使幣、松尾幣、賀茂祭・斎院幣、大原野祭幣、平野臨時祭幣、月次祭幣、当宗祭幣、御祓、灌仏、御八講、皇后御産御修法、故天台座主法事、御燈鑪料、皇子七夜、御元服御冠筥、行幸用途、神今

表 25　料物請奏(その 1)

	年　月　日	差　出　者	内　　容		出　　典
1	天延 1.5.22	内蔵寮	御修法	蔵人方	親信記
2	天延 1.6.12	主水司	神今食	蔵人方	親信記
3	永延 2.閏 5.27	内蔵寮	代厄御祭幷防火災御祭	蔵人方	小右記
4	長徳 3.2.23	斎院司	神殿装束料	官　方	小右記
5	長徳 4.1.7	大蔵省	白馬節会節禄	官　方	権　記
6	長徳 4.1.16	大蔵省	踏歌節禄	官　方	権　記
7	長徳 4.3.6	内蔵寮	内裏御誦経供料	蔵人方	権　記
8	長徳 4.7.10		仁王会？		権　記
9	長徳 4.9.26	内蔵寮	公用料(吉書？)	蔵人方	権　記
10	長保 1.7.13	内蔵寮	御燈鑪料	蔵人方	権　記
11	長保 1.11.7	内蔵寮	皇子七夜用途	蔵人方	権　記
12	長保 2.8.20	内蔵寮	祈晴使幣料	蔵人方	権　記
13	長保 2.10	内蔵寮	皇后宮御修法(御産)	蔵人方	権　記
14	長保 2.10.7	内蔵寮	皇后宮御修法(御産)	蔵人方	権　記
15	長保 2.10.8	内蔵寮	皇后宮御修法(御産)	蔵人方	権　記
16	長保 2.12.21	内蔵寮	皇后宮崩後雑事	蔵人方	権　記
17	長保 2.12.29	内蔵寮？		蔵人方？	権　記
18	寛弘 8.3.22	斎院司	雑　　物	官　方	小右記
19	長和 1.4.9	内蔵寮	松尾御幣料	蔵人方	小右記
20	長和 2.5.9	季御誦経行事所	雑　　物	官　方	小右記
21	長和 2.7.22	近衛府？	相撲雑物	官　方	小右記
22	長和 3.1.4	内蔵寮	宇佐神宝料	蔵人方	小右記
23	長和 3.3.29	内蔵寮	賀茂祭・斎院御幣	蔵人方	小右記
24	長和 3.8.24	行伊勢初斎宮所		官　方	師通記*
25	長和 4.10.23	内蔵寮	大原野祭御幣(吉書)	蔵人方	小右記
26	長和 5.1.29	内蔵寮	譲位奉幣	蔵人方	小右記
27	長和 5.2.25	内蔵寮	宇佐神宝料	蔵人方	小右記
28	長和 5.4.15	大嘗会行事所	大嘗会行事	官　方	小右記
29	長和 5.5.17	神祇官	祈年穀奉幣	官　方	左経記
30	長和 5.6.10	内蔵寮	(吉書)	蔵人方	左経記
31	寛仁 1.8.1	行事所？	賀茂行幸舞人陪従装束	官　方？	小右記
32	寛仁 1.8.5	内蔵寮	行幸御幣並色々雑物	蔵人方	小右記
33	寛仁 1.8.27	仁王会行事所	仁王会	官　方	小右記
34	寛仁 1.10.3	左京職	仁王会	官　方	小右記
35	寛仁 1.10.20	神祇官	八十島祭祭物	官　方	左経記
36	寛仁 1.11.6	行事所	賀茂祭行幸料不足	官　方	小右記
37	寛仁 1.11.10	内蔵寮？	御元服御冠筥	蔵人方？	小右記
38	寛仁 1.12.8	内蔵寮	月次祭幣物	蔵人方	左経記
39	寛仁 4.4.21	内蔵寮	御所御読経雑用	蔵人方	左経記
40	寛仁 4.6.19	陰陽寮	四角四堺祭料	官　方	左経記
41	治安 1.1.22	内蔵寮	平野臨時祭	蔵人方	続左丞抄

*…寛治 5.7.23 条裏書.

料物請奏(その2)

	年　月　日	差　出　者	内　　容		出　　典
42	治安 1. 11. 21	大蔵省	豊明節会節禄	官　方	小右記
43	治安 1. 12. 16	御読経所	雑　　物	官　方	小右記
44	万寿 2. 2. 1	神祇官	諸社幣料	官　方	左経記
45	万寿 4. 4. 23	御読経行事所	雑　　物	官　方	小右記
46	万寿 4. 7. 19	近衛府?	相撲雑物	官　方	小右記
47	万寿 4. 7. 21	近衛府?	相撲召合雑物	官　方	小右記
48	長元 1. 4. 25	内蔵寮	臨時公用米(吉書)	蔵人方	左経記
49	長元 1. 10. 13	季御読経行事所	雑　　物	官　方	小右記
50	長元 4. 7. 9	装束司	相撲料布	官　方	小右記
51	長元 4. 7. 19	近衛府?	相撲召合料絁布糸紅花木綿	官　方	小右記
52	長元 4. 7. 21	近衛府?	相撲召合料雑物	官　方	小右記
53	長元 5. 12. 30	御斎会行事所	雑　　物	官　方	小右記
54	長元 8. 5. 28	神祇官?	二十一社奉幣	官　方	左経記
55	長暦 2. 10. 8	内蔵寮	御修法油幷他色物	官　方	春　記
56	長暦 2. 10. 11	内蔵寮	故天台座主慶命法事料	蔵人方	春　記
57	長暦 3. 11. 27		大神祭幣料		春　記
58	長暦 3. 12. 6	内蔵寮	御　　祓	蔵人方	春　記
59	長暦 3. 12. 24	内蔵寮	御修法料物	蔵人方	春　記
60	長暦 3. 閏 12. 23	内蔵寮	臨時公用(吉書)	蔵人方	春　記
61	長暦 3. 閏 12. 23	行事所?	大般若経供養	官　方	春　記
62	長暦 4. 5. 19		御読経	蔵人方?	春　記
63	長暦 4. 8. 25	内蔵寮?	御読経(故中宮御正日)	蔵人方	春　記
64	長暦 4. 9. 22		奉幣料		春　記
65	長暦 4. 9. 27	内蔵寮	奉幣料(外宮顚倒)	蔵人方	春　記
66	長暦 4. 10		御読経	官方・蔵人方	春　記
67	長暦 4. 11. 3	侍従厨	饗料(天皇初出御南殿)	官　方	春　記
68	長暦 4. 11. 10	内蔵寮	臨時公用(吉書)	蔵人方	春　記
69	天喜 5. 12. 24	内蔵寮	臨時公用(吉書)	蔵人方	隆方記
70	治暦 1. 9. 13	内蔵寮	御八講	蔵人方	朝野群載
71	治暦 4. 12. 22	内蔵寮	荷前奉幣	蔵人方	帥　記
72	延久 2. 4. 1	内蔵寮	当宗祭	蔵人方	年中行事秘抄
73	承保 4. 9. 30	内蔵寮	臨時公用米	蔵人方	水左記
74	承暦 4. 5. 2	行幸行事所?		官　方	帥　記
75	承暦 4. 5. 11	内蔵寮	臨時公用	蔵人方	帥　記
76	承暦 5. 10. 20		奉幣使		水左記
77	永保 1. 12. 15	行事所?	円宗寺御八講	官　方	帥　記
78	永保 3. 2. 13	神祇官	祈年穀奉幣	官　方	師通記
79	永保 3. 7. 3	内蔵寮	吉　　書	蔵人方	師通記
80	応徳 1. 2. 17	神祇官	祈年穀奉幣	官　方	師通記
81	応徳 2. 8. 5		御読経?		師通記
82	応徳 3. 9. 1	内蔵寮	幣　　料	蔵人方	師通記
83	応徳 3. 10. 26	内蔵寮?	幣　　料?	蔵人方	師通記

表 26　儀式書における料物請奏

	行事	請奏の種類	内容		出典
1	御斎会	行事所請奏	布施料	官方	(西)
2	内宴	内蔵寮申請	雑物	蔵人方	(西)
3	臨時奉幣	内蔵寮請奏	伊勢幣料	蔵人方	(西)(北)
4	臨時奉幣	神祇官勘文〈奏〉	諸社幣料(率分の場合)	官方	(西)(北)
5	臨時仁王会	行事所請奏		官方	(西)
6	季御読経	行事所請奏		官方	(西)
7	改御装束	掃守寮請奏	端料	蔵人方？	(西)
8	御盆	内蔵寮請奏	御願寺盆供料米	蔵人方	(西)
9	相撲召合	近衛府請奏	犢鼻褌料布	官方	(西)(北)
10	例幣	内蔵寮請奏	幣料	蔵人方	(西)
11	荷前幣	内蔵寮請奏	別貢幣	蔵人方	(西)
12	御仏名	内蔵寮・御厨子所請奏	雑物・御膳料	蔵人方	(西)
13	御読経	内蔵寮請奏	料物	蔵人方	(西)(侍)(北)
14	御読経	行事所請奏	料物	官方	(北)
15	御修法	内蔵寮請奏	雑物	蔵人方	(新)(西)(侍)
16	祈雨止雨奉幣	神祇官請文	料物(率分の場合)	官方	(西)
17	宇佐神宝使	内蔵寮請奏	幣料	蔵人方	(西)
18		穀倉院請奏		蔵人方	(侍)

〔備考〕 (新)…新儀式，(西)…西宮記，(侍)…侍中群要，(北)…北山抄

食、臨時公用米

これを見ればいかに多くの行事で請奏が使用されたかがわかる。

蔵人方請奏でまかなわれる料物が、本来的に内蔵寮で負担していたものの系譜をひくことは疑いない。しかし、その運用に請奏が必要となったことの意味は決して小さくはない。請奏への転換を最も如実に語るのは、荷前別貢幣の幣料である。別貢幣が天皇からの特別の幣として成立するのは弘仁四年（八一三）とされる。(6)『延喜式』では、その幣料を内蔵寮から中務省に申請して官物から得ることになっていた。つまりここでは律令制的な官衙秩序が生きているのである。しかし『西宮記』では、内蔵寮請奏によることになっている。(7)それは、このことに関する内蔵寮の職掌が律令官司統制からはずれて、蔵人所に直結したことを意味する。『延喜式』の体制において、毎年の恒例用途として明記されたものを使用する際に上奏は必要としなかった。しかし、ここに至って請奏が必要となったのである。そこには大津透が明

らかにしたような中央財政の破綻が大きく影を落としている。[8] 承平天慶の乱後、その破綻は決定的となったが、請奏はその状況下で不可欠の出費だけを勅によって選択的に承認するものであったと思われる。ただ内蔵寮請奏の場合、蔵人所の機能の充実に伴って拡大再編されている点をも見逃してはならない。その背後には古瀬が指摘したごとき儀式体系の変化があったものと思われる。[9] さて、料物請奏は蔵人方だけでなく、官方の諸行事でも使われた。これについても古尾谷の言及がある。[10] 古尾谷は大蔵省、神祇官、陰陽寮、主殿寮、斎院司、行事所等の請奏を挙げている。例によって、表25・26から官方請奏の出される行事を抽出すれば、次のようになる。

a　儀式書に載せるもの

諸社臨時奉幣(神祇官勘文)、祈雨止雨奉幣(神祇官請文)、御斎会(行事所)、仁王会(行事所)、季御読経(行事所)、御読経(行事所)、相撲召合(褌料・近衛府)

b　その他の史料で確認できるもの

祈年穀奉幣(神祇官)、八十島祭幣料(神祇官)、四角四堺祭(陰陽寮)、相撲関係の諸請奏(近衛府・装束司)、饗料(侍従厨)、踏歌・白馬・豊明節会節禄(大蔵省)、行幸用途(行事所)、斎院雑物・斎院神殿装束料(斎院司)、大嘗会(行事所)、仁王会(左京職)[11]

官方の請奏も決して少なくはない。

手続きとしては、各行事を担当する官司または「所」から太政官(弁官)へ請奏を出し、上卿の判断のもとに蔵人または殿上弁を介して奏する(行事所の場合は行事弁・行事上卿が関わる。相撲の場合は近衛大将が上卿の役割を果たした)。その後は蔵人方請奏と同じである。すでに指摘されるごとく、多くの場合官切下文が下され、率分・年料の区分、及び料物を出すべき官司の指定を行う。さらにそれにもとづいて官宣旨が出される。[12]

ところで、年料制の行き詰まった後の補強策として、永宣旨制が行われ、一定の効果を上げたことが、大津透によって明らかにされている。永宣旨制とは、天禄元年(九七〇)九月八日の宣旨に端を発する施策で、重要な年中行事用途物を、特別に指定した諸国から、毎年他に先んじて貢進させるというものである。その納否は受領の功過定に反映させられた。永宣旨制も請奏方式の採用も財政の行き詰まりを前提とした施策と言ってよいが、これらは相互にどう関わったのであろうか。大津の指摘を参照しつつ整理してみよう。[13]『江家次第』によれば、円宗寺最勝会・法華会料物に関しては永保二年(一〇八二)に永宣旨が設定されていたが、同時に行事所請奏も行われたことがわかる。しかし、請奏には永宣旨以外のものを載せることとなっていた。[14]また、御斎会の場合は、この永宣旨によって供養料を保証されたが、布施料については請奏によったらしい。[15]同じく天禄元年の永宣旨の対象となった季御読経や長保二年(一〇〇〇)三月十五日官符で料物を保証された仁王会の場合[16]も請奏が出されているが、これは永宣旨と重複するものではなく、永宣旨が設定されていない時、もしくは永宣旨でカバーできない料物についての申請であったとしてよい。永宣旨料物についての申請は年料物申請であるから奉勅の必要はなく、それを越える分について請奏が出されたと思われる。それは請奏の持つ臨時的、特例的な性格を物語るものと言えよう。

官方請奏は『西宮記』の段階から見られるものであるが、その出現は蔵人方とは異なった意味を持っている。それは非律令的な文書形式を持つ請奏が、律令階統制が最も厳格に守られたと思われる太政官の中に浸透したことを意味するからである。官方の行事所において請奏が見られることについては、「所」の非律令的性格から説明がつくが、神祇官やその他の令制官司もまた請奏を出すようになるのである。「請奏」と「請」は文書形式の上では全く同じものである。『西宮記』『江家次第』は、祈雨・止雨に際して「幣料請文」を載せるが、これは必ず奏上されたわけではなく、上宣のみで許可されることもあったらしい。これは、別のところでは請奏と呼ばれている。[17]また、『江家次第』は八十島祭における神祇官請奏について、上古は上宣であったと説明している。更に、『小右記』治安元年(一〇二一)十一月二十一日条にも大蔵省節禄請奏について、「昔は率分を申請しない場合は奏聞しなかった」と記されている。

率分の物を請求する場合は必ず奏されたらしいが、官方請奏の場合、その内容によって上卿が上奏すべきかどうかを判断し、上宣で済むものについてはそのまま弁史に下して施行していたのである。上奏の有無を問わず同一の文書がそのまま使用できるというのは、請・請奏の手軽さの一つであったし、被管所管関係にかかわらず直接申請できるのも、その特色であった。それは公式様文書よりはるかに融通性に富むものであったと言えよう。

『西宮記』によれば、臨時奉幣に際して、神祇官が諸社奉幣料を要求する場合は神祇官勘文が用いられ、率分でなければ上宣によって支出手続きがとられた(伊勢幣は内蔵寮請奏)。これは必要な料物を「勘え」て注進したものであるが、その形態は「請」と瓜二つである。ただ「請」の字が「勘」の字に入れ替わっているだけである[18]。すでに年料の形で定量化されている物を支出する場合、請求官司から太政官へ直接に勘文や請が出されるという形が、『延喜式』以前の段階でも実際にはかなり行われていたと推測することは、八世紀における「請」の利用状況から考えてそう不自然ではあるまい[19]。十世紀後半になって、料物の不足が覆いがたくなり、その支給を実現するために勅による特別の許可が必要となった時、「請」が「請奏」としても用いられるようになったのではないかと思う。

第二節　叙位・除目申文としての請奏

請奏は叙位・除目関係文書として多く用いられる。これらは叙位任官の申文として機能する。その実例は、『大間成文抄』や『魚魯愚鈔』『江家次第』等の儀式書や『朝野群載』などの文例集、さらには古記録に多く見られる。叙位任官においてこのような申請書を採用するようになったのは、律令制における考課・選叙方式が放棄され、年労方式が導入された時期に一致する。律令による方式が健在な時には、全官人の任官及び昇叙のデータは式部・兵部・中務省において統一的に把握され、外部からのデータは不必要であった。しかし、九世紀中葉から十世紀初めにかけてこの方式が変質し、年労方式が取り入れられる一方で、年給をはじめとする特別な人事枠が設定されるなど、平安朝除目・叙位の複雑な決定方式が成立してくると、さまざまな申請書が必要となる。[20] そのための文書様式の一つとして、請奏が採り入れられたのである。

平安時代に用いられた申文を形態によって分けると大きく二つになる。その一つは、申請者が自分の任官または叙位についての申文を出すもので、これは「自解申文(じげもうしぶみ)」と呼ばれる。その形式は次のように類型化できる。

(差出者)官位姓名誠惶誠恐謹言
　請特蒙　天恩……………………状
　…………………………………
　…………………………某誠惶誠恐謹言
　年月日　　　　　(差出者)官位姓名[21]

これは私文書としての書状の系統に属するものと言ってよい。異なるのは宛所(あてどころ)を欠く点のみである。確かに奏状ではあるが、請奏とは形を異にしている。今一つのものが請奏である。

請奏の形をとるのは、一定の推挙枠を与えられた機関または個人がその枠を活用して候補者を推薦する場合である。その形式は料物請奏と変わらない。文末を「所請如件」と結ぶものと、やや丁寧に「謹請処分」と結ぶものがある[22] (史料上は、請奏形式のものも私文書形式のものも同じく申文と呼ばれている。以後、特に請奏と区別する必要がある時には、後者を「申文」と表記することにしたい)。ここで考察の対象とするのは、言うまでもなく請奏形式の申文である。このような請奏、「申文」の実物としては十世紀初頭の『紀家集(きけしゅう)』紙背文書が最古である。[23] そこには、年給申文、諸司奏、叙爵の式部省奏等の請奏や個人の「申文」が残されている。その後の請奏の例は枚挙にいとまがないが、代表的な項目を列挙したのが表27である。

叙位関係では、巡爵申文としての式部・民部省奏、氏爵申文、給主が申請する年爵申文、成功を認められた機関の出す申文などがあり、除目関係では、上召使申文、三局三省史生申文、諸司奏、所々奏、連奏、諸道年挙、諸道内官挙、年給関係申文、諸請(諸司長官が申請)、成功を認められた諸司・諸所・諸社寺の申請等がある。

これらのうち、叙位関係の巡爵申文、氏爵申文、除目関係の上召使申文、三局三省史生申文、諸司奏・諸道年挙・連奏などは外記局に提出されるものであった。もっとも十世紀の早い段階で、有効な申文の多くは蔵人方に出される

表 27–a　叙位儀推挙関係請奏の概要

項　目	申　請　者
氏　爵	王・源・藤原・橘氏等
巡爵及び年労叙爵	式部省・民部省・近衛府・太政官・検非違使・諸司・衛府・馬寮等
年爵(叙爵・加階)	給主

〔備考〕 江家次第・春記・通俊卿記等による.

表 27–b　除目儀推挙関係請奏の概要

項　目		申　請　者
外記方	上召使申文	太政官
	三局史生申文	左右弁官局・外記局
	三省史生申文	式部省・兵部省・民部省
	諸司奏	諸司
	連奏	神祇官・陰陽寮・典薬寮・主計寮・主税寮等
	諸道年挙	紀伝道・明経道・明法道・算道
	三院年挙	勧学院・奨学院・学館院
	諸道内官挙	紀伝道・明経道・明法道・算道
	成功	諸司・諸所・諸社寺
蔵人方	所々奏	所々
	諸　請	諸司長官
	年　給	給主

〔備考〕 江家次第・大間成文抄・魚魯愚鈔等による.

ようになったらしいが[24]、本来的には外記方に出される請奏も少なくなかった。このことは叙位・除目という正式の政務の場で、請奏が太政官における必須の文書として位置づけられたことを物語る。その時期は料物請奏より一足早い。叙位・除目に関わる政務は、令制下でも官司制秩序とは異なった特殊なシステムを持っていたことが、吉川真司によって明らかにされている[25]。特殊な事情(年労や年給・年爵・殊功など)のもとに設定された人事枠への申請は注文に近い性格を持っているとすることができる。儀式の場で大量の文書を手際よく処理してゆくためには、要求の要点のみを記した単純な(カードのような性格の)文書の方が効率的である。また、特別な人事枠へ応募して、式部省や兵部省も経ず直接奏上(実質的には蔵人所や太政官外記局)する文書様式としては、「解」より請奏がふさわしかったと言えよう。このような点が請奏を採用させた要因なのであろう。

第三節　その他の請奏

前節までの請奏は十世紀以降特に目立つものであるが、子細に観察すると、さらに多岐にわたる請奏があることに気づく。それらはまた官人の推挙関係のものと、その他に分けることができる。以下それらについて述べてみよう。

1　官人推挙関係の請奏

除目や叙位儀(五位以上叙位)以外の場で官人を推挙するときに請奏を用いることも少なくなかった。それらを列挙したのが表28である。これによれば儒官による課試・秀才・学問料給付等への推挙、大将による府生(ふしょう)の推挙等の例が多く見られる。その外、太政官(弁官局・外記局)史生に推挙するものや(24・35)、成功や年給の人事枠を使って大領に推挙するもの(8・18)等もある。また、叙位に関するものとしては、検非違使新任者に六位を与えることを要求し

表 28　種々の請・請奏(1)　推挙関係(叙位儀・除目儀申文を除外)

	日　付	差　出　者	内　　容	出　典
1	寛平 6. 8. 11	検非違使(別当・権佐 2 名)	新任者に六位授位を申請	政事要略
2	延長 3. 2. 1	権針博士・医博士	医生試の試博士の推挙	符宣抄＊
3	承平 5. 8. 25	文章博士 2 名	方略試奉試者の推挙	符宣抄
4	天慶 2. 5. 22	大外記・大隅守	弁官給三合により大領申請	符宣抄
5	天慶 9. 2. 21	文章博士 2 名	方略試奉試者の推挙	符宣抄
6	天暦 1. 5. 4	権医博士・針博士・医博士	医生試の試博士の推挙	符宣抄＊
7	天暦 4. 4. 14	文章博士 2 名	方略試奉試者の推挙	符宣抄
8	天暦 8. 7. 23	式部省	造省料一分代による大領申請	符宣抄
9	天暦 10. 12. 19	算博士	課試試博士の推挙	符宣抄＊
10	天暦 11. 2. 20	神祇官(権大祐・権少史)	御巫代の推挙	符宣抄＊
11	応和 2. 4. 25	文章博士 2 名	課試奉試者の推挙	符宣抄
12	康保 3. 8. 2	算博士	課試試博士の推挙	符宣抄＊
13	康保 4. 8. 21	明経道(博士・助教)	課試奉試者の推挙	符宣抄
14	康保 4. 10. 27	算博士 2 名	課試奉試者の推挙	符宣抄
15	安和 1. 9. 3	神祇官(少祐・少史)	神嘗祭奉幣使推挙	符宣抄＊
16	安和 1. 9. 3	神祇官(少祐・少史)	神嘗祭奉幣使忌部推挙	符宣抄＊
17	天禄 1. 8. 19	勘解由使(長官)	史生の推挙	符宣抄＊
18	貞元 3. 3. 27	式部省(大丞・少録)	厨家料一分代によって大領推挙	符宣抄
19	長和 2. 8. 12	近衛府	府生の推挙	小右記
20	長和 4. 9. 2	近衛府	府生の推挙	小右記
21	長和 4. 10. 3	大歌所？	大歌所別当を推挙	朝野群載
22	万寿 2. 3. 13	近衛府	府生の推挙	小右記
23	万寿 2. 11. 17	近衛府	府生の推挙	小右記
24	万寿 4. 3. 2	大炊寮	左右弁官史生を推挙	小右記
25	万寿 4. 4. 21	近衛府	府生の推挙	小右記
26	長元 1. 7. 4	近衛府	府生の推挙	小右記
27	長元 1. 7. 10	近衛府	府生の推挙	小右記
28	長元 9	同房諸儒等	穀倉院学問料申文	続文粋
29	長暦 3. 2	文章博士	秀才に推挙	朝野群載
30	天喜 4	文章博士？	方略試奉試者の推挙	朝野群載
31	天喜 5. 8. 20	同房諸儒等	穀倉院学問料申文	続文粋
32	康平 2	文章博士？	秀才に推挙	朝野群載
33	康平 4. 11. 15	勧学院学堂(文章博士以下 10 名)	秀才に推挙	朝野群載
34	康平 6. 1	文章博士	策試奉試者の推挙	朝野群載
35	治暦 4. 12. 26	太政官(少納言・外記)	外記史生推挙	朝野群載
36	承保 2. 5. 1	文章博士以下 19 名	方略試奉試者の推挙	朝野群載

た検非違使請奏がある。4・21等は蔵人方へ、その他は太政官(外記局)へ出されたと思われる。

ところで、官人推挙には奏によらず上宣によって許可されたものもある。これらは請とすべきものであるが、表28に＊印を付したものがそれである。課試の試博士、勘解由使史生、奉幣使等の推挙は請によっている。これらは、太政官(外記局)に出されたものと思われるが、請になるか請奏になるかの基準は事の軽重であったとしてよい。

では、このような請・請奏をどう考えればよいのであろうか。おそらくそれは、叙位除目の儀における請奏に準じて考えてよいものと思われる。時期的な面でも叙位除目の請奏の展開と軌を一にしている。階統制を無視した請奏が官人制に関する分野には侵入しやすかったのではなかろうか。

2　その他の請奏

次にこれら以外の請奏も存在する(表29)。その内容は、獄所に候するものの特例的な給暇(3、進物所)、職名の改称(8、内竪所)、式部巡爵の優先順位決定(9、式部省)、荷前使の欠怠防止(10、太政官)、御願寺の設置(13、関白)、随身・傔杖の差進(14・15、大宰権帥)、封戸の寺家への寄進(17、親王家)等実に多様である。[26] これらの請奏のうち、十世紀初め頃までのもの(3・8)は蔵人方の所から出されたものである。料物請奏や叙位除目関係の請奏が一般化するまでの時期のそれは、なお八世紀以来の伝統を維持しており、限られた局面で使用されたと思われる。

なお、表29には請の例もおさめたが(末尾に＊を付したもの)、前述の時期のものについて言えば行事所、勘解由使、撰式所などの令外の「使」や「所」、および太政官の外記局から太政官に提出されたもの等であり、やはり八世紀以来の性格を引き継いでいると言える。

表29で明らかなように、請奏や請が非律令的な機関または律令になじまない条件の下で多用されたという傾向は、十世紀以降も変わらない。しかし、叙位除目及び料物請奏の盛行に伴ってその利用範囲も拡大されたのではなかろう

表29　種々の請・請奏(2)　その他

	日付	差出者	内容	出典
1	天長 8.5.2	太政官(大外記)	欠書・長案写填のための史生不足を訴う	符宣抄*
2	元慶 8.4.27	大嘗会悠紀須紀行事所	大嘗会記文を求む	符宣抄*
3	貞観 18.2.7	進物所(別当・頭・膳部)	獄所候者の暇を請う	朝野群載
4	延喜 12.6.9	勘解由使(判官・主典)	書物の借用	符宣抄*
5	延喜 14.9.10	勘解由使(判官・主典)	書物の借用	符宣抄*
6	延喜 14.9.21	撰式所	書物の借用	符宣抄*
7	延喜 19.8.17	撰式所	書物の借用	符宣抄*
8	承平 6.4.3	内竪所(別当・頭・官人代)	官人代の執事への改称を請う	符宣抄
9	応和 1.6.20	式部省(卿以下権少輔以上)	叙爵における着座次第の重視	符宣抄
10	安和 1.10.11	太政官(少納言以下権少外記以上)	荷前欠怠の禁止要請	符宣抄
11	天延 2.12.18	内蔵寮(頭)	内裏御仏名導師を請う	朝野群載*
12	天延 2.12.18	内蔵寮(頭)	内裏御仏名次第僧を請う	朝野群載*
13	正暦 5.2.17	関白(藤原道隆)	積善寺を御願寺となすを請う	本朝文粋
14	長元 2.6.19	大宰権帥	随身差進の官符を請う	符宣抄
15	長元 2.6.19	大宰権帥	傔仗八人の補任を請う	符宣抄
16	応徳 2.9.13	醍醐寺円光院(検校)	伝法灌頂阿闍梨の設置を要求	朝野群載
17	応徳 2.9.15	入道二品親王家	喜多院への封戸寄進を申請	朝野群載

か。院政期に入るが、『後二条師通記』寛治五年(一〇九一)二月十七日条には、五畿内・志摩・近江・若狭・紀伊・淡路諸国に官符を下して、諸節及び旬贄を内膳司を経ず直接職納するようにしてほしい、という内容の中宮職請奏が載せられている。実はこれと同じ要求を認めた延長元年(九二三)九月十四日の太政官符が残されているが、その時には中宮職解が出されていた。[27]「解」から請奏への変化が十世紀以降に認められる例の一つである。

むすび

以上、料物申請については十世紀中葉、叙位除目申請については九世紀中葉から十世紀初頭という時期を画期として、請奏の使用頻度が増加してゆくことを論じてきた。ではそれはどのような条件の下で展開したことなのであろうか。

まず第一に、奏を含む上申手続きの変化が注目される。吉川真司は八世紀後半から九世紀にかけて、太政官政務及び上奏において、「申文刺文」(文刺(ふみさし)の文を申す)の手続きによる上申方法が従来の公式令方式(読申公文方式)に取って代わることを明らかにした。[28] 奏に関しては官奏がその方式によるものである。そこでは上奏用の特別の書類は作られず、太政官に提出された「解」がそのまま天皇の許に提出された。つまり、資料としての解文がやりとりされることとなったのである。「請」「請奏」ももともとは資料であった。そしてその上申には基本的に「申文刺文」の方法が採られた。『侍中群要』奏二文書一事の条には内蔵寮請奏や穀倉院請奏を「文杖」を用いて奏上する作法が載せられているし、[29]『中右記』寛治六年正月二十二日条にはその実例が載せられている。また『魚魯愚別録』所引の『綿書』も、除目の際の蔵人方申文の奏上に「文杖」を用いることを載せている。

天皇が黙読する資料という点では、官奏における解文も請奏も同性格である。官奏は大臣が自ら奏上し、請奏は蔵人が取り次いだが、十世紀後半になって官奏が形骸化すると、ほとんどの奏事は上卿の命を受けた蔵人が奏上するようになるのであって、ここでも両者の差は縮まっている。このような事情が官方諸事に請奏を浸透させる要因になったのではなかろうか。

さらに今一つの要件として、蔵人所・検非違使、及び太政官における行事所の出現など宣旨職（せんじしき）の展開が挙げられる。これらの職には公式様文書がなじまない。また律令官制そのものも九世紀後半から十世紀にかけて大きく変容する。本書第一部第一章でも触れたが八省の機能の低下が顕著になり、諸司の実務機能を太政官が直属させる傾向が進行する。このような段階において諸司は八省を飛び越えて太政官と直接交渉を持つ傾向を強める。また人事に関しても、式部省・兵部省・中務省の機能低下と外記局・蔵人所への事務の集中が見られる。中文はこの外記局と蔵人所に提出された。これらはいずれも請や請奏が活躍すべき局面を形成した。そして請の中で上奏を要するものが請奏とされた。律令官職の変質と再編が請奏の盛行と深く結びついていたのである。

（1）　本書第二部第四章参照。

（2）古瀬奈津子「行事蔵人について」『国立歴史民族博物館研究報告』一九、一九八九年（後に『日本古代王権と儀式』吉川弘文館、一九九八年、に収録）。大津透「平安時代収取制度の研究」『日本史研究』三三九、一九九〇年（後に『律令国家支配構造の研究』岩波書店、一九九三年、に収録）。古尾谷知浩「古代の内蔵寮について」『史学雑誌』一〇〇－一二、一九九一年。

（3）『西宮記』巻十三。以下、特に注記しない限り故実叢書本による。

（4）古尾谷知浩、前掲注（2）論文。

（5）伊勢神宮への臨時奉幣には、内蔵寮請奏が出されたが、他の諸社への奉幣の場合は官方から神祇官勘文が出された。

（6）服藤早苗「山陵祭祀より見た家の成立過程」『日本史研究』三〇二、一九八七年。

（7）『西宮記』巻六。

（8）大津透、前掲注（2）論文。

（9）古瀬奈津子「平安時代の「儀式」と天皇」『歴史学研究』五六〇、一九八六年（後に『日本古代王権と儀式』吉川弘文館、一九九八年、に収録）。

（10）古尾谷知浩「律令中央財政の出納体制」『史学雑誌』一〇四－一二、一九九五年。

（11）（　）内の機関名は差出者。

（12）古瀬奈津子・古尾谷知浩、前掲注（2）論文。

（13）大津透、前掲注（2）論文。

（14）『江家次第』巻五。

（15）史籍集覧本『西宮記』巻二、頭書。

（16）大津透、前掲注（2）論文。

（17）『西宮記』巻十八。『江家次第』巻十二。

（18）『西宮記』巻七。

（19）前章参照。

（20）本書第三部第一章参照。

(21) その例は『朝野群載』巻九や『大間成文抄』に多い。

(22) なお精査する必要があるが、『朝野群載』『大間成文抄』によれば、推挙関係の請奏で「所請如件」とするものは氏爵・年給の請奏に多い(但し二合によって子孫に京官を請うものには「謹請処分」とするものもある)。また院宮家請も「所請如件」とする。そのほかは「謹請処分」が一般的である。

(23) 宮内庁書陵部編『紀家集』吉川弘文館、一九七八年、複製版。

(24) 本書第三部第一章参照。

(25) 「律令官僚制の基本構造」『律令官僚制の研究』塙書房、一九九八年。

(26) ( )内の機関名は差出者。

(27) 『別聚符宣抄』延長元年九月十四日太政官符。

(28) 吉川真司「申文刺文考」『日本史研究』三八二、一九九四年(後に『律令官僚制の研究』塙書房、一九九八年、に収録)。

(29) 『侍中群要』巻二、奏㆓文書㆒事。『魚魯愚別録』巻一、職事撰㆓申文㆒事。

第三部　平安時代叙位任官制度の成立と展開

第一章　平安時代の除目について
——蔵人方の成立を中心として——

はじめに

平安時代の除目制度の詳細な内容は、平安後期に作られた『江家次第』や十四世紀の成立でありながら、平安時代の儀式書を多く引用する『魚魯愚鈔』等によって知ることができる。また、時代をややさかのぼれば『西宮記』や『北山抄』にもかなり詳しい記載がなされている。しかし、この制度の成立過程についての研究はそれほど進んでいるとは思えない。(1) このような状況下にあって、早川庄八は、八世紀の任官儀に関する注目すべき論考を公表した。(2) これによって奈良時代から平安時代に継続する任官儀のあり方ははじめて明らかにされたと言ってよい。ただ、早川の考察の対象は、官人の選考が終わって、それが本人に伝達され、公表される過程が中心となっている。本章では、早川が意識的にふれなかった部分、すなわち官人の選考過程の手続きに焦点をおき、とりあえず平安後期以降の除目の形態の直接的な成立過程——九・十世紀における——を考察の対象としたい。

除目においては多くの種類の帳簿や文書の類が準備される。ここでは、それらの内の最も基本的なものと思われる七巻文書、欠官帳、大間、中文等について、その機能、取り扱いの変遷等を検討することによって、前述の課題に接近してみたい。

第一節　七巻文書・欠官帳・大間

1　七巻文書の系譜と取り扱い

除目儀（じもくのぎ）において進行役を勤めるのは執筆（しゅひつ）であるが、この執筆の座の前には、太政官（外記局）によって準備された四個の筥（はこ）が据えられることになっていた。その中には、硯筆をはじめとする筆記用具及び必要文書が納められることになっていた。その詳細については、鎌倉中期の成立とされる『除目鈔』に具体的な記載があるが、(3)硯・筆の入れられる筥を硯筥と呼び、以下、第一筥、第二筥、第三筥と呼び習わすこととなっていた。この第一筥に入れられる文書として七巻文書と総称されるものがある。これらは、京官諸司主典已上補任帳（ぶにんちょう）(二巻)、武官補任帳(一巻)、諸国主典已上補任帳(二巻)、令外諸司主典已上補任帳(一巻)、内外文武官五位已上歴名帳(一巻)からなる七巻の文書である。その具体的な書様については『魚魯愚鈔』に詳しい記載がある。諸補任帳類には各官職の在任者名と任命時期が記入されており、五位已上歴名帳には五位以上の全官人の歴名と叙位歴が書き込まれていた。これらはいずれも、除目に当たって、人材面からの基礎的条件を与える文書であった。(4)

しかし、これらは平安後期以降、除目の場ではほとんど使用されなくなっている。『魚魯愚鈔』所引『中山内府鈔（なかやまないふしょう）筥文図奥注（はこぶみずおくちゅう）』には、これらの文書について、

凡臨二任官期一、無二中文一之人位姓名也、字雖レ不二覚悟一、更不レ披二此文書一、以二職事一只問二外記一、宇治左府執筆之時、数反委細被レ問レ之、(5)

と説明されている。また『除目鈔』もこれらの文書を下積みにすべきことを記している。これはその使用頻度の少な

さを物語るものと言ってよい。[6] しかし、この事実は七巻文書が重要でなかったことを物語るものではない。『魚魯愚鈔』が第一巻の冒頭にこの七巻文書の説明を行っていることでも、それは理解できよう。これらはいずれも、除目において、任命可能な全人名及び現在の諸官職の在任者を網羅した基礎的帳簿と言ってよく、実際の行事がどうであろうと、彼らの人名を把握するということは除目執行者の理念としては欠かせないことであったと思われる。その使用が停止されたのは、外記に尋ねるという便法が一般化したためと言ってよい。[7] それでは、除目におけるこれらの文書の具備はいつごろから始まったものであろうか、またその取り扱いにはいかなる変遷が認められるのであろうか。以下、それぞれの文書別に検討を加えてみよう。

(一)　補任帳

まず、京官諸司主典已上補任帳、武官補任帳、諸国主典已上補任帳、令外諸司主典已上補任帳について考えてみたい。これらのうち、武官補任帳は兵部省が作成するが、他は全て式部省が作成する。[8] しかるに『延喜式』をみると式部式に、

　凡内外諸司主典已上、及諸国史生、博士、医師、陰陽師、弩師補任帳、毎年正月一日、七月一日、進㆓太政官㆒、但蔵人所料、六月、十二月廿日進、若有㆓改官及歴名錯謬㆒者、以㆑朱側注、

とあり、兵部式にも、

　凡武官補任帳、准㆓式部省㆒、毎年正月、七月一日進㆓太政官㆒、若有㆓遷官卒死之類㆒、以㆑朱注㆑側、其内裏料、更写㆓一通㆒、六月、十二月進㆓蔵人所㆒、

とあって、すでにこれらに対する明文規定を見出しうる。[9] また、『小野宮年中行事』所引の『弘仁式』や『貞観式』によって、これら補任帳進上のことが『弘仁式』にまでさかのぼることを確認できる。[10] そして、さらにその源をたず

ねれば、『養老公式令』の、

凡任二授官位一者、所三任授二之司、皆具録二官位姓名、任授時年月、貫属年紀一、造レ簿、其任官簿、除二貫属年紀一、官人連署印記、若有二転任身死及事故一、以レ理去レ任者、即於二簿下一、朱書注レ之、[11]

という規定にたどりつく。この規定は『大宝令』と『養老令』とでは多少の相違があるが、[12]任官簿については『大宝令』段階からすでに作成されていたと考えてよい。名称は任授簿、補任帳と異なっているが、その内容は同一であったと思われる。これを作成する官司についても、『令集解』所引の『古記』は式部省・兵部省であるとしており、平安時代と異なるところはない。その記載様式も、官位姓名、任授年月を記入することについては『魚魯愚鈔』の記載と一致するし、変更があった際に朱筆で注記することなどは、『弘仁式』―『延喜式』に至る記載に一致する。以上、補任帳の作成が律令にまでさかのぼるものであることは明らかと言ってよい。

ところで、この補任帳の取り扱いについては、『弘仁式』から『延喜式』に至る期間において変化がみられる。すなわち、『延喜式』によれば、補任帳は太政官に進上するものの外に、もう一通作成して、太政官に提出する十日程前に蔵人所（くろうどどころ）へ進上することとなっていた。[13]しかるに前掲の『弘仁式』にはこのことに関する規定がないのである。これがあらわれるのは『貞観式』からである。これによって、『弘仁式』から『貞観式』に至る時点において補任帳が蔵人所にも提出されるようになったことがわかるのであるが、さらに『小野宮年中行事』六月の式兵両省補任帳進二蔵人所一事条には、

依二仁寿元年七月十四日宣旨一、毎年正月七月進、而依二同三年六月十三日宣旨一、改二正月七月一、六月十二月進行、

とあり、その時点が仁寿元年（八五一）であったことを確認しうるのである。

（二） 五位已上歴名帳

『除目鈔』によれば、五位已上歴名帳は式部省で作成され、太政官に提出されることになっている。また、『延喜式部式』にも、

　凡五位已上歴名帳、毎年正月待㆓叙位官符㆒、即奏㆓内裏㆒、更写㆓一通㆒、進㆓太政官㆒

と規定されている。さらに『小野宮年中行事』所引の『貞観式』も『延喜式』と全く同内容である。しかし、『弘仁式』になると様相が異なる。『弘仁式』には内裏に奏することのみが載せられており「更写㆓一通㆒、進㆓太政官㆒」の語がみられないのである。(14) したがって、五位已上歴名帳が太政官に提出されるようになったのは『弘仁式』から『貞観式』までの間の時点においてであると言えよう。それ以前は内裏にのみ進上されていたと考えられる。とすれば除目または叙位(五位已上歴名帳は叙位の場合も使われる)の際に、太政官において準備される文書の中に五位已上歴名帳が入れられるようになるのも、この頃以後ということになる。(15)

　五位已上歴名帳は本来内裏にのみ進上されるものであった。その本来の用途については別の考察が必要と思われるが、おそらく、五位以上の位階が勅授であったことと関係するものではなかろうか。では、それが太政官に送られ、除目の際にも使用されるようになるのはいかなる理由からであろうか。ここで注意したいのは、五位已上歴名帳を含む七巻文書についての前掲の『魚魯愚鈔』の説明に、「無㆓申文㆒之人位姓名也」とあることである。中世においてこれを繙くことはなくなっているとはいうものの、「申文なき人の位姓名」を記した文書という説明は、その用途を物語るものではなかろうか。

　申文は、外記方、蔵人方のいずれに提出される場合にも、点検を経たうえで執筆の手許にもたらされる。したがって、それを見れば官位姓名は正確に把握できる。ところが申文がない場合には事情が異なる。ここに補任帳や歴名帳を見るべき機会があるということになろう。ところで、大宝元年(七〇一)七月二十七日の格によれば、奏任以上の官の任命に当たっては式部省が「可㆑任人」を列記し、太政官で銓擬することになっていた。(16) これは『延喜式』の条文

にもとり入れられており[17]、八・九世紀における任官に関する基本的な手続であったと思われるが、このような方式で任官が行われたとすれば、ここに姿をあらわす候補者達の官位姓名もまたおのずから明確であったはずである[18]。以上のように考えると、五位以上の官人の場合には、前述以外の方法で、特別に申文も提出せず、かつまた太政官も関知しない人物が任命されることがあり、そのような時のために五位以上官人を網羅した歴名帳が必要とされたとせざるをえない。この点に関して『魚魯愚別録』所引の『綿書』は次のように述べている。

五位四位候二殿上一之人、必不レ進二申文一、仍随レ仰所レ任也、仍仰出名字朝臣能可二案知一也、猶不審者可レ有(見カ)二補任歴名一歟[19]、

『綿書』は崇徳朝(一一二三—四一年)頃に成立したとされる儀式書であるが[20]、それによれば平安末期においては、五位・四位殿上人は必ずしも申文を出さなかったことがわかる。そして彼らの任官に当たっては「申文なき人」が任命されるということになる。そして、彼らを選任するのは「仰」または「御気色」、すなわち天皇ということになる[21]。このような場合には、太政官の予想しない人物が選出されてくる可能性があるわけであり、特別に五位以上の官人のみを列記した歴名帳が必要となったと思われる。とすれば、五位已上歴名帳の太政官への提出ということの背後には、五位以上の官を天皇の「仰」により直接任命することが頻出するに至ったという事情が考えられるのであり、そのような時期として『弘仁式』から『貞観式』までの期間をとらえることができるのではなかろうか。

2 欠官帳および大間の系譜と取り扱い

(一) 欠官帳と解欠帳

欠官帳については、すでに『西宮記』に所見がある。これは除目儀の冒頭において天皇に奏上されるものであった。もちろん、その後の儀式書にも必ず欠官帳奏上のことは載せられている。儀式書以外では、『九暦』天徳元年(九五

七)正月二十一日条の記載が最も早い史料と言ってよい。しかし、除目において欠官を一覧しうる資料は常に必要であったと思われる。とすれば、それ以前はどうなっていたのであろうか。『延喜式』には欠官帳についての規定はない。しかし、式部式には「解欠帳(げけつちょう)」なるものが載せられている。そしてさらに、『小野宮年中行事』の次の記載によって、それが『弘仁式』にも載せられていたことを確認しうる。

式兵両省補任帳進二太政官一事

弘仁式部式云、(中略)其解闕帳者、唯正月一日進、中納言以上不レ注二解闕一、貞観同式云、参議又不レ注、同又進二蔵人所一、

この解欠帳についての規定は、『弘仁式』『貞観式』『延喜式』共に前述の補任帳のすぐ後にひき続いて記載されており、両者の関連がきわめて強いことをうかがわせる。補任帳に深い関連を有し、「解欠」という語を冠する帳簿が、欠官帳と同一であった可能性は強い。ただ、そう推測するには、なおいくつかの疑問を解いておかねばならない。

まず、解欠帳に類似した内容を持つ帳簿が、欠官帳以外に存在しなかったかどうかを検討しておく必要がある。『公式令』によれば、官人に考解(こうげ)又は犯罪除免があった際には、解簿・免簿を作成することが規定されている。[22]この解簿・免簿は、任官簿の記載の削除と関わる帳簿であるから、任官簿(補任帳)との関係は深い。しかし、その作成官司を検討してみると、これは解欠帳と同一ではないことがわかる。解簿・免簿は「解免之司」で作成されるわけであるが、解司は太政官及び式部省(『義解』)もしくは太政官(『古記』・『跡記』・『穴記』・『令釈』)であり、免司は刑部省(各説異同なし)であった。これに対して、解欠帳は式部省で作成される。『義解』の言うように解簿の一部が式部省で作成されたとしても、それのみを解欠帳として太政官に進上するのは無意味と言わねばならない。補任帳の補助帳簿として提出させるのであれば解簿・免簿共にそろっていなければ意味がない。したがって、解免簿は解欠帳と同一とは考えられない。

この他に欠官を列記した文書としては、国司秩満帳[23]や大間がある。国司秩満帳は国司のみに関するものであるが、解欠帳の場合は前掲史料に「中納言以上不レ注二解闕一」(『弘仁式』)とか「参議又不レ注」(『貞観式』)[24]とあることによって、京官の解欠も記されていたことを知ることができる。したがって国司秩満帳も除外できる。また大間は除目の場において補任者をその都度書き込んでいくための帳簿で、あくまで執筆の実用に供するためのものであった。解欠帳は『貞観式』以降は蔵人所にも提出されることになっているが、大間が蔵人所に提出されたという史料はないし、またその用途を考えても、その可能性はない。大間も解欠帳とは異なるとせねばならない。欠官帳には、除目儀において太政官が奏上するものの外に、「御前闕官帳」なるものがあったことがわかっている。[25]これは、解欠帳が蔵人所に提出されたということと符合する。

次に、解欠帳の提出時期について考えてみたい。前述の『弘仁式』から『延喜式』に至る史料では、補任帳が正月・七月に太政官に進上されるのに対して、解欠帳は正月のみに進上されることになっていた。これはいかなる事情によるものであろうか。今仮に解欠帳が欠官帳と同じ用途に使用されるものとしてみよう。これは官職の解欠を記したものである。とすれば、その解欠の内容は時と共に変化するものである。したがってそれは除目の直前において作成される必要がある。しかるに、春除目は原則として正月に行われるが、秋除目は必ずしも七月に行われるわけではない。[26]したがって恒例行事としては正月にのみ進上し、他は必要に応じて作成進上したのではなかろうか。補任帳の場合は、その時々の変化に応じて注記ができるようになっており、これが正月・七月と半年毎に定期的に提出された理由なのではなかろうか。

以上、解欠帳と欠官帳を同一物と考えてよいとすると、欠官帳の進上は『弘仁式』まで確実にさかのぼる。また、前掲の『小野宮年中行事』の記事で明らかなように、それは『弘仁式』から『貞観式』に至る時期に蔵人所へも提出されるようになったのである。

(二)　欠官帳と欠官寄物

さて、ところで『魚魯愚鈔』はこの欠官帳について次のように記している。

闕官帳二巻（正官一巻権官一巻奏之外又無二執筆用一）

また、同書所引の『中山内府鈔宮文図奥注』には、

闕官帳（一巻官 一巻権官）奏聞許也、任官之時披二見寄物一、仍正権闕官帳無二其用一、

とある。これによれば、中世においては欠官帳は奏料としてのみ使用され、除目の儀式進行中に他の用途では使用されなかったことがわかる。そして欠官帳に代わって実際に欠官チェックのために使用されたのは、欠官寄物と呼ばれる文書であった。欠官寄物の具体的な様式は『朝野群載』に載せられている。(27) それによれば、これは正官・権官を問わず全ての欠官を官次の順に書きつらねたものであったことがわかる。そして官職の任命の毎にこれに印を付けて補任済みであることを示すのが、執筆の重要な作法の一つとなっていた。

欠官帳が使用されなくなったのは、その形式が必ずしも実用的でなかったことと関係するように思われる。欠官帳は通常二巻から成り、一巻は正官、他の一巻は権官を記載することになっていた。(28) ところが、これを実際の除目儀において欠官確認のために使用するとすれば不都合が生じる。今、受領の補任の場合を想定してみよう。受領は必ずしも正官ばかりとはかぎらない。したがって、その補任に当たっては二巻の文書をあちらこちらと往復せねばならなくなる。また、ほとんど常置のものとなってしまっている権官——たとえば近衛権中少将、権中弁、権少外記等々——の場合にもほぼ同様の不便さがつきまとう。この点欠官寄物（よせもの）は官職別に一括して記載されており、受領は受領でまとめられていたから問題がない。(29) おそらく、このような事情で欠官寄物が作られ、必然的に欠官帳は使用されなくなったものであろう。

しかし、欠官帳がその成立当初からこのような非実用的な文書であったと考える必要はない。権官や員外官がごく少なく、あくまで臨時的、一時的なものであった時期には充分に実用に耐えたと思われる。前述のごとき不都合が生じたのは、権官が急激に増加し、常置されるようになった時期のことであるとせねばならない。一般に権官や員外官が増加するのは八世紀後半以降のこととされる。成立当初から不便な文書を作る可能性は少ないから、欠官帳の成立も八世紀後半以前としてよい。また、律令制定当初にさかのぼらせて考えても何ら不都合はない。

欠官寄物についての初見史料は『西宮記』である(30)。しかし前述のことから、遅くとも受領制の成立する九世紀末—十世紀初頭頃にはもう使用されていたにちがいない。

欠官寄物の取り扱いについては『江家次第(ごうけしだい)』に、

　寄物文 執筆抄㆓出守介掾目等㆒也

とあり、執筆が欠官を選び出し、作成するかのごとく記載されている。しかし『魚魯愚鈔』所引の『中山抄(なかやましょう)』には、

　九抄云、小野記云寄物 昨日大外記文義朝臣所ㇾ進 (中略)以㆓匠作(資平)㆒伝㆓給文義㆒令ㇾ入㆓硯筥㆒云々(31)、

とあり、本来は執筆が作成すべきものではあったが、小野宮実資の頃には執筆が外記に命じて作成させるというのが実態となっていたものと思われる(32)。そして、それは除目に先立って執筆の手許に届けられ、硯や筆と共に外記方の硯筥に入れられ、除目儀の使用に供される。更に除目が終了するとこれを取りかたづけることになるが、その際、外記には下さず、執筆の僕従に下給することになっていた(33)。この取り扱いをみてもわかるようにこれは、太政官が正式文書として作成する欠官帳とは異なり、執筆が私的に作成する心覚えといった性格が強いものと言えよう。したがって、欠官を網羅した正式の文書はやはり欠官帳しかないということになる。欠官帳奏上のことは、中世に至っても除目儀の冒頭において必ず行われることであった。それは、この儀式が形式的にせよ、天皇による全欠官の把握を意味するものであったためであろう。いわば除目の基本的な構図がこのことによって確認されるという意味を有していたので

はなかろうか。とすれば、この欠官帳奏上のことは律令制成立当初から行われていた可能性が強い。

(三)　大　間

欠官帳と同様に、欠官を網羅した文書として、大間と呼ばれるものがある。これは官次の順序に従って欠官を配列したものであるが、欠官を記した下に、人名記入用の空欄を設ける点で、欠官帳と異なっている。これは外記局で作られ、外記方の筥に入れられるものである。執筆は任人(にんじん)が決定される毎にこの大間の空欄に人名を記入していくわけで、空欄が全部埋められれば除目は終了することになる。除目における任命の順序には一定の慣例があったが、それは必ずしも官次のそれとは一致していなかった。したがって、任命の順序の通りに官職及び人名を書きつらねていくと、大変複雑なことになるわけで、この混乱を防ぐために大間のような形式の文書は不可欠となる。すなわち、大間の示す官名の下に任人の名をその都度書き込んでいけば、選考終了時には補任者達は自然に官次に従って配列され、記載されることになるのである。除目において補任者の選定が終わると除目清書(召名(めしな))が作られ、それをもとにして彼らへの告知が行われることになるが、この除目清書は大間から作成された。したがって、これは補任者達の名を記す最も基本的な文書であって、これが無くては除目の具体的な作業は全く進められないと言ってよい程、重要な役割を果たすものであった。

その具体的な様式については、『大間成文抄(おおまなりぶみしょう)』や『長徳二年大間書』[34]等によってうかがうことができる。ただ、大間の史料的な所見はそう古くまでさかのぼらない。おそらく、『西宮記』(故実叢書本)巻二、除目の項に引く『醍醐御記』寛平十年(八九八)四月二十三日条の例などが最も早いものだと思われる。しかし、この始用についてはすでに早川庄八の研究がある。[35] 早川は天平十年(七三八)四月の、いわゆる「上階官人歴名」とされる文書(『大日本古文書』二十四巻七四頁)と、天平宝字二年(七五八)八月の「神祇大輔(副)中臣毛人等百七人歴名」とされる文書(『大日本古文書』十五巻一二九頁)に注目し、これらを後の「除目聞書」に相当するものであると推定した。そして更に、「聞書」が大間を前提としてしか作りえないことから、大間もすでにこの頃には存在していたことを証明した。ここでは早川の明解な結論に依拠して、大間もまた八世紀段階から使用されていたことを確認しておきたい。

以上、七巻文書、欠官帳、大間等について検討を加えてきたが、まず第一に、これらのほとんどが八世紀段階から使用されてきたこと、第二にこれらの内のいくつかの文書の取り扱いにおいて、『弘仁式』―『貞観式』にかけての時期に変化が見られること、またそれは蔵人所の充実と関わること等が判明した。そこで次節においては、後者の点に注目しつつ、労帳や申文について考察してみたい。

第二節　労帳および申文

1　外記方と蔵人方

除目労帳・申文の事務取り扱いにおいて、外記方と蔵人方の区別があったのは周知のことである。その分掌関係を明確にした儀式書としては『魚魯愚鈔』をあげることができる。この書は十四世紀に成立したものであり、それのみによって平安時代の状態を考えるのは危険であるが、できるかぎり平安期の史料で補いつつ、蔵人方・外記方に属する除目の項目と、その特色を説明してみたい。

(一)　外記方

外記方に属するものとして『魚魯愚鈔』が説明するのは、四所籍(ししよのせき)・内舎人(うどねり)・文章生(もんじようしよう)・上召使(かみのめしつかい)・三局史生・三省史生・諸道年挙・諸道内官挙・文章生散位・諸道課試及第・諸司奏・連奏等である。以下、その具体的な内容について、簡単に説明を加えておこう。なお、その初見史料をも注記しておくこととしよう。

○四所籍

これは内竪所(ないじゆどころ)・校書殿(きようしよでん)・進物所・大舎人寮(おおどねりりよう)の下級官人を年労によって諸国二・三分(目・掾)に任命するもので、それぞれの本所・本司が提出した労帳をもとにして補任していくものである。すでに黒板伸夫による詳細な検討がなされており[36]、その成立は寛平(八八九―八九八)頃であることがわかっている。

○内舎人

中務省の作成する内舎人労帳の藹次により諸国の二・三分に任命するものである[37](『西宮記』に記載がある[38])。

○文章生

大学寮の作成する文章生歴名の藹次により諸国三分に任命するものである(『北山抄』には京官にも任命すると述べられている[39]。『西宮記』に記載がある)。

○上召使・三局史生・三省史生

上召使とは太政官召使のことであり、三局史生というのは太政官、左右弁官史生をさす、また三省史生というのは式部・兵部・民部の三省史生のことである。これらの人々をそれぞれの本司の挙奏により諸国二分に任命するものである(上召使・三局史生については『延喜太政官式』に、また三省史生については『西宮記』に載せられている)。

○諸道・諸院年挙

紀伝・明経・明法・算等の諸道と、勧学・奨学・学館の三院の学生を諸国二・三分に任命するものである。諸道の場合は博士以下が連署し、諸院の場合は別当が挙奏する(『西宮記』によれば奨学院の年挙が応和二年閏十二月に認められた[三]こと、また勧学院はそれ以前より認められていたことがわかる。また学館院は『西宮記』以後に認められたと思われる。諸道年挙については『西宮記』に明経・紀伝・明法・算・医・陰陽道等が載せられている）。

○諸道内官挙

諸道の学生を内官に挙するもので、その成立はかなり新しいらしい。『魚魯愚鈔』は「上古邂逅歟」と述べ、さらに「綿書不レ載二此事一」と注記している[40]。『江家次第』以前の儀式書には記載がない。おそらく、院政期以降、下級国司に任命されることのメリットが少なくなってきてから一般化してきたものであろう。ただ、『魚魯愚鈔』によれば、

挙状付二短冊一納二第三筥一（或付二蔵人方一、春玉云両方有二同申文一之時以二蔵人方文一任レ之、外記方文不レ及二沙汰一云々、）

とあり、その申文がだんだんと蔵人方に提出されるようになっていったらしい点に注目しておきたい[41]。

○文章生散位

これは、文章生として諸国に任命され、一任を終えた者を再び外記勘文に載せ、順番に内官（京官）三分に任命するものである（『西宮記』に文章生散位労帳が載せられている）。

○諸道課試及第・方略

これは諸道課試及第者を式部省勘文によって内官二・三分（主典・判官）に任命するものである（『西宮記』に勘文のことが載せられている）。

○諸司奏

太政官以下の諸司がその官司の労によって配下の官人を推挙するものであるが、『魚魯愚鈔』が、

此奏近来常付二蔵人方一[42]

と記していることに注目しておきたい（『大間成文抄』に昌泰二年（八九九）の神祇官奏が載せられている[43]）。

○連奏

神祇官・陰陽寮（おんみょうりょう）・典薬寮・主計寮・主税寮等の官司においては、三分以下の官職（『魚魯愚鈔』は「近代四分（次官）」

と言う）に欠員ができた場合に、順繰りに下位から上位へと転任してゆく慣例であったが、これらを一括して本司の挙によって補任するものである。これについても『魚魯愚鈔』には、

此奏近来常付㆓蔵人方㆒

と注記されている。(44)

○諸大夫四位以下申文

『魚魯愚鈔』はこれについては、外記方筥文の一つとして挙げるのみで、別の項目を立てて説明を加えてはいない。それは、これらの申文がほとんど儀礼的な意味しか持たず、それらによって補任が行われるということはほとんどありえなくなっていたためである。しかし、外記筥には必ずこれらの申文が入れられることになっていた。(45)それは、この事柄の伝統の古さを物語ると同時に、過去においてこれらの申文が有効な役割を果たしていた時期があったことを推測させるが、これについては後に改めて述べることにしたい。

さて、補任に当たって必要な申文や労帳が、外記方において準備される場合について述べてきたが、諸道内官挙と連奏を除いて他は全て『西宮記』の段階には姿をあらわしている。

(二)　蔵人方

○所々奏

これは、いわゆる「所々」の職員を、各々の別当以下の連署による推挙によって、諸国及び諸司の二・三分に任命しようというもので『魚魯愚鈔』には、蔵人方とされる一方で、「或又付㆓外記㆒」とも注記されている。その内容については、

内竪所、作物所、御書所等類、及諸行事所・諸院別当、預弁諸社・諸寺、国等請、

とある。(46)内竪所をはじめとする内廷的「所々」は、蔵人所の配下にあり、これが所々奏を蔵人方とした理由であろう。しかし、所々奏の中には諸行事所をはじめ諸院・諸社寺・国請等も含まれている。(47)「或又付二外記一」とされるのはそのためではなかろうか。蔵人方に付せられたのは、本来は蔵人所所管の「所々」の申請のみであったが、外記方に出されていた申請も、時代と共に蔵人方に吸収されていったのではなかろうか。

○諸請

これは、諸宮・省卿・職大夫・大学寮別当・弾正尹・勘解由長官幷検校・近衛大将・馬寮御監・衛府督・大宰帥・大宰大弐・諸国守等に被管二・三分を推挙させるものである。これは、官司の長官に個人的に与えられた推挙権ではないかと思われる。『魚魯愚鈔』は「是請文大略諸司奏相類歟」と述べるが、(48)実態はともかく、形式的には諸司奏はあくまで官司としての推挙であり、諸請の方は長官個人の推挙であって、両者は性格を異にするものと言わねばならない。諸請が蔵人方とされるのも、ここに理由があるのではなかろうか。

○蔵人方労人

これは、所衆・滝口をはじめとして、蔵人・所雑色・出納・小舎人・前坊蔵人・同帯刀長・同帯刀等、蔵人所直轄の人々を労によって他官に推任するものである。所衆・滝口の場合は蔵人所が管理する労帳によって任命するが、蔵人以下の場合は自解申文を提出する。(49)

○諸有労輩

これは、天皇の乳母の子、陪従・宮主・御冠師等がその労をもって官職補任を要求するものである。この場合は自解の申文を提出する。(50)

○諸年給

言うまでもなく、これは給主に官職の補任権を与え、その任料を給主の収入とする制度であって、すでに時野谷滋の研究がある。[51] 詳細はその研究に譲るとして、ここではこの制度が、まず三宮給や親王給より始まり、徐々に公卿給に及んだとされる点に注目しておきたい。言いかえれば、天皇と親近関係を有する人々の間において、まずこれが始まり、徐々にそれ以外に広められたということになろう。年給が蔵人方とされたのは、天皇に関わる個人的な特別待遇から始まったという成立事情と無関係ではあるまい。また、それが淳和・仁明両天皇の交(八二三―八五〇年)に端を発し、徐々に整備されて、寛平年間には一応の制度的完成をみるに至ったという点も見過ごされてはならない。

『魚魯愚鈔』が明確に蔵人方として説明を加えているのは以上である。しかし、譲・相博・賞・功及びその他の自解の申文も、『魚魯愚鈔』の段階では実際には蔵人方に提出されていたことが明白である。[52] これらは、本来的な蔵人方ではなかったと思われるが、「諸大夫四位以下申文」が外記方に出されなくなっていくことと関係するものであろう。

以上、外記方・蔵人方とされるものを、主として『魚魯愚鈔』によって説明を加えてきたが、ここで一応両者の特色をまとめておこう。外記方というのは、申文または労帳を外記に付し、外記方の筥に入れるものを指す。その具体的な内容を検討してみると、官司における勤務の労によってその官司から推挙される場合が多く、官職における年功序列によって給官していくものと言ってよい。これは、勤務成績によって給官していくという、律令本来のあり方の系譜を引くものではなかろうか。これに対して蔵人方とされるものは、①蔵人所所管の組織からの申請、②天皇の権威に源を持つ、個人の特別な資格及び条件を給官の理由とする申請、に分けることができる。所々奏・蔵人方労人等は前者であり、諸請・諸有労輩・諸年給などは後者であろう。[53] 蔵人方とされるものは、別勅による臨時の給官の系譜を引くのではなかろうか。外記方の諸事が公的な性格を持つのに対して、蔵人方の諸事には私的な性格が強いと言えよう。

さて、蔵人方と外記方の関係で注目すべきは、本来は外記方とされながら、平安時代後半以降の史料には蔵人方に付すとされるものが少なくないことである。諸司奏・連奏・諸道内官挙等がそれであり、四位以下申文についても、実効のあるものはほとんど蔵人方に出されるようになっていたのである。そこで今度は、この変化の具体相に焦点をあてて、項をあらためて考えてみることにしたい。

2　外記方から蔵人方へ

(一)　外記方申文を中心に

前項では詳しく検討しなかったが、外記方にあって甚だしく形骸化した申文として、「諸大夫四位以下申文」があった。今、これについて考えてみよう。『江家次第』によれば、これらは外記方第三・四筥に入れられることになっていた。そして、それについては、

人々申文多付二外記一時各加二筥数一

との注記が加えられている。[54] しかるに『魚魯愚別録』所収の『中山抄』には次のように記されていた。

中文多時加二筥数一云々、但近皆付二職事一、仍不レ過二十余通一歟、[55]

また、『魚魯愚鈔』には、更に具体的に、

二三筥申文、不レ及二沙汰一、内奏申文職事撰定盛二御硯筥一、仍同申文雖レ付二外記一不レ任レ之、

と記されている。[56] つまり、外記方へ提出された四位以下申文は、全く有効な機能を果たしていないのである。『中山抄』は藤原忠親(建久五年〈一一九四〉出家、同六年三月没)[57] の著書であるから、十二世紀頃にはすでにそのような状況になっていたのである。

しかし、これらの申文は最初からこのように形式的なものだったのであろうか。前掲の『江家次第』の注記や、『除目鈔』の

三筥申文多時ハ六位自解等入二別筥一、仍往古筥有レ四歟、

という記載は、「往古」にはこれらの申文が有効な働きをなしており、それ故に多数提出され、筥数も加える必要があったということを物語っている。また、『除目鈔』に記される申文の束の種類をみても、八省輔・諸司長官・外記・官史・式部丞・民部丞・兵部丞・左右近衛将監・左右衛門尉・受領・諸国権守等と諸大夫層の就く要職を網羅しており、これから考えると、主な申文は全て外記方へ提出していた時代があったのではないかとさえ思われるのである(58)。とすれば、そのような時期とはいつだったのであろうか。『魚魯愚別録』所引『中山抄』には、

往昔諸人申文加二納補任筥一、而可レ納二別筥一之由、見二弘仁四年二月四日格一、其後二三筥出来歟(59)、

と注目すべき記載がある。

まず第一に、これによって申文が弘仁四年(八一三)以前から使用されていたことがわかる。第二に、弘仁以前は申文が「補任筥」に加納されていた――「補任筥」というのは補任帳の納められた筥という意味であるから、外記方第一筥ということになる(60)――ということが判明する。これは、申文がまだそれほど多くなく、特別に筥を準備しなくても、補任帳その他の帳簿類の入っている筥に加納することで事足りる程度であったということを物語る。第三に、弘仁四年格によって別筥を準備するようになったということであるから、この頃から申文が増加してきていたことがわかる。とすれば、少なくとも九世紀前半期においては外記方に出された申文も有効な働きをなしており、弘仁前後からその重要性を増してきているということになろう。

以上のように考えてよいとすれば、その外記方申文が徐々に蔵人方へ提出されるようになってくるのはどのような時点なのであろうか。次に蔵人方申文のあり方を中心として考察してみよう。

(二)　蔵人方申文を中心に

蔵人方に提出された申文は、蔵人(多くは蔵人頭(くろうどのとう))が撰定・分類し、それを「御硯筥」の蓋に入れることになっていた。そして、それを必要に応じて執筆に下し、運用する。[61] この「御硯筥」というのは、外記方の硯筥(執筆の前にあるもので、外記が準備する)とは別物である。「御」が付けられていることから考えて、これは簾中にある天皇用の硯筥を指すと思われる。[62] 蔵人の撰定した申文には、それぞれの分類項目に従って短冊や袖書を付し、次いで目録を作成することになっていた。[63]『魚魯愚別録』[64]には藤原為房の作成した応徳二年(一〇八五)正月の申文目録が残されている。[65]今、その項目のみを拾い出せば次のようになる。

神祇祐、大外記、外記、史、内記、監物、権陰陽博士、式部権大輔、式部丞、式部録、文章博士、音博士、書博士、民部丞、兵部少輔、兵部丞、判事属、大蔵丞、織部正、大膳大夫、掃部頭、内膳典膳、弾正忠、右京権大夫、左右京権亮、勘解由次官、左近衛将監・将曹、右近衛将曹、右衛門権佐、右衛門尉、左右衛門志、左右兵衛佐・志、右兵衛尉、左馬助、右馬権頭、諸司助、諸司允、連奏、(諸)所司奏、所々奏、諸道得業生、文章生散位、問者生、算道挙、受領(旧吏、新叙、別功)、六位受領、兼国、諸国権守、蔵人方労人、臨時内給、諸年給、諸請、譲、加階、申爵、

必ず殿上人を任命することとなっていた近衛中少将や侍従及び公卿については、通常の申文を出さない慣例があったらしく、[66] ここには姿をあらわさないが、それ以外の内官を申請するほとんどの申文が蔵人方に付されていたことを知る。つまり、労帳によって機械的に下級国司に任命されるようなもののみが外記方に残され(これらは外記方第一筥に入れられる)、他は蔵人方に提出されるようになっていたのである。それでは、このような事態はいつごろより始まったのであろうか。

『権記』長保二年(一〇〇〇)正月二十二日条には、当時蔵人頭であった藤原行成が申文を撰定奏聞したことを載せ

ているが、その時に撰定した申文は次のごとくであった。

内給、院宮御給、公卿給、可レ然所々奏状、任国公事究済旧吏、申式部(治部丞、宮内丞、弾正台奏、主殿助、主殿権助、左衛門少尉)、申民部(勘解由使奏、玄蕃助、卿独奏 兵部丞)、申外記(諸陵允、式部録、西市正)、申官史(式部省奏、民部省奏、検非違使、勘解由使奏、春宮属、式部録、蔵人所出納)、申衛門尉(右兵衛尉、右馬允)、申爵、申受領(新叙、式部、史、検非違使)、

これによれば、本来的な蔵人方と思われる諸年給や、民部卿請(「卿独奏」とあるが、これは「請」であろう)、所々奏の外に諸司奏や顕官・受領を申請する自解等も蔵人方となっていたことになる。

また『魚魯愚別録』所引の『平宰相記』(『親信卿記』)[67]によれば、すでに親信の頃(寛仁元年〈一〇一七〉没)には、本来の蔵人方としての出納申文・乳母子申文等の外に、受領申文も蔵人方で処理されていたことを知る。

さらに顕官申文については、天暦(九四七―九五七)頃にまでさかのぼる史料がある。『魚魯愚別録』巻一に職事撰二申文一事という項目が立てられているが、そこに引用された『綿書』に申文類として申文の分類基準を列記した部分がある。そして、それについての説明の中に『平大進抄』の引用がある[68]。その説明は諸道挙及び顕官申文に関するものであるが、『綿書』本文の説明する顕官の内容と『平大進抄』の説明するそれとの間には差異がある。顕官というのは、公卿挙によって推挙される特別の官職であった。『綿書』本文はその例として外記・史・式部丞・民部丞・左右衛門尉を記すのであるが、『平大進抄』はこれらの外に兵部丞及び式部・民部録を入れている。『西宮記』[69]は、これについて、

凡挙外記・史・式部民部丞・左右衛門尉也、天暦間、式部民部録・兵部大蔵丞皆入レ挙、

と述べており[70]、録を挙に入れるのが天暦年間(九四七―九五七)の儀で、『西宮記』の完成した頃にはすでに廃絶していたことを物語っている。したがって、このことを載せる『平大進抄』は天暦前後、言いかえれば『西宮記』以前の

行事を示していると言ってよい。とすれば、顕官を申す申文(その中には諸司奏も自解もあったと思われる)も、この頃には蔵人方に提出されていたことになる。

以上、十世紀の中—後半の史料によって検討したところでは、院政期以降に見られるような蔵人方への申文提出の盛行は、すでに認められると言ってよい。それでは、それ以前についてはどうであろうか。蔵人による申文撰定の方法について述べた史料で、前述の例より古いものは見出せない。しかし全く推測が不可能なわけではない。宮内庁書陵部蔵の『紀家集』の紙背には延喜十年代の年号を持つ除目関係の申文が多く残されている。その具体的な検討は次章において行ったので、それに譲るとして、結論のみを述べれば、それらはいずれも蔵人方に提出されたものであった。そして、その中には本来的な蔵人方と思われる年給申文の他に、参議申文や諸司奏、雑々自解の類も含まれていたのである。[71]したがって延喜十年代において、これらの申文もすでに蔵人方に出されていたと言ってよく、院政期以降の除目書にみられる蔵人方の機能は、十世紀の初め頃にはおおむね整っていたと思われるのである。

3　補論——公卿殿上人の申文について

これまでの記述において、ほとんどふれることのできなかった事柄として、公卿及び殿上人の所望の取り扱いのことがある。これらは蔵人の取り扱うところであったが、他の人々の申文とは扱いが異なっていたらしいのである。以下、この点について補足を加えておきたい。『魚魯愚別録』巻一の裏書には『長兼抄』の引用がある。[72]長兼というのは藤原(葉室)長兼のことであろうから、この史料は十二世紀末頃の儀式書ということになる。そこには、蔵人の申文撰定の心得として、

上自㆓神祇官㆒下至㆓鎮守府㆒者等、随㆓其闕㆒、其望㆒皆悉可㆑付㆓短冊㆒、無㆓定様㆒、但卿相・殿上侍臣雖㆑望㆓其官㆒、不㆑進㆓申文㆒、以㆓消息㆒号㆓消息申文㆒付㆓奉行人㆒、件状内々雖㆑備㆓天覧㆒、不㆑撰㆔加于申文㆒、仍公卿兼㆔官八省卿諸衛督㆒、

侍臣等任二官近衛中少将・侍従等一之類、旧目録体可二思慮一、但地下之輩若望二件等官一、進二申文一者、又非レ可二撰捨一
歟、

と記されている。

これによれば、公卿・殿上侍臣等は官職の望があっても申文を出さず、消息（消息申文）を奉行人に提出することとなっていたことがわかる。これは内々に天覧に供するのであるが、蔵人による申文撰定の対象とはならないのである。この消息申文というのは私信の形をとるわけであるから、通常の申文とは別の形式をとる。前述の『紀家集』紙背文書は、平安時代の申文の実物であるという点で貴重であるが、それによれば、それらはいずれも楷書で書かれ、また令制の「解」の系譜を引くためかと思われるが、宛所（あてどころ）を欠いている。それに対して、消息申文の例である保安三年（一一二二）十二月九日付の大学頭藤原敦光書状は、「謹々上　頭中将殿御直盧」というように宛所に奉行人の名を記している。[73] また、鎌倉時代に入るが、内閣文庫蔵『勘仲記』紙背文書には消息申文の実例が残されており、それによれば書体も必ずしも楷書に限られてはいなかったようである。[74] また、前掲の藤原為房の申文目録の中には、公卿や近衛中少将・侍従等の申文は載せられていなかったが、これも『長兼抄』の記事を裏づけるものと言えよう。[75]

このような公卿・殿上人について特例的な扱いがいつごろからはじまったかについては、残念ながら史料を欠く。憶測にすぎないが、前節で考察した五位已上歴名帳を太政官に提出するに至った時期、すなわち申文なき者が多く任命されるようになった時期がこれと関係するのではなかろうか。『除目鈔』は、外記方第三筥に「諸大夫四位以下申文」を入れることを記すが、これは公卿・殿上人——階層としては公達（きんだち）——の望が消息申文または口頭で蔵人に伝えられるものとなっていたことの結果である。

むすび

除目必須文書である七巻文書・欠官帳・大間等の系譜をたどってゆくと、それらのほとんどが八世紀段階にさかのぼるものであったことがわかる。これは除目制度の、奈良時代から平安時代へと連続する側面を物語るものと言ってよい。しかし、一方、補任帳や欠官帳の蔵人所への提出開始と五位已上歴名帳の太政官への提出開始等に示されるように、これらの文書の取り扱いをめぐって、九世紀中葉頃に大きな変化があらわれた。その背後には蔵人所機能の充実が考えられる。そして、この変化と軌を一にして申文や労帳の扱いにも変化が生じてきていた。申文・労帳はその取り扱いによって蔵人方・外記方に区分されるが、前者は別勅による任官の系譜を引くものであり、後者は令制の考課方式の系譜を引くものであった。申文の使用は弘仁(八一〇—八二四)頃から増加しはじめるが、それらの多くは本来外記方に提出されるべきものであったと思われる。しかし、年給申文の管掌——貴族の重要な経済基盤となった年給が蔵人方の管掌するところとなったことの意義は大きかったと思われる——をはじめとして、九世紀中葉頃から蔵人方の事項が増加しはじめる。そして、本来は外記方の管掌下にあった申文も徐々に蔵人方に吸収され、労帳によって機械的に任命される下級官職を除けば、ほとんどの有効な申文が蔵人方に提出されるという状態を生み出したのである。このような体制の一応の完成は九世紀末から十世紀初頭であったと思われる。この頃には、第三部第三章で考察した「受領挙(ずりょうのきょ)」も成立し[76]、平安中後期から鎌倉時代にかけての除目の基本的な形はここに整ったと言ってよい。また、除目における蔵人所の機能の拡大は、蔵人所の経済的機能の展開とも軌を一にしている[77]。

ところで、今、除目に焦点を据えて言うならば、蔵人方の強化は、外記方の機能の縮小または形骸化を伴うものであった。

八世紀の除目の具体相については不明な点が多く、今後の課題とせねばならないが、奏任官の任命にあたっては太政官で合議し銓擬して決定案を奏上するのが原則的なあり方であった。[78]とすれば九世紀以降における外記方の機能の蔵人方への集中は、太政官合議の機能に大きな制約を加えたものと言えよう。事実、平安中期の史料でみるかぎり、要職の決定は実質的にはほとんど天皇や摂関のもとで行われており、除目の場での合議に委ねられるのは天皇や摂関が判断を保留し、諮問した場合、または顕官挙や臨時除目の受領挙等ごく限られた場合となっている。いわゆる摂関政治や院政下における恣意的な人事を可能とするような体制は、蔵人所の機能強化と太政官合議機能の後退という傾向を伴いながら形を整えていったと言ってよい。

ところで、蔵人所の強化に重要な意味を持った九世紀中葉以降という時期は、藤原良房・基経父子の執政期間にほぼ一致する。とすれば、蔵人所の充実も彼らの主導のもとに行われたと言ってよい。

彼らは貴族による合議を基本とする政治体制を志向したのではなく、むしろ太政官の機能を後退させ、権力の天皇(またはその代理者たる摂関)への集中をおしすすめる方向をとったと言わねばなるまい。従来言われているように、具体的な政権争いの局面においては基経と宇多天皇、もしくは藤原氏と反摂関勢力との対立関係が存在したことは事実であろう。しかし、天皇または摂政の機能の相対的増大化という点においては、貞観から寛平・延喜にかけての時期(八五九―九二三年)は継起的関係にあると言えよう。摂関勢力はまず天皇への権力集中を押しすすめ、これを代行する形で自らの力を伸張していったと思われる。以上は除目というごくせまい範囲の事柄からの分析結果である。更に視野を広め、九・十世紀の権力中枢部の構造を分析することは今後の課題とせねばならない。

(1)　成功や年給に関しては、小中村清矩「年官年爵幷成功重任考」『陽春盧雑考』四、一八九七年、八代国治「年給考」『国史叢説』吉川弘文館、一九二五年、時野谷滋「年給制度の研究」『律令封禄制度史の研究』吉川弘文館、一九七七年、竹内理三「成功・栄爵考」『律令制と貴族政権』Ⅱ、御茶の水書房、一九五八年、等があるが、それ以外に関しては、黒板伸夫

「四所籍小考」『続日本古代史論集』下、吉川弘文館、一九七二年、福井俊彦「労及び労帳についての覚書」『日本歴史』二八二、一九七一年、があるにすぎない。

(2) 早川庄八「八世紀の任官関係文書と任官儀」『史学雑誌』九〇―六、一九八一年。

(3) 『群書類従』第七輯所収。

(4) 『魚魯愚鈔』巻一、県召除目外記筥文。

(5) 注(4)に同じ。

(6) 『除目鈔』、一筥の積様についての注。

(7) その時点が平安後期をどれ程さかのぼるかについては、現在のところ不明とせざるをえない。

(8) 『除目鈔』。

(9) 『延喜式部式』上、内外諸司補任帳条、『延喜兵部式』補任帳条。

(10) 『小野宮年中行事』正月一日式兵両省補任帳進二太政官一事

弘仁式部式云、内外諸司主典以上及諸国史生、博士、医師、補任帳云々、若有二改官及歴名錯謬一者、以レ朱側注、其解闕帳者、唯正月一日進、中納言以上不レ注二解闕一、貞観同式云、参議又不レ注、同又進二蔵人所一、年月日雖レ注二件日一、其実旧年十二月廿日、二省丞参レ所進レ之、蔵人相遇取二解文一。

(11) 『養老公式令』任授官位条。

(12) 『大宝令』の規定では授位簿はなく、任官簿のみであった。したがって『大宝令』には「任授時年月」の下の「貫属年紀」の語はなく、また本注もなかった(黛弘道「位記の始用とその意義」『ヒストリア』一七、一九五七年、及び日本思想大系『律令』岩波書店、一九七六年)。

(13) 注(10)参照。

(14) 『小野宮年中行事』正月、七日以後式部省進二五位已上歴名帳一事

弘仁式部式云、毎年正月、待二叙位官符一即奏二内裏一、貞観同式云、更写二一通一進二太政官一。

(15) 『弘仁式』以前の五位已上歴名帳の系譜については不明な点が多く、今後の課題としたい。

(16) 『続日本紀』大宝元年七月二十七日条、及び『選叙令』応選条義解。

(17)『延喜式部式』上、選任条。
(18)この方式の『延喜式』以後の変遷については不明。これは『延喜式』を最後として、その後の儀式書には全く記載されない方式である。おそらく申文の盛行及び考課の形骸化等によって廃絶していったのではなかろうか。
(19)『魚魯愚別録』巻七。
(20)時野谷滋『律令封禄制度史の研究』文献篇、吉川弘文館、一九七七年。
(21)『魚魯愚別録』巻七所引『宗赤抄』。
(22)『養老公式令』任授官位条。
(23)『延喜太政官式』、『小野宮年中行事』正月一日式部省進二国司秩満帳一事条所引『弘仁太政官式』。
(24)『小野宮年中行事』、二七三頁参照。
(25)『小右記』天元四年十月十四日条、及び『侍中群要』巻九、任官類事。
(26)『建武年中行事』には、「京官の除目、本儀これも春なれど、今は秋のぢもくとぞいふめる。冬にもおよぶ也」とあり、『小野宮年中行事』や『九条年中行事』には二月三日以前に行うべきことが記されているが、実際にはこれに当てはまらない例も多く、やがて秋や冬に行われるようになったもので、その時期は必ずしも一定していない。
(27)『朝野群載』巻四、朝儀上。
(28)『魚魯愚別録』巻二、奏二闕官帳一事所引『或秘抄』には、

　九条記云、秩満帳二巻闕官帳一巻入二硯筥一云々、

とある。この「九条記」とは藤原師輔のものであることが『北山抄』巻一、正月九日始議二外官除目一事条によってわかる。また『小右記』治安元年八月二十八日条には「内外闕官帳各一巻」とあって、内官外官に分かれていたことが記されている。しかし、これらはいずれも例外的で、『西宮記』をはじめとする諸儀式書はいずれも正・権各一巻とし、古記録によっても、『小右記』万寿元年十月十六日条や万寿四年正月二十五日条のごとく正権二巻に分けられるのが原則であった。
(29)注(27)参照。
(30)『西宮記』巻二、除目。
(31)『魚魯愚別録』巻八所引『中山抄』。

(32)『除目鈔』には、「往年執筆注レ之給二外記一(中略)中古已後外記儲レ之」とある。

(33)『魚魯愚別録』巻八所引『北山抄注』によれば、

臨レ暗欲二退下一之時、以二侍臣一令レ給二僕従一、若入レ筥返給之時、依下為二外記一被中披露上也云々

とある。

(34)『続群書類従』第十輯下所収。

(35) 早川庄八、前掲注(2)論文。

(36) 黒板伸夫、前掲注(1)論文。

(37) 労帳については『延喜中務式』に記載がある。

(38)『西宮記』巻二、除目。

(39)『北山抄』巻二。

(40)『魚魯愚鈔』文書標目。

(41)『魚魯愚鈔』文書標目。

(42)『魚魯愚鈔』文書標目。

(43)『大間成文抄』巻四、諸司奏。

(44)『魚魯愚鈔』文書標目。

(45)『西宮記』巻二、除目。

(46)『魚魯愚鈔』巻三。

(47) 諸行事所には官方・蔵人方両方あったし、諸社寺、諸国も太政官の配下にあったと思われる。

(48)『魚魯愚鈔』文書標目。

(49)『魚魯愚鈔』文書標目。

(50)『魚魯愚鈔』文書標目。

(51) 時野谷滋、前掲注(1)論文。

(52)『魚魯愚鈔』巻八、雑々自解任人例。

(53) 四所籍のみは蔵人所被管の「所々」を含みながらも例外的に官方に提出されている。
(54) 『江家次第』巻四、除目、筥文事。
(55) 『魚魯愚別録』巻二所引『中山抄』。
(56) 『魚魯愚鈔』巻一、県召除目外記筥文。
(57) 『公卿補任』建久五年条。
(58) 『除目鈔』は三筥申文について「諸大夫四位以下申文」と記している。鎌倉時代にはすでに公達・諸大夫という階層の区別は成立しており、近衛中少将や侍従など、公達しか任命されない官職はここには入れられていない。このような階層の成立は十一世紀以降のことと思われる。それ以前において、この筥へ近衛中少将や侍従の申文が入れられたかどうかについては不明である。諸大夫層成立以前の史料である『西宮記』(巻二、除目。おそらく源経頼による裏書の部分と思われる)には「諸人々申文」とされている。
(59) 『魚魯愚別録』巻二、筥文事。
(60) 蔵人方の申文は簾中の御硯筥の蓋に入れられるのであり、この筥数が増やされたという史料は全くない。『魚魯愚別録』も外記方筥として説明を加えている。
(61) 『魚魯愚別録』巻一、職事撰㆓申文㆒事。
(62) 十一世紀に成立した『雲図抄』(『群書類従』第六輯所収)叙位儀事には、簾中の天皇の御座の前に二箇の筥を画いている。おそらく、これが御硯筥と蓋と思われる。これは叙位儀の図であるが、除目の装束もこれと同じである旨、注記されている。
(63) 『魚魯愚別録』巻一、職事撰㆓申文㆒事。
(64) 『魚魯愚別録』巻一、職事撰㆓申文㆒事。
(65) 為房は時に五位蔵人であった。また、この目録には応徳二年正月という年紀は入っていないが、その時の受領案が『魚魯愚鈔』巻七に入れられており、これと比較することによってその年紀を確定しうる。
(66) 第二節補論(二八八頁以下)参照。
(67) 『魚魯愚別録』巻一、職事撰㆓申文㆒事。
(68) 『魚魯愚別録』巻一、職事撰㆓申文㆒事。

(69)『西宮記』巻二、除目。

(70)『北山抄』巻一には、

竟日有二種々挙一〔外記史、三省丞録、衛門尉、以下自二御前一下給申文上、挙申（中略）近例不レ下二給録申文一、随不二挙申一〕

とある。

(71) 玉井力「『紀家集』紙背文書について――中文の考察を中心として――」『日本歴史』四三四、一九八四年。↓本書第三部第二章。

(72)『魚魯愚別録』巻一、職事撰二申文一事、裏書。藤原長兼は、建永二年参議、健保二年出家。『公卿補任』による。

(73)『本朝続文粋』巻七、書状。

(74) 内閣文庫蔵『勘仲記』弘安十年九・十月巻紙背文書所収、能兼書状（『鎌倉遺文』巻二十一、一五八二四号）など。

(75) 但し、参議中文のみは正式の中文の例をみる（『紀家集』紙背文書所収、源長猷中文、及び『朝野群載』巻九所収、藤原在国参議中文・藤原敦光参議中文）。

(76) 玉井力「受領挙について」、『年報中世史研究』五、一九八〇年。↓本書第三部第三章。

(77) 玉井力「九・十世紀の蔵人所に関する一考察――内廷経済の中枢としての側面を中心に――」『名古屋大学日本史論集』上、一九七五年。↓本書第二部第二章。

(78)『続日本紀』大宝元年七月二十二日条、及び『延喜式部式』上、選任条。

第二章　『紀家集』紙背文書について

——申文の考察を中心として——

はじめに

宮内庁書陵部より複製版として刊行された『紀家集(きけしゅう)』には十一点に及ぶ紙背文書が、原本さながらに複製されている。この『紀家集』は伏見宮旧蔵本で、大江朝綱(あさつな)の自筆になり、その書写年代も、延喜十九年(九一九)正月であることが奥書によって確認できる。紙背文書はいずれも叙位・任官関係のものばかりである。その年紀は、わずかに延喜十二年のものを一通含むが、他は全て延喜十七年のものである。これらは大江朝綱が『紀家集』を筆写するに際して、どこかに保管されていたものを一括して反故紙として払い下げられたものと思われる。それでは、これらの文書群は、いかなる経路を経て朝綱のところへもたらされたのであろうか。本章は、この点を考察しつつ、十世紀における除目制度の一端を垣間見てみようとするものである。

第一節　紙背文書の内容と性格

まず最初に、これらの文書を紹介し、それらが、除目・叙位の儀式の中でどのような役割を果たし、いかなる呼び習わし方をされるものであったかをみることとしよう。すでに個々の文書の内容については複製版の解題において適切な紹介がなされている。(1) 今これに依拠しつつ、かつまた部分的な見解の相違についてはそれを明確にしつつ述べてゆくこととしたい。なお、文書の番号については複製版のそれに従うこととする。

㈠　陸奥出羽按察使藤原朝臣家申文(延喜十七年正月十九日)

この文書は、すでに『解題』に述べられているごとく、従六位下紀貞江(さだえ)を山城大目に推挙した藤原清貫家の申文(もうしぶみ)である。(2) 清貫の延喜十四年給によって延喜十五年二月に□忠人という人を□権大目としたが、それを停めて、紀貞江を山城大目紀良実の後任として任命してほしいと請うているもので、いわゆる「名国替(なくにがえ)」の申文としてよい。

㈡　下野権少掾伴佐理(すけまさ)申文(延喜十七年正月二十五日)

この文書は伴佐理申文とされているが、実は親王巡給に関する国替申文かと思われる。煩をいとわず、全文を提示する。

請被下殊蒙二鴻恩一、以二去年給一下野権少掾伴佐理、遷中拝武蔵少掾、監、伊予掾等闕所上之状

□佐理是去年巡給所〔任〕□

□□不給俸料、不能罷向、望請特蒙□

□□件等闕、将優佐理数年之疲、謹蒙□

□分

まず、伴佐理自身の申文であれば「伴佐理謹言」と書き出し、「請被下蒙二鴻恩一、遷中拝武蔵少掾、監、伊予掾等闕所上」とするのが一般的で、「以二去年給一下野権少掾伴佐理、遷拝……」と記すのは不自然である。また、この文書には「去年給」の給主が文章にあらわれていない。佐理の申文であれば、誰の年給によって下野権少掾に任命されたかを明記するはずである。年給の給主が明記されていないのは、この申文の差出者が年給の給主またはその家司だったからではなかろうか。とすればこの文書は、第三者が伴佐理のために任官を請う申文としてよく、「巡給」とあると

ころから親王給ではないかと思われる。『江家次第』には、

親王目一人一分一人式部卿加二一分二人一、毎レ当二巡年一二合、不レ任レ目、第一親王幷后腹親王預二別巡給一、其別巡給毎二一代一各有二別巡給一関白殿幷師平朝臣説、代々相並預二別巡給一(3)定俊説也、

とあり、また『魚魯愚鈔』は寛平元年(八八九)宣旨において、親王二分一人、一分一人というように定められたことを記している。(4)この文書の伴佐理は「権掾」だから三分。したがって「巡給二合」によって掾となったことがわかり、前述の推測を補強する。これは某親王家申文とでもすべきものと思われる。

(三)　大学寮申文(延喜十七年〔八月五〕日)

これは大学寮属を経た正六位上讃岐安常を寮允、または主計允に推挙した大学寮申文である。寮助の署名があり、その奥に従五位上の官人の署名がある。その位階及び署名の位置からみて寮頭の署名と思われる。このように寮から申請するものとしては、諸司奏及び蔵人方の諸請がある。しかし蔵人方の大学寮請の場合は「別当大臣請」(5)とされており、別当が推挙することになっていた。この文書の場合は寮頭及び助の連署があるわけであるから、「諸司奏」と考えるべきである。(6)

(四)　山城国等望国司交名(延喜十七年正月二十八日)

この文書については次章で検討を加えたが、(7)参議藤原某によって提出された受領挙である。

(五)　御厨子所預藤原邦実申文(延喜十七年)

これは御厨子所預藤原邦実が縫殿大允を申した自解である。『魚魯愚鈔』によれば、雑々自解は蔵人方に入れられている。(8)御厨子所は蔵人所の配下にある所であるから、(9)邦実はその本所に対して申文を出したことになり、これはきわめて自然なことと言ってよい。

(六)　左京職申文

これは左京職が史生佐波部安上を諸国二分(目)に推挙したもので、諸司奏としてよい。

(七) 式部省申文(延喜十二年)

式部省が大録菅野清亮のために叙爵を申請した申文である。紙背文書の内これだけが叙位申文である。いわゆる式部省奏であるが、これについては後述することにしたい。[10]

(八) 散位高階惟朋申文(延喜十七年)

これは散位従五位下高階惟朋が治国功による任官を申請したもので、自解である。

(九) 摂津権大掾三園蔭実申文(延喜十七年正月五日)

これは摂津権大掾三園蔭実が進物所への奉仕を理由として、大和権大掾への遷任を要求した自解申文である。

(十) 従三位源長猷申文(延喜十七年八月五日)

従三位源長猷が参議補任を申請した申文である。殿上人や公卿は申文を出さないことが多いが、参議を申す場合のみは申文を出すことがあったということが、『魚魯愚別録』に記されている。[11]

(十一) 右馬寮史生山河美岳申文(延喜十七年正月〔七〕日)

これも山河美岳の自解。右馬寮史生・前坊主殿署史生、本院、贈太政大臣家等における身労と御湯殿への奉仕を理由として、播磨・備前・讃岐・伊予等の国の目への補任を申請している。

以上がこの文書群の概要であるが、これらは、どこに提出され、またどこで放棄されたものなのであろうか。このことを考えるに当たってまず明らかにしておかねばならないのは、これらの文書が、叙位・除目において、いかなる扱いをうけるものであったかということである。本文書群は大きく三つのグループに分けることができる。その第一は除目申文で、(一)(二)(三)(五)(六)(八)(九)(十)(十一)がこれに属する。第二は叙位申文で、(七)である。第三は受領挙状で、(四)である。以下、この分類に従って考察を加えていきたい。

第二節　除目申文について

周知のごとく、除目の申文には蔵人方に提出されるものと外記方に提出されるものとがあった。外記方というのは外記方の筥（はこ）に申文が入れられるものである。『魚魯愚鈔』は外記方として四所籍（ししょのせき）、内舎人（うどねり）労帳、文章生（もんじょうしょう）歴名帳、上召使（かみのめしつかい）申文、三局史生申文、三省史生申文、諸道年挙、文章生散位、諸道課試及第・方略、諸司奏、連奏等の項目を立てて説明を加えている。また、項目を立ててはいないが、このほかに上官申文や諸大夫四位以下申文も外記方筥に入れられることになっていた。また蔵人方としては所々奏、諸請、蔵人方被管、所衆・滝口労帳、諸有労輩、諸年給等の項目を立てている。これらの具体的な内容及び変遷についての検討は第三部第一章で行ったので、必要最少限に止め、ここではまず、これら双方に出された申文の取り扱いを中心に検討してみたい。

1　除目申文の取り扱い

(一)　外記方申文

外記方に提出された申文は、執筆（しゅひつ）の前に置かれる外記方筥に入れられる。これはあらかじめ外記が準備しておくものであった。[12] ここに提出されたものの内、任命された者の申文（成文（なりぶみ））はどうなるのであろうか。『西宮記』には、

事畢、巻㆓大間㆒、以㆓捻紙㆒結㆑中結目着㆑墨、加㆓成文㆒入㆑筥搢㆑笏奉㆓御簾中㆒[13]

とあり、毎日儀式が終わると大間（おおま）と共に御所に返納されることになっていた。[14] ただし、これは翌日に儀式が引き継がれる場合のことであった。次の日には再び執筆の許に下給されることになっていた。[15] 竟日（きょうじつ）の儀はこれとは異なっている。全ての人選が終わって、大間に日付が入れられ、奏覧を了えると引きつづき除目の清書が行われることになって

いたが、『西宮記』によれば、これが終わった後「成文・大間」は執筆が随身することになっていた。[16]『江家次第』や『魚魯愚別録』所引『小野宮記』(『実頼公記』)[17]天暦六年(九五二)十二月二日条には大間・成文共に外記が執筆(しゅひつ)の第に送進するとされているが、いずれにしても大間及び成文の最終的な行き先は執筆の亭ということになる。[18]

それでは「不レ成文」、すなわち選から外れた申文はどうなるのであろうか。『西宮記』は、その日の儀式が終わって大間成文を内裏に進上することを記した後に、

納言已下撤二筥文一給二外記一

と記している。その儀は第一日、第二日も、竟日も同じであった。[19]

結局、成文以外の外記方の申文は全て外記局にもたらされることとなる。

(二) 蔵人方申文

では次に、蔵人方に提出された申文はどうなるのであろうか。蔵人方の申文は、内覧・奏聞の後、蔵人頭(くろうどのとう)・五位蔵人をはじめとする蔵人達に「撰定」され、簾中の「御硯筥蓋」に分類されて入れられることとなる。[20]ただその際の選び方が問題となる。『魚魯愚別録』所引の『綿書』(めんしょ)[21]が更に引用した『平宰相記』(『親信卿記』)[22]には、

撰二定申文一納二御硯筥蓋一(中略)一人闕入二三人許一

と記されており、この選に漏れた申文があったことを推測させる。『綿書』の裏書に引用された『資抄』(『小野宮資仲抄』)[23]には、

資抄云、口目抄云、長元四年十二月記、頭弁経任来問事中、問云抄遺申文等如何、答云、顕官撰遺付二短冊一御座左方不レ入レ物、三条大相国御説也

同抄、余為二大束一随レ召奉レ之、大略各可レ結、別付二荒短冊一令レ候也、置二々物御厨子一歟、若有二尋申之文一之時為二撰安一也

とあり、同じく『綿書』には、

小野右大臣天元四年十月十四日、申文盛二御硯筥蓋一重二同筥上一也(中略)同御座東辺置二撰遺申文一（結二大束一粗付二大短籍一、付二頭官許一也、依二保光卿説一置レ之也）[24]

とある。頭官申文と他の申文とでは多少扱いが異なるものの、蔵人によって選び遺された申文は大束にして御座東辺や置物御厨子上等に置かれ、いずれも簾中に止め置かれたことがわかる。これらは必要に応じて再び選び出されることがあったが、大部分はそのまま止め置かれたものと思われる。これは除目終了後に蔵人所にもたらされる可能性がある。

さて、それでは、蔵人によって選ばれた申文はその後どのような扱いをうけるのであろうか。『魚魯愚別録』所引の『綿書』や『中山抄(なかやましょう)』、『長兼抄(ちょうけんしょう)』によれば、これらは種類別に分類され、短冊や袖書を付し、それぞれまとめて「御硯筥蓋」に盛られる。[25]短冊のことに関しては十世紀のものと思われる『平大進抄』[26]に説明が加えられており、この頃までは確実にさかのぼらせうる。また袖書のことについては『行成抄(こうぜいしょう)』が最も古い史料であるが、[27]おそらくこれも十世紀にさかのぼらせて考えてよいものであろう。

このようにして「御硯筥蓋」に盛られた申文は執筆に下給される。

『綿書』「下二給申文等一」の項には、

乍レ盛二硯蓋一給二関白一

とあり、関白がまとめて申文を受け取り、必要に応じて執筆に下給することになっていた。[28]関白不在の時には天皇より執筆大臣に下給され、大束から必要なものを抜き取って緒を結び直して返上することになっていた。[29]いずれにせよ、

必要な申文は執筆の手許に行き、成文には勾が懸けられる。[30] 成文のその後の行方については前述した。

では「不㆑被㆑成文」はどのような扱いをうけるのであろうか。成されざる文と言っても一様ではない。欠がなかったり、欠があっても任命されなかったりして全く使用されなかった申文と、一名を任命した残りの申文とは別に考える必要があろう。

まず、除目が次の日にも継続して行われる場合とそうでない場合(竟日)とでは、申文の取り扱いが多少異なる。前者については『江家次第』秋除目の項の説明が明快である。

任畢若有㆓一夜㆒者巻㆓大間㆒加㆓懸紙㆒、以㆓紙攙㆒(加㆓成文㆒)結㆑中加㆑封、加㆔入於一筥㆒、挿㆑笏進㆑之、亦推㆔下硯筥㆒如㆑前、未㆑定申文等同加㆔入之㆒、一官有㆓両三申文㆒、其中成者入㆓成文束㆒、不㆑成者入㆓外記筥㆒下㆑之、誤文亦入㆓外記筥㆒、其外残文若有㆑之者、可㆓返上㆒也、

これを申文の行方のみに焦点をあてて述べれば、次のようになろう。まず「未だ定めざる申文」は大間と共に一筥に入れ返上される。また、二、三の申文があって、その内の一名が任命された時には、その者の申文を成文として成文の束に入れ、他の選び遺しの申文は外記筥に入れて下される。誤りのある申文も同じく外記筥に入れて下される。この他に残った申文があれば返上される。[31]

それでは竟日の「不㆑被㆑任申文」の扱いはどうなっていたのであろうか。これについては説が分かれている。『江家次第』秋除目の項には、

竟夜置㆑笏巻㆓大間㆒、(無㆓懸紙㆒)結㆓成文㆒共入㆑筥、不㆑任申文共入㆓外記筥㆒

とあって、成文以外は外記筥に入れて下されることになっている。

しかし、『魚魯愚別録』所引の『綿書』は竟日のこととして、

次返㆔上成残申文㆒

取申之官不レ闕、有レ闕とも不レ被レ任申文也、乍レ付二本短尺一奉二関白一(32)

と記し、欠官がなかった場合の申文や、欠官があっても欠のまま据え置かれた場合の申文等は返上されると述べている。また、一名を任命した残りの申文については、『土御門次第』(源師房)を引用して二つの説を紹介している。その一つは宇治(藤原頼通)説で、顕官申文や三位以上の人の申文を外記に下すのは「便無き」故に、これらは返上すべきであるとするもので、今一つは二条関白(藤原教通)説で、これらも返上すべきでなく、外記に下すべきであるというものである。また、『綿書』(『春略抄』中夜)は顕官挙(けんかんのきよ)について記した部分で、顕官の選び残しの申文は参議が懐中し、尋ねがあればその時に進上するとしている(33)。

以上、煩をいとわず、諸々の申文の行方について述べてきたわけであるが、これを簡単に図示すれば次のごとくになろう(三〇七頁図7)。

2　紙背文書の行方

申文が提出されてから、その役割を終えるまでの間にたどる経路が前述のごとくだとすれば、『紀家集』紙背の申文はどこへ集積されたものだったのであろうか。

まず第一に注目されるのは、これらの申文が全て成文ではないということである。成文であれば勾が懸けられているはずであるが、そのような痕跡はない(34)。また㈩源長猷申文が成文でなかったことは、『公卿補任』延喜十七年条によって明白である。成文でないとすればこれらは執筆の亭にもたらされたものではなく、内裏に残されたか、外記局に下されたかのどちらかとせねばならない。まず、これらが外記方の筥に盛られ、「不レ被レ成文」となったのであれば、それは確実に外記局に下されたはずである。しかし、その可能性はほとんどない。

㈠㈡の文書は年給関係の申文であり、確実に蔵人方である。次に㈢㈥は諸司奏であり、本来ならば外記方に付せら

れるべきものである。ところが『魚魯愚鈔』には、

此奏近来常付二蔵人方一

とされ、後には蔵人方に付せられるようになったものである。[35] (五)(九)(土)は蔵人所被管の「所」、及び内廷に関係の深い御湯殿への奉仕を理由とする申文であり、(八)は受領の労を理由とした申文であるが、いずれも諸大夫四位以下申文の部類に入れることができよう。とすれば、これも本来は外記方に出されるべきものと言えよう。しかし、一方『魚魯愚鈔』によれば、功・賞・料等をはじめとする雑々自解の申請は全て蔵人方に出すことになっていた。[36] したがって、これらは蔵人方にも外記方にも出される可能性を含んでいたと言えよう。

(十)の申文は参議を申請したものである。参議は言うまでもなく勅任である。一般に卿相や殿上侍臣は正式の申文を提出せず、「消息申文」と呼ばれる私信の形の申文を奉行人たる蔵人頭に提出する例となっていたが、参議を申す申文のみは正式のものを提出することとなっていた。[37] この場合の申文の提出先も「消息申文」と同じく、蔵人方に出されたものと思われる。

それでは、これらの申文の最終的な行き先はどこだったのであろうか(図7)。まず(十)の申文の場合は前述した通り、外記に下すべきとする藤原教通の説と、内裏に返上すべきとする藤原頼通の説があった(B)—(Ⅰ)—(ロ)—①)。次に(一)(二)の申文の場合も簾中・外記局のいずれへももたらされる可能性を有する(B)—(Ⅱ)・(B)—(Ⅰ)—(ロ)—③④の場合は簾中、(B)—(Ⅰ)—(ロ)—⑤⑥⑦の場合は外記局)。同様のことは(三)(五)(六)(八)(九)(土)の場合にも言える(B)—(Ⅱ)・(B)—(Ⅰ)—(ロ)—③④の場合は簾中、A—(ロ)・(B)—(Ⅰ)—(ロ)—⑤⑥⑦の場合は外記局)。つまり、これらの文書は、どちらへも残される可能性があったのである。

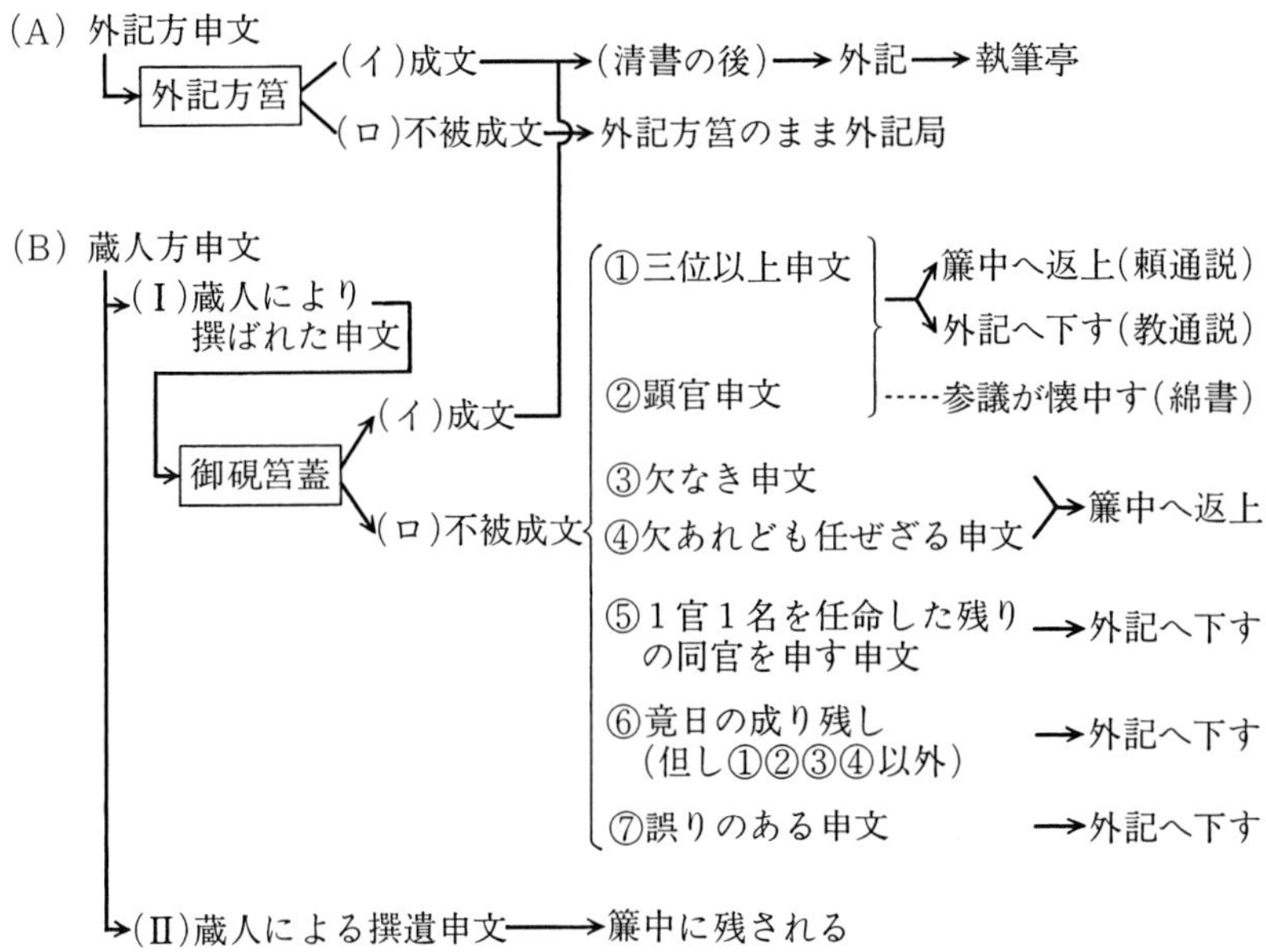

図7　申文の行方

第三節　叙位申文について

これまで検討を加えた文書は全て除目における申文であったが、(七)の文書は叙位の申文、すなわち式部大録の叙爵を請う式部省奏であった。ここでは叙位申文の取り扱いについての検討が必要になる。

叙位の際の申文にも、外記方へ提出されるものと蔵人方へ提出されるものとが存在した。外記方に提出されたものは、外記の準備する筥に入れられ、叙位儀においては執筆の座の前へ並べて置かれる。『江家次第』によれば、式部省奏、民部省奏、外記・史申文、氏爵申文、弁・少納言加階申文等がそれであった[38]。蔵人方に提出されたものは、奏覧の後、蔵人によって分類・撰定され、簾中の「御硯筥蓋」に盛られる。これは叙位儀の開始に当たって執筆に下給される(関白在座の時は関白が受け取り、必要に応じて執筆に下す[39])。

その申文の具体的な内容については、『春記』長暦四年(一〇四〇)正月六日条に詳しい記載がある。それによれば、当時蔵人頭であった藤原資房は蔵人方申文を、治国[40]、別功、民部省奏、式部省奏、外記、史、諸司労、近衛将監[41]、策労、諸司長次官申爵、院宮未給、前皇太后宮職停内外官未給申爵等に分類し、それぞれに短冊または袖書を付している。また、院政期に著わされた『雲図抄(うんずしょう)』裏書にも分類基準が載せられているが、ここでは「氏爵」も入れられている[42]。要するに主要な申文はほとんど全部蔵人方に含まれると言ってよい。

ところで、式部・民部省奏や、外記・史申文、氏爵申文は外記方にも見える。執筆が叙位儀において実際に使用する省奏や外記・史申文、氏爵申文とは外記方筥にあるものであった[43]。これらを誤って外記方に出さず、蔵人方のみに出してしまったことに対する批判が、『殿暦』永久五年(一一一七)正月五日条や『玉葉』建久六年(一一九五)正月五日条にみられるが、そのことは、これらの省奏・申文が外記方には必ず提出されていなければならなかったことを物語っている[44]。

一方、何らかの事情でこれらの省奏や申文等が外記方に出されなかった際に、御前より下された蔵人方申文の中から該当するものを撰出して、それによって叙した例がある[45]。したがって、これらの省奏・申文は外記方・蔵人方双方に提出するのが原則であったと言える。

ところで『江家次第』や平安期の諸記録の叙位記事を検討してみると、式部省奏、民部省奏、外記、史、氏爵等による叙爵は毎年各一名(氏爵の場合は各氏一名)であったことがわかる[46]。『小右記』長元二年(一〇二九)正月五日条には、民部丞二名のうち一名を省奏によって、他の一名を諸司労によって叙した例が載せられており、前述の原則はかなり厳しく守られていたように思われる。とすれば式部省爵も当然毎年一名であったと考えられる。そして、その際に対象とされたのは、平安時代においては常に丞であった[47]。『江家次第』も、

件奏(式部省奏)ヲ可ㇾ給二丞某丸一之由……[48]

と記しているし、『玉葉』治承二年（一一七八）正月五日条にも、「保元宣旨」において式部・民部省奏には着座の丞を推挙すべきであると定められたとの記載がある。

式部丞の巡爵というのは、式部丞在職者を上臈者から順に叙爵させてゆくという仕組みになっていた。毎年一名とすれば式部丞は大少合せて四名であるから、計算上は任命後五年目（労五年）で叙爵することになる。『二中歴』には式部丞とほぼ同条件と思われる民部丞について、年労五、六年で叙爵されると記されており、前述の推測にほぼ合致する。[49] 式部丞の場合は蔵人を兼ねることも多く、省爵以外の条件によって叙爵することも多かったと思われる。上臈の者が省爵以外の条件で叙爵してゆけば、省爵の順番を待つ期間は短縮されることになる。現に大江斉光などは労三年で叙爵している。[50]

ところで、今問題としている『紀家集』紙背の省奏について注意せねばならないのは、これが丞のものではなく、録のものであることである。今仮に、毎年一名の省爵に丞も録も含まれると想定してみよう。『西宮記』によれば録の叙爵は十年以内とされる。録の定員も四名であるから、任命から十年以内で叙爵するためには、ほぼ二年に一度ぐらいは省奏によって推挙される必要がある。とすれば丞と録は一年交替で叙爵されるということになるが、それでは丞の方の年労も八、九年が必要になってしまう。丞の年労八、九年というのは前述した民部の場合と比べてあまりにも長すぎる。つまり、丞と録は、一年に一名の省奏のワクを共有することは不可能とせねばならないのである。[51]

外記方に出された式部省奏が、一度の叙位においては一通に限られ、それが常に丞の叙爵を請うたものであったとすると、録に関する省奏はどのような扱いをうけたのであろうか。ここで参考になるのは前述の『小右記』の記事である。[52] これによれば民部丞の一名は諸司労で叙せられたのである。式部録の場合も諸司労の中に含められたのではなかろうか。

外記方の省奏や申文に載せられた人々は機械的に叙せられるのが原則であった。[53] しかるに諸司労、検非違使、近衛将監、外衛(げえ)等の条件によって叙爵を申請する場合は、蔵人方に申文を出し、その上で外記勘文によって叙せられることになっていた。(54) これらは必ずしも毎年叙せられるものではなかったり、あるいは叙爵される人数が一定しなかったりして、その都度前例を勘(かんが)えて、その適否を判定する必要のあるものであったと思われる。式部録の場合も、毎年叙爵を許されるわけではないから、当然外記勘文による判定が必要である。そして諸司労として扱われた式部省奏には、外記方に出されたものとは異なり、「成されざる」場合もあったことと思われる。叙位の申文は、成文であれば外記筥に残され、(55) 最終的には外記局に留められた。(56) また、蔵人方に提出され、蔵人に撰定される段階で撰び残されたもの、及び撰び入れられて御硯筥蓋から執筆に下された上で成り遺されたもの等は簾中に留められた。

さて、それでは『紀家集』紙背の式部省奏は諸司労として扱われたうえで、前述のどのコースをとったのであろうか。残念ながら、これを確かめるための手がかりはない。外記勘文によって叙せられる場合には、外記勘文に勾が付され、申文には勾が付けられなかったらしい。(57) したがって、申文に勾が懸けられていないからと言って「不レ被レ成文」と決めてしまうわけにはいかない。この申文は外記方にも蔵人方にも残される可能性を有しているとせざるをえない。

第四節　受領挙について

最後に残された㈣の文書について考えてみよう。第三章で詳述するが、(58) これは参議藤原某が提出した受領挙状であった。受領挙は執筆によって取り集められたうえで上奏され簾中に留められる。(59) したがって、これが外記方に下されることはまずありえない。

むすび

以上、『紀家集』紙背文書が最終的にどこに集積され、不用の反故紙となったかについて考察を加えてきた。その結論は、いずれの文書も簾中＝蔵人方に残された可能性を有しているということであった。外記方へ下されたとしか考えられない文書は一通もない。これに対して簾中以外に行き先が考えられないものとしては㈣の文書がある。したがって、これらが一括して反故紙とされたとすれば、それは簾中に留められたものであり、除目終了後、蔵人所にもたらされたものと言わねばならない。

以上のことが認められるとすれば、これらの文書はいかにして大江朝綱のもとに到来したのであろうか。彼が『紀家集』巻十四を書写し了えたのは延喜十九年(九一九)正月二十一日のことであった。またこの文書群の最終日付は延喜十七年八月五日(源長猷申文)であるから、この反故紙の入手は延喜十七年八月五日―延喜十九年正月二十一日までの時点ということになる。彼はこの時期、丹波掾または信濃権掾であったが、延喜十六年には文章得業生となっていた[60]。『江家次第』によれば、文章得業生は兼国勘文により、北陸・山陰道の掾を兼任することになっていた。おそらく彼の場合も文章得業生として丹波掾または信濃権掾を兼任し、その身は在京していたものであろう。蔵人所及びその配下の校書殿(きょうしょでん)や御書所には文章生や文章得業生が多く出入りしていた。彼のいとこに当たる大江維時も、延喜二十一年―延長六年(九二八)頃には文章得業生として蔵人所に直していた[61]。

朝綱は延喜十六年九月九日には重陽の宴に侍して、その時の詩序を作製しており、この頃にはすでに一流の文人としての名声を得ていたものと思われる[62]。確証はないが、彼が文人として蔵人所と関係を有していた可能性は充分に考えられるのではなかろうか。

詳細については第一章を参照されたいが、除目における申文の取り扱いの変遷をたどってゆくと、平安中後期頃においては、本来的には外記方とされた「諸司奏」や「諸大夫四位以下申文」等々が蔵人方に出されるようになる傾向を認めうる。(63)つまり外記方の機能の後退と蔵人方の機能の拡充がみられ、やがて主要な官職の申文はほとんどが蔵人方に出されるに至るのであるが、前述の考察が認められるとすれば、諸司奏や諸大夫四位以下申文に含まれる雑々自解の類が、すでに延喜十年代には蔵人方に出されていたということになる。また、三位以上申文(申参議申文)で「不レ被レ成文」となったものを内裏へ返上するという慣行も、この頃には成立していたことになる。これは藤原頼通の主張した取り扱い方式であった。(64)さらに、本来的に蔵人方とされた年給関係の申文も、この頃にはまちがいなく蔵人方に出されていたということにもなろう。

平安時代後半以降の除目書に記される蔵人方の機能は、延喜十年代にはすでに完成の域に達していたと言えよう。

(1) 以後『解題』と略称する。
(2) 当時、清貫は参議であり、公卿給としてよい。
(3) 『江家次第』巻四、除目。
(4) 『魚魯愚鈔』巻四。時野谷滋はこの年代を疑わしいとするが、これを寛平年間のものとすることは認めている(『律令封禄制度史の研究』、吉川弘文館、一九七七年、第二篇第一章)。
(5) 『魚魯愚鈔』巻三、諸請。
(6) 『魚魯愚鈔』巻二、諸司奏。
(7) 玉井力「「受領挙」について」『年報中世史研究』五、一九八〇年。↓本書第三部第三章。
(8) 『魚魯愚鈔』巻八。
(9) 菊池京子「「所」の成立と展開」『史窓』二六、一九六八年。玉井力「九・十世紀の蔵人所について」『名古屋大学文学部研究論集』五九、一九七五年、↓本書第二部第二章。
(10) 本章第三節参照。

(11)『魚魯愚別録』巻三、巻二大間一事所引『綿書』。
(12)『江家次第』巻四、除目。『除目鈔』。
(13)『西宮記』巻二、除目。以下、『西宮記』は全て故実叢書本による。
(14)『西宮記』巻二、除目。
(15)『江家次第』巻四、除目。
(16)『西宮記』巻二、除目。
(17)『魚魯愚別録』巻八、大臣二人執筆之時大間以下事所引『中山抄』に、

小野宮記曰、天暦六年十二月二日、甲申、午時許外記伝説、除目大間成文等持来、即申云、右大臣消息云、件大間書等可二持参一者云々、見了返二遣之一、頌(頒カ)之又持来也、御消息云、故三条大臣件大間書被レ奉二大殿一之事、誠依二御物忩(忌)一雖レ不レ候始日已侍、何不二奉入一乎云々、仍留レ家訖、

とあり、天暦年間にすでに大間成文を執筆の亭へ届けたことがわかる。
(18)一旦外記局を経由するのは、『中山抄』所引『権記』長和二年十月二十三日条(『魚魯愚別録』巻八、大間成柄送二執筆亭一)の示すように、「局大間」を作成する必要があったためと思われる。
(19)『北山抄』以降の儀式書は参議がこれを行うこととする。
(20)「御硯筥」というのは、執筆の前の硯筥とは別のものである。これは簾中の天皇の御座の前に置かれるものである。『雲図抄』叙位事の項にその配置を示す図がある。
(21)時野谷滋『律令封禄制度史の研究』文献篇、吉川弘文館、一九七七年、によれば、『綿書』の成立は崇徳朝であるという。
(22)『魚魯愚別録』巻一、職事撰二申文一事。
(23)注(22)に同じ。
(24)注(22)に同じ。
(25)注(22)に同じ。
(26)この『平大進抄』は『西宮記』によって天暦年間の行事とされた事柄を含んでおり、その成立も、天暦年間よりは降らないと思われる。なお「平安時代の除目について」(本書第三部第一章)参照。

(27)『魚魯愚別録』巻一、職事撰二申文一『長兼蟬魚抄』所引。
(28)『魚魯愚別録』巻四、下二賜諸申文一。
(29)注(28)に同じ。
(30)『江家次第』巻四、除目。
(31)注(30)に同じ。
(32)『魚魯愚別録』巻三上、巻二大間一事。なお、申文返進に当たって関白在座の時とそうでない時とでは、そのあり方が多少異なる。関白在座の時には御硯筥の蓋の申文を一括して関白が受け取り、その中から必要なものを選んで執筆に授けるのであるが、この場合には除目終了後に申文が執筆の手許には残らない。関白が撰出しなかった申文は関白の許に残ることになり、関白がそれを返上することになる。したがって執筆による返上の儀は不要となる。しかるに関白不在の時には執筆が直接申文を受け取るため、その日の最後に残った申文を返上しなければならなくなり、その儀が必要となる。
(33)『魚魯愚鈔』巻四、顕官挙事。
(34)『江家次第』巻四、除目。
(35)『魚魯愚鈔』文書標目。本書第三部第一章参照。
(36)『魚魯愚鈔』巻八。
(37)『魚魯愚別録』巻一、職事撰二申文一事裏書所引『長兼抄』。『本朝続文粋』巻七、保安三年十二月九日付藤原敦光書状。また、参議申文については注(11)参照。
(38)『江家次第』巻二、叙位。
(39)注(38)に同じ。『春記』長暦四年正月六日条。
(40)原文は「給国」とあるが、『春記』長暦三年正月六日条によれば「治国」が正しい。
(41)原文は「兵衛将監」とあるが、「近衛将監」の誤りと思われる。
(42)『雲図抄』裏書、撰男叙位申文儀。なお、『春記』長暦三年正月六日条には「外衛労」も入れられている。
(43)たとえば『玉葉』治承二年正月五日条など。
(44)『殿暦』永久五年正月五日条には、

民部省奏不レ付二外記一、可レ入二筥文一、而付二蔵人方一、其短冊云二民部申爵一、件短冊不レ得レ心、頭弁顕隆不レ知二案内一歟、於二式部民部之省奏一付二外記一可レ入二筥文一也、而省失錯シテ付二蔵人方一、然者給二外記一可レ入二筥文一

とあり、『玉葉』建久六年正月五日条には、

大臣依レ仰召二続紙一、摺レ墨叙二式部一、外記筥無二省奏一、召二宗頼一被二尋問一、申云、省奏加二申文一畢云々、此事未曾有也、省奏者立レ籖入二外記筥一、付二短冊一、加二硯筥申文一事何例哉、

と述べられている。

(45)　『玉葉』建久七年正月六日条。
(46)　平安時代の記録の叙位記事には叙位の尻付を比較的忠実に記しているものが少なくない。これらによれば、式部省奏、民部省奏、外記、史、各氏爵等は各一名である。『山槐記』久寿三年十月二十三日条には、民部省爵が二名であったと記されるが、『兵範記』同日条によれば、そのうち一名は式部の誤りであったことがわかる。
(47)　鎌倉時代に入ると、式部丞が叙爵によって顕官を去ることを嫌うようになったためか、録が省奏に登場するようになる。
(48)　『江家次第』巻二、叙位。
(49)　『二中歴』巻七、叙位歴。
(50)　『公卿補任』天元四年条。
(51)　二年に一度叙爵するとすれば、丞も録も定員四名であるから、年労八、九年でその順番が廻ってくることになる。また丞と録が二対一の割合で叙爵するとすれば、丞は六、七年、録は十一、十三年の年労が必要となり、これまた待機期間が少し長すぎる。
(52)　『小右記』長元二年正月五日条。
(53)　『江家次第』巻二、叙位。
(54)　注(53)に同じ。及び『玉葉』治承二年正月五日・建久七年正月六日条。
(55)　『江家次第』巻二、叙位。『玉葉』治承二年正月五日条等。
(56)　『除目鈔』。
(57)　『江家次第』巻二、叙位。

(58) 玉井力、前掲注(7)論文。

(59) 『魚魯愚鈔』巻四、受領挙事所引『綿書』春略抄には、

自二上臈一次第進二大臣一、々々取レ之置レ前、一々開見如レ本伝二関白一、々々奏レ之、留二御所一

とある。

(60) 『公卿補任』天暦七年条。

(61) 『公卿補任』天暦四年条。

(62) 『本朝文粋』巻十一、重陽日侍レ宴同賦二寒鳫識一秋天一応レ製。

(63) 本書第三部第一章。

(64) 本書三〇五頁参照。

第三章　「受領挙」について

はじめに

平安時代の除目制度に関する研究は、最近徐々に進められてきてはいるが[1]、未開拓の点も多い。受領（ずりょう）の補任に関することも、そういったものの一つである。この時代における受領の史的な役割の重要性については、あらためて言うまでもないことであるが、彼らがどのように任命されていたのかということは必ずしも明らかではない。除目の儀式において、受領の任命は特別の方式によることとなっていた。「受領挙（ずりょうのきょ）」がそれである。

本章ではこの「挙」に焦点をしぼって考察を行ってみたい。

第一節　受領挙とは

古記録をはじめとする平安時代の諸史料に受領任命のことを記す記事は多い。そして、それらの中には、時として具体的な選考の過程をも載せるものがある。ここでは、それらに依拠しつつ、「受領挙」の具体的な内容について考えてみたい。

まず『西宮記』がこれについて詳しい記事を載せている[2]。

挙㆓受領㆒事、々欲㆑畢之間、大臣仰㆓諸卿㆒、令㆑進㆓受領挙㆒、諸卿着㆓議所㆒、仰㆓外記㆒令㆑進㆓料紙㆒ 預注㆔入闕国位所等㆒

諸卿見ㇾ取解由文一、随ㇾ思注入（一国三人已上、四位加二朝臣一、五位名、六位加ㇾ姓、書了名下加二上字一、持二参御前一、一々立ㇾ座、進二大臣一、々々取集奏、不三大臣進二受領挙一、但氏宗大臣進ㇾ挙、毎ㇾ人付ㇾ注也、）

除目の儀式の最後の段階で、大臣が諸卿に対して受領挙を進上すべき旨を仰せ、次いで諸卿は議所に着き[3]、外記があらかじめ準備して欠国（受領の欠員がある国）を注入しておいた料紙に、解由の文を勘案しながら自分の推す人を記入し、それを大臣に進上する。大臣はこれらの料紙を取り集め、天皇に奏上する。以上が『西宮記』の記載の内容であるが、これは要するに、公卿達に受領の候補者を推挙させる制度であった。これは「挙」の手続きに関する最古のまとまった史料と言ってよいが、その実態をより具体的にあらわす史料が、宮内庁書陵部蔵『紀家集（きけしゅう）』[4]紙背文書の中に残されている。その複製版の解題[5]に「山城国等望国司交名」とされるものがそれである。今、その全文を掲げる。

山城国　安倍朝臣時範
河内国　藤原朝臣輔国
伊賀国　藤原朝臣尹衡
尾張国　小野朝臣保衡
駿河国　中臣朝臣利世
美濃国　清平王
下野国　高階真人師尚
越中国　源朝臣諧
但馬国　源朝臣相明
美作国　御船宿祢常方
備中国　紀朝臣淑人

延喜十七年正月廿八日参議藤□

これは、大江朝綱が延喜十九年(九一九)正月二十一日に書写し了えた『紀家集』巻十四のための料紙として紙背を使用された除目関係文書群の内の一通である。この文書群は全部で十一通あり、いずれも筆者を異にしている。これらがいかにして朝綱の手に入ったかについては前章で述べたが、これらが実際の除目の際に使用された原文書である可能性はきわめて強い。今、この「国司交名」を『西宮記』の挙状の記載と比較してみよう。

まず相違点をあげる。『西宮記』は位階によって人名表記法を変えるべきであるとしているが、「国司交名」では位階にかかわりなく氏・姓・名の順序で一律に記されている。また、『西宮記』は一欠に対して三人以上を挙すべきであるとするが、「国司交名」の場合は一国に一名ずつしか記入されていない。しかし、『魚魯愚鈔』が書様の例としてあげる大治五年(一一三〇)正月二十八日付の藤原忠教挙状にも、一欠に一名しか記入されておらず、実際にはそのような例も多かったものとせねばならない(6)。これらのことを除けば『西宮記』の記載と矛盾する点はない。

さらに複製版をくわしくみると、国名部分と人名部分が異筆となっている。前述したように『西宮記』においては外記があらかじめ欠国を記入しておき、そこへ公卿が推挙者を書き込むことになっていた。したがって、この点においても両者間に矛盾は生じない。のみならず、もし他に大きな障害がなければ、この文書は挙状の原本であるということになる。

ただ、右の推測を成立させるためには、この文書所載の国名・人名が共に受領に関するものであること、及びこれが原則として延喜十七年正月の欠国を網羅していること等を証明する必要がある。『紀家集』解題には『公卿補任』『古今和歌集目録』『蔵人補任』等から抽出された延喜十七年正月の補任の実態と、この文書の対比が行われている。今、これに依拠して、本文書所載の欠国に任命された人々(介以上)を抽出すると、山城守藤原扶幹(すけもと)・河内守源清平(清平王)・美濃権守源等(ひとし)となる。

これらのうち、源清平については『西宮記』(7)に、

延喜十七　三　廿　河内守清平申レ罷、召二殿上一給二白掛一、

とあり、受領であったことが明らかである。また、源等についても『公卿補任』天暦元年(九四七)条尻付(しづけ)によって、受領であったことが明らかである。山城守藤原扶幹の場合は右中弁の兼官であり、受領であったかどうかを確認できない。[8]しかし、弁官の近国兼帯には受領の場合がある。永延三年(九八九)十月四日に右中弁惟仲が受領の近江権介を兼ねたことなどはその例である。[9]したがって扶幹が受領であっても不自然ではない。また前掲の人々以外では、但馬介に橘秘樹(なみき)が任命されている。この人も受領であった。[10]

次に、この文書に載せられていない国の守や介に任命された者を『解題』によって列挙すると、近江守藤原興範・加賀介紀貫之・播磨権守藤原兼茂(かねもち)・播磨介藤原忠房・備前権守藤原恒佐・讃岐権守藤原保忠等となる。このうち、藤原興範・藤原恒佐・藤原保忠の場合は参議の兼官であり、藤原兼茂・藤原忠房の場合は左近衛権中将・左近衛少将の、それぞれ兼官である。[11]いずれも受領であったとは考えられない。

それでは紀貫之についてはどうであろうか。目崎徳衛は、貫之が現地へ赴任したらしい様子を示す史料が無いことから、これを遥任であったと推測している。[12]彼は翌十八年二月には美濃介に転じているが、これは明らかに遥任であった。受領としては前述の源等が在任している。[13]延喜十七年の加賀介がもし受領であったとすれば、わずか一年で受領の介から非受領の介へ遷ったことになり、きわめて不自然である。また、彼は加賀介拝任を不満に思っていたらしいが、[14]彼のような出自で、叙爵直後に受領に任命されたのであれば、このような不満の出るはずはない。貫之の加賀介任命も、目崎の推測したように遥任であったとせねばならない。『解題』の載せるところはこれだけであるが、この外に武蔵守として藤原高風が任命されている。しかも彼の場合、赴任したことが確実であるから、受領であった。[15]とすれば、この例はこの文書が欠国を網羅したものだとする推測には非常に都合が悪いものとなる。

しかし、挙の欠国に入れられなかった国の受領が任命されるという例が皆無なわけではない。前述の大治五年正月

二十八日の挙状(16)をみると、欠国として、山城・大和・伊勢・隠岐・長門・紀伊・豊後が記載されている。しかるに、同日の『中右記』の記載をみてみると、前出の国以外に肥前国の受領が任命されているのである。そして、それに対して

守仲義俄中間上道、仍被レ取レ闕也

という注が付されている。このように特殊事情によって急に予定外の欠が生じた場合には、挙の際の欠国に入れられないこともあったのではなかろうか。武蔵守藤原高風の場合も、一応このように考えておきたい。

以上によって、この文書が、参議藤原某(17)によって進上された挙状そのものであったことを認めうる。

ところで、それでは、この挙は実際の任官にどのように反映されたのであろうか。『解題』の指摘することであるが、この挙の推薦の通りに任命された人は、史料の残るかぎりにおいては皆無であった（他国及び他官に任命された者は二名(18)）。当然のことながら、挙がそのまま任命につながるわけではなかったのである。すなわち、挙はあくまで候補者の推薦を行うにすぎず、決定は天皇（またはその代行者たる摂関）の行うところであったと思われる。

次に、挙の基準についてふれておきたい。公卿達は挙を行うにあたって、自らの思う人を無制限に選びえたわけではなかった。『北山抄』はこのことについて次のように記している(19)。

外官除目受領之挙、先可下入令レ興二復任国一之者上、合期勘二公文一、成二間別功一之者、次々可レ入レ之、式部民部等巡給、縦下未レ有二成功一者上、猶挙二一労一為レ善（中略）不レ挙二蔵人院判官代等一（中略）或人云、不レ挙二諸司人一、只挙二旧吏一云々、仍尋二前蹤一、非レ無二其例一、有労成功之者、随レ状可レ挙、

これによれば、旧吏（受領経験者）のうちから「令レ興二復任国一之者」や「合期勘二公文一、成二間別功一者」を推挙し、その他の者からは「式部民部等巡給」「有労成功者」等を推挙するということになる。

まず、「令レ興二復任国一者」というのはどのような人を指すのであろうか。仁和四年（八八八）七月二十三日格は、調

庸租税に関して、当任中の分のみならず、旧任の未納を塡納したり、率分を越えて納入した場合には爵級を進める旨を定めているが、[20] このような場合がそれに当てはまるのではなかろうか。また『左経記』は、佐伯公行を受領に推薦するに際して、その政績を次のように述べている。[21]

任二佐渡一数代焼(ママ)久、無二任中済レ事之輩一、而公行任中済レ事、勘二八箇年税帳一、已及二六箇年一、就レ中此国久営二軍務一、衰老殊甚云々

これも、その一例と考えてよかろう。

次に定められた期限内に旧国の公文を勘済し、その間に別功のある者を推挙するわけである。[22]「民部式部等巡給」とあるのは、民部丞や式部丞を経て叙爵した者を順番に受領に任命してゆくという内容を持つもので、その最上臈者(一労者)を推挙することになる。実例や『江家次第(ごうけしだい)』等を参照すると、この外に外記、史、検非違使等の巡があったことがわかる。[23] また、「不レ挙二蔵人院判官代等一」とあるのは、蔵人、院判官代等を経て叙爵した者は公卿による挙の対象としないという意味である。これは、彼らを受領に任命しないということではない。実際には蔵人にも「巡」が組まれていたことを確認しうるし、[24] 院判官代が受領となる例も少なくない。[25] この記事は、蔵人の場合は天皇に、院判官代の場合は院に裁量権があり、公卿の推挙すべきものではないというように解すべきであろう。この他に諸司有労者で、成功(じょうごう)を行った者を推挙するわけである。

以上によって受領挙とは、公卿達に①旧吏の政績顕著な者(成功の場合を含む)、②顕官(式部丞、民部丞、外記、史、検非違使)、③諸司有労成功者、などを優先的に受領として推挙させる制度であったと言えよう。

第二節　挙(恒例除目)の変質

先に、受領挙の内容について考えてきたが、その後の史料を見てゆくと、その実際の任官に対する実効力を全く疑わざるをえないような例に間々出合う。前掲の『北山抄』は、続けて次のように述べている。(26)

件挙雖レ無二其益一、為レ恐二天覧一、能可二撰挙一也、至二于臨時除目一、頗似レ被レ用、下給申文之中撰二両三人一挙レ之、多以二此中之者一所レ被レ任也、又雖二此度不一レ任、為レ後非レ無レ益哉矣

「件挙雖レ無二其益一」の語は「又雖二此度不一レ任、為レ後非レ無レ益哉矣」の語と対比させて考えれば、挙の実効力について述べていることがわかる。この記事は、恒例の除目において挙が実際の任官に影響を及ぼすことがないという点と、臨時除目の際には有効に機能することが多いという点を指摘していると解される。

さらに、十二世紀に成立した『江家次第』をみると、(27)

及レ任二受領一、諸卿起座、向レ陣書レ挙、有二作法一、此間不レ待レ挙、被レ任二受領一、先下書、或毎レ国名許書レ之、後依二申文一書レ位以二大間上ノ懸紙一書レ之、先次第出二闕国一

とある。これによれば挙が全く形骸化してしまい、挙の結果を待たずして受領が決定されることが慣例化していたことになる。南北朝期に成立した『魚魯愚鈔』にも、『江家次第』と同内容の記事が載せられている。(28)

この際に作られる「下書」は「小書出（こかきで）」とも称され、延久四年（一〇七二）、応徳二年（一〇八五）、嘉保二年（一〇九六）、長治三年（一一〇六）等の例が『魚魯愚鈔』に載せられている。(29) また、当時の記録からも、この様子はうかがいうる。『後二条師通記』（別記）寛治五年（一〇九一）正月二十八日条には、

受領挙、左大臣仰云、挙可二進上一之者、公卿向レ陣如レ常、暫公卿還参着座了、民部卿起レ座、予前民部卿来奉レ之、予置レ笏取レ文置レ前、次々如レ前取集、了左大臣授レ之、其後殿下進二上之一者、受領挙文如レ緘（加カ）、上有二片名字一云々、殿下御覧、懸紙緘紙中加巻重者、一〻御覧如レ常、此間大間書了被レ巻了進二上之一、

とある。ここでは「挙」の「御覧」の間に大間（おおま）を書き了えている。

大間を書き了えるということは、任官が完了したことを意味するから、挙の結果は全く斟酌されていないことになる。

また、『殿暦』長治二年正月二十七日条にも、

受領挙可レ進之由有レ仰、仍余仰二内府一、〻〻仰二一納言一、次第退了、此間予有二硯筥一大間の表紙を取出天国々先注付了、随レ仰書二入人一、此間諸卿進二受領挙一、内府取二集之一授レ余〻取レ之、取集天有レ前中文を取如二昨日一成文筥ノ東ノ方ニ横に置天硯筥を推レ右（後略）

とあり、これまた『江家次第』の示すごとく、挙の終了する前に「仰」に随って受領が決定されていることを知るのである。

受領挙は儀式としては、中世に至っても行われたのであるが、恒例除目におけるそれは遅くとも十一世紀、摂関期頃には完全に形骸化していたと言ってよい。

第三節　受領挙（恒例除目）の成立

恒例除目における受領挙は、前述のごとき経過をたどるとはいえ、その成立当初から無意味なものであったわけではない。『魚魯愚鈔』所引の『中山抄（なかやましょう）』(30)は、

往昔者、依二公卿挙一任レ之（受領）、近代者諸卿起座之間任レ之、

と述べ、「往昔」には、挙によって受領が任命されたことを明記している。

同書は、さらに続けて『延喜御記』を引用し次のように記している。

延喜四年正月廿五日御記云、議二除目一、年来至レ議二受領一仰二諸卿一各令二封上一之、而此度無二預仰一（下略）

これによって受領挙が延喜四年以前から行われていたことを知りうる。しかしながら、これは同時に挙の確実な実施を示す初見史料でもある。したがって、受領挙の成立を考えるためには、直接的な史料に頼ることをあきらめ、別な方向から追究せざるをえない。そこで、まず「受領挙」と律令制本来の国司補任の方法との関係を明らかにすることによって、その糸口をさがすこととしたい。

律令制下において、国司(受領相当部分)は奏任官であった。[31] その選任のことを規定した『養老選叙令』応選条には、

凡応レ選者、皆審二状迹一、銓擬之日、先尽二徳行一、徳行同、取二才用高者一、才用同、取二労効多者一

とあり、その『義解』は、

謂、此為二奏任一立レ文、凡銓二衡人物一必拠二考簿一、而式部条下其徳行才用之応二採授一者上、申二太政官一、官更銓擬、奏聞、其判任者式部銓擬申レ官而乃補任也

と具体的な手続きにまで及ぶ説明を加えている。この『義解』は次の大宝元年(七〇一)七月二十七日の太政官処分を踏襲したものである。[32]

太政官処分(中略)凡選任之人、奏任以上者、以二名籍一送二太政官一、判任者、式部銓擬申而送之、

また、『延喜式』も、これと同内容の条文を載せている。[33]

これらによれば、奏任官の場合は式部省で作成した名籍を太政官で銓擬し、奏聞を経て決定することになる。また、判任官の場合は式部省が銓擬して太政官で決定するわけである。

問題は、ここにおける「銓擬」の内容である。その語意は「はかり考へて優劣をあきらかにする」[34]ということであるが、任官の際におけるこの語は、一人の欠員に対しては一名の候補者を選出するということを意味したのではなかろうか。前掲の『選叙令』応選条も、候補者をしぼるための序列づけの基準をあらわしているのであって、受領挙の場合のごとく、幾人かの人を推挙して、決定を天皇にゆだねるというものではなかったと思われる。奏の一般的なあ

り方をみても、太政官としての決定案をまず奏し、それに対する天皇の裁可を求めるというのが原則であった[35]。実際問題として、職事官の大部分を占め、膨大な数にのぼる奏任官を一々、天皇のもとで、幾人かの候補者から選ぶということは不可能であろう。この場合、「銓擬」の意味は、任官決定案を作成することであったとせねばならない[36]。

令制に則った国司補任の方式を以上のように考えると、恒例除目の際の受領挙は、その延長上にあるのではなく、別個の新方式とせざるをえない。とすれば、この新方式の開始時期は、受領の、他の国司に対する超越的地位が確立してからのこととせねばならない。

受領制の成立については、すでに多くの研究がなされている。中でも泉谷康夫と原田重は受領への権限集中を中心として考察を加え、この傾向が弘仁三年(八一二)頃から始まること、その後、それは行政権・裁判権等々の側面においてますます強化されること、そして寛平八、九年(八九六、七)頃になると、受領は国衙の支配に属する一切の資材の管理責任をはじめとして、任中の国務の全責任を負わされるに至ったこと等を明らかにした[37]。ここに任用国司とは、はっきりと区別された受領の地位の完成をみるわけである。受領挙成立の前提条件はここに成立したことになる。その上、この時期には、受領補任の基準に変化があったらしいことを推測しうる。

受領挙の被挙有資格者の内に外記巡があったことは前述したところであるが、その成立をこの時期に考えることができるのである。詳細は第四章において検討を加えることとしたいが[38]、『外記補任』によって、外記から叙爵し転出した者の転出先の官職を調べてみると、寛平末年までは諸国介となるのが一般的であったのに対して、それ以後は守となるのが慣例化しているのに気づく。もちろん介に任命されたものの内に受領の介がいなかったと断言するつもりはないが、承和(八三四―八四八)以降二十五例以上にのぼる介補任を全て受領であったとするのは無理である。とすれば、ここに外記巡の成立を考えてよいように思う。外記巡成立の時期が受領制成立の時期と一致するのは、単なる偶然ではなかろう。

すなわち、受領制の成立によって受領と任用の差が決定的となり、その後の昇進ルートも受領と非受領とでは大きな差が生まれるようになった結果、(非受領の)介に補任されることのメリットがうすれ、外記出身者の優遇策としても、守(受領)のポストを準備せざるをえなくなったと考えられるのである。

受領巡任の成立がそのまま挙の成立につながるというわけではないが、受領制成立にともなってその補任方法にも改革が行われているわけであり、その中に受領挙の成立も含まれていたと推測することは、必ずしも不自然ではあるまい。巡の整備は挙の成立を背景とすると考えた方が理解しやすいのである。

第四節　臨時除目の挙

恒例除目における受領挙の形骸化を述べた『北山抄』は、他方で、臨時除目におけるそれの有効性をも述べていた。(39)ここでは、この点についての検討を行ってみたい。

『権記』長徳四年(九九八)三月二十六日条には、

詣二左府一、申二能登可レ任人々事一、被レ申云、依二諸卿挙一可レ被レ任

とある。道長(左府)は『権記』の筆者である藤原行成に対し、能登守を諸卿の挙によって任ずべき旨の指示を与えているのである。この外にも『御堂関白記』寛弘三年(一〇〇六)十月二日条や『権記』同六年三月四日条等(40)によって、補任者が受領挙の被挙者の中から選定されたことを知りうる。

また、降って『中右記』康和五年(一一〇三)十一月一日条及び『中右記』『殿暦』天永三年(一一一五)七月二十三日条にも同様の記事があり、(41)摂関政治期から院政期を通じて、臨時除目の際の挙は有効に機能していたことを認めうる。

しかし、この挙は、春の恒例除目の際のそれとは、かなり異質な面を有している。

『江家次第』臨時除目の項には、

召上卿一人行之、如女叙位、任受領先下給申文、令諸卿挙申、上卿退下陣頭、書一紙参上奏之、被任畢退下、

とあり、その儀式の概要が記されているが、この内容をさらに具体的に示すのは『御堂関白記』寛弘三年十月二日条の記事である。やや長文であるが、煩をいとわず掲示してみよう。

被任備後守、令申卅(文歟)枚許下、選上間、六七枚許上内、例上申文少、是所々留歟、余云、例上申少内、枚数甚多、旧吏三人許、功者一人許、示可上由返、若数多内(無)例物申文無、奏(之)有事問(者)何奏哉、又申文四枚上、為義、任中検公文政職、年来挙上者兼澄、去任久者而内府(公季)止兼澄入兼忠、即以奏聞、被仰云、去七(六カ)月上野闕時、無奏申其人、孝道、兼澄、兼業云、右大将(実資)以下民部卿(懐忠)、右衛門督(斉信)、源中納言(俊賢)、権中納言(隆家)、新中納言(忠輔)、勘解由長官(有国)、左大弁(行成)、宰相中将(経房)等申孝道申文、為義任中済公事内(由)文章也、候殿上、被申善状内、不申上野、仍入為義、兼澄申文進上、兼業有城外聞、不進云、内府任中兼業申文(入)云、(下略)

やや難解な部分もあるが、その概要は次のごとく解される。

「備後守任命に当たって、申文三十枚程を下して公卿に選ばせたところ、六、七枚程が選上されてきたが、その中には、例上申文(旧吏・式部・民部など、毎年一定のワクを有し、当然出されてしかるべき申文を指すものであろう)をわずかしか含んでいなかった。そこで道長は、例上申文の少なさと申文枚数の多さを天皇から問いただされた場合の不都合さを指摘して、旧吏三人ほどと功者一人ほどを改めて選上すべしと指示した。その結果、為義・政職(まさもと)・兼澄等の申文と内府(藤原公季)が兼澄をひきさげて推挙した兼忠の申文、計四枚が進上されてきた。そこでそれを奏上した。天皇からは、[42]去七月上野国司の欠の時の挙上者、孝道・兼澄・兼業と今回の挙上者との相違があることについての指

摘があった。その事情は次のようである。――右大将藤原実資以下、宰相中将経房に至る九人の公卿は孝道の申文を推挙したのであるが、為義は任中済公事(43)の由の申文を出しているうえ、殿上に候しており、善状を申されている。上野国の時には申請しなかった。それによって今回は為義を推挙することとした。兼澄の申文は進上したところである。兼業は城外の聞えがあったため進上しなかった。しかるに内府(藤原公季)が兼澄の申文をひきさげて「任中」として兼業(兼忠のあやまりか)を推挙したため、これも奏聞した」。

この結果は、「治国者数年、上達部入レ挙」という理由によって政職が任命されることとなったのであるが、今、前掲の史料によって、その特色を抽出してみよう。

恒例除目の際には、公卿各人が別所に退いて、各々一通ずつ挙状を書き、それをそのまま奏上する慣例であった。しかるに臨時除目の場合にはそのようなことはなく、下給された申文が公卿の間を一巡したところで各人が推挙を行い、合議が行われたのである。――その際の発言力にはおのずから地位による軽重があった。『御堂関白記』において内大臣公季の意見が優先的にとり入れられたのは、その好例である――おそらく、その挙は口頭で行われたものと思われる。その結果を帯して最末席の公卿が申文を撰上し(44)、上卿がそれをまとめて一紙に書いて奏上するわけである。また、臨時除目の場合には、あらかじめ準備された申文の中から――それは蔵人によって整理されたものである(45)――選択される点も見落としてはならない。恒例除目の場合は申文とはかかわりなく、解由状をみて公卿が個々に思う人を記入することになっていた。

臨時除目の受領挙の方式は、今一つの公卿挙である「顕官挙」(式部丞・民部丞・衛門尉・外記・史の推挙)の場合と同じである(46)。そして、その合議のやり方は、一般政務における陣定の方式とも同一のものであった。

このように考えてくると、同じく受領挙と言っても、一方は合議の結果を奏上するのであり、他方は個々の意見をそのまま奏上するのであって、太政官の機能という面から考えれば、この両者の間には相当大きな差異が認められるのである。この差異はどこから生じたものであろうか。それは、この両者が制度的な系譜を異にするところから来ているのではなかろうか。臨時除目における挙には、九・十世紀段階における大きい改変のあとがみられるようであるが——たとえば蔵人の整理した申文を審議の際の条件とすることや、決定案ではなく、数名の候補者を選定するようになっていること等——、太政官の合議によって銓擬を行うという点において、それは前述した律令—『延喜式』につながる奏任官の任命方式を基本的に継承するものと言えるのではなかろうか。恒例除目における受領挙の成立によって脇役的な役割しか果たさなくなってしまったし、それ自身もかなり無力化してしまっているが、実はこれこそが令制以来の太政官銓擬の伝統を受けつぐものだったと思われるのである。

むすび

前に述べたごとく、奏任官としての受領は、令制においては、太政官で銓擬——実質上の決定——されるものであった。しかるに「受領挙」(九・十世紀の)においては複数の人物が推挙され、その決定は天皇(またはその代行者たる摂関)にゆだねられることになる。いわば勅任に近い形となるわけである。言いかえれば、太政官の機能が天皇の側に吸収されたということになる。これは組織としての太政官機能の大きな後退である。令制本来の系譜をひく受領補任の方式は、恒例除目の挙が成立した後は、わずかに臨時除目の挙として、やはり実質的決定権を天皇に吸収された形で命脈を保ってゆくこととなる。ただしこの場合はかなり有効性の高い挙として存続する。

しかし、この制度は個々の公卿にとっては無益なものではなかった。公卿個人の主張を任官に反映させる場は減少したわけではない。臨時除目の際には従来通り合議の中で自分の意見を出すことができたし、恒例除目の際には天皇に直接具申することができた。平安時代には受領からの貢物が、院や摂関のみならず、一般の公卿にも多くもたらされている。そしてそれは、一般的に公卿の受領人事への関与に原因を持つとされている。(47) もちろんこの説明は正しいわけであるが、より具体的には「挙」の持つ特質——公卿による推挙と、それへの見返りとしての受領の奉仕という結合関係——がその原因の正体であったと言えよう。

さて、ところで「挙」が正常に機能したとすれば、必然的に公文勘済（くもんかんさい）の旧吏や新叙巡（しんじょのじゅん）に当たる人が受領有資格者として、多く推挙されることとなる。とすれば、それはおのずから一つの昇進コースを作り出すことになろうし、有資格者達には一つの既得権的な意識をうえつけることになろう。すなわち、巡第一者であることが補任申請の正当な条件として意識されるようになる。そして、このような人々が滞りなく、公平に受領となってゆくことこそ、「理」に叶った除目のあり方と考えられるようになる。

しかるに十一世紀以降ともなると、「理」に叶わない例が増加してゆく。当然のことながら、貴族達の日記にも「無理」に対する不満が書きつけられるようになるわけであるが、実はこの時期こそが、制度面で「挙」が形骸化し、半身不随となった時なのである。言うまでもなく受領の大部分は恒例除目において任命されると思われるが、天皇(その代行者たる摂関)や院は、その「受領挙」を実効のない儀式の中に封じ込めることによって、自由裁量の余地を大幅に拡大したと言えよう。これが彼らの専制的な権力の形成に少なからず寄与したであろうことは言うまでもない。そして、こういった時期に、貴族達に常に想起されるのが「延喜、天暦御宇」なのである。[48] これは十世紀初頭の頃において、「受領挙」をも含めた受領補任がその「理」通りに運営されていたことをあらわすものであろう。

日本の古代国家の権力の中枢部に専制的傾向と貴族合議制的傾向が共存することについては多くの指摘があり、また、その本質をいかにとらえるかについての論争も行われている。[49] この論争に正面から取り組み、平安期の国家の特質を考えるには、あまりにも力不足と言わざるをえないのであるが、受領補任というせまい範囲の分析から得られた結果は、専制的傾向が貴族合議的傾向を蚕食してゆく経過を示しているようである。

恒例除目の受領挙の成立及び形骸化は、それぞれの段階における両傾向の力関係を物語っていると言えよう。対貴族関係において独自の政策をとった宇多朝(八八七―八九七年)においてそれが成立し、摂関権力の最も強力となった道長政権下に無力化し、院政期にひきつがれてゆくことも偶然の結果ではなかったのである。

(1) 八代国治「年給考」『国史叢説』吉川弘文館、一九二五年。時野谷滋『律令封禄制度史の研究』吉川弘文館、一九七七年。黒板伸夫「四所籍小考」『続日本古代史論集』下、吉川弘文館、一九七二年。福井俊彦「労および労帳についての覚書」『日本歴史』二八三、一九七一年。
(2) 『西宮記』巻二、除目。以下『西宮記』は全て故実叢書本による。
(3) 『江家次第』によれば、「議所」は陣座であるとする。また『魚魯愚鈔』は陣座または弓場辺とする。
(4) 宮内庁書陵部編『紀家集』吉川弘文館、一九七八年。
(5) 以後『解題』と略称する。
(6) 『魚魯愚鈔』巻四。また同書所引『師青鈔』には、一欠に対して複数の人物を記入する書式をものせている。
(7) 『西宮記』巻八、臨時宴遊、受領赴任事。
(8) 『公卿補任』延長元年条尻付。
(9) 『公卿補任』正暦三年条尻付。
(10) 『類聚符宣抄』巻八、任符事所収、延喜十七年三月十六日宣旨。
(11) 『公卿補任』延喜十七年条。同延長元年条尻付。『古今和歌集目録』藤原忠房条。
(12) 人物叢書『紀貫之』吉川弘文館、一九六一年。
(13) 『公卿補任』天暦元年条尻付。
(14) 目崎徳衛、前掲注(12)書。伝行成筆『貫之集』に、この任官に関して、「冠たまはりて、官はあれど心にもつかずよき官に移ら□」とあることによる。
(15) 『類聚符宣抄』巻八、任符事所収、延喜十七年四月十一日宣旨。
(16) 『魚魯愚鈔』巻四、所引『中山抄』、藤原忠教挙状。

(17)『解題』及び『公卿補任』によれば、この時の藤原氏出身の参議は仲平・興範・枝良・保忠・恒佐。
(18)源清平が河内守に、源相明が内蔵助に任ぜられている。
(19)『北山抄』巻十。
(20)『類聚三代格』巻五、交替幷解由事。
(21)『左経記』長元四年六月二十七日条。
(22)その期限は、任終後二年以内であったらしい。なお、「受領巡任について」(本書第三部第四章)において詳論する。たとえば『権記』長徳四年八月十六日条。
(23)『江家次第』巻四、除目。なお、このような巡による補任の実例はかなり多く検出できる。注(22)参照。
(24)たとえば『公卿補任』長久四年、源経長尻付、寛徳元年、源資通尻付、『小右記』永祚元年十二月二十八日条など。
(25)たとえば『小右記』永祚元年二月二十三日条。
(26)『北山抄』巻十。
(27)『江家次第』巻四、除目。
(28)『魚魯愚鈔』巻七(実は巻四)。
(29)注(28)に同じ。
(30)『魚魯愚鈔』巻四(実は巻七)所引『中山抄』。
(31)『選叙令』任官条。
(32)『続日本紀』大宝元年七月二十七日条。なお『選叙令』応選条集解もこれを引用している。ここでは多少語句に異同があり、「夫選任者。奏任以上者注二可レ用人名。申二送太政官一。但官判任者銓擬而申二太政官一」となっている。
(33)『延喜式』式部上。
(34)諸橋轍次『大漢和辞典』大修館。
(35)関晃「律令貴族論」『岩波講座日本歴史』三、古代三、一九七六年。早川庄八、日本思想大系『律令』公式令解説、岩波書店、一九七六年。
(36)こう考えてくると、郡司の銓擬のことが問題となる。平安期の擬郡司は同時に何人も存在する。しかし、この点は、米田雄介「擬郡司考」(『延喜天暦時代の研究』吉川弘文館、一九六九年)によって解決されている。すなわち、八世紀の擬郡司は、あくまで一欠員に対して一名しか存在しないのである。平安期の擬郡司は、本来の意味からはなれて変質した後のものと言ってよい。

(37) 泉谷康夫「受領国司と任用国司」『日本歴史』三一六、一九七四年。原田重「国司連座制の変質についての一考察」『九州史学』一〇、一九五八年。

(38) 玉井力、前掲注(22)論文。

(39) 『北山抄』巻十。

(40) 寛弘三年の際の補任については後述。寛弘六年には播磨守の欠には、知章・生昌・能通・令尹が挙され、生昌が補任され、大和守の欠には輔尹・兼忠が挙され、輔尹が補任されている。

(41) 康和五年十一月一日の除目においては、陸奥・武蔵の欠に対して「各々両三人」を選上し、陸奥守には藤原基頼、武蔵守には源顕俊が任ぜられた。彼らが、この時挙上された人の中から選ばれた可能性は高いのであるが、史料の上からは明確にできない。天永三年七月二十三日の場合は、河内の欠に対して定康、季忠の両名、壱岐の欠に対して二名(下給された申文が合計四枚であったことから判明する)の申文が下され、河内には定康が、壱岐には相忠が挙上されている。挙上者が各欠に対して一名である点、例外的であるが、申文が少ない場合にはこのようなこともあったのであろうか。

(42) 『御堂関白記』寛弘三年六月十三日条により、六月が正しい。

(43) 「受領巡任について」(本書第三部第四章)において詳述するが、任期中に公文勘済手続きを済ませた者を指す。任終後公文勘済を行ったものを「得替」とし、それぞれ別の巡を組んだ。

(44) 一例をあげれば、『権記』寛弘六年三月四日条。この時には侍従宰相(藤原実成)がそれを行っている。『公卿補任』寛弘六年条によれば、この時、彼は最末席の公卿であった。

(45) 『魚魯愚別録』巻一、職事撰ニ中文一事。

(46) 『西宮記』巻二、除目。

(47) 森田悌『受領』教育社歴史新書、教育社、一九七八年。

(48) 林陸朗「所謂「延喜天暦聖代説」の成立」『延喜天暦時代の研究』吉川弘文館、一九六九年。一例をあげれば『小右記』

長和三年十二月二十日条には、「備中可レ任二皇太后宮申之人一、但可レ奏下旧吏済二公事一之者上、以二此由一可レ申二彼宮一者、閑廻二愚慮一、事頗淡薄、要国皆人々御得分歟、延喜天暦御宇豈有レ如レ此之乎」とある。

(49)　この論争に関する研究史は、佐藤宗諄「律令太政官制と天皇」(『大系日本国家史』1、東京大学出版会、一九七五年)に詳しい。なおその後、早川庄八「律令制の形成」『岩波講座日本歴史』二、古代二、一九七五年、同「律令制と天皇」『史学雑誌』八五－三、一九七六年、同「大宝令制太政官の成立をめぐって」『史学雑誌』八八－一〇、一九七九年、石尾芳久『古代の法と大王と神話』木鐸社、一九七七年、等が出されている。

第四章　受領巡任について

はじめに

平安中・後期においては、受領を選任するためにいくつかの基準が設けられていた。その概要については村井康彦がその著『王朝貴族』の中で論究している。(1) その要点を筆者なりに整理すれば、次のごとくになる。

①受領候補者は大きく分けて、「旧吏」「新叙」とされる。「旧吏」というのは公文勘済を了えた旧受領であり、「新叙」というのは、蔵人・検非違使尉・民部丞・外記・史等を経て叙爵した後にはじめて受領に任命されるものである。「旧吏」の場合は考課方式がとり入れられており、「新叙」の場合は年功序列を重んじる方式であるが、共に一定の原則や基本は保持している。

②これらの方式に加えて、年給制及び成功の制による補任が盛行するに至るが、この方式は受領補任に無原則の要素を持ち込むこととなった。

村井の指摘はきわめて重要であるが、年給制による受領補任の盛行を説く点には疑問がある。年給制から年分受領制が成立するという考え方はすでに橋本義彦・時野谷滋によって否定されている。(2) したがって、この点は除外して論を進めることとしたい。そして、それに代わって「院分受領制」による補任を付加しておきたい。これは全く無原則というわけではないが、その任命は院の恣意に委ねられるものであり、考課・巡任方式とは別の原理によって補任されるものであることは疑いない。また、前述の諸方式の他に、院や天皇の別勅による任命があったことも注意しておく必要があろう。以上の点を村井説に付加したうえで、次の点を再確認しておきたい。

①「旧吏」及び「新叙」の巡任がいずれも官吏の労をよりどころとするものであり、形骸化したとはいえ、律令の考課方式の系譜を引くものである。〔補注I〕

②「院分」及び「別勅」の場合は院及び天皇の恣意によるものであり、成功の場合は経済的な奉仕によるものである。したがって、これらはいずれも律令の原則とは相反するものである。

平安時代の受領人事においては前述の相反する要素が、しのぎをけずりつつ同居していたと言ってよいのであるが、本章では主として、「旧吏」「新叙」の巡任方式の推移に焦点をあてつつ、それ以外の方式との相互関係を具体的に解明してみたいと思う。

第一節　受領巡任の内容

1　旧吏巡

「旧吏」「新叙」の巡任の概要についてはすでに前述したところであるが、さらに細部にわたる解明は未だなされていない。ここでは、この点を追究してみたい。

まず、これについて詳細な記事を載せる『江家次第』を見てみよう。(3)

任㆓受領㆒

旧吏任中毎年必任㆑之

得替合格鎮西一（以上必不㆓毎年㆒任、随㆑人随㆑年）亡国数代不㆑済㆓公文㆒之間有㆓勘済ノ人㆒者、不㆑待㆑巡被㆑任、六位ノ受領者先以㆘六位旧

吏勘二公文一者上被レ任、雖レ有二別功者一無二勘済旧吏一時任レ之、近代多用二贖労者一可レ恠、（後略）

これによれば、「旧吏」とされるものの中に、「任中」「得替合格」「鎮西一」等の区別があったことがわかる。ここで、これらの意味するところを明らかにしておこう。

まず、「旧吏任中」「得替合格」とはどのようなものを指すのであろうか。応徳二年（一〇八五）正月二十三日の藤原家範の受領申文には次のように記されている。(4)

従四位上行大膳大夫藤原朝臣家範誠惶誠恐謹言

右家範謹検二案内一、被レ抽二賞旧吏一之道、或依二任国治否一、或用二公文之次第一、是則聖代承前之芳躅也、爰家範去治暦三年任二彼国守一延久三年得替解任、即年勘二済四度公文一、請二惣返抄一奉レ帳先畢、随則有功無過之内（由）公卿僉議又畢、然而空送二十五年之労一頻漏二雨露無レ偏之恩一、抑毎年除目任中公文之輩各遇二採択一得替公文之者長被二棄置一、論二之聖謨一誰謂二平均一、何況当時旧吏之中、謂二公文次第一謂二年序一家範已為二第一一（後略）

これにより「任中公文」が「得替公文」と対比されるものであること、また、共に「旧吏」であることが判明する。これが、『江家次第』の言う「旧吏任中」「得替合格」に当たるものであることは言うまでもない。「任中公文」は、時に「任中勘公文」と称されることもあり(5)、「得替公文」「得替合格」等の語とも考え合わせると、これが公文勘済のあり方と関係する語であることを推測しうる。通常、受領は任期が終わると、後任の受領から不与(ふよ)解由状(げゆじょう)をもらって帰京するが、治国の労によって加階や任官をしようとすれば、受領功過定(こうかさだめ)を受ける必要があった。そして、その前提として、不与解由状で指摘された欠負未納の塡納を行い、調庸惣返抄や正税(しょうぜい)返却帳をはじめとする返抄類を得、諸帳簿の勘会を受けておかねばならなかった。これが公文勘済である。その要目は『江家次第』の受領功過の項に詳しい(6)。

前掲の家範は延久三年（一〇七一）に得替解任し、即年四度公文を勘済し、惣返抄を受けたとある。そして、功過定を受け有功無過の判定を受けている。したがって彼の場合は、通常の公文勘済のケースであったと言えよう。また、彼が「得替公文」であったことは、その文意から言って明らかである。そして、後述する「任中」の性格と対比した時、「得替公文」というのは、任終後に公文勘済を行った「旧吏」であると解するのが妥当である。

ところで、この「得替」の場合、公文勘済の時期をずるずると引き延ばす傾向があったらしく、長徳元年(九九五)八月には、

受領之吏、不レ可レ残二滅任国一、随二其状迹一可レ明二賞罰一

との官符が出され、さらに同十二月には、

去レ任之吏、二箇年中不レ究二済公事一之輩、其子不レ得二叙用一者(7)

とか

受領之吏去レ任二年之中、不レ勘二公文一之輩不レ可二叙用一之由当時新制也(8)

とされるような規制が加えられている。これによって、「得替公文」としての資格を得るためには、二年以内に公文勘済をしておくことが必要となったのである。

次に「旧吏任中」について考えてみよう。

『北山抄』には

加階事(中略)又任中勘公文者、不レ待二得替一被レ賞、是尤可レ謂二左道一、解任之後、若有二留国雑怠一為二之如何一(9)

とある。これにより、①「任中勘公文者」については、得替以前にその功績によって加階される場合があったこと、②その場合、解任の後に留国雑怠が残る可能性があったこと等が判明する。したがって、「任中勘公文者」とは任終以前に公文勘済を受けた者であることが明らかである。

『中右記』長治元年(一一〇四)正月二十七日条には

入レ夜之後諸卿参ニ集仗座一（中略）又頭中将以ニ申文一下申云、可ニ定申一、是参河前司敦遠得替也、年雖ニ済公文一可レ列ニ任中一之由申請如何、僉議之座多可レ有ニ裁許一旨申上了、是雖レ浴（欲）レ済ニ公事一任終多依レ無レ故無ニ官符請印一之間自然為ニ得替一、彼年伯耆前司隆忠申ニ此旨一列ニ任中一了、（中略）各付ニ頭弁重資頭中将顕実一被レ奏了

とある。

これは、陣定（じんのさだめ）において前三河守（高階）敦遠の申請を議したものである。ここでは、敦遠が「得替」から「任中」への変更を申請し、公卿合議もそれを認める方向でまとまり、奏上されている。その理由は、公文を勘済しようとしたところ、任終に官符請印が行われなかったために延引してしまい、「自然」に「得替」となってしまったが、伯耆前司隆忠の前例もあり、このような場合は「任中」の列に入れるべきであるというものであった(10)。したがって「任中」「得替」の区別は、公文勘済の終了を証する諸文書への請印の時期の早晩によるものであったことがわかる。このことを更に具体的に物語るのは、『中右記』元永二年（一一一九）十二月二十九日条の記事である。これは、『中右記』の筆者藤原宗忠の子、因幡守宗成（むねしげ）の公文勘済に関わるものである。宗成は天永二年（一一一一）七月二十九日に因幡守に任命され(11)九年間在任した後、元永三年正月二十八日に藤原時通と交替している(12)。したがって、この時は彼にとって任終年の十二月であったことになる。以下、宗忠の記すところにしたがって要約してみよう。

十二月二十九日夜、宗成の任中公文を勘済しようとしたところ、主計寮（かずえのりょう）は調庸総返抄を放ったのであるが、主税寮（ちからのりょう）は八幡宮宝塔院と千手院加挙稲の返抄が未だ到来していないとして、正税返却帳を拘留したのである。そこで宗忠は八方手を尽くして調査を行い、結局のところ本国に過怠はなく、事務的な行き違いであったことをつきとめ、その旨主税寮へ連絡し、主税頭から正月六日叙位儀以前に返却帳を送ること、返却帳の奥には十二月二十九日の日付を付すこと、また正月六日に総返抄、返却帳共に内覧に入れること等の約束をとりつけている。この経過を記した後、宗忠は更に、

本国不レ誤之上、返却帳奥皆元永二年十二月廿九日之由各注入也、仍存二任中之由一也、先例或総返抄返却帳取二正月除目以前一之輩無二指過怠一時、依二宣旨一列二任中一也、

と憤慨しながら書き付けている。

これにより正月に交替する場合には、年内に公文勘済(請印)を了えなければ「任中」となりえないこと、また、年を越してしまっても、除目以前に完了した場合には、特別な過怠がなければ、宣旨により「任中」の列に入れられる慣習であったこと、それ以後の場合は「得替」とされたこと等が判明する。

結局のところ、任終の時点で勘済公文の請印を了えていることが「任中」の要件であったと言えるのである。また、前掲の宗忠の言葉によって、その公文が、調庸総返抄と正税返却帳を含んでいなければならなかったこともわかる。これらは前司任終年と当任三カ年に関する返抄であり、任期中に勘済することは可能であった。また、このように考えれば、「任中勘公文者」であっても解任後に雑怠を残す可能性もあったことがわかり、『北山抄』の危惧するところも無理なく理解できるのである[13]。

前掲の藤原家範申文において述べられているごとく、「任中公文之輩」は「得替公文之輩」より優遇されるものであった。『江家次第』が「任中」を毎年任命するとし、他の旧吏については必ずしも毎年任命するわけではないとしているのも、その一端をあらわすものである。

『中右記』天仁元年(一一〇八)正月二十四日条には

於二任中一者殊被レ賞之故也

と記され、『長秋記』天承元年(一一三一)正月二十二日条にも

任中是公家被二抽賞一也

と記されている。

これは公文勘済の早期化をはかるための奨励策であったと言えよう。

この外『江家次第』は「鎮西一」という巡を載せていた。これは、「管国一」とか「管国肥前公文」というように記されるもののことであろう。(14) 院政期に入ってはじめて史料上に姿をあらわすものである。大宰管内の諸国に赴任した旧吏を、別の巡に編成したものである。遠国にして不人気な西海道諸国の受領を経た者に対する優遇策かとも考えられるが、史料が少なく、その性格を明らかにしがたい。

2 新叙巡

『江家次第』によって「新叙」とされるものを掲げよう。(15)

新叙
　蔵人 或有㆓五位蔵人任例㆒
　院 或及㆓三四所㆒依㆓本所挙㆒被㆑任㆑之
　式部丞
　民部丞 或以㆑輔被㆑任㆑之
　検非違使 或以㆓佐大夫尉㆒被㆑任㆑之
　外記
　史 以上或以㆓五位外記史㆒被㆑任㆑之、或㆒有㆘越㆓本巡㆒任之例㆖

これは、右のごとき職を経て、叙爵した人々を順次受領に任命してゆくものである。『江家次第』は、院(院分)を新叙の内に含めているが、実例を検討してみると、必ずしも叙爵の後最初に受領に任命される者ばかりとは限らない。(16) また、院分は巡によって任命されるものでもない。その任命は院の指名によるものであった。『官職秘鈔』は「旧吏」「新叙」と「院宮坊官」を区別して記載しているが、その方が正確である。ただ叙爵後間もなく院分受領に任命される例は少なくなく、これが『江家次第』をして「院」を「新叙」の中に入れさせた原因であろう。(17)

さて天延二年(九七四)十二月十七日の藤原倫寧(ともやす)等奏状には「新叙」について、次のように記されている。(18)

> 叙位之年、即任二分憂一者、蔵人、式部、民部丞、外記、官史等也、此五人者、非二唯劇務要職一、其本或諸道成業、或諸司積労、雖二叙位停止之年一、而殊被二叙用一、其来尚矣、至二于大蔵丞、織部正、検非違使一者其賜レ爵各有二年限一、又新叙之後、未二必早拝一レ国、而年来暫居二其職一一二年間、或依二他労一或依二氏挙一不レ待二年限一、早被レ叙者、偏仮二名於本官本職一、与二彼五人一、同被二拝除一(後略)

これにより、十世紀には大蔵丞や織部正もその対象とされていたこと(19)、蔵人・式部・民部丞・外記・史等は毎年任命されるのに対し、検非違使・大蔵丞・織部正等は必ずしもそうではなかったこと等がわかる。また、「新叙」の対象となる官職が劇務要職であるのみならず、才識・労効共に高い者が就くべきものであり、「新叙」の枠の設定もそれらの重要性を考えての優遇策であったと思われる。

ところで、この「巡」はどのように編成されたのであろうか、年臈によって補任されると言えば簡単なようであるが、その基準を何に求めるかによって、臈次にかなりの変動が生まれるのである。

『北山抄』は、受領挙(ずりょうのきょ)の基準を記して次のように言っている。(20)

> 式部・民部等巡給縦下未レ有二成功一者上猶挙二一労一為レ善、但近年之間有二新起請一、其間又可二斟酌一(雖レ有二先叙爵者一、可レ依二任日次第一、兼可レ用下預二本労爵一者上之起請也)

これによれば、式部・民部丞巡は、『北山抄』の段階では、任日(にんじつ)を基準として臈次を組むことになっていたことがわかる。また、本労によって叙爵したものを優先したことも判明する。(21)

『北山抄』は、蔵人巡(くろうどのじゅん)や検非違使巡の基準については全くふれていない。しかし検非違使については、『中右記』康和五年（一一〇三）二月三十日条に関連史料がある。検非違使巡によって受領たるべき者として平宗盛と平重房が競合し、その判定が公卿合議に持ち込まれているのである。ここで問題とされたのは、宗盛が「右衛門尉幷着座給爵上臈」であり、重房が「年臈幷使□宣旨上臈」であったこと、及び両人共、同日に使宣旨を受けていたことであった。公卿の意見は両者に分かれたが、藤原宗忠は「本官（右衛門尉）幷給爵」を重視して宗盛を推し、勅定により宗盛に決定した(22)。ここにおいて最大の問題点となったのは、両者共に同日に使宣旨を受けていたことであったと思われる。とすれば、任日を優先するという原則は、検非違使の場合にも存在したと言ってよいのではなかろうか、蔵人については全く史料を欠くが、蔵人や検非違使の場合、任命から叙爵までの期間は必ずしも一定ではない。したがって叙爵のみを問題とすると、恪勤の度合いとは必ずしも一致しなくなる可能性がある。蔵人の場合には叙爵を好まぬ風潮さえあり、不仕の者を左遷的な意味合いで叙爵させるということも行われていた(23)。したがって、この場合も任日を優先条件としていた可能性が強い(24)。

次に外記・史の巡についてであるが、この場合には上日が優先されたらしい。『中右記』元永元年正月十八日条において、藤原宗忠は、

官史外記習所レ被レ用二上日一也、従レ昔及レ今被レ用二上日一

と述べ、この時の陣定でも「任日幷叙爵上臈」の者が、上日上臈の者に先を越されている。また『朝野群載』所載の保安三年正月二十日付の大江通貞申文によっても、彼より後に叙爵したと思われる伴広貞が、上日上臈ということで、彼に先んじて安房守に任命されていたことがわかる。しかし、同時に、任日の前後が全くかえりみられなかったわけではなさそうである。大江通貞は、その下臈に当たる豊原広時と中原光俊の任日と上日を示し、

広時者隔二五箇月一之下臈也、光俊者送二一年一之最末也、皆非二一時之任一、豈有二同日之論一哉

と主張しているのである(25)。

上日のみを問題とすると、上日の少ないものはいつまでたっても巡にあずかることができないということになる。通貞申文が自分より約二年後に補任された者までを比較の対象としているのは、上日の多少によって逆転しうる範囲がそれくらいであったことを物語っているのではなかろうか、上日の優先ということの背後には、任日の前後がそう大きくちがわない場合という前提があったのではないかと憶測するわけである。その具体的な判定は前述の例のごとく、問題が出た都度、ケースバイケースで陣定で議せられたものと思われる。

第二節　受領巡任の成立と展開

1　新叙巡の成立

前節においては受領巡任における原則について検討を加えたが、ここでは、その成立について考えてみたい。

（一）　外記巡について

外記巡の成立と展開について非常に有益な素材を与えてくれるのは、『外記補任』である。[26] 現在、延暦二年（七八三）―寛弘六年（一〇〇九）までの部分が残存している。今これによって検討を加えてみよう。

外記局の人事を一覧してまず気づくのは、貞観（八五九―八七七）頃を境として、その前と後でかなり様子が異なっていることである。桓武朝（七八一―八六七年）からこの頃までの様子をまず明らかにしておこう。

十世紀以降の慣例では、大外記のうち一名は大夫外記（たいふのげき）と称し、五位の者が任命された。それ以外の者は、叙爵と共に外記局を去ることになっていた。しかるに、貞観以前の実態をみると、五位外記が二名以上となることも多い。[27] また、叙爵と共に外記局を去るという慣例もなかったようで、多くの人が叙爵後も外記局に残っている。[28] さらに、少外記→大外記へという昇進コースも自明のことではなかったようで、少外記から他官へ転出した例や他官から大外記へ転入するもの、大外記から叙爵を経ずに他官へ遷任するもの等も多い。[29]また、外記局における在任期間も一定しない。さらに、外記を経て公卿となる例もみられる。[30]以上のことから、この段階においては、外記局としてのまとまりを持つ閉鎖的な人事はまだ行われず、外記を経由する昇進コースも明確な形で存在していたとは言いがたい。外記は、官位相当を等しくする他の官職と同列にあり、それら相互間の人事交流も盛んであったとしてよい。また、大夫外記制も未成立であった。桓武―文徳朝(七八一―八五八年)の様相は以上のごとく捉えられるのであるが、さらに細部にわたって検討すると、仁明朝後半(承和の変〈八四二年〉以後)頃からは多少なりとも貞観期以降に近い傾向を認めうる。少外記から大外記へと昇進する例や大外記から叙爵する例が増加し、叙爵後に諸国介に任命される場合が多くなってきているのがそれである。[31]

次に貞観以降、昌泰(八九八―九〇一)以前の外記局人事の傾向を捉えてみよう。まず五位外記が一名に限られ、他の外記は叙爵すると一年を経ず他官に転出するという慣例が成立する。少外記→大外記→叙爵→諸国介という昇進コースが一般的となり、外記局は、大夫外記、六位大外記、少外記二名、という構成になる。そして、原則として恒例の叙位において一名ずつ叙爵し、外記局を去ってゆく。大外記の欠には少外記の上臈者が入り、少外記一名が新規採用される。時として、少外記を経ず六位大外記が任命されることもあるが、そのような時には大外記の末席に位置づけられた。この時期に外記巡の前提が作られたと考えてよい。

しかるに彼らが巡によって受領に任命されるようになるのは、寛平最末年―昌泰以降のことである。以下、それ以後の時期の特色を述べてみよう。表30は昌泰元年以前と以後の外記の転出先を比較したものである。これによって、この頃はじめて外記の受領巡任が成立したことを確認しうる。また、延喜五年(九〇五)に大外記となった宗岡経則の場合を唯一の例外として、少外記を経ずに大外記となる例もなくなる(但し大夫外記は除く)。少外記→大外記→叙爵というコースが確立するのである。

　また、外記在任期間は三年が標準となる。そして毎年一人ずつ叙爵し、受領となってゆくのである。ただし、延喜末年から権少外記が時々置かれるようになり、天慶四年(九四一)以後常置されるようになるが、これにより権少外記→少外記→大外記というコースが出現し、外記局の定員は五名となる。したがって、これ以後は標準在任期間四年で叙爵することになる。

　ところで、外記巡のその後の推移を検討すると、時として、一旦介や権介に任命され、短期間で守に任命され直すという例を見出すことができる。たとえば、和利親(やまとのとしちか)が延喜十九年(九一九)に伊勢介となり延喜二十二年に筑後守となったり、物部貞用(さだもち)が天慶六年に遠江介となり天慶八年に安房守となったりしているのがそれである。本来外記の補任

表 30　外記の転出先

	転出先		
	守	守以外の国司	その他
貞観元—寛平 9	4	19	6
昌泰元—延長 8	21	7(3)	2

〔備考〕(　)に入れた数は，守以外の国司に任命されたものの内，受領であったことが明らかなもの(五位外記は除外)．

表 31　外記巡待機期間

受領補任	待機期間	受領補任	待機期間
康保元	2年, 0年	正暦 6	7年
2	2年	長徳 2	7年
4	2年	3	7年
安和元	2年	長保元	5年
天延 3	5年	2	5年
貞元 2	5年, 4年	3	5年
天元 2	4年	4	4年
3	6年	5	4年
5	6年	6	4年
永観 2	3年, 0年	寛弘 2	4年
寛和 2	11年	3	3年
3	9年	4	4年
正暦 2	5年	6	5年
3	7年	9	4年
5	7年		

のことを記す『外記補任』に、叙爵直後の転出先のみならず、再転出先の官職をも記すのは不自然なことと言わねばならない。しかもそれがきまって、介・権介から守への転任を記すのである。これは、再転出先の官職までが外記巡と関係しているがゆえに記されたのであろう。『魚魯愚鈔』には「宿官」なるものが記されている。(32) これは、受領の欠がないために新叙巡(しんじよのじゅん)に当たるものが、叙爵した後、仮に介や権守に任ぜられ、欠のできるのを待つというものである。このような例は前述の和利親や物部貞用等にはじまり、朱雀―村上朝(九三〇―九六七年)にかけて徐々にその出現回数を増やしてゆく。そして康保年間(九六四―九六八)以降は、叙爵の後に宿官を経て受領になるということが常態化する。表31はそれ以後における叙爵から受領補任までの期間を一覧表としたものである。〔補注Ⅱ〕これによれば康保―安和までは二年が普通であり、その後さらに期間が延長され、多少の出入りはあるが四―七年ぐらい待機するのが一般的となっているようである。

(二) その他の新叙巡について

外記巡については前述のごとく、具体的な姿を確かめうるのであるが、他の新叙巡についてはどうであろうか。『本朝世紀』天慶五年(九四二)閏三月一日条には、蔵人式部大丞源信明・式部大丞三統三夏(みむねのみなつ)・民部大丞藤原是守を従五位下に、大外記伊福部安近・左大史檜前(ひのくま)忠明を外従五位下にそれぞれ抜叙し、直ちに受領に任命したという記事が載せられている。ここには、新叙巡を有する官職の代表的なものが一括されており、この段階で、すでに新叙巡が成立していたことを物語る。また、これに先立つ延長三年(九二五)二月十五日の大江朝綱(あさつな)奏状にも、(33)

　右謹検二先例一自二此省(民部)丞一関二栄爵一者、皆無二賢愚一併二任受領一(後略)

とあって、民部丞巡がこれ以前に成立していたことを物語っている。

外記巡の成立する寛平末年というのは、受領制の確立する時期でもある。確証を欠くが、おそらくこの頃に他の新叙巡も成立し、受領挙のための基準とされたのではないだろうか。[34]

さて、『公卿補任』『三十六人歌仙伝』等によれば、村上朝後半頃から蔵人や、顕官を経て叙爵した者が、直ちに受領となりえなくなってきているらしいことをうかがうことができる。[35] この頃から、一般的に、受領有資格者数が受領の欠員数より上回るようになってきたのであろう。

2　新叙巡の変遷

前節では新叙巡の成立について検討し、いわゆる宿官が村上朝後半期頃から恒常化してきたことを明らかにした。ここでは、それ以後、白河院政期(一〇八六―一一二九年)までの変遷を追究してみたい。

まず、式部・民部・外記・史等の巡について検討してみよう。表32―37は新叙巡の関係史料の中から、叙爵後の待機期間がわかる例を抽出したものである〔補注Ⅲ〕(本来ならば任日を基準として表を作成すべきであるが、史料的な制約により、叙爵を基準とした)。

これによれば、いずれの巡においても、年と共に待機期間が延長されてきていることがわかる。道長政権下においては十年を中心として前後三年ぐらいの間の例が多いのに対して、白河院政期になると二十年を越える例が大多数となってしまうのである。[36] これら四種の巡のうちでは、式部巡が最も有利な位置にあったようであり、その年限もわずかに短かい。これは、十一世紀後半以降の家柄再編成の過程において、民部丞・外記・史等が侍品(さむらいほん)の人々の多く就く官職とされたこととも関係しよう。式部丞は諸大夫以上の人々の就くことが多く、蔵人を兼ねることも多かったのである。[37] 他の三つの巡の相互関係については、待機期間に関する史料のみでは比較しがたい。

次に蔵人巡について検討してみよう。この巡の運用はかなり特徴的である。まず第一に、他の巡と比べて待機期間が短かいことをあげうる。次に、院政期に入っても期間の延長がみられないことや、同じ天皇の在位期間内でも待機

表32　蔵　人

人　名	受領補任	任　国	蔵人補任	叙　爵	叙爵後の待機期間	蔵人補任後の待機期間
藤原仲文	康保5.1〔歌〕	加賀守	康保4.5	康保4.10〔歌〕	1年	1年
高階成章	寛仁3.1〔公〕	紀伊守	長和5.1	長和6.1〔公〕	2年	3年
源　資通	長元4.2〔公〕	和泉守	寛仁4.1	治安2.4〔公〕	9年	11年
源　経長	長元8.1〔公〕	兼和泉守	治安2.4	万寿1.1〔公〕	11年	13年
藤原国仲	承暦3.1〔為〕	因幡守	(承保2.9)		4年以内	4年以上
高階重仲	寛治3.〔中〕	出雲守	応徳3.11	寛治1.11〔世〕	2年	3年
藤原実房	寛治5.1〔江〕	遠江守	応徳3.11	寛治2.9以後	5年以内	5年以上
源　有家	永長1.1〔中〕	下野守	(寛治4.11)	寛治4.6〔為〕	6年	8年
藤原説長	康和1.1〔世〕	遠江守	(寛治3.5)	寛治7.1〔師〕	6年	10年以上
藤原為宣	康和4.1〔殿〕	肥後守	寛治5.1	嘉保1.1〔中〕	8年	11年
藤原国資	康和5.2〔世〕	遠江守	寛治6.1			11年
藤原長隆	天仁1.1〔中〕	因幡守	嘉承2.7	天仁1.1以前〔中〕	0年	1年
藤原有成	天永2.1〔中〕	和泉守	嘉承2.7	天仁2.1以後〔殿〕	2年以内	4年
藤原説定	天永3.1〔中〕	駿河守	嘉承2.10	天仁2.1以後〔中〕	3年以内	5年
藤原行佐	永久4.1〔除〕	駿河守	天仁2.4	天永2.1〔中〕	5年	7年以内
藤原為忠	元永1.1〔中〕	安芸守	(天仁1.12)	永久4.8以前〔雲〕	2～5年	10年以内
藤原説雅	元永2.1〔中〕	淡路守	天永2.1	永久2.12以後〔中〕	5年以内	8年
藤原資兼	保安1.1〔中〕	肥後守	天永2.5	永久4.1〔除〕	4年	9年
藤原茂明	大治2.1〔中〕	下総守	(天治1.6)		3年以内	3年以上

〔備考〕〔為〕…為房卿記，〔雲〕…雲居寺結縁経歌合，〔歌〕…三十六人歌仙伝，〔鶴〕…鶴岡八幡宮社家系図，〔魚〕…魚魯愚鈔，〔公〕…公卿補任，〔権〕…権記，〔御〕…御堂関白記，〔左〕…左経記，〔師〕…後二条師通記，〔除〕…除目大成抄，〔春〕…春記，〔小〕…小右記，〔粋〕…本朝文粋，〔水〕…水左記，〔世〕…本朝世紀，〔仙〕…中古歌仙三十六人伝，〔中〕…中右記，〔朝〕…朝野群載，〔殿〕殿暦，〔二〕…二中歴，〔符〕…類聚符宣抄，〔兵〕…兵範記，〔弁〕…弁官補任，〔江〕…江記，〔即〕…御即位叙位部類記，〔摂〕…摂関宣下類聚，〔外〕…外記補任，〔壬〕…壬生家文書　(〔江〕〔即〕〔摂〕は大日本史料による)

〔出典〕1)　蔵人の補任時期については，山口博『王朝歌壇の研究』別巻・蔵人補任，市川久編『蔵人補任』を参照した．
2)　推測によるものは(　)に入れた．

期間に長短が認められること等も指摘できる。さらに詳しく検討すると、この巡によって受領となるのは、その人が蔵人として仕えた天皇の在位中に限られていることがわかる。史料の多い院政期について、任日を基準として考えてみると、天皇即位後の年月に比例して巡を待つ期間も長期化していることに気づく。

これらのことから、蔵人巡は天皇一代毎に編成され直したのではないかと推測される。したがって、即位毎に待機者は一掃され、即位直後には叙爵から時を経ずに補任されるという結果となる。しかるに蔵人を経て叙爵する者は、蔵人労による者以外にかなりいたと思われる。したがって、巡のためのポストより多くの人々が待機することとなる。おそらくこれが、年と共に待機期間が延長される理由なのであろう。

次に、検非違使巡について考えてみよう。前述したように、この巡は必ずしも毎年任命されるものではなかった。当然のことながら、叙爵から受領補任に至る期間は、前述の諸巡より長くなるはずである。たしかに道長政権下における例をみると、そのような傾向を認めることができる。しかし院政期の例をみると、逆に他の諸巡(蔵人を除く)より待機期間が短かくなっているのである。他の巡が院政期に入って急に待機期間を延長されたのに対し、検非違使巡の場合はそれほど延長されていないのである。おそらくそれは、検非違使の職掌が院政期に至っても益々重要なものとされていったことと関係するものであろう[38]。なお表33によれば、検非違使の場合、同時代においても叙爵後の待機期間にはかなりの出入りがある。これは、任日を基準とした巡が組まれていたためと考えられる。比較的史料の集中している院政期について検討してみると、それらはほぼ任日の後十五―二十年といった安定した範囲に納まる。同時代においては、ほぼ似た期間であったとしてよい。検非違使は、使宣旨―叙爵までの期間が必ずしも一定でない。したがって、基準を任日にとるか叙爵にとるかによって大きい差異が生れることになるわけである。

表 33　検非違使

人　名	受領補任	任　国	使　補　任	叙　　爵	叙爵後の待機期間	使補任後の待機期間	補注
大江匡衡	長保 3.8〔粋〕	尾張守	天元 5〔小〕	永観 2.1〔仙〕	17 年	19 年	
藤原宣孝	正暦 1.8〔小〕	筑前守		寛和 1.7 以後〔小〕	5 年以内		①
藤原為長	長保 2.1〔権〕	(申受領)	天元 5.2〔小〕			(18 年)	
藤原惟風	〃　〔権〕	(　〃　)	永延 3.1〔小〕			(11 年)	
藤原忠親	〃　〔権〕	(　〃　)	正暦 4.1〔小〕			(7 年)	
藤原惟経	長暦 4.1〔春〕	武蔵守	万寿 1.10〔小〕	長元 4.3〔左〕	9 年	18 年	
平　宗盛	康和 5.2〔世〕	下総守	寛治 2.1〔中〕	寛治 5.1〔中〕	13 年	16 年	
平　為俊	天仁 1.1〔中〕	駿河守	寛治 6.1〔為〕	康和 2.1〔魚〕	8 年	16 年	
源　明国	天永 2.1〔中〕	下野守	永長 1.1〔中〕	永長 1.11〔中〕	15 年	15 年	
平　盛基	永久 4.1〔除〕	信濃守	永長 2〔除〕	康和 5〔除〕	13 年	19 年	

〔備考〕 表の補注は，374 頁以下.

表 34　式　　部

人　名	受領補任	任　国	叙　　爵	叙爵後の待機期間	補注
源　扶義	天元 5.1〔公〕	安芸権守	天元 3.1〔公〕	2 年	
藤原頼隆	長保 2.1〔権〕	(申受領)	正暦 4.12 以後〔世〕	(7 年)	
平　理義	〃　〔権〕	(　〃　)	正暦 4.11〔小〕	(7 年)	
俊平	万寿 4.1〔小〕	加賀守	長和 5 以後〔小〕	11 年以内	
藤原良貞	長暦 4.1〔春〕	備後守	長元 5.4 以前〔左〕	7 年以上	②
源　経季	長久 1.12〔春〕		長元 4.4 以前〔左〕	(9 年以上)	③
藤原実政	康平 7.3〔公〕	兼甲斐守	長久 5.1〔公〕	20 年	
源　基綱	寛治 6.1〔中〕	(申若狭)	治暦 3.9〔公〕	25 年	④
源　俊兼	康和 1.1〔世〕	駿河守	寛治 5.1〔江〕	9 年	
家清	長治 2.1〔中〕	(式部・任ぜられず)	応徳 3.12〔即〕	19 年	⑤
源　広綱	天仁 1.1〔中〕	摂津守	承保 2.5 以前〔朝〕	23 年以上	
源　雅隆	元永 2.1〔中〕	和泉守	寛治 7.1〔師〕	18 年	

表35　民　部

人　名	受領補任	任　国	叙　爵	叙爵後の待機期間	補注
源　順	康保4.1〔歌〕	和泉守	康保3.1〔歌〕	1年	⑥
清原元輔	天延2.1〔歌〕	周防守	安和2.9〔歌〕	5年	⑦
中原師光	万寿1.10〔小〕	若狭守	長和1.6以前〔小〕	13年以上	
菅原明任	長暦4.1〔春〕	遠江守	寛仁2.11以後〔符〕	21年以内	
平　祐俊	天永3.1〔中〕	伊豆守	応徳3.12〔即〕	26年	
高階成房	元永1.1〔中〕	大和守	寛治8.1〔中〕	24年	
藤原俊基	元永2.1〔中〕	出羽守	承徳1.1〔中〕	22年	
紀　宗兼	保安5.1〔二〕	出羽守	康和1.1〔世〕	25年	

表36　外　記

人　名	受領補任	任　国	叙　爵	叙爵後の待機期間
惟宗広俊	天永3.1〔中〕	下野守	寛治8.1〔中〕	18年
惟宗時重	永久4.1〔除〕	対馬守	寛治3.3〔除〕	25年

表37　史

人　名	受領補任	任　国	叙　爵	叙爵後の待機期間
伴　佐親	長久3.1〔鶴〕	豊前守	長元5.1〔鶴〕	10年
小槻良俊	天永2.1〔中〕	大隅守	永保3.1〔魚〕	28年
中原宣行	元永2.1〔中〕	安房守	永長元.1〔中〕	23年
三善盛兼	大治2.1〔中〕	河内守	康和4.5〔中〕	23年

責任を果たした旧国司が再び同クラスの国司に任命されるということは、八世紀以来ごくふつうに行われてきたはずである。したがって、旧吏巡の成立を問題とすることは意味のあることとは思えない。旧吏巡ということが意識され始めたのは、旧吏達が直ちに再任されがたくなり、ある期間待機せねばならないような状態になってからのことであろう。

3 旧吏巡の変遷

天延二年(九七四)十二月十七日、源順・藤原為雅・橘伊輔・藤原倫寧等の四名は旧吏としての立場から、毎年の受領の欠に、旧吏・新叙それぞれ折半して任命すべきことを要求したが[39]、これによって、旧吏が解任後直ちに次の国に遷任できなくなってきている状況をうかがうことができる。ここで奏状を出した四人のうち、源順は康保四年(九六七)一月に和泉に任命されており、一任とすれば天禄二年(九七一)に秩満となったはずである[40]。したがって、この時は秩満後三年が経過していたことになる。また、藤原倫寧の場合は天禄元年五月十九日に藤原実頼家別当丹波守であったことが知られるから、最少一年、最大三年間ほど待機していたことになる。この他、藤原安親が大和治国の労によって解任三年後の安和二年(九六九)に相模守となった例もあり[42]、新叙巡において宿官が恒常化するのと相前後して、旧吏の場合も待機期間が生じてきていたとしてよかろう。

さて、旧吏に「任中」「得替」の区別があったことは前述したが、旧吏が全て順調に再任されていた段階では、「任中」「得替」を区別し、優劣をつける必要はなかったであろう。この区別は、旧吏も待機を余儀なくされるような状況のもとで、公文勘済の早期化奨励のために案出されたものであったと考えられる。ただ、長徳四年(九九八)には「任中勘公文」の語がみられるから[43]、遅くとも十世紀末頃にはこの区別は成立していたものと思われる。

今、この「任中」「得替」の人々の待機期間を例によってまとめたのが表38―41である。なお、史料によっては

表38　任　中

人名	受領補任	任国	旧国	旧国補任	旧国交替	待機期間	補注
橘　為義	寛弘 3.10〔御〕	(公卿挙上)	伊賀守	(長保 3.7)〔権〕		3年以内	
大江時棟	寛仁 4.1〔粋〕	(受領申請)	安房守	長和 1.1〔外〕	長和 5〔粋〕	4年	
佐伯公行	長元 4.6〔左〕	(公卿挙上)	佐渡守		万寿 2〔左〕	6年	
藤原師成	寛徳 2.4〔公〕	備中権守	加賀守	長元 4.12〔公〕	長元 8〔公〕	10年	
源　政長	寛治 5.1〔江〕	備中守	若狭守		永保 1.6〔水〕	10年	
藤原行実	寛治 5.8〔師〕	甲斐守	淡路守	寛治 2.1〔世〕	寛治 5.8〔師〕		⑧
源　高実	寛治 8.7〔中〕	(公卿挙上)				8年	⑨
平　時範	承徳 2.7〔中〕	因幡守	越中守	(永保 3)〔兵〕	応徳 3 以前〔為〕	11年以上	⑩
源　国俊	承徳 2.8〔中〕	陸奥守	三河守	応徳 3.2〔世〕	寛治 4	8年	
藤原師保	康和 4.1〔殿〕	上総介	山城守	応徳 2.1〔魚〕	寛治 3	13年	
高階能遠	康和 5.2〔世〕	常陸介	能登守	応徳 2.1〔魚〕	寛治 3	15年	
藤原伊信	長治 2.1〔中〕	長門守	遠江守		寛治 5.1 以前〔中〕	14年以上	
藤原家範	長治 3.1〔魚〕	安芸守	和泉守	応徳 2.1〔魚〕	寛治 3	18年	
藤原兼平	天仁 1.1〔中〕	淡路守	和泉守	寛治 3.1〔壬〕	寛治 7〔壬〕	15年	⑪
高階経敏	天永 3.1〔中〕	武蔵守	相模守	寛治 3〔朝〕	寛治 7〔朝〕	19年	
藤原為隆	元永 1.1〔中〕	遠江守	淡路守	寛治 5.8〔公〕	永長 1〔公〕	22年	
高階重仲	元永 2.7〔中〕	近江守	出雲守		承徳 1〔中〕	22年	⑫
藤原実信	保安 1.1〔中〕	備後守	丹後守	寛治 5.1〔江〕	康和 1.1 以前〔世〕	21年以上	
藤原隆仲	天治 2.1〔二〕	安房守	石見守	承徳 1.1〔中〕	康和 3.10〔中〕〜長治 2.1	20〜24年	
藤原良兼	大治 1.2〔二〕	陸奥守	和泉守	康保 1.9〔世〕	嘉承 2.1 以前〔殿〕	19年以上	
藤原親通	大治 2.1〔中〕	下野守	山城守	天永 1〔朝〕	永久 2〔朝〕	13年	
藤原景実	大治 3.1〔二〕	大和守	飛騨守	康和 5.2〔世〕	嘉承 2	19年	
源　顕俊	大治 4.1〔中〕	上野介	武蔵守	康和 5.11〔世〕	嘉承 2	22年	

表39 得　替

人　名	受領補任	任　国	旧　国	旧国補任	旧国交替	待機期間	補注
源　為憲	長徳 3.1〔粋〕	(申受領)	遠江守	正暦 2〔粋〕	長徳 1.12〔粋〕	2年	⑬
源　政職	寛弘 3.10〔御〕	備後守	伯耆守	長徳 3.7〔権〕	長保 3	5年	⑭
源　兼澄	〃　〔御〕	(公卿挙上)	若狭守	(長徳 3.10)〔小〕		9年以内	⑮
藤原章信	長暦 4.1〔春〕	但馬守	伊予権守	長元 2.1〔弁〕	長元 6	8年	
高階業敏	〃　〔春〕	常陸守	越中守	(長元 4.8)〔小〕		5〜9年	
菅野敦頼	〃　〔春〕	筑前守	淡路守	万寿 2〔小〕	長元 3〔朝〕	9年	
藤原家範	応徳 2.1〔魚〕	和泉守		治暦 3〔魚〕	延久 3〔魚〕	15年	
藤原為房	寛治 4.6〔為〕	加賀守	遠江守	承保 2.1〔水〕	承暦 3	10年	
藤原行綱	嘉承 1.8〔中〕	下野守	若狭守	(寛治 6.2)〔為〕	(寛治 8.3)〔摂〕	12年以内	⑯

表40 管　国

人　名	受領補任	任　国	旧　国	旧国補任	旧国交替	待機期間
中原俊光	嘉保 2.1〔魚〕	遠江守	筑後守	延久 4〔魚〕	承保 3	19年
藤原友房	天仁 1.1〔中〕	大和守	肥前守	応徳 2〔魚〕	寛治 3	19年

表41 旧　吏

人　名	受領補任	任　国	旧　国	旧国補任	旧国交替	待機期間	補注
藤原安親	安和 2.10〔公〕	相模守	大和守	応和 2.8〔公〕	康保 3〔公〕	3年	
源　順	天元 3.1〔粋〕	能登守	和泉守	康保 4〔歌〕	天禄 2〔粋〕	9年	
方隆	長徳 4.2〔権〕	摂津守	備後守		(正暦 4.1)〔権〕	5年以内	
藤原典雅	長徳 4.8〔権〕	摂津守	相模守		(正暦 4.1)〔小〕	5年以上	
大江匡衡	寛弘 6.1〔粋〕	尾張守	尾張守	長保 3.8〔権〕	寛弘 1.10〔仙〕	5年	⑰

「任中」「得替」の別を明記せず、旧吏とのみ記すものもある。これらは、「任中」「得替」の別を省略したのか、その区別が未成立の段階のものなのか判然としないが、待機期間の幅を知るには無意味とは言えないので、一応表に付加しておいた。〔補注Ⅳ〕

まず「任中公文者」について検討してみよう。これについては十一世紀前半の寛仁四年（一〇二〇）に大江時棟がその受領申文の中で、(44)

延喜以来、彼(安房)国守所レ任、惣卅四人之中、纔勘二畢公文一者只六人也、是則平公雅、大江遠兼、小槻忠臣、源致節、藤原順時及時棟也、彼五人者去レ任三四年、乃皆以任二要官一而時棟旁致二殊功一既及二五年一（後略）

と言っているのが参考になる。橘為義が去任三年以内で公卿による推挙の対象となったことを考えると、あながち誇張とは言いきれない。

また表38によれば、その後、時と共に期間の延長が認められ、院政成立期にはほぼ十年前後となっていたようである。しかるに、師実・師通の没する康和年間（一〇九九—一一〇四）頃から急激に待機期間の長期化がみられ、鳥羽朝（一一〇七—二三年）に入ると二十年を越えることが一般化してしまう。「公家被二抽賞一者」(45)であった任中公文者にして、このような傾向がみられることは注目すべきであろう。

次に「得替」についてみてみよう。道長政権下の史料としては、源政職及び兼澄に関するものがある。政職の場合は、任終後五年で挙上され備後守に任命された。また兼澄も同時に挙上されたが、その理由は「去レ任久者」ということであった。(46)その期間は最大に考えても九年であるから、去任後五—九年というところが、この時期の「得替」の一般的な待機期間であったと思われる。そして、その後の頼通政権下の藤原章信や高階業敏・菅野敦頼等の例をみても、そう大きな変化はない。次いで院政成立期に至るとやや長期化し、藤原家範が十五年、藤原為房が十年となっている。「任中」において大幅な期間の延長をみた白河院政後半期の史料は、残念ながら見つけられない。

今、これらを前掲の「任中」と同時代の史料同士で比較すると、やはり「得替」の方が少しずつ長期間待機していたようである。おそらく白河院政後半期にも大幅に期間を延長されたものと思われる。

「管国」については嘉保二年(一〇九五)及び天仁二年(一一〇九)の例が残るのみ。共に十九年。同時期の任中よりは不利な待遇をうけている。「得替」との関係は比較すべき史料を欠く。

4 巡と任国

ここでは、受領の巡と任国との関係について検討を加えてみたい。この点を考えるのにちょうど都合のよい尺度を与えてくれるのが、土田直鎮の研究「公卿補任を通じて見た諸国の格付け」[47]である。土田は『公卿補任』によって、公卿の兼国及び公卿の前歴としての国司を検討し、当時の貴族からみた国の格付けを明らかにし、上位から順に甲―戊に分類した。今、これによって国々の格付けを再録してみる。

甲　近江、播磨、美作、備前、備中、讃岐、伊予
乙　美濃、越前、丹波、備後、周防
丙　大和、伊勢、尾張、但馬、紀伊、阿波
丁　山城、摂津、三河、遠江、相模、信濃、若狭、越後、加賀、能登、因幡
戊　その他の国々

これを尺度として、巡任の国々を検討してみよう。道長・頼通政権下の史料はごくわずかなために、まず院政期の史料を検討し、それとの関連で、それ以前の史料をもみてゆくこととしたい。表42は院政期における諸巡の任国を国の格付け別に集計したものである。

まず旧吏であるが、彼らは一任を終えて、その労によって新任国へ任命される者であり、叙爵直後の新叙者とは差

があってしかるべきである。任国においても、新叙者よりは良い国に多く任命されていることがわかる。また、旧吏の中では「任中」が最も有利な待遇をうけていたことも判明する。これは前述してきた「任中」の性格からみて当然のことと言ってよい。しかし、この「任中」とても、参考のために提示した同時代の「院分」と比較してみると不利であったことがわかる。

次に「新叙」であるが、彼らは一様に不人気な国に任命されていると言ってよい。甲―丙までの国に任命されたものはごく少ない。しかし、それらの巡の中にも有利なものと不利なものとがあったことがわかる。

表 42　院政期における巡の任国

	甲	乙	丙	丁	戊	計
任　　中	2	1	1	2	15	21
得　　替				1	3	4
管　　国				2		2
蔵　　人				5	14(西海道 3)	19
式　　部				2	10(西海道 2)	12
民　　部			3		16(西海道 5)	19
検非違使				2	12(西海道 0)	14
外　　記			1	1	14(西海道 10)	16
史					13(西海道 10)	13
院　　分	3	5	3	6	5(西海道 1)	22

〔備考〕 この表の補注は，375 頁以下.

まず最も有利なものが蔵人巡である。十九例中丁国に五例が任命されている。この他の巡について、丙・丁国への補任の多い順に挙げれば、民部(三例)、検非違使(二例)、式部(二例)、外記(二例)、史(例なし)となる。(48) しかしこの程度の例では、相互の関係を比較する材料たりえない。そこで今度は、最も不利な国への補任の度数を基準として考えてみよう。何と言っても最下等の国とされたのは、遠国でもある西海道諸国であろう。

今、新叙巡(しんじょのじゅん)を、西海道への補任の多い順に挙げてみると、史(十三例中十例)、外記(十六例中十例)、民部(十九例中五例)、式部(十二例中二例)、蔵人(十九例中三例)、検非違使(十四例中例なし)となる。このことを考え合せて、新叙巡を有利なものから順に序列づけると、①蔵人、②検非違使、③式部・民部、④外記・史、ということになろう。(49) また、外記・史の間では外記の方が有利な国へ任命されたことが、『中右記』元永元年正月十九日条によってわかる。[50]

それでは次に、院政期以前の状態を推測してみよう。外記巡関係の任国については、『外記補任』が豊富な資料を与えてくれる。今これによって、寛平末年(受領制の成立時期)から宿官の恒常化する応和(九六一—九六四)以前の集計をしてみると、次のごとくになる。

甲—丁国…九例(甲二、乙一、丙一、丁五)

戊国…三十三例(西海道諸国十、他の大上国十二、他の中下国十一)[51]

また応和以後、『外記補任』の記載する最終年たる寛弘九年(一〇一二)までを一括すると、

甲—丁国…三例(丁三)

戊国…二十八例(西海道諸国十二、他の大上国三、他の中下国十三)[52]

となる。どちらも共通して戊国、それも西海道諸国や他の中下国が多いのであるが、前者の方が、甲—丁にランク付けされる良国や戊国でも大・上国に任命される機会が多かったことがうかがわれる。そして、院政期において注目した特色はすでに応和以後の段階ででき上っていたと言ってよい。寛弘以後、院政期までの史料はわずか二例であるが、いずれも西海道に任命されている。[53]

その他の巡については史料が少ないが、一応まとめてみよう。

○旧吏

任中…　甲国二例、乙国二例、戊国一例(中下国一)

得替…　甲国一例、乙国二例、丙国二例、戊国三例(西海道一、他の大上国二、他の中下国一)

旧吏…　甲国一例、丙国一例、丁国四例

○新叙

蔵人…　丙国一例、丁国二例、戊国四例(西海道以外の大上国二、中下国二)
検非違使…　丙国一例、戊国二例(西海道一、他の大上国一)
式部…　乙国一例、丁国一例、戊国二例(西海道以外の大上国二)
民部…　乙国一例、丁国二例、戊国一例(西海道以外の中下国一)
史……　丁国一例、戊国三例(西海道一、大上国一、他の中下国一)(54)

これらを通覧して気づくのは、民部・式部・旧吏等はいずれも甲—丁に至る良国へ任命される機会が院政期よりも多かったのではないかという点である。すなわちこれらの巡については、院政期に入って任国の質も低下したのではないかと推測されるのである。

む す び

これまで、受領巡任の具体的な姿を明らかにしてきたのであるが、待機期間からみても任国からみても、院政期に入ると、巡任者達にはきわめて不利な状況となってきていたようである。そこで、ここでは前述のごとき状態をもたらした原因について考え、むすびにかえたい。

周知のごとく『中右記』大治四年(一一二九)七月十八日条には「法皇御時初出来事」として「卅余国定任事」があげられている。これは、三十余国が一定の院近臣によってたらい回しにされていることをあらわしたものと思われる。

また『中右記』天仁元年(一一〇八)正月二十四日条にも、

受領十五ヶ国之中候レ院之輩七人、多任二熟国一満座以目□不レ出二泪詞(ママ)一、今度受領最前之除書也、猶可レ被レ行二道理一□而頗少二其理一為二之如何一末代作法了而無レ益

とあり、院辺の者による熟国の独占と、他の受領有資格者の疎外を指摘し、非難がなされている。

今、この「卅余国定任」の実態を示す史料として、『二中歴（にちゅうれき）』所収の「当任歴」をあげることができる。これは、ある時点の受領を列挙したものであるが、各人についての補任理由や補任時日が注記されている。その注記が基本的に信頼しうるものであることは、『公卿補任』や『中右記』等によって確かめられる。(55)

その補任の時点は、伯耆守藤原顕成の保安元年（一一二〇）十一月二十五日が最も古く、出雲守藤原経隆・周防守藤原憲方の大治三年（一一二八）十二月が最も新しい。そして、各人共、注記された補任時点から大治三年十二月まで、ずっと在任していたとして矛盾はない。しかるに大治四年正月二十四日になると、上野介に源顕俊、出羽守に伊岐致遠、伊賀守に源光行、薩摩守に中原盛信、対馬守に藤原能直等が新任され、『二中歴』の記載と異なってくる。(56)したがって、この「当任歴」は大治三年十二月—四年正月二十四日までの全受領を記載していると考えてよい。(57)

今、これを補任事由別に整理してみると次のようになる。

A　巡任の国

任中　（四国）

安房、下野、陸奥、大和

蔵人　（六国）

摂津、上総、下総、上野、淡路、肥後

検非違使（四国）

和泉、河内、伊勢、駿河

式部　（一国）

常陸

民部　（三国）

出羽、筑後、豊前

外記（二国）

日向、薩摩

史（三国）

豊後、大隅、壱岐

B　相博、遷任、院分、成功

相博（十九国）

遠江、甲斐、美濃、相模、越前、但馬、因幡、伯耆、出雲、石見、備前、備中、備後、安芸、周防、阿波、讃岐、土佐、筑前

遷任（六国）

三河、近江、播磨、伊予、長門、加賀（新院分〔公〕）

院分（二国、但し、成功及び遷任の項に入れられているもの五国あり）

紀伊（新院分）（〔公〕院分とする）、肥前（新院分）

成功（九国）

武蔵、飛驒、信濃、越中（新院分〔公〕）、越後（院分〔公〕）、丹波、隠岐、美作（院分〔公〕）、丹後（院分〔公〕）

C　その他（九国）

山城、伊賀、志摩、尾張、伊豆、若狭、能登、佐渡、対馬

（｜‖を付したものは、院近臣及びその子。注(58)参照。なお〔公〕としたものは『公卿補任』に拠ったもの）

「定任」の主たる原因となる補任理由は、おそらくBグループに入れた相博、遷任（任期途中または任終後すぐに院

表 43　白河院政期の院司受領・摂関家司受領

		寛治元	寛治五	嘉保二	康和元	康和五	嘉承二	天永二	永久三	元永二	保安四	大治二
畿内	院	1	1	1	0	0	0	0	0	0	0	2
	摂	1	0	0	0	0	3	1	0	1	0	0
東海	院	2	3	2	2	2	2	3	2	2	2	2
	摂	2	3	7	3	1	3	1	2	3	0	0
東山	院	0	1	1	1	0	0	2	1	1	3	2
	摂	0	1	2	1	2	2	2	0	1	1	0
北陸	院	1	2	3	2	2	4	4	5	2	1	2
	摂	2	3	0	0	1	1	1	0	0	0	0
山陰	院	1	2	2	3	2	2	5	3	5	4	4
	摂	1	2	3	3	1	0	0	0	1	0	0
山陽	院	0	2	4	5	4	4	4	5	7	4	5
	摂	1	2	2	1	2	0	0	1	2	0	0
南海	院	1	2	0	1	1	1	3	2	4	3	3
	摂	2	4	3	1	2	1	1	1	0	0	1
西海	院	0	0	0	0	1	1	0	0	0	0	0
	摂	0	0	0	0	0	0	0	0	0	0	0
計	院	6	13	13	14	12	14	21	18	21	16	20
	摂	9	15	17	9	9	10	6	4	8	1	1
その内甲乙丙国の数	院	3	8	10	9	6	7	8	11	12	10	12
	摂	4	8	6	4	5	3	2	2	1	0	0

〔備考〕 院…院司，摂…摂関家家司

や天皇の別勅により他国へ遷るもの)、院分等であったと思われる。その数は相博十九カ国、遷任六カ国、院分七カ国であり、合計三十二カ国となる。また、成功による者の中にも院の恩顧によって受領を歴任した者がいたはずであり、宗忠の言う「卅余国定任」の語は誇張ではなかったと言わねばならない。また、甲―丁ランクの国は、尾張を除けば、全てBグループに入っていることも注目すべきである。

次に、これらの受領のうち、院近臣及びその近親がどの程度含まれていたかを確かめると、Aグループでは四名、Bグループでは二十八名となる。つまり、巡任者の場合は院と関係を持つ者がきわめて少なく、逆に、相博をはじめとするBグループの人々の場合はほとんどが院との関係を持っていたということになる。このような状況の到来が、巡任者達の待機期間をいちじるしく延長させることになったものと思われる。

では、院関係者の受領への進出はどのような経過をとって行われたのであろうか。『二中歴』のような好都合な史料は他に見あたらないし、補任理由を明確に記した史料もそう多くはない。そこで、院関係者の受領の数の推移を検討することによって、その傾向を把握してみよう。[59]また摂関政権期以来、特権的に受領となってきていた摂関家司についても注意しておこう。表43はその一覧表である。

これによって、次のようなことが言えよう。

①承徳(一〇九七―九九)頃までは、院関係者も摂関関係者もほぼ同数か、または摂関関係者の方がやや多いくらいの受領を出している。

②康和元年(一〇九九)に藤原師通が没し、同三年に藤原師実が没するが、その頃から摂関家司の受領はかなり減少し、院司受領の方が多くなる。

③天永二年(一一一一)頃より、院司受領が急激に増加し、同時に二十名前後が在任するようになるのに対して、摂関家司受領は急激に減少し、ついには、「家司受領近代不㆑見」と言われた永久四年(一一一六)に至る。[60]

④その後、院司受領はほぼ二十名前後で安定する。摂関家司もわずかに数を増加させたかに見えるが、保安元年（一一二〇）の藤原忠実失脚により決定的な打撃を受け、白河上皇の死をむかえる[61]。

以上のごとく考えて大過ないとすれば、摂関勢力もまだ強く、これに院勢力の進出が加わった寛治後半—承徳頃には、すでに三十に近い国が、院司及び摂関家司で占められることとなっている。その後、摂関家側は数を減らすが、逆に院司受領は増加し、摂関家司の減少分が巡を待つ人々に有利に働いたわけではなかった。そのことはすでに白河院政最末年の『二中歴』によって確かめたところである。

かくして、院政期に入って巡を待つ期間が急激に延長され、任国の劣悪化が推し進められたのである。特に、これまで比較的有利に、良国へも多く任命されてきた「任中」の人々に関して、その影響が顕著にあらわれたのは、摂関・院関係者によって優良な国が集中的に奪われていったことのあらわれであろう。律令制の原則を曲がりなりにも受け継ぎ、官吏としての勤務の労に対する正当な昇進という側面を持ちつつ展開されてきた巡の制度は、ここに至って完全に、受領人事の片隅に追いやられてしまったと言えよう。

（1）日本の歴史、八『王朝貴族』小学館、一九九〇年。
（2）橋本義彦「院宮分国と知行国」『平安貴族社会の研究』吉川弘文館、一九七六年。同「院宮分国と知行国再論」『続律令国家と貴族社会』吉川弘文館、一九七八年。時野谷滋「御分国・知行国制度の研究」『律令封禄制度史の研究』第三篇、吉川弘文館、一九七七年。
（3）『江家次第』巻四、除目。
（4）『魚魯愚鈔』巻七。
（5）『北山抄』巻十、加階事。
（6）『江家次第』巻四、定二受領功課一事。福井俊彦「受領功過定について」『対外関係と社会経済』塙書房、一九六八年。

(7)　長和三年一月二十三日付、源為憲奏状、『本朝文粋』巻六、奏状中。
(8)　『権記』長徳四年八月十六日条、及び長徳四年八月二十七日条。『朝野群載』巻二十六所収、治安元年十二月十六日宣旨。
(9)　『北山抄』巻十、加階事。
(10)　公文勘済に当たって諸帳簿や返抄に請印が必要であったことについては、『朝野群載』巻二十七所収の元永二年十二月二十九日付請印目録を参照されたい。
(11)　『公卿補任』保延二年条及び『中右記』天永二年七月二十九日条。
(12)　『公卿補任』保延二年条及び『中右記』元永三年正月二十八日条。なお『朝野群載』巻二十六には宗成の不与解由状と己分解由状が載せられている。しかし、その解任の時期は『公卿補任』や『中右記』の記すところとは異なっている。『朝野群載』の記載は解由及び不与解由状の文例を示すためのものであって、その日付は必ずしも重要ではなかったものと思われる。ここでは『公卿補任』『中右記』の記事をとるべきであろう。
(13)　『江家次第』(巻四、定二受領功課一事)によれば雑米惣返抄は当任四カ年のものを得る必要があった。
(14)　『中右記』嘉保二年正月二十八日条及び天仁元年正月二十四日条。
(15)　『江家次第』巻四、除目。
(16)　たとえば、高階為家は康和元年正月に院分受領として丹後に任命されたが、彼はすでに正四位下であり、前近江守宮内卿であった(『本朝世紀』)。なお『本朝世紀』は「為象」とするが、『中右記』康和三年八月十日条により「為家」と訂正した。
(17)　橋本義彦「院政政権の一考察」『平安貴族社会の研究』吉川弘文館、一九七六年。
(18)　『本朝文粋』巻六、奏状中。
(19)　大蔵丞と織部正の巡は、天元二年七月二十二日の平兼盛等申文(『本朝文粋』巻六、奏状中)を最後として、史料上から姿を消す。おそらく廃絶したものであろう。
(20)　『北山抄』巻十、給官事。なお『江記』寛治五年正月六日条(『大日本史料』三―二、一七頁)には、「応和起請」によって、式部丞の給爵については着座上臈を優先すべきこと、及び大丞を叙すべきことが決定されたとあるが、これと関係するかもしれない。
(21)　本労以外の条件によって叙爵し、本官の巡によって受領となる例があったことについては、前掲の藤原倫寧等申文に述べられている。

(22) この両者が検非違使となったのは寛治二年十二月二十五日(『中右記』)であった。また、叙爵の際にも両者は競合しており、「年労過者」として宗盛が先に叙せられている(『中右記』寛治五年正月六日条)。

(23) たとえば『中右記』康和五年十一月十一日条。

(24) 本章第二節第二項参照。

(25) 『朝野群載』巻二十二、諸国雑事上。

(26) 『続群書類従』第四輯上。

(27) そのような時期をひろい上げてみると、大同元—四年、弘仁元—七年、天長六—十年、承和六—八年、斎衡元—天安元年となる。

(28) たとえば承和の変以前に限っても、秋篠安人(延暦八—十年)、高村田使(延暦十一—十四年)、中科巨都雄(延暦十六—十九年)、竪部広人(延暦十一—十四年)、上毛野頴人(大同四—弘仁八年)、島田清田(天長六—承和二年)、清内御薗(承和六—七年)等の名をあげうる。

(29) 少外記から他官へ転出した例…十五。少外記を経ず直接大外記となった例…九。大外記から叙爵せず他官へ転出した例…七。

(30) 小野岑守、秋篠安人、南淵弘貞、南淵永河。

(31)

	外記→叙爵	叙爵→守	叙爵→介	叙爵→内官	叙爵後外記をつづけたもの
承和の変以前(59年間)	10	2	1	1	4
承和の変以後(17年間)	7		7		

(32) 『魚魯愚鈔』巻七、宿官。

(33) 『本朝文粋』巻六、奏状中。

(34) 玉井力「「受領挙」について」『年報中世史研究』五、一九八〇年。→本書第三部第二章。

(35) 権守や介に任命されても、それが受領でないと言いきれないことは当然であるが、叙爵直後に一旦権守や介に任命され、しばらくして守に任命されるような例が、この頃から多く出現することは事実である。一条期以前の例をあげれば、藤原為輔・橘恒平・平惟仲・源扶義・平親信(以上『公卿補任』)、源順・清原元輔・藤原仲文(以上『三十六人歌仙伝』)等。

(36) 康和元年に式部巡で駿河守となった源俊兼は叙爵後九年であり、例外的に早く補任されている。彼は院判官代であり、その条件によって傍輩を超越したものと思われる。

(37) 中原俊章「侍考」『ヒストリア』八三、一九七九年。玉井力「道長時代の蔵人に関する覚書」『日本古代の政治と経済』吉川弘文館、一九七八年。↓本書第二部第三章。なお、式部巡において源基綱が二十五年間も待機していて、なおかつ受領に任命されなかったのは、彼が弁官であったことに由来する。『除目抄』には「新叙事 式部民部外記史検非違使雖レ為二巡第一一、居二顕官一人不レ入レ之、大外記大夫史弁官靫負佐等之類、第二人可レ載レ之」とある。したがって、これを一般的な例と考えることはできない。

(38) 大饗亮『律令制下の司法と警察——検非違使制度を中心として』大学教育社、一九七九年。

(39) 注(18)に同じ。

(40) 『古今和歌集目録』源順伝。和泉守が受領であったことは、天延二年正月に治国加階をうけ従五位上となったことでわかる。

(41) 『日本紀略』。

(42) 『公卿補任』寛和三年条。

(43) 『権記』長徳四年八月二十七日条。

(44) 『本朝続文粋』巻六、大江時棟奏状。

(45) 『長秋記』天承元年正月二十二日条。

(46) 『御堂関白記』寛弘三年十月二日条。

(47) 『栃木県史研究』九、一九七五年。

(48) 民部巡の丙国三例はいずれも大和。他の巡より有利なように見えるが、実はこの国は院政期には全く人気を失ってしまっている(土田、前掲注(47)論文参照)。

(49)「任中」の巡で西海道へ補任されたものはいない。
(50)「外記史先々任二受領一時以二勝国一任二外記一」とある。
(51)○甲―丁国
甲国…美作(二例)。乙国…周防。丙国…紀伊。丁国…三河、遠江、信濃、若狭、能登。
○戊国
西海道…筑前、筑後、肥前、肥後、豊後、日向、薩摩、大隅(三例)。
他の大上国…駿河、上総、丹後、伯耆(二例)、出雲(三例)、土佐(四例)
他の中下国…和泉、安房(二例)、長門、石見(二例)、淡路(五例)
(52)○甲―丁国
丁国…信濃、加賀、能登。
○戊国
西海道…筑後、豊前(二例)、豊後、日向、大隅(二例)、薩摩(三例)、対馬(二例)
他の大上国…下総、下野、安芸。
他の中下国…和泉、安房(五例)、飛騨、長門(二例)、石見(三例)、淡路。
(53)肥前(長暦四・正『春記』)、筑後(寛仁五・正『朝野群載』)。
(54)旧吏
イ　任中
甲国…播磨(長徳四・八『権記』)、備中。
乙国…美濃(長暦四・正『春記』)、周防(承保四・十『水左記』)。
戊国(中下国)…石見(承保四・十『水左記』)。
ロ　得替
甲国…美作(承暦四・八『水左記』)。
乙国…備後、丹波(長暦四・正『春記』)。

丙国…大和（承暦五・十『水左記』）、但馬。

戊国（西海道）…筑前。（他の大上国）…出雲（承保四・十『水左記』）、常陸。（他の中下国）…和泉。

ハ　旧吏

甲国…近江（康平五・正『公卿補任』康平六年条）。

丙国…尾張。

丁国…摂津（二例）、相模、能登。

新叙

イ　蔵人

丙国…紀伊。

丁国…加賀、因幡。

戊国（西海道以外の大上国）…甲斐（永祚元・十二『小右記』）、伯耆（長暦四・正『春記』）。（他の中下国）…和泉（二例）。

ロ　検非違使

丙国…尾張。

戊国（西海道）…筑前。（他の大上国）…武蔵

ハ　式部

乙国…備後。

丁国…加賀。

戊国（西海道以外の大上国）…甲斐、安芸。

ニ　民部

乙国…周防。

丁国…遠江、若狭。

戊国（西海道以外の中下国）…和泉

ホ　史

丁国…相模(長元四・六〔『左経記』〕)。

戊国(西海道)…豊前。(他の大上国)…下総(長暦四・正〔『春記』〕)。(他の中下国)…安房(承暦五・十〔『水左記』〕)。

(表32―41に載せたものについては、出典を省略した。)

(55)『中右記』や『公卿補任』と大部分の記事は一致するのであるが、誤りもないわけではない。たとえば、石見守藤原尹経の注記には「大治三年十二月安芸相転」と記されているが、安芸守藤原資盛の注記には「大治二年十二月」と記され、その間に一年の差がある。また、淡路守平実親の注記には天治三年に任命されたとあるが、『中右記』によれば、「天治」は「大治」の誤りであることがわかる。また、壱岐守音部明兼とあるのも斎部明兼の誤記であろう(『大日本史料』嘉保元年二月二十二日条)。また、院分の注記には問題が多い(これらについては『公卿補任』で修正した)。

(56)『中右記』。

(57)例年正月一日には補任帳が太政官に提出されることになっている(『延喜式部式』『魚魯愚鈔』巻一)が、おそらく大治四年正月のそれをもとにして作成されたものと思われる。

(58)陸奥守藤原良兼…院別当隆宗の子。
上総介藤原親隆…院別当為房の子。
河内守大江行重…院主典代。
伊勢守藤原佐実…院判官代行実の弟。
遠江守高階宗章…院別当。
甲斐守藤原範隆…院別当隆時の子。
美濃守藤原顕保…院別当家保の子。
相模守源重時……院北面。
越前守藤原顕能…院別当。
但馬守藤原敦兼…院別当。
因幡守藤原通基…院北面。
伯耆守藤原顕盛…院別当。

出雲守藤原経隆…院別当基隆の子。
備前守平忠盛……院判官代。
備中守藤原忠隆…院別当。
備後守藤原時通…院判官代。
安芸守藤原資盛…院北面。
阿波守藤原有賢…院別当。
讃岐守藤原清隆…院別当隆時の子。
土佐守藤原家長…院別当家保の子。
三河守藤原為忠…院蔵人。
近江守藤原宗兼…院別当隆宗の子。
播磨守藤原家保…院別当。
伊予守藤原基隆…院別当。
長門守高階経敏…院北面。
加賀守藤原家成…院別当家保の子。
紀伊守藤原顕長…院別当顕隆の子。
飛驒守藤原盛賢…院北面盛重の子。
信濃守藤原盛重…院北面、白河院近習。
丹波守藤原公通…院別当通季の子。
美作守藤原顕廣…院別当顕頼の子。
丹後守源資賢……院別官代。
尾張守藤原長親…院別当長実の子。
若狭守藤原信輔…院別当経忠の子。

(59) 紙面の都合上、受領補任表は省略した。

(60)『殿暦』永久四年正月二日条。

(61)『中右記』保安元年十一月十二日条。

〔表32—41補注〕

①「宣孝朝臣未ㇾ及二検非違使巡一」と評されている。

②超越功を加えている。

③この時、少納言に任命されたが「式部巡不ㇾ可ㇾ失」とされ、巡を継続している。

④この時任命されず。

⑤この時任命されず。

⑥民部巡としたのは省労により叙爵していることからの推測。

⑦⑥に同じ。

⑧『後二条師通記』は「任中」とするが、『為房卿記』(『大日本史料』三—二、二五八頁)には「相博」とある。後者の方が正しい。

⑨「高実朝臣已為二彼国吏一、任中済事不ㇾ浴二朝恩一八ヶ年于ㇾ茲、今有二恩容一豈以非抛哉」とある。

⑩『兵範記』保元二年八月二十一日条参照。

⑪寛治四年三月二十九日和泉守に在任しており、前任者藤原家範が寛治三年得替と思われるから、兼平もこの年に補任された可能性が強い。『平安遺文』巻十、補七一号文書による。

⑫『中右記』保安元年九月二十六日条参照。

⑬『本朝文粋』巻六。国史大系本は源為憲奏状の日付を長和三年とするが、宮内庁図書寮本・醍醐寺本・応仁本等は長徳とする。後者が正しい。

⑭「年来挙上者」とされる。

⑮「去ㇾ任久者」とされる。

⑯達智門の功を加えている。

⑰　侍読労を加える。

〔表42　補注〕

表32―41に載せなかった史料の典拠を示しておく。

イ　任中

伊豆(永長元・正・二十三『中右記』)

常陸(天永二・正・二十四『中右記』)

ロ　得替

常陸(嘉保二・正・二十八『魚魯愚鈔』)

河内(元永元・正・十九『中右記』)

ハ　蔵人

武蔵(嘉保二・正・二十八『魚魯愚鈔』)

摂津(天治二・正・二十八『二中歴』)

上総(天治二・三・二十八『二中歴』)

上野(大治元・二・二十四『二中歴』)

肥後(大治三・正・二十四『二中歴』)

ニ　検非違使

河内(寛治元・八・二十九『中右記』)

長門(寛治五・正・二十八『江記』)

下野(嘉保二・正・二十八『魚魯愚鈔』)

安房(永長元・正・二十三『中右記』)

出羽(康和元・正・二十三『本朝世紀』)

河内(元永二・正・二十四『中右記』)

信濃（保安元・正・二十八『中右記』）
駿河（保安五・正・二十二『二中歴』）
河内（大治二・四・三『二中歴』）
和泉（大治三・正・二十四『二中歴』）

式部

下総（寛治五・正・二十八『江記』）
筑後（寛治六・正・二十五『為房卿記』）
長門（嘉保二・正・二十八『魚魯愚鈔』）
駿河（康和五・二・三十『本朝世紀』）
河内（嘉承元・三・十二『中右記』）
信濃（天永三・正・二十七『中右記』）
筑前（元永元・正・十九『中右記』）
常陸（大治二・正・二十『中右記』）
上野（嘉承元・七・十六『中右記』）

民部

駿河（寛治五・正・二十八『江記』）
安房（寛治六・正・二十五『為房卿記』）
下総（嘉保二・正・二十八『魚魯愚鈔』）
豊前（承徳二・七・九『中右記』）
下総（康和元・正・二十三『本朝世紀』）
安房（康和五・二・三十『本朝世紀』）
伊豆（康和六・二・六『中右記』）
薩摩（天仁元・正・二十四『中右記』）

安房(天永二・正・二十三『中右記』)
大和(保安元・正・二十八『中右記』)
大和(大治二・正・二十『中右記』)
筑後(大治元・二・二十四『二中歴』)
豊前(大治三・正・二十四『二中歴』)
対馬(大治四・正・二十四『中右記』)
能登(長治元・七・十七『中右記』)

外記

肥後(寛治五・正・二十八『江記』)
豊後(嘉保二・正・二十八『魚魯愚鈔』)
安房(康和元・正・二十三『本朝世紀』)
豊後(康和二・七・二十一『朝野群載』)
薩摩(康和五・二・三十『本朝世紀』)
大隅(嘉承元・八・二十七『中右記』)
伊豆(天仁元・正・二十四『中右記』)
摂津(永久五・正・二十九『地下補任』)
大隅(天永元・正・十九『中右記』)
下野(元永二・正・二十四『中右記』)
伊勢(保安元・正・二十八『中右記』)
薩摩(保安五・正・二十二『二中歴』)
日向(大治三・正・二十四『二中歴』)
薩摩(大治四・正・二十四『中右記』)

史

対馬（永長元・正・二十三『中右記』）
大隅（永長元・正・二十三『中右記』）
日向（康和元・正・二十三『本朝世紀』）
壱岐（天永三・七・二十三『中右記』）
日向（永久四・正・二十三『大間成文抄』）
豊前（元永元・正・十九『中右記』）
豊後（天治二・正・二十八『二中歴』）
壱岐（大治元・二・二十四『二中歴』）
大隅（大治三・正・二十四『二中歴』）
出羽（大治四・正・二十四『中右記』）

〔補注Ⅰ〕　これを考課方式とするのは適切でない。考課方式崩壊の後に出現した「年労方式」と訂正したい。
〔補注Ⅱ〕　待機期間の計算は、年が変われば一年と数えた。年労に換算する時は一年を加える必要がある。
〔補注Ⅲ〕　旧稿の表および本文中の数値には修正を加えた。
〔補注Ⅳ〕　表38—41も修正を加えた。なお、「旧吏」と「任中」「得替」の間には時期の差があるように思う。おそらく長徳三年の新制（注（7）（8）参照）と同時に「任中」「得替」の区分も設定されたのではなかろうか。
〔補注Ⅴ〕　本章に関連する論文として、寺内浩「院政期における院司受領と家司受領」（『愛媛大学法文学部論集』人文科学編五、一九九八年）が公表された。参照されたい。

第五章　平安時代における加階と官司の労

はじめに

律令制の崩壊とともに叙位のあり方にも変化が生じ、十世紀に入ると、考課選叙方式にかわって年功序列方式(年労方式)が採り入れられてくることはよく知られている。しかし、その具体的な展開を追究した研究としては、わずかに福井俊彦「労および労帳についての覚書」[(1)]があるのみである。福井によってこの方式の概要が明らかにされたことの意義は大きいが、細部にわたっては未だ解明すべき部分が少なくない。本章は主として貴族官人の従五位上以上への加階と、官司における年労の関係に焦点を絞って、その具体相を明らかにしようとするものである。時代的にはほぼ十世紀から十二世紀中ごろ(鳥羽院政期)までを対象とする。なお、叙位労について検討するにあたっては、叙爵の労をもあわせて考えなくてはならないのであるが、ここでは紙数の関係により必要最小限の言及に留め、詳細は他の機会に譲ることとした。

第一節　叙位における官司の労の特色

叙位における年労方式というのは、ある官職に在任した年数を計算して、一定の基準に達したものを加階させるというものを指す。福井俊彦は前掲論文において、その具体例を検討し、以下の諸点を指摘した。

①律令制における選限の観念が平安初期に至って年労に転化した。
②労による昇進方式は延喜(九〇一―九二三)頃までに成立している。
③成功（じょうごう）や賞等による昇進は「労」を補うものという形で展開した。(2)

これらは「労」の基本的性格を正しく捉えたものであり、本章もこれによるところが大きいが、なお幾つか留意すべき点を補足しておきたい。

まず第一に、この方式は外記勘文に基づいて天皇が裁可するという手続きを踏むものである点に注目しておきたい。(3)つまり、この「労」の基準は慣例的なものとはいえ、外記局で公認されたものだったのである。確かに最終的な判断は天皇や摂政にゆだねられるのであって、勘文に載せられたけれども叙位から漏れた例や、「労」の年限を短縮して叙位された例も見られるが、(4)源師時がその子師行の昇進について、

入二勘文一漏二朝恩一希代例也(5)

と述べたごとく、外記の勧告する「労」の年限が官位昇進のための重要な基準であったことは疑いない。

平安時代の五位以上官人の叙位は、年労や治国労など官司における勤務の労を条件とするものばかりではない。成功や賞、年給など、経済的な奉仕あるいは臨時の賞による叙位も多い。しかし、年労以外の条件によって叙位された者を調べてみると、年労の年限と同じか、あるいはそれを一、二年短縮して叙位された例がきわめて多い。これは、官司の労に他の条件を加えることによって優先的に叙位されたり、期間を短縮したりする場合が多かったことを示している。福井の指摘③の正しさを証明するものと言ってよい。このように考えてくると年労方式は、律令制における考課選叙方式の正統なる後裔と言うことができよう。

ところで、律令制における選限と労が関わりを持つであろうことは福井の指摘の通りであろうと思われるが、年労方式は令制とは大きく異なる特徴を有している。毎年の考課が実質上行われなくなったのは言うまでもないことなが

ら、そのほかにも次のごとき点を指摘することができる。①官職によって加階の労の年限が異なること、②同一の官職が複数の位階に対応する場合があること、③一官における勤続年数のみが問題とされ、他官に遷った場合には、特別に許可された場合を除き、前官の労は切り捨てられること(6)(なお、ある官に在職中に叙位を受けると叙位以前の労は切り捨てられる。(7)また労の数え方は、足かけ何年というように数えるのが原則である)。このような特徴を持つ「年労方式」は令制の系譜を引くものとはいえ、かなり大きい改変を受けていると言わねばならない。その意味を探ることは後に譲るとして、次節では、この方式の具体相を追究してみたい。

第二節　『二中歴』

『二中歴（にちゅうれき）』巻七には「叙位歴」という部分がある。ここには叙位労に関する一覧が載せられている。この「叙位歴」は三つの部分から構成されている。第一は本文とも言うべき部分で、その一部を示せば次のごとくである。

参議正四位下五年　従三位七年正六年(下略)

これは「参議は正四位下に五年、従三位に七年、正三位に六年の年労が必要である」という意味であろう。「本文」にはこのようにして多くの官職の労の年限が記されている。特徴的なのは、例示した部分で明らかなごとく全文が非常に語呂よく作られていることである。これは官人が口誦して覚えやすいように作られたものであったことを物語っている。この部分に次いで「説云」に始まる部分があるが、これは「本文」の解説といってよく、ごく一部を除いて本文と同内容の説明である。次いで、第三番目に「今案」に始まる部分がある。これは「本文」とは異なった説を紹介している。但し、文章にかなり誤りが多い点に注意する必要がある。例えば「少納言三年叙二従五上一、五年叙二正四下一」とあるが、従五位上の年労を記した直後に正四位下の年労を記すのは不合理である。「本文」は少納言労で従四

表44 『二中歴』の年労

	参議	中弁	少弁	少納言	中将	少将	兵衛佐	策
正3位	6(6･7)							
従3位	7(7･8)							
正4下	5(5)				2(2)			
従4上		5(6･7)			2･3(2･3)			7
従4下		2･3(2･3)		3(4)		3(4)	4	4
正5下		5(5)	5(5)	5(5)		3･4(3･4)	6	7
従5上			2(2)	3(3)		2(2)	3	7
その他の従5上の労： 侍医博士10年，侍従･諸寮頭8･9年，大監物7･8年，大舎人頭･大学頭･内蔵助･馬頭助6･7年，中務輔6年，民兵刑蔵輔4･5年，大外記4･5年.								

［備考］（ ）内の数字は修正した「今案」.

位上になった藤原能孝の例を特例としてあげている。従四位上でさえ特例的だったとすれば、年労で正四位下になることは、なおむずかしかったはずである。正四位下の年労は「本文」には記されていないから、少納言正四位下の年労はなかったとせざるをえず、「正四下」とあるのは「正五下」の誤りということになる。このようにして修正を加えてみると、「今案」は、参議正三位、従三位、中弁従四位上、少納言、少将従四位下等の年労において、「本文」よりほぼ一年ずつ長い数値を記していることがわかる(8)。このように修正を加えたうえで、叙位歴の年労を整理したのが表44である。

『二中歴』は平安末にできた『懐中歴』と『掌中歴』を合わせて作られたものとされるが、この「叙位歴」の諸説はどの時代のものなのであろうか。次節ではこの点を明らかにしつつ、各官司毎の変遷を実態に即して検討してみたい。

第三節 労の年数の変遷

1 参議労

(a) 正四位下（「本文」五年、「今案」同じ(9)）

表45は『公卿補任』『三十六人歌仙伝』『中古歌仙三十六人伝』『古今和歌集目録』『弁官補任』『外記補任』『職事補任』及び古記録によって、諸司の労による加階の例を拾い、その年労及び叙位の年を記したものである。〔補注1〕この表によって参議正四位下の労の年限を一覧すると、永観二年(九八四)以前に労五年、六年、八年等の例があることがわかる(その後、院政期まで労による加階例を見ないが、それは補任時の位階が上昇し、従四位で参議となり、正四位下へと加階する者が長保二年(一〇〇〇)の源俊賢以降、ごく稀となってしまったためである)。(10)六年、八年等の年限は『二中歴』の労の基準より長い。このような例が見られるのはなぜであろうか。これが例外なのか、または『二中歴』の方が永観以前には適合しないのかを判定しておく必要があろう。

労による叙位者は表の通りであるが、それ以外の条件による叙位や、条件不明の叙位例は多数存在する。もし彼らを含めて調査した時、『二中歴』の示す年数を越えてもなお叙位されない者が多くいたならば、『二中歴』とは異なった基準が存在したと考えねばなるまい。今、『二中歴』の労の基準以上に労を保持した者(叙位の遅れた者)を「長期有労者」と呼ぶことにしたい。(11)そして、正四位下叙位の例が稀となる長保(九九九―一〇〇四)頃までをめどに、寛平(八八九―八九八)以来の「長期有労者」の分布を『公卿補任』によって調査してみると(以後「長期有労者」の調査は全て寛平以降を対象とする)、(12)永観二年以前に六年五名、七年二名、八年五名を数える。(13)六―八年の労を有する者はかなり一般的であったことがわかる。これによって、永観以前は五―八年で勧告が行われる例であったとすることができる。『二中歴』の「労五年」という基準は永観以後、参議正四位下の叙位例が少なくなってから、これまでの勧告の最短の年数を定着させたものとしてよい。

(b)　従三位(「本文」七年、「今案」七・八年)

長元二年(一〇二九)、源朝任(あさとう)が労七年で従三位となった例が知られるが、『小右記』の筆者藤原実資はこの叙位をやや早すぎると感じたようで、参議労は九―十年が一般的であると言っている。そして、労八年の藤原公任・源頼定、

表45　労による加階の一覧

参議正4位下(5年)	源　雅信	5	天暦9	イ
	藤原伊尹	6	康保2	
	藤原時光	8	永観2	
	藤原長忠	4	永久2	
参議従3位(7年)	藤原公任	8	長保1	
	源　頼定	8	長和5	
	源　朝任	7	長元2	
	藤原公成	7	長元5	
	藤原公定	7	寛治6	
	藤原俊忠	7	天永3	ロ
	藤原長忠	7	保安1	
	藤原忠基	7	康治1	
	平　実親	7	康治1	
	藤原経定	7	久安3	
	藤原教長	7	久安3	
	藤原資信	7	久寿2	
少弁従5位上(2年)	藤原資業	3	長和2	
少弁正5位下(5年)	菅原輔正	5	天禄1	
	源　伊陟	2	天禄3	
	藤原懐遠	3	天元4	
	藤原朝経	4	長保2	
	藤原資業	5	長和6	
	藤原家経	5	長元3	ハ
	源　経長	4	長元6	
中弁従4位下(2・3年)	菅原輔正	2	天禄3	
	源　伊陟	2	天延2	
	平　惟仲	3	永延3	
	藤原朝経	4	長保5	
	藤原経通	3	寛弘4	
	源　経頼	2	寛仁4	
	源　資通	2	長元4	
	源　経長	2	長元9	
	源　経成	2	長久3	
	藤原伊房	2	治暦2	
	藤原季仲	2	永保3	
	源　基綱	2	応徳2	
	平　時範	3	康和2	ニ
	藤原為隆	2	嘉承2	ホ
	藤原顕隆	3	嘉承3	ヘ
	藤原伊通	2	永久4	
	源　雅兼	3	永久5	
	藤原実光	2	保安4	ト
	源　師俊	2	保安5	
	藤原宗成	2	天承2	
	平　実親	2	天承2	
	藤原公行	2	長承2	チ
	源　俊雅	2	保延4	
	藤原朝隆	2	永治2	
	平　範家	2	久寿2	
中弁従4位上(5年)	藤原経通	5	寛弘8	リ
	藤原経輔	6	長元1	
	源　基綱	5	寛治3	
	藤原為隆	6	永久2	
	藤原顕業	5	保延4	
少納言従5位上(3年)	藤原時光	2	天延2	
	源　道方	4	正暦4	
	源　経長	3	万寿4	
	藤原公定	3	治暦4	
	藤原季仲	3	延久4	
	源　基綱	3	延久4	
	源　実明	3	康和1	ヌ
少納言正5位下(5年)	源　道方	6	長徳4	
	藤原公経	5	延久5	ル
	源　基綱	5	承保3	
	源　重資	5	承暦5	
少納言従4位下(3年)	藤原資平	3	寛弘6	
	源　経信	4	長久3	
	藤原実行	3	康和6	
少将従5位上(2年)	藤原重尹	3	長保5	
	藤原定頼	2	寛弘7	
	源　顕基	2	長和4	
	藤原良頼	2	寛仁3	
	藤原経季	2	長元3	
	藤原資仲	2	長元10	
	藤原良基	2	長久2	
	藤原長房	2	長久5	
	藤原忠家	2	寛徳3	
	源　顕房	2	永承5	
	源　隆綱	2	天喜6	
	藤原基長	2	天喜6	
	藤原師兼	2	康平6	
	源　雅実	2	延久5	
	藤原師頼	2	応徳4	
	源　雅定	2	嘉承1	
	藤原公親	2	康治2	
少将正5位下(3・4年)	藤原兼輔	3	延喜15	ヲ
	藤原元輔	5	天暦10	
	藤原懐忠	5	安和1	
	藤原高遠	5	天延2	ワ
	藤原実資	4	貞元2	
	藤原正光	4	貞元2	
	藤原道綱	3	寛和1	
	藤原経房	5	正暦4	
	藤原公信	3	長保3	
	藤原経通	5	寛弘2	
	藤原重尹	5	寛弘4	
	源　隆国	4	寛仁5	
	藤原師成	5	長元4	
	藤原資仲	4	長暦4	
	藤原長房	4	永承2	

藤原基長	4	康平4	
藤原実季	4	康平7	
源　俊明	4	康平7	
藤原師兼	3	治暦1	
源　俊実	4	治暦3	
源　家資	3	治暦5	カ
藤原基忠	4	延久4	
藤原公実	2	延久6	
藤原顕実	4	承保4	
藤原能実	2	永保3	
源　国信	4	応徳3	
藤原宗忠	4	応徳3	
藤原俊忠	4	寛治5	
源　有賢	4	寛治8	
藤原宗輔	4	嘉保2	
藤原季成	4	保安3	
藤原忠基	4	天治2	
藤原公隆	4	天治2	
藤原経定	4	天治3	
藤原教長	4	天治3	
藤原伊実	4	保延7	
藤原俊通	4	久安3	
少将従4位下(3年)			
藤原為光	2	康保4	
藤原懐忠	3	天禄1	異本
藤原道隆	3	貞元2	
藤原実資	4	天元3	
藤原誠信	3	永観2	
藤原実方	3	寛和2	ヨ

藤原道綱	2	寛和2	異本
藤原隆家	2	正暦4	
藤原通任	3	正暦6	
源　経房	3	正暦6	異本
藤原兼隆	3	長保1	
藤原公信	3	長保5	
藤原重尹	3	寛弘6	
藤原定頼	3	寛弘9	
源　朝任	3	長和2	
藤原兼経	3	長和3	
藤原公成	2	長和3	
源　顕基	3	寛仁2	
藤原経輔	3	治安2	
源　隆国	5	治安3	
藤原良頼	3	万寿1	
藤原資房	3	長元1	
藤原師成	3	長元6	
藤原経季	3	長元8	
源　隆俊	3	長久4	
藤原良基	3	長久5	
藤原顕家	3	永承2	
藤原長家	3	永承3	
藤原長房	3	永承4	
藤原公房	3	天喜5	
源　隆綱	3	康平4	
藤原基長	3	康平6	
藤原実季	3	治暦2	
藤原師兼	3	治暦3	
源　国信	3	寛治2	
藤原宗忠	3	寛治2	

源　能俊	3	寛治3	
源　有賢	3	永長1	
藤原宗輔	3	承徳1	
源　師時	3	康和1	
藤原実隆	3	康和2	
藤原宗能	2	嘉承2	
源　雅定	3	天仁2	
藤原実能	3	永久5	
藤原季成	3	保安5	
藤原公隆	2	大治1	タ
藤原忠基	2	大治1	レ
藤原教長	3	大治3	
藤原公能	3	長承2	
藤原経宗	3	長承4	
藤原公通	3	保延4	
藤原為通	3	保延4	
源　資賢	3	保延5	
藤原光忠	3	保延6	
源　雅通	3	康治1	
藤原尹実	3	康治2	
藤原実長	2	久安3	
藤原俊通	3	久安5	
源　定房	3	久安6	
藤原公保	3	久安7	
藤原公光	2	仁平2	
中将従4位上(2・3年)			
藤原懐忠	4	天延4	異本
藤原斉信	3	正暦2	
藤原道信	3	正暦5	ソ

源　経房	5	長保2	
源　隆国	4	万寿5	
藤原俊家	3	長元9	
藤原経実	2	永保3	
藤原忠実	2	寛治3	
藤原実衡	5	天治3	
中将正4位下(2年)			
源　頼定	8	寛弘5	
兵衛佐従5位上(3年)			
源　顕光	4	天禄4	
藤原実資	3	天延2	
藤原道長	3	寛和2	
藤原通任	2	永祚2	
藤原経通	4	長保3	
藤原資平	4	長保6	
源　朝任	4	寛弘3	
藤原師経	3	長和5	
源　隆国	3	寛仁2	
藤原資房	3	治安1	
藤原師成	3	万寿5	
源　隆俊	3	長久1	
藤原公実	3	延久4	
藤原顕季	3	承保3	
源　国信	3	永保3	
藤原長実	2	寛治2	
藤原経忠	3	寛治4	
藤原基隆	3	寛治6	
源　雅兼	3	嘉保2	

人名	年労	年	備考
源顕重	3	康和1	ツ
藤原通季	3	康和4	
藤原長輔	3	保安3	
藤原公行	3	保安5	
藤原経宗	3	大治5	
平清盛	3	大治6	
源資賢	3	長承2	
藤原家明	3	保延6	
兵衛佐正5位下(6年)			
藤原行成	5	正暦2	
源行宗	5	寛治5	
藤原基隆	5	嘉保3	ネ
藤原実隆	5	承徳2	
源雅兼	5	承徳3	
源顕重	4	康和4	ナ
高階仲章	5	嘉承1	ラ
藤原公行	5	大治3	
藤原顕長	5	長承3	
源資賢	5	保延3	
平家盛	5	久安3	ム
藤原長成	5	久安5	ウ
藤原隆輔	5	仁平2	
兵衛佐従4位下(4年)			
藤原行成	3	正暦4	
藤原長実	4	寛治7	
藤原経忠	4	寛治7	
源行宗	4	寛治8	
藤原宗能	4	長治3	ヰ
藤原清隆	4	元永3	
藤原季行	3	久安1	ノ
藤原俊盛	4	久安3	
藤原長成	4	仁平2	オ
藤原信頼	4	久寿2	
藤原隆輔	4	久寿2	
侍従従5位上(8・9年)			
源俊賢	8	永観2	
藤原実季	8	天喜6	
藤原仲実	3	承暦2	
藤原実能	3	天永1	ク
策従5位上(7年)			
大江斉光	7	康保3	
菅原輔正	7	康保3	
藤原忠輔	7	天元3	
藤原広業	6	寛弘2	
藤原実光	7	長治3	
藤原顕光	7	天治2	
藤原永範	7	大治5	
藤原能兼	7	保延3	
藤原資長	7	康治3	
藤原俊経	7	久安4	
策正5位下(7年)			
源伊行	7	天元5	ヤ
藤原実政	7	天喜4	
藤原正家	8	治暦4	マ
藤原顕光	7	大治6	
藤原永範	7	保延2	
藤原範兼	7	康治2	
藤原有光	7	久安5	ケ
藤原遠明	7	仁平3	フ
藤原敦任	7	仁平3	コ
藤原光盛	7	仁平3	エ
藤原俊経	7	久寿1	
策従4位下(4年)			
藤原実政	6	康平4	
大江匡房	7	延久6	
大江公仲	4	嘉保1	テ
藤原顕光	4	長承3	
藤原永範	4	保延5	
藤原長光	4	仁平2	ア
藤原有光	4	仁平2	サ
藤原遠明	4	久寿3	キ
藤原敦任	4	久寿3	ユ
菅原公賢	4	久寿3	メ
策従4位上(7年)			
藤原忠輔	8	正暦4	
藤原実政	7	治暦3	
大江通国	7	康和5	ミ
藤原永範	7	天養2	

〔備考〕 1) 記載は，人名・年労・叙位の年または勘文の出された年・備考の順に配列した．

2) (　)内の年数は『二中歴』本文．備考欄に「異本」と記したものは『異本公卿補任』によったもの．

3) 『公卿補任』以外の史料によるもの．なお，略号については注(10)参照．
ロ＝〔殿〕，ハニホヘトチリマ＝〔弁〕，ヌネイテ＝〔中〕，ルムウエ＝〔世〕，ヲ＝〔古〕，ワヨソ＝〔仙〕，オアサ＝〔兵〕，ツナミシ＝〔中・世〕，ラ＝〔中・殿〕，ケフコ＝〔世・兵〕，キユメ＝〔兵・山〕，ヤ＝〔小〕

4) 本司の労以外の条件を合せた例
イタレノ＝朔旦，ヲカ＝兵衛佐労，ク＝簡一．

5) その他の特記事項
ロ＝勘文に入るも叙位は翌々年〔殿〕．ホ＝勘文に入るも叙位は翌々年〔弁〕．ヘ＝勘文に入るも叙位は翌年〔弁〕．ネチ＝労一年を短縮〔中〕．ヰ＝この年叙位の予定であった〔中〕．

労七年の藤原斉敏・源保光・藤原為輔の例をあげているが、斉敏は摂政の子、保光・為輔は大弁だから、前例とはなし難いとしている[14](但し、実資の年労計算法は参議就任時から起算したものであって、叙位毎に区切って計算する叙位労の計算法とは異なっている。後者の方法に従って計算し直すと、公任・頼定・斉敏の場合は変わらないが、保光・為輔の場合は五年となる)[15]。実資が朝任の労を短いと感じたのは当然であった。例によって「長期有労者」を調べてみると、長和五年(一〇一六)以前に労八年の者を五名、承平二年(九三二)以前に労九年の者を二名、長徳三年以前に労十年の者を五名ほど検出できる。また承平七年(九三七)以前には十一年、十二年、十三年の者を各一名検出することができる[16]。十一年以上の者は特例的としても、長徳(九九五—九九九)頃までは八—十年というのが一般的であり、その後は八年が通例となって、長元二年(一〇二九)以降は『二中歴』「本文」の記す七年の体制に移行していったとしてよい。したがって、「今案」の示す七・八年という年限は長元二年以前、それもそう遠くはない時期の状態をあらわすものとしてよい。

(c)　正三位(「本文」六年、「今案」六・七年)

『小右記』正暦四年十一月十二日条には、藤原懐忠(かねただ)が正三位に叙せられたことについて、

参議叙㆓正三位㆒希有也

とあり、この頃までは、参議のまま正三位になる者が少なかったらしい。寛平—正暦四年(八八九—九九三)までの例を全部挙げても七名を数えるのみである。これが増加するのは長保五年(一〇〇三)以後である。おそらく労の年限もこの頃以降に決定されたものと思われるが、労による加階であることを明記した例は見出せない。

2　少弁労

(a)　従五位上(「本文」「今案」共に二年)

弁官の場合は『弁官補任』によってかなり詳しく状況を把握しうる。少弁労によって従五位上になった例は長和二年(一〇一三)の藤原資業(労三年)のみである。「長期有労者」を調べると、長和二年以前では労三年三名、労四年一名、労五年一名を数える。もちろん労二年の例も多い。[17] ただし、十世紀後半以降、少弁の位階が高くなり従五位下の少弁はごく少なくなるため、この労による昇進はほとんどなくなる。したがって、少弁従五位上の労は長和頃までは二・三年、それ以後二年と考えられるようになったと見るのが妥当であろう。[18]

(b) 正五位下(「本文」「今案」共に五年)

労による叙位の初見は天禄元年(九七〇)の例。この頃から労は四・五年であったと見てよい(二年・三年の例は特例的)。[19] 長元六年(源経長)の例を最後として労による加階例はなくなる。これは、弁官任命時の位階の上昇によるものであり、「長期有労者」の例も比較的少なく、村上朝(九四六—九六七年)以前に七年一名、六年二名を数えるのみ。[20]

(c) 従四位下(『二中歴』なし)

『北山抄』によれば、少弁で四位に叙せられると弁官を離れなければならないことになっていた。[21] したがって四位年労は記されていない。但し、「弁労」によって従四位下となった例は皆無ではない。いずれも弁官を辞している。[22] 少弁から中弁に昇進しないままで四位になることは官人達の好むところではなかったようで、長期にわたって正五位下のまま中弁になる機会を待つ例が多い。[23] 弁官局では、年労と定員の調整を従四位のところで行っていたと言ってよい。

3 中弁労

(a) 正五位下(「本文」「今案」共に五年)

例を見出せない。これは、中弁補任の位階が早くより正五位下となっていたためである。また従五位上の中弁は、永祚二年（九八九）に補任された源俊賢以後例を見ない。

(b)　従四位下（「本文」「今案」共に二・三年）

労による叙位の初見は天禄三年（九七二）。労による加階者の中にも四年の例が見られ、「長期有労者」を調べると治安三年（一〇二三）までは労四年の例が見られる。[24] また、労の基準は徐々に短縮されてきており、『二中歴』「本文」の体制は治安年間以降に成立したものと言ってよい。

(c)　従四位上（「本文」五年、「今案」六・七年）

労による叙位の初見は寛弘八年（一〇一一）の藤原経通の例。しかし、この時の五年という年限は早すぎたらしく、『弁官補任』寛弘八年条には次のごとく記されている。

権左中弁従四位上同（藤原）経通 中宮権亮。正月七日　従四上、弁、氏宗、文範、行成等例云、而文範従四位上造宮行事、行成従上臨時、朔旦、不レ可三専為二例一云、氏宗又右大弁後任二参議一、所レ叙二従上一也、惣三人例甚不当云

准拠すべき例とした三人は、いずれも比較の対象とはなりえないものだったのである。実際、この後、長元元年（一〇二八）に労によって叙せられた藤原経輔は六年を要している。院政期に入ると労と明記するものは全て五年となるが、その変化の時期は長元以降としてよい。「長期有労者」の調査によっても長元以前には六年の例が多く、七年の例もある。[25] したがって、「今案」の六・七年というのは院政期以前、長元年間を含む時期に適合する。

4　少納言労

(a)　従五位上（「本文」「今案」共に三年）

表45によれば、万寿四年（一〇二七）以降、全て労三年。[26] しかし、「長期有労者」の調査によれば正暦四年（九九三）、源道方が労四年で叙された頃までは、四―六年の例を見る。したがって『二中歴』の体制に落ち着くのは、正暦四―

万寿四年頃としてよい。

(b) 正五位下(「本文」「今案」共に五年)

『二中歴』体制の成立は長徳四年(九九八)―延久五年(一〇七三)の間。それ以前は六年であった可能性が強く、源道方の他に天徳四年(九六〇)に中宮御給によって叙された藤原兼家も六年を要している。[27]

(c) 従四位下(「本文」三年、「今案」四年)

労による叙位の初見は寛弘六年(一〇〇九)の労三年。いささか不明確であるが、『二中歴』体制成立について、強いて線を引くならば長久三年(一〇四二)―康和六年(一一〇四)までの間であろうか。少納言は四位になると遷任する例であったことが『北山抄』に載せられている。[28] しかし、この原則は弁官の場合ほど強く守られなかったようで、藤原能季(康平二年〈一〇五九〉)のごとく少納言労で従四位上へ昇る者さえ出るに至っている。[29]「今案」は長久三年を含む時期としてよいが、表45及び『北山抄』の記載からみて、寛弘年間(一〇〇四―一二)からそう古くはさかのぼるまい。

5 少将労

(a) 従五位上(「本文」「今案」共に二年)

『二中歴』「本文」の体制の成立は長保五年(一〇〇三)―寛弘七年(一〇一〇)までの間としてよい。それ以前の「長期有労者」を調べてみると四年の例(三例)や、三年の例(三例)が認められ、この労も摂関盛期に向けて短縮されてきたようである。[30]

(b) 正五位下(「本文」「今案」共に三・四年)

初見は延喜十五年(九一五)の藤原兼輔。[31] 少将三・四年という労年限の成立期を表45で求めるならば長暦四年(一〇四〇）頃とするのが妥当であろう。これ以前について、「長期有労者」を調べてみると、五年の例がきわめて多い（十三例）。また、村上朝（九四六―九六七年）以前には六年の例も五例ほど確認できる。[32] したがって長暦以前は労四・五年、村上朝頃までは六年も普通であったとすべきであろう。この時期にあって、弁官・少将・兵衛佐共に正五位下の労はほとんど同じであったと言えよう。

(c)　従四位下（「本文」三年、「今案」四年）

初見は康保四年（九六六）。『二中歴』「本文」の体制の成立は、永観二年（九八四）頃である。それ以前には労四年の例がある。この頃までの「長期有労者」を調べてみても延喜末年（九二三）頃までは五年の例が多く（他に七年一例）、それ以後は、四年の例が五例ある。そのうち一名は労による叙位である。[33] 以上の点からみて、この労の年限は、延喜末年（九二三）頃に五年から四年に、永観・寛和（九八三―九八七）頃に三年に短縮されたと思われる。「今案」は延喜末―永観・寛和の間の状態に適合的である。〔補注Ⅱ〕

(d)　従四位上（『二中歴』なし）

本来は労の年限はなかったのであるが、四位少将の頻出と共にこの労も定められるに至ったらしく、寛弘五年（一〇〇八）の藤原公信（労六年）以降、時々見られるようになった。六年の例が多い。[34]

6　中　将　労

(a)　従四位上（「本文」「今案」共に二・三年）

『二中歴』の体制の成立は万寿五年（一〇二八）―長元九年（一〇三六）の間に置くことができよう。「長期有労者」は、万寿五年以前には四年六例、五年六例、六年五例、七年一例と分布しており、六年以上の例は村上朝以前に集中している。[35] 村上朝以前は四―六年、この後、四・五年になり万寿五年―長元九年の間に三年へと短縮したと見られる。

(b)　正四位下(「本文」「今案」共に二年)

寛弘五(一〇〇八)年の源頼定の例のみ。但し、源頼定は二世王であり、初叙の位が高いことから、長く同一位階に据え置かれた可能性がある(他にも、源正明が十八年間従四位上であった例がある。ただし、彼は労によって叙位されたのではない)[36]。詳細は不明である。

7　兵衛佐労

(a)　従五位上(「本文」三年、「今案」なし)

『二中歴』の体制の成立は、寛弘三年(一〇〇六)―長和五年(一〇一六)の間である。これについては『小右記』治安元年(一〇二一)正月六日条に興味深い史料がある。

今日叙位次関白□〔云カ〕、内蔵寮助左右馬寮頭助加階先日有レ定、祭使等役連々加階事有レ定如何者、余申云、□〔先カ〕日不レ承、又命□〔云〕、諸卿可ニ定申一者、彼是云、五□〔位カ〕従〔正カ〕上各六年間如レ件進、衛府古例□〔五カ〕年、□〔而〕近代三四年加階縮レ自ニ古例一、又両寮加階頗縮行有ニ何事一哉

この記事により、次のことが判明する。

①内蔵寮助左右馬寮頭助の従五位上の労が六年であったこと。

②衛府従五位上の労が「古例」より短縮され、「近代」は三・四年になっていること。

③内蔵寮助左右馬寮頭助の場合も衛府の例に準じて短縮してはどうかとされていること。

①・③については後にふれるが、今問題となるのは②である。「衛府古例」が何年であるかは欠字のため不明であるが、五年以上であることは文意から言って疑いない。表45によれば、労による叙位者に四年の例は見出せるが、五年以上の者はいない。そこで「長期有労者」を調べてみると、寛平元年(八八九)―天元五年(九八二)までの間に五年

四例、六年二例、七年一例、八年二例を検出しうる。この内、六年以上の例はいずれも村上朝(九四六—九六七年)以前である。[37] 少なくとも五年の例が天延(九七三—九七六)頃までは決して珍しくなく、その後、徐々に短縮されて『二中歴』の体制が成立したと言えよう。

(b)　正五位下(「本文」六年、「今案」なし)

正暦二年(九九一)の例が初見である。以来、全て労五年(源顕重は四年で叙位されているが、これは本来の労を一年縮めたもの)。但し、藤原基隆のみは労一年を縮めて五年で叙位されている。[38] 本来の労を六年とする唯一の例である。『二中歴』の記載は五年の誤りである可能性がある。

(c)　従四位下(「本文」四年、「今案」なし)

正暦四年の例が初見である。院政期に入って、この労によって叙位される者が増加する。労三年の例もあるが、院政期では四年が圧倒的となっている。

8　衛門佐労

(a)　従五位上(『二中歴』なし)

この官職は兵衛佐とほぼ同等の官職であり、労の年限の推移もおおむね兵衛佐の場合に準じている。従五位上の労は五年から三年へと短縮されたと思われる。[39]

(b)　正五位下(『二中歴』なし)

院政期にはいって労六年の例を見る。[40]

(c)　従四位下(『二中歴』なし)

久寿二年(一一五五)に労四年の例が認められる。[41]

9　衛門権佐労

(a)　従五位上(『二中歴』なし)

この官職は多くの場合、検非違使を兼ねており、十世紀以降は兵衛佐・衛門佐より不利な官職と見なされていた。例が少ないが年労面では、これらとそう違わない[42]。

(b)　正五位下(『二中歴』なし)

院政期に労六年の例を見る[43]。

(c)　従四位下(『二中歴』なし)

天慶五年(九四二)、長元八年(一〇三五)に労四年の例を見る[44]。

10　侍従労

(a)　従五位上(「本文」八・九年)

この例は少ないが、永観二年(九八四)、天喜六年(一〇五八)に労八年の例があり、『二中歴』の年数にほぼ合致する。藤原仲実と藤原実能の場合は三年と早いが、実能の場合は「簡一」(従五位上の昇殿者の労)と合わせており、特例的なものである。仲実の場合も何らかの事情があったのかも知れないが不明である。ただ、労八年の原則が短縮されなかったことは、鎌倉時代に入って労八年で従五位上になった例があることによってわかる[45]。

11　大外記労

(a)　従五位上(「本文」四・五年)

外記労と明記される例は寛和二年(九八六)の大中臣朝明・労四年の例のみ。しかし、これより長い例が多く、延喜年間(九〇一—九二三)には九—十年の例が珍しくない。また、長徳(九九五—九九九)頃までは六年の例がきわめて多い。したがって、『二中歴』の言うような年数は寛和以降のものとせねばなるまい。しかし、頼通政権期以降、大夫外記の位階の上昇と共にこの労はその意味を失っていったと思われる。(46)『二中歴』の年限も遅くとも、頼通政権の頃には成立していたと推測される。

12　策　労

これは、対策に及第した者を年限によって加階させるというもので、やや特殊な労である。

(a)　従五位上(「本文」七年)
寛弘二年(一〇〇五)労六年で叙位された藤原広業の例を除けば、村上朝以来ずっと七年の慣例が守られている。

(b)　正五位下(「本文」七年)
天元五年(九八二)以降の例が知られるが、ほとんどが労七年。

(c)　従四位下(「本文」四年)
延久六年(一〇七四)以前には六年や七年の例を見るが、以後は労四年となったようである。『二中歴』の体制は延久六年以降嘉保元年(一〇九四)以前ということになろう。

(d)　従四位上(「本文」七年)
治暦三年(一〇六七)以降、労七年の例をみる(三例)。また、正暦四年(九九三)には八年の例がある。

この他、『二中歴』所載の加階労で年限のわかるものとしては、兵部輔従五位上の労(二例・五年)、民部輔従五位上の労(四年)、中務輔従五位上の労(六年)、諸寮頭従五位上の労(玄蕃頭・六年、主殿頭・六年)等があり、院政期の例はいずれも『二中歴』に合致する(47)。

また、『二中歴』にはないけれども比較的例の多い労として馬頭従四位上の労がある。康保四年(九六七)、寛和二年(九八六)に七年の例があり、長暦三年(一〇三九)以後は五年となったようである(48)。長暦三年に叙位を受けたのは源師良であるが、『春記』には「先例馬頭六年叙之」とある(49)。この労も摂関期を通じて短縮されたことを知る。さらに馬頭従四位下については労五―七年であったことが『台記』仁平四年(一一五四)正月五日条に記されている。そのほか年限のわかるものとしては、兵部輔従四位上(労七年)、治部輔従五位上(労七年、労八年)、修理大夫従四位上(労二年)、左京権大夫従四位上(労九年)等の例がある(50)。さらに重要なものとしては中納言正三位労、参議大弁従三位労等がある。中納言正三位労は白河院政期(一〇八六―一一二九)には七年であったらしいが、八年の例も二例ある。鳥羽院政期(一一二九―五八)に入ると六年となったらしい(51)。参議大弁従三位労については、『小右記』長元二年(一〇二九)正月六日条に一般の参議とは別扱いされるものであったことが記されている。天慶二年(九三九)の源是茂の例は六年であるが、『小右記』が問題とした源保光(貞元元年〈九七六〉)・藤原為輔(天元四年〈九八一〉)の例は労五年であった(52)。『江記』寛治五年(一〇九一)正月二十八日条には参議大弁の労は五年であるとされている。なお、鳥羽院政期の保延七年(一一四一)藤原公能の例では四年であった。また、参議大弁には正三位の労もあったらしく、治暦元年(一〇六五)以降に五―八年の例をみる(53)。

以上、労の実態を明らかにし、且つその変遷をたどれるものについてはそれを追ったのであるが、『二中歴』「本文」の体制の成立に向けて、いくつかの官職において労年限の短縮が見られた。ここで、その体制への変化の時期を考えてみよう。

労の短縮が認められるのは参議正四位下、参議従三位、少弁従五位上、中弁従四位下、中弁従四位上、少納言従五位上、少納言正五位下、少納言従四位下、少将従五位上、少将正五位下、少将従四位下、中将従四位上、兵衛佐従五

位上、策従四位下、策従四位上などである。今これらの官職の労が短縮された時期を推測すれば次のようになる。

参議正四位下……永観(九八三—九八五)頃　参議従三位……長元二年(一〇二九)頃
少弁従五位上……長和(一〇一二—一七)頃　中弁従四位下……治安(一〇二一—二四)頃
中弁従四位上……長元—院政期以前　少納言従五位上……正暦四年(九九三)—万寿四年(一〇二七)
少納言正五位下……長徳四年(九九八)—延久五年(一〇七三)　少納言従四位下……長久三年(一〇四二)—康和六年(一一〇四)
少将従五位上……長保五年(一〇〇三)—寛弘七年(一〇一〇)　少将正五位下……長暦(一〇三七—四〇)頃
少将従四位下……永観・寛和(九八三—九八七)頃　中将従四位上……万寿五年—長元九年
兵衛佐従五位上……寛弘三年—長和五年　策従四位下……延久(一〇六九—七四)頃
策従四位上……治暦三年(一〇六七)頃

これによれば労の短縮は摂関期を通じて進行し、院政期以前に変化はほぼ完了していたことが分かる。摂関期も後半に至って短縮されたものが多い。『二中歴』「本文」の記載は摂関期後半の変化を経過した段階のものと言ってよい。それでは「今案」の方はどうであろうか。「今案」の記載の内で「本文」と異なる年数を記すのは参議従三位、参議正三位、中弁従四位上、少納言従四位下、少将従四位下の五つである。それらはいずれも「本文」よりわずかに長い年限を記しており、これらに関する限り「本文」より一段階古い年代に適合的である。しかし「今案」と「本文」の記載が一致するものも多いのであるから、「今案」を「本文」より一段階古い時期の成立と見ることは困難である。年労の変化は、旧慣を破りつつ、既成事実を重ねることによって生じてきたものである。とすれば、旧慣をあるべき姿として懐古的に主張するということは充分にあり得る。「今案」はそのような立場からの異説と捉えることができ

よう。〔補注Ⅲ〕

さて、これまでは年限が短縮されたものばかりを強調してきたが、実は変化のないものも存在することに注意せねばならない。一例をあげれば、侍従の場合は労八年の例が十世紀に見えるが、『二中歴』でも八・九年とされている。また、前掲『小右記』治安元年(一〇二一)正月六日条においては、内蔵助・左右馬頭助従五位上の労六年を縮めることについての論議がなされているが、『二中歴』はこれを六・七年としており、短縮されてはいないのである。『二中歴』の体制成立への変化の過程で期間を大きく短縮させたのは、参議、近衛中少将、弁官、兵衛佐、(衛門佐)、少納言、(馬頭)及び策労の従四位下・従四位上等、典型的なエリートコースにある官職のみであった。

また、十世紀頃においては近衛中少将と弁官、兵衛佐・少納言の労の年数に、それほど大きい差はない。しかるに『二中歴』の体制へ変化する過程で、近衛官人が他を引き離して有利な立場に立つに至ったことも注目される。つまり、官職間の格差を拡大する形で年労が再編されてきたと言えよう。

第四節　労による叙位の成立

前節までの叙述では、年労方式の成立については敢えて触れずにきたが、ここではその点について考えてみたい。何々労という語を明記した史料としては、『古今和歌集目録』紀淑人条に、

(延喜)十三年正月七日叙従五位下 近衛労

とあるのが最初である。しかしこの「近衛労」と同じ位置に「諸司」「外衛」「省」「策」などと記すものがある。(54) これらも労による叙位と考えてよいのではなかろうか。とすればその初見は、藤原忠行が寛平二年(八九〇)正月七日に「諸司」(掃部助労)で叙爵した例にまでさかのぼる。(55) また加階(従五位上以上)の労としては、藤原兼輔が延喜十五年

(九一五)正月七日に「外衛・近衛」(労)で正五位下となったのを初例としうる。[56]前述のごとく、労による叙位の特色は各官職によって叙位に至る年数が異なっており、原則としては一官の勤続年数のみが評価された点にある。このような方式が貴族官人層に抵抗なく受け入れられてゆくためには、官位相当を等しくする官職が昇進に関して同等でなくなっており、官職就任から叙位までの年数がそれぞれの官職ごとに計算しうるような慣例の成立が必要であろう。つまり一定の昇進コースの定着が前提となっていたと想像される。笹山晴生の研究によれば、十世紀の初め頃には侍従→兵衛佐→少将→中将→参議という昇進コースが姿を表わしてくることが明らかにされている。[57]したがって、労による叙位の初出史料の出現した寛平頃というのは、この方式の成立期とするにふさわしいものと言えよう。筆者はかつて『外記補任』によって、外記巡爵と受領巡任について調査をしたことがあるが、[58]それによれば、少外記→大外記→叙爵というコースが確立するのは貞観(八五九―八七七)初年であり、受領巡任が慣例化するのは昌泰・延喜(八九八―九二三)頃であった。外記が勘文を出して叙位を勧告するに至るには、慣例が定着するための一定の期間が必要だったと思われる。その点から言っても、九・十世紀の交の頃にこれが行われるようになったと考えるのは妥当であろう。

むすび――叙位労成立と展開の意義――

これまで述べてきたことを確認しつつ今一度『二中歴』叙位歴を見直してみると、次のごとき特徴を指摘しうる。

①兵衛佐、少納言、少弁、中弁、少将、中将は他に抜きんでて有利である。これらはエリートコースである近衛コース(侍従→兵衛佐→少将→中将→参議)とこれに次ぐものとされた弁官コースに属する官職に一致する。

②その中でも近衛中少将が特に有利な位置を占めるに至っている。

このような特色を持つ加階の構造は、律令制官位相当制のもとで同一ランクにあった官職を再編成する役割を果たしており、顕官とそうでない官職の差を明確化し、官位相当制を大きく改変してしまったと考えられよう。また、それは従来の「位階」についての観念をも変化させ、将来性のある官職を望む風潮を確定的にした。例えば、叙爵するより六位蔵人のままでいることを望んだり、四位昇進よりも五位少弁に止まり長期間中弁になる機会を待ったりするような傾向や、労三年で従五位上加階が可能なはずの兵衛佐在任者がその労を御破算にしても少将へ転任することを好むというような傾向は、いずれも上の観点から理解しうる。(59)このことは、位階中心の秩序から官職を中心とする秩序への転換というように言いかえることも可能であろう。その出発点は九世紀末から十世紀の初めであった。

そして、この労の体制は摂関期を通じて、官職の優・劣の差をさらに明確にさせる形で変化をつづけ、十一世紀中頃には『二中歴』本文のごとき体制を成立させたのである。この体制は、鳥羽院政(一一二九—五八)頃までの叙位労の基本的な形として定着した。

この十一世紀中頃という時期が中世国家成立を準備する重大な画期であり、公達(きんだち)、諸大夫、侍といった中世貴族の基本的な階層の成立、及び家格と家業成立のための重要な一段階であったことは周知の通りである。叙位労の体制がそのために大きな貢献をなしたことは言うまでもない。

さて、この労は鎌倉期以後もなお叙位の条件として姿を表わす。しかし、鳥羽院政を過ぎると微妙に変化が表われるようである。それは弁官労の消滅という事態の中に具体的に表われる。院政期に入ると正五位下で弁官に就任するものが殆んどとなるために、正五位下までの労しかない少弁の労は実例がなくなってゆく。しかし、従四位下、従四位上の労を有する中弁の場合はずっと存続してよいはずであるが、これも久寿二年(一一五五)の例を最後に姿を消してしまう。いわゆる「名家」の成立が鳥羽院政下にあること、また弁官がこれらの人々によって独占されるに至ったことについては第一部第二章で論及したが、(60)この家々では四位と同時に中弁となるケースが多くなり、五年を要する従四位上の労に頼るよりもっと早く昇進するのが例となってゆく。このような家の例が成立することにより、弁官労は消滅していったものと思われるが、この点に関して『後二条師通記』寛治六年(一〇九二)正月四日条の記事はきわめて興味深い視点を与えてくれる。

陰陽師泰長六位、参来云、令ㇾ申二栄爵事一、陰陽博士労已以停止、令ㇾ申二家領栄爵一矣、祖父時親朝臣始以叙二一加階一者、件事賜二春宮御給一被ㇾ叙二位階一、准二同家領一于二春宮御給一所ㇾ令ㇾ啓也、以二其旨一令ㇾ申二殿下一

陰陽師(安倍)泰長が藤原師通の所へ来て栄爵の申請をしたという記事であるが、その理由は、陰陽博士の労はすでに停止されているから、祖父の時親の例にならって「家領」としての「春宮御給」を申請したいというものであった。この申し出は認められなかったが、春宮御給による叙爵を「家領」と意識している点に注意すべきであろう。春宮御給による叙爵を申請することが、家の既得権のように意識されているわけである。弁官労が消滅したのも、それが家のコースに不適合になったからにほかならない。

官司請負化が進み、家々が個性的な昇進コースを展開させ始めると、きわめて有利な短期の労をもつ近衛中少将、兵衛佐、少納言等の労などはそのコースに取り込まれて残ってゆくが、その官職を世襲する家にとって不適合な労は消えていったものと考えられる。中世貴族の家柄形成の温床となった叙位労の方式は、家柄が確立したことによって、変質していったと言えよう。

(1) 福井俊彦「労および労帳についての覚書」『日本歴史』二八三、一九七一年。
(2) 注(1)に同じ。
(3) 『西宮記』巻一、叙位。『江家次第』巻二、叙位。
(4) たとえば『長秋記』保延二年正月七日条、『中右記』嘉保三年正月七日・康和四年正月七日条など。
(5) 『長秋記』保延二年正月七日条。
(6) 一例をあげれば、藤原実行は康和二年に少納言となり、同四年に善勝寺供養賞により正五位下となったが康和六年には少

納言労により従四位下になっている。少納言就任以来の労は五年。後述の『二中歴』の基準によれば、少納言従四位下労は三年であるから、正五位下以前の労は切り捨てられている。前労を合せた例は『春記』長暦三年正月六日条、『公卿補任』承暦四年、源家賢条尻付。『中右記』嘉承元年正月五日条等。

（7）藤原良頼は長和六年正月に侍従となり、この年四月に右衛門佐、寛仁二年正月に右少将、三年正月に右少将労で従五位上となっているが、後述する『二中歴』によれば少将従五位上の労は二年であるから、少将在任期間に一致する。侍従及び右衛門佐の労は切り捨てられたわけである（『公卿補任』長元九年条）。

（8）修正箇所は次の通りである。

「中弁五年叙㆓正五下㆒、又二三年叙㆓従四下㆒、又六七年叙㆓正四上㆒」→「中弁…又六七年叙㆓従四上㆒」
「少納言三年叙㆓従五上㆒、五年叙㆓正四下㆒、四年叙㆓従三㆒」→「少納言…五年叙㆓正五下㆒、四年叙㆓従四下㆒」
「中将二三年叙㆓正四上㆒、又二年叙㆓正四下㆒」→「中将二三年叙㆓従四上㆒、又二年叙㆓正四下㆒」
「少将二年叙㆓従五上㆒、三四年叙㆓正四下㆒、四年叙㆓従三位㆒」→「少将…三四年叙㆓正五下㆒、四年叙㆓従四位㆒」

（9）以下「本文」「今案」とする。

（10）『公卿補任』正暦六年、源俊賢条。以下、『公卿補任』によるものは原則として出典の記載を省略する。なお、『職事補任』は〔職〕、『弁官補任』は〔弁〕、『外記補任』は〔外〕、『三十六人歌仙伝』は〔歌〕、『中古歌仙三十六人伝』は〔仙〕、『古今和歌集目録』は〔古〕、『地下家伝』は〔地〕、『本朝世紀』は〔世〕、『小右記』は〔小〕、『春記』は〔春〕、『中右記』は〔中〕、『兵範記』は〔兵〕、『山槐記』は〔山〕と略記する。

（11）以後「長期有労者」という場合は全て同じ意味とする。

（12）本章第四節参照。

（13）六年＝源湛、紀長谷雄、藤原玄上、橘公頼、藤原伊尹（労）。七年＝藤原当幹、藤原師氏。八年＝源昇、藤原保忠、源悦、藤原邦基、藤原時光（労）。九年＝在原友于、十年＝藤原扶幹。十二年＝小野好古。

（14）『小右記』長元二年正月六日条。

（15）おそらくこれは、長徳五年以来三十年にわたって従四位の参議を出さなかったために、参議就任後に授けられる最初の位は従三位であるという観念が実資の頃にあったことから生じた誤解であろう。

(16) 八年＝源高明、源雅信、藤原佐理、藤原公任、源頼定。九年＝源直、藤原玄上。十年＝藤原諸葛、藤原清経、藤原仲平、伴保平、藤原誠信。十一年以上＝藤原国経、十世王、源清蔭。
(17) 三年＝藤原清貫、大江斉光、藤原資業(労)。四年＝源公忠〔歌〕。五年＝藤原元方。
(18) ただし従五位下で少弁になった例は、長元四年任命の平定親以後見出せない。
(19) 表45の労二年(天禄三年)の例は源伊陟。彼は少将になりながら、病のため宇佐使の使命を全うできず左遷され、長いブランクの後に弁官となったものである(『公卿補任』)。また、労三年(天元四年)の例は藤原懐遠。彼は少納言からの転任。この労を合せた可能性がある。
(20) 六年＝藤原当幹、藤原有相。七年＝藤原元方。
(21) 『北山抄』巻三、除目。
(22) 源為善(万寿五年)、藤原経家(長暦四年)など。いずれも〔弁〕。
(23) こういった例は、『弁官補任』に多数載せられている。
(24) 藤原章信の例(治安三年叙位)〔弁〕。四年＝藤原邦基、紀淑光、藤原在衡、源俊賢、藤原朝経(労)、藤原章信。五年＝藤原保則。他に延長年間に正五位下で七年在任した源等の例がある(『公卿補任』)。
(25) 六年＝藤原扶幹、紀淑光、藤原有相、藤原佐理、菅原輔正、藤原経輔(労)。七年＝藤原顕忠。
(26) 六年＝藤原玄上。五年＝源当純〔古〕、紀淑光。四年＝藤原懐遠、源道方(労)。
(27) 『公卿補任』康保五年条。
(28) 『北山抄』巻三、除目。
(29) 『公卿補任』康平七年、藤原能季条。『二中歴』叙位歴。
(30) 三年＝藤原実頼、藤原朝光、藤原重尹(労)。四年＝良岑衆樹、源伊陟、藤原済時。
(31) 『古今和歌集目録』。近衛労(左少将)三年と外衛(右兵衛佐)労七年を合わせて叙位された。
(32) 五年＝藤原恒佐、藤原兼茂、藤原忠文、藤原伊尹、藤原頼忠、藤原元輔(労)、藤原為光、源時中、藤原高遠〔仙〕、藤原経通(労)、藤原重尹(労)、藤原師成(労)、藤原資仲(労)。六年＝良岑衆樹、藤原忠房〔仙〕、藤原実頼、藤原伊衡、藤原朝忠。七年＝藤原敏行〔歌〕、藤原俊蔭〔古〕。

(33) 五年＝源湛、在原友于、平伊望（以上延喜末年以前）。四年＝藤原忠文、藤原伊尹、藤原頼忠、藤原兼通、藤原実資（労）（以上延喜四―天元三年）。他に七年＝藤原忠房（仙）（延喜二十二年）。

(34) 摂関期…四年＝源経任、藤原公信、六年＝源顕基、藤原行経、源資綱。院政期…三年＝藤原宗輔、六年＝源能俊、藤原忠宗、藤原忠基、藤原公隆、藤原経定、藤原教長等の例がある。

(35) 四年＝藤原清経、源雅信、藤原斉敏（四年在任）、藤原実成、源頼定、源隆国（労）。五年＝良岑衆樹、藤原玄上、藤原恒佐、橘公頼、藤原実頼、源経房（労）。六年＝藤原仲平、藤原元輔、藤原敦忠、藤原朝成、藤原伊尹。七年＝源時中。

(36) 『公卿補任』天暦五年、源正明条。

(37) 五年＝紀淑人（古）、藤原朝忠（五年在任）、藤原兼家、藤原実方（仙）。六年＝藤原伊衡（六年在任）、藤原頼忠。七年＝藤原忠房（仙）。八年＝藤原恒佐、藤原清正（歌）。

(38) 藤原基隆については『中右記』嘉保三年正月五日条、源顕重については『本朝世紀』康和四年正月六日条、参照。

(39) 藤原道綱（天元四年・労五年）、藤原朝経（正暦四年・労三年）、源俊実（康平七年・労三年）、源家賢（康平八年・労三年）、藤原信隆（久安四年・労二年）、藤原忠親（久安七年・労三年（世））。

(40) 藤原資信（永久二年・労六年）、藤原宗保（久安三年・労六年）。

(41) 藤原信隆。

(42) 藤原為頼（天元三年・労三年（『為頼集』））、源能俊（応徳二年・労四年）、藤原実行（康和二年・労三年）。

(43) 平実親（大治二年・労六年）。

(44) 平随時（天慶五年・労四年）、藤原隆佐（長元八年・労四年）。

(45) 『公卿補任』宝治二年、源輔通条。

(46) 遅くとも、中原師平（康平二年任大外記）以降、従五位上以下で局務となる例は皆無となったようである。また、長久二年局務大外記となった中原師任もすでに従五位上であった。

(47) 兵部輔従五位上＝源師俊（嘉承二年・労五年）、源雅通（保延四年・労五年）。民部輔従五位上＝源国俊（承暦二年・労四年（世））、藤原信保（久寿三年・労四年（山））。中務輔従五位上＝藤原公経（康平二年・労六年（世））。玄蕃頭従五位上＝源経頼（寛弘七年・労六年）、主殿頭従五位上＝藤原隆能（久安三年・労六年（世））。算博士正五位下＝三善行康（久寿三年・労七年

〔山〕)。
(48) 源忠清(康保四年・労七年)、藤原正光(寛和二年・労七年)、源師良(長暦三年・労五年〔春〕)、源経信(永承四年・労五年)。
(49) 『春記』長暦三年正月六日条。
(50) 治部輔従五位上＝平範家(保延七年・労八年)、源雅頼(保延七年・労七年)。兵部輔従四位上＝藤原公房(康平六年・労七年)、修理大夫従四位上＝藤原為房(嘉保二年・労二年)、左京権大夫従四位上＝源有賢(永久二年・労九年)。
(51) 白河院政下、七年＝藤原実隆(天治二年)、藤原顕隆(天治三年)、藤原通季(天治三年)、八年＝源雅定(大治四年)、藤原実能(大治四年)。
　鳥羽院政下、六年＝源師時(長承四年)、藤原宗輔(長承四年)、藤原宗能(保延五年)、藤原顕頼(保延五年)、藤原公教(保延七年)。なお、藤原実光(保延五年)は四年であるが、これは行幸行事賞を合せたもの。
(52) 本章第三節(1)b参照。
(53) 五年＝源隆俊(治暦元年)、源基綱(康和六年)。八年＝藤原顕業(久安四年)。
(54) 『古今和歌集目録』。藤原忠行、平定文、藤原良風、紀淑望、菅原道真条。
(55) 『古今和歌集目録』。
(56) 『古今和歌集目録』藤原兼輔条。
(57) 笹山晴生「平安前期の左右近衛府に関する考察」、坂本太郎博士還暦記念会編『日本古代史論集』下、吉川弘文館、一九六二年。
(58) 玉井力「受領巡任について」『海南史学』一九、一九八一年。→本書第三部第四章。
(59) 『公卿補任』『弁官補任』にはそのような例が多く載っている。また『中右記』康和五年十月十一日条には、六位蔵人が不仕のために叙爵させられた例がある。
(60) 玉井力「「院政」支配と貴族官人層」『日本の社会史』三、岩波書店、一九八七年。→本書第一部第二章。
〔補注Ⅰ〕 本表は旧稿を全面的に再検討し、修正を加えた。
〔補注Ⅱ〕 この部分は、表45の修正に伴って書き改めた。なお、高田淳の論文(補注Ⅳ)を参照させていただいた。

〔補注Ⅲ〕　三九六―三九七頁は大きく書き改めた。

〔補注Ⅳ〕　旧稿に相前後して発表された高田淳「加階と年労――平安時代における位階昇進の方式について」(『栃木史学』三、一九八九年)は本節と同じ問題を扱ったものである。また、同「年労加階制以前――年労加階の成立と平安前期の位階昇進の実態について」(『国史学』一五〇、一九九三年)も本節と関係が深い。また、百瀬今朝男「中納言への道――参議大弁・検非違使別当――」(『立正史学』七八、一九九五年)では、中納言へ昇進するための参議労について詳しく分析している。併せて参照されたい。

あとがき

一九六二年、名古屋大学文学部史学科に進学した私を古代史研究の道に導いて下さったのは弥永貞三先生であった。延々と続く「日本三代実録講読」での緊張感が懐かしい。卒業論文は先生の手法をそっくり見習って仁明朝の官人構成についての整理を試みたものであったが、後にそれを活字化するに当たって(「承和の変について」『歴史学研究』二八九)、あまりの悪文に一字一句に及ぶ文字通りの「御叱正」をいただいたことが忘れられない。このときは笹山晴生先生からも懇切な御助言をいただいた。

一九六五年、大学院修士課程を修了した私は、幸いにも奈良国立文化財研究所平城宮跡発掘調査部に、考古担当調査員として就職することができた。ここでは考古学という学問を肌で感じることができ、自らの手で木簡を発掘するという恵まれた経験をさせていただいた。同じ職場の考古学、建築史専門の方々や文献史学の狩野久、原秀三郎、鬼頭清明、横田拓実、加藤優の諸氏からは研究の方法に及ぶ実に貴重な示唆を賜った。

一九六八年、私は名古屋大学文学部国史研究室助手に転じた。当時の研究室には、弥永先生の外に中世の網野善彦先生が在任しておられたが、この年に近世の三鬼清一郎先生が、また教養部には早川庄八先生が着任された。そして、弥永先生が転出された後には佐藤進一先生が来て下さった。私はこの先生方のご指導を日々仰げるというとてつもない幸運に恵まれたのである。網野先生は供御人や蔵人所の研究を中世天皇制論、非農業民論の立場から展開しておられたし、早川先生は律令天皇制・太政官制の研究を進めておられた。また、佐藤先生には『日本の中世国家』執筆の御予定があった。蔵人所から天皇の問題を考えてみたいと思いつつあった私にとって、こんなに恵まれた環境はなかった。怠惰に流れそうになったときその都度前を向かせて下さったのは三鬼先生であった。談笑の席でうかがう素材段階の新発見のお話には胸がときめいた。先生方には消極的な私の背中をいつも押していただいた。本書の論文の中で網野先生の御教示を得なかったものは皆無といってよい。行き詰まると先生に長電話をするという悪癖は今も直らない。大学紛争を含む不安定な日々もあったけれど、本書につながる基本的な視点をおぼろげながらも設定できたのはこの時期であったように思う。

一九七五年、私は高知大学に採用していただいた。たまたま内地留学で来名された秋沢繁先生との出会いがきっかけであった。この頃、私の関心は除目制度に向かいつつあった。古記録や儀式書を我流で試行錯誤しつつ読み解くには驚くほど多くの時間が必要であったが、高知大学では心ゆくまで時間を無駄遣いすることが許された。豊かな自然に恵まれたこの地は、地理的条件から情報過多になることもなく、道草をしながら想をめぐらすには最適であった。西洋史の渡邊昌美、戦国時代史の秋沢繁、近代史の福地惇、東洋史の金子修一、片山剛、地理学の山本健児、吉成直樹といった史学研究室の先生方とともに、時には般若湯も交えて、時代をも、洋の東西をも問わず自由に交わした議論の数々は刺激に満ち満ちて楽しかった。

現在の職場、愛知大学に転じたのは一九八五年のことであったが、私は再び名古屋を中心とする研究環境の中に身を置くことができるようになった。また一九九四年には名古屋大学への内地留学を認めていただくなど、大学並びに研究室には種々の勝手をお許しいただいている。

序において述べたように、本書は多くの欠陥を抱えている。また未解決の問題も山積している。私は次のステップに向けてただちにスタートを切らなくてはならないと思う。

ともあれ私がようやくにしてここまでたどり着けたのは、いうまでもなく多くの方々の御援助の賜である。

弥永、佐藤、網野、三鬼、早川先生、いつも暖かいお言葉をかけて下さる山口啓二先生、名古屋時代にお世話になった笹山先生、佐伯有清先生、現在の職場の田崎哲郎、石田祐一先生、御勇退なさった福田以久生先生、在職当時の奈文研、高知大学の諸先生、日常的に発表の場をお与えいただき、率直な御批判を賜っている名古屋古代史研究会、中世史研究会の会員の皆様に厚くお礼申し上げる。また、不備な講義を聴いてもらった高知大学、愛知大学、名古屋大学の学生諸君にも感謝したい。

本来ならば厳しいご批判をいただけたであろう弥永先生と早川先生がすでに手の届かぬ所に旅立たれたことは、何としても寂しいことである。

本書をまとめることを強くおすすめ下さったのは佐藤、網野両先生であった。両先生の長期にわたる御激励がなかったら本書は到底形を成さなかったと思う。岩波書店からの出版をお誘い下さったのは岩波書店に御在職中の松島秀三氏であった。また、引き続き岡本磐男、山本しおみ、沢株正始氏に御担当いただき、沢株氏には編集の一切について、お世話をおかけした。お誘いいただいてから十年以上が経過してしまったことは一に私の怠慢によるものである。お詫びを申し上げると共に、改めて厚くお礼申し上げる。

二〇〇〇年十月

玉井　力

ヤ　行

ラ　行

ワ　行

マ　行

索　引

・史料上の語句と固有名詞(ウジ名・個人名)を中心にして，学術用語と最小限度の史料名を選んだ.
・各項目で採用した頁は網羅的なものではなく，内容上の意味を持ったものに限定した.
・配列は原則として新仮名遣いによって五十音順としたが，内容を考慮した便宜上の配列も混じっている.
・特殊な読みには注記を付した.

ア　行

カ　行

サ　行

タ　行

ナ　行

ハ　行

■岩波オンデマンドブックス■

平安時代の貴族と天皇

2000年11月22日　第1刷発行
2018年1月11日　オンデマンド版発行

著　者　玉井　力（たまい　ちから）

発行者　岡本　厚

発行所　株式会社　岩波書店
〒101-8002　東京都千代田区一ツ橋2-5-5
電話案内　03-5210-4000
http://www.iwanami.co.jp/

印刷／製本・法令印刷

ISBN 978-4-00-730714-0　　Printed in Japan